A CRÍTICA DA RAZÃO INDOLENTE:
contra o desperdício da experiência

Dados Internacionais de Catalogação na Publicação (CIP)
(Câmara Brasileira do Livro, SP, Brasil)

Santos, Boaventura de Sousa
 Para um novo senso comum : a ciência, o direito e a política na transição paradigmática / Boaventura de Sousa Santos. – 8. ed. – São Paulo : Cortez, 2011.

 Conteúdo: V. 1. A crítica da razão indolente : contra o desperdício da experiência.
 Bibliografia
 ISBN 978-85-249-0738-8

 1. Ciência e direito 2. Direito e política 3. Paradigmas (Ciências sociais) 4. Pós-modernidade 5. Sociologia jurídica 6. Teoria crítica I. Título.

00-1245   CDD-34:301

Índices para catálogo sistemático:

 1. Direito e sociologia 34:301
 2. Sociologia do direito 34:301

Boaventura de Sousa Santos

A CRÍTICA DA RAZÃO INDOLENTE:
contra o desperdício da experiência

Para um novo senso comum
A ciência, o direito e a política na transição paradigmática

VOLUME
1

8ª edição
3ª reimpressão

CORTEZ EDITORA

A CRÍTICA DA RAZÃO INDOLENTE: contra o desperdício da experiência
Para um novo senso comum. A ciência, o direito e a política na transição paradigmática,
Volume 1
Boaventura de Sousa Santos

Capa: Pedro Cabrita Reis, *Silêncio e Vertigem,* 1990. Fotografia de Paulo Cintra e
     Laura Castro Caldas
Revisão: Agnaldo Alves
Composição: Dany Editora Ltda.
Coordenação Editorial: Danilo A. Q. Morales

Por recomendação do autor, foi mantida a ortografia vigente em Portugal.

Obra publicada simultaneamente pela Edições Afrontamento, Porto – Portugal.

Nenhuma parte desta obra pode ser reproduzida ou duplicada sem autorização expressa do autor e do editor.

© 2000 by Autor

Direitos para esta edição
CORTEZ EDITORA
Rua Monte Alegre, 1074 – Perdizes
05014-001 – São Paulo – SP
Tel.: (11) 3864-0111   Fax: (11) 3864-4290
E-mail: cortez@cortezeditora.com.br
www.cortezeditora.com.br

Impresso no Brasil – dezembro de 2018

Para M. I. R.

PLANO GERAL DO LIVRO

VOLUME
1
A crítica da razão indolente: contra o desperdício da experiência

VOLUME
2
O direito da rua: ordem e desordem nas sociedades subalternas

VOLUME
3
Os trabalhos de Atlas: regulamentação e emancipação na Redopolis

VOLUME
4
O milénio órfão: para um futuro da cultura política

SUMÁRIO

PARA UM NOVO SENSO COMUM
A ciência, o direito e a política na transição paradigmática

Prefácio Geral	15
Introdução Geral	23
Por que é tão difícil construir uma teoria crítica?	23
As dificuldades	23
Possíveis causas	26
Para uma teoria crítica pós-moderna	29
Conclusão	36

VOLUME 1
A CRÍTICA DA RAZÃO INDOLENTE: Contra o desperdício da experiência

Prefácio	41

PARTE I
Epistemologia das estátuas quando olham para os pés: a ciência e o direito na transição paradigmática 45

INTRODUÇÃO	47
CAPÍTULO 1 – Da ciência moderna ao novo senso comum	55
De regresso às perguntas simples	55
O paradigma dominante	60
A crise epistemológica do paradigma dominante	68
O paradigma emergente	74

    As representações inacabadas da modernidade, 74; Do conhecimento-regulação ao conhecimento-emancipação, 78; O sujeito e o objecto: todo o conhecimento é autoconhecimento, 81; Natureza e cultura: toda a natureza é cultura, 85; Uma ciência ocidental capitalista, 85; Uma ciência sexista, 87; Todas as ciências são ciências sociais, 89.

Argumentação, relativismo e etnocentrismo 94

A retórica da ciência moderna, 98; A novíssima retórica e o conhecimento pós-moderno, 103; Motivos e acções, 104; Uma retórica dialógica, 105; O auditório na retórica dialógica, 106.

Uma tópica de emancipação: para um novo senso comum 107

Para um novo senso comum ético: um senso comum solidário, 111; Para um novo senso comum político: um senso comum participativo, 113; Para um novo senso comum estético: um senso comum reencantado, 114.

Conclusão 117

Capítulo 2 – Para uma concepção pós-moderna do direito 119

A tensão entre regulação e emancipação 120

A recepção do direito romano, 120; O direito natural racionalista, 124; As teorias do contrato social, 129.

A modernidade político-jurídica e o capitalismo 139

Primeiro período, 140; Segundo período, 145; Terceiro período, 153.

Para des-pensar o direito 164

Da transição epistemológica à transição societal, 164; O Estado e o sistema mundial, 169; O direito e a sociedade política, 172; Entre a utopia jurídica e o pragmatismo utópico, 175.

Conclusão 185

PARTE II
As armadilhas da paisagem: para uma epistemologia do espaço-tempo 189

Introdução 191

Capítulo 3 – Uma cartografia simbólica das repreentações sociais: o caso do direito 197

Compreender os mapas 200

Escala, 201; Projecção, 203; Simbolização, 204.

Uma cartografia simbólica do direito 205

O direito e a escala, 206; O direito e a projecção, 213; O direito e a simbolização, 217.

Para uma concepção pós-moderna das representações sociais 220

Capítulo 4 – Para uma epistemologia da cegueira: por que razão é que as novas formas de "adequação cerimonial" não regulam nem emancipam? 225

Introdução 225

A representação dos limites 229
   A determinação da relevância, 229; A determinação dos graus de relevância, 232; A determinação da identificação, 234; A impossibilidade da duração, 237; A determinação da interpretação e da avaliação, 240.
Da epistemologia da cegueira à epistemologia da visão: a representação distorcida das consequências 243
Para uma epistemologia da visão 246
   A epistemologia dos conhecimentos ausentes, 246; A epistemologia dos agentes ausentes, 249; Revisitando os limites da representação, 250.

PARTE III
Os horizontes são humanos: da regulação à emancipação 255

INTRODUÇÃO 257

CAPÍTULO 5 – Os modos de produção do poder, do direito e do senso comum 261
Introdução 261
Poder, potenciar e despotenciar 264
Um mapa de estrutura-acção das sociedades capitalistas no sistema mundial 272
Uma leitura do mapa de estrutura-acção 277
   Os espaços estruturais e as suas dimensões, 277; Formas de poder, 284; Formas de direito, 290; Formas de conhecimento, 303.
Sobre a determinação estrutural: assimetrias e bifurcações 308
Expandir o jurídico e o político 314
Conclusão 325

CAPÍTULO 6 – Não disparem sobre o utopista 329
Introdução 329
Mapas da transição paradigmática: emancipações 333
   Comunidades domésticas cooperativas, 336; Produção eco-socialista, 336; Necessidades humanas e consumo solidário, 338; Comunidades-Amiba, 338; Socialismo-como-democracia-sem-fim, 339; Sustentabilidade democrática e soberanias dispersas, 341; Lutas paradigmáticas e subparadigmáticas, 342.
Viajantes paradigmáticos: subjectividades 344
   A fronteira, 347; O barroco, 356; O sul, 367; Constelações tópicas, 380.
Conclusão 382

BIBLIOGRAFIA 385

Para um novo senso comum
A ciência, o direito e a política na transição paradigmática

PREFÁCIO GERAL

Diz o filósofo grego Epicarmo que "os mortais deviam ter pensamentos mortais, não imortais". Este livro trata de pensamentos mortais. Parte da ideia de que os paradigmas sócio-culturais nascem, desenvolvem-se e morrem. Ao contrário do que se passa com a morte dos indivíduos, a morte de um dado paradigma traz dentro de si o paradigma que lhe há-de suceder. Esta passagem da morte para a vida não dispõe de pilares firmes para ser percorrida em segurança. O que nasce é incomensurável com o que morre, não havendo, pois, nem ressurreições nem reencarnações. O problema é que não há passagem senão entre pensamentos comensuráveis. Por outro lado, também ao contrário do que sucede com os indivíduos, só muitos anos, senão mesmo séculos, depois da morte de um paradigma sócio-cultural, é possível afirmar com segurança que morreu e determinar a data, sempre aproximada, da sua morte. A passagem entre paradigmas — a transição paradigmática — é, assim, semi-cega e semi-invisível. Só pode ser percorrida por um pensamento construído, ele próprio, com economia de pilares e habituado a transformar silêncios, sussurros e ressaltos insignificantes em preciosos sinais de orientação. Esse pensamento é a utopia e dela trata também este livro.

Entre a morte e a utopia, este livro tem como tema central a transição paradigmática. A partir dos séculos XVI e XVII, a modernidade ocidental emergiu como um ambicioso e revolucionário paradigma sócio-cultural assente numa tensão dinâmica entre regulação social e emancipação social. A partir de meados do século XIX, com a consolidação da convergência entre o paradigma da modernidade e o capitalismo, a tensão entre regulação e emancipação entrou num longo processo histórico de degradação caracterizado pela gradual e crescente transformação das energias emancipatórias em energias regulatórias. O argumento central deste livro é que, no limiar do terceiro milénio, estamos provavelmente a assistir ao culminar deste processo. Com o colapso da emancipação na regulação, o paradigma da modernidade deixa de poder renovar-se e entra em crise final. O facto de continuar ainda como paradigma dominante deve-se à inércia histórica.

Entre as ruínas que se escondem atrás das fachadas, podem pressentir-se os sinais, por enquanto vagos, da emergência de um novo paradigma. Vivemos pois um tempo de transição paradigmática. As nossas sociedades são intervalares tal como as nossas culturas. Tal como nós próprios. É um tempo não muito diferente daquele que Mallarmé designa na sua autobiografia como "interregno" um tempo entre "trop de désuétude" e "effervescence préparatoire".

A transição paradigmática tem várias dimensões que evoluem em ritmos desiguais. Distingo duas dimensões principais: a epistemológica e a societal. A transição epistemológica ocorre entre o paradigma dominante da ciência moderna e o paradigma emergente que designo por paradigma de um conhecimento prudente para uma vida decente. A transição societal menos visível ocorre do paradigma dominante — sociedade patriarcal; produção capitalista; consumismo individualista e mercadorizado; identidades-fortaleza; democracia autoritária; desenvolvimento global desigual e excludente — para um paradigma ou conjunto de paradigmas de que por enquanto não conhecemos senão as "vibrations ascendantes" de que falava Fourier. Cada uma destas transições oferece-se a uma multiplicidade de análises. No que respeita à transição epistemológica concentro-me nos seus aspectos teóricos e metodológicos dando menos atenção às condições sociológicas que têm sido identificadas pelos estudos sociais e culturais da ciência das últimas três décadas. No que respeita à transição societal sigo o conselho de Durkheim e tomo o direito e as suas articulações com o poder social como um indicador privilegiado dos dilemas e das contradições que alimentam a transição paradigmática. Daí que a argumentação desenvolvida neste livro se centre em três grandes campos analíticos: a ciência, o direito e o poder.

Ao apresentar uma crítica forte do paradigma dominante este livro insere-se na tradição crítica da modernidade mas desvia-se dela em três aspectos fundamentais. Em primeiro lugar a teoria critica moderna é subparadigmática isto é procura desenvolver as possibilidades emancipatórias que ainda julga serem possíveis dentro do paradigma dominante. Pelo contrário a tese defendida neste livro é que deixou de ser possível conceber estratégias emancipatórias genuínas no âmbito do paradigma dominante já que todas elas estão condenadas a transformar-se em outras tantas estratégias regulatórias. Em face disto o pensamento crítico para ser eficaz tem de assumir uma posição paradigmática: partir de uma crítica radical do paradigma dominante tanto dos seus modelos regulatórios como dos seus modelos emancipatórios para com base nela e com recurso à imaginação utópica desenhar os primeiros traços de horizontes emancipatórios novos em que eventualmente se anuncia o paradigma emergente.

O segundo desvio em relação à teoria crítica moderna diz respeito ao estatuto e objectivos da crítica. Todo o pensamento crítico é centrífugo e subversivo na medida em que visa criar desfamiliarização em relação ao que está estabelecido e é convencionalmente aceite como normal virtual inevitável necessário. Mas enquanto para a teoria crítica moderna o objectivo do trabalho crítico é criar desfamiliarização aí residindo o seu carácter vanguardista a tese aqui defendida é que o objectivo da vida não pode deixar de ser a familiaridade com a vida. Por isso a desfamiliarização é aqui concebida como um momento de suspensão necessário para criar uma nova familiaridade. O objectivo último da teoria crítica é ela própria, transformar-se num novo senso comum, um senso comum emancipatório. Não há vanguardas senão na cabeça dos vanguardistas.

O terceiro desvio em relação à teoria crítica moderna reside na auto-reflexividade. Ao identificar e denunciar as opacidades, falsidades, manipulações do que critica, a teoria crítica moderna assume acriticamente a transparência, a verdade e genuinidade do que diz a respeito de si própria. Não se questiona no acto de questionar nem aplica a si própria o grau de exigência com que critica. Em suma, a teoria moderna não se vê ao espelho da crítica com que vê o que critica. Ao contrário, a teoria crítica que aqui proponho parte do pressuposto de que o que dizemos acerca do que dizemos é sempre mais do que o que sabemos acerca do que dizemos. Neste excesso reside o limite da crítica. Quanto menos se reconhece este limite, maior ele se torna. A dificuldade deste reconhecimento reside em que algumas das linhas que separam a crítica do objecto da crítica são também as que a unem a ele. Não é fácil aceitar que na crítica há sempre algo de autocrítica.

Esta dificuldade tem muitas facetas, e algumas delas têm sido assinaladas. Diz-nos o sábio Kierkegaard: "A maioria das pessoas são subjectivas a respeito de si próprias e objectivas — algumas vezes terrivelmente objectivas — a respeito dos outros. O importante é ser-se objectivo em relação a si próprio e subjectivo em relação aos outros". Na mesma linha, desabafa John Dewey: "É uma história velha. Os filósofos, tal como os teólogos e os teóricos sociais, estão tão seguros de que os hábitos pessoais e os interesses condicionam as doutrinas dos seus opositores como estão seguros de que as suas próprias crenças são 'absolutamente' universais e objectivas". É ainda com a mesma preocupação que Bourdieu nos adverte que os sociólogos tendem a ser sociólogos em relação aos outros e ideólogos em relação a si próprios. A teoria crítica que aqui proponho parte do reconhecimento desta dificuldade para a superar na medida em que for possível e para viver lucidamente com ela na medida em que o não for. A auto-reflexividade é a atitude de percorrer criticamente o caminho da crítica. Esta atitude é particularmente crucial quando o caminho é a transição paradigmática porque, nesse caso, a dificuldade é dupla: a crítica corre sempre o risco de estar mais perto do paradigma dominante e mais longe do paradigma emergente do que supõe.

Pelo facto de a modernidade ser o paradigma dominante, a auto-reflexividade tem de enfrentar um problema adicional. Mesmo reconhecendo que, como nos ensinam Kierkegaard, Dewey e Bourdieu, o autor da crítica está tão situado numa dada cultura quanto o que critica, qual é o valor desse reconhecimento quando a cultura em causa se recusa a reconhecer a sua própria situação, ou seja, o seu contexto e o seu particularismo? É este o caso da modernidade. Neste livro, a modernidade é simultaneamente menos e mais do que convencionalmente se diz dia. É menos porque a modernidade é aqui entendida como modernidade ocidental. Não se trata de um paradigma sócio-cultural global ou universal, mas sim de um paradigma local que se globalizou com êxito, um localismo globalizado. Mas, por outro lado, a modernidade, na concepção aqui adoptada, é mais do que o que cabe na definição que convencionalmente se tem dela. As tradições e as dimensões da modernidade ocidental excedem em muito o que acabou por ser consagrado no cânone moderno. A constituição do cânone foi, em parte, um processo de marginalização, supressão e subversão de epistemologias, tradições culturais e opções sociais e políticas alternativas em relação às que foram nele incluídas.

Se o processo de exclusão é grande dentro de uma dada cultura, como nos ensina Raymond Williams, ele é ainda maior nas relações entre culturas, como bem nos mostra Edward Said. Uma cultura que tem uma concepção estreita de si própria tende a ter uma concepção ainda mais estreita das outras culturas. Tendo isto em mente, a análise desenvolvida neste livro envolve uma dupla escavação arqueológica: escavar no lixo cultural produzido pelo cânone da modernidade ocidental para descobrir as tradições e alternativas que dele foram expulsas; escavar no colonialismo e no neocolonialismo para descobrir nos escombros das relações dominantes entre a cultura ocidental e outras culturas outras possíveis relações mais recíprocas e igualitárias. Esta escavação não é feita por interesse arqueológico. O meu interesse é identificar nesses resíduos e nessas ruínas fragmentos epistemológicos, culturais, sociais e políticos que nos ajudem a reinventar a emancipação social. Se há ruínas neste livro, são ruínas emergentes.

Este livro é a versão profundamente revista e ampliada de uma obra publicada originalmente em inglês, *Toward a New Common Sense: law, Science, and Politics in the Paradigmatic Transition* (Nova Iorque, Routledge, 1995). A versão original era já de muito grande extensão. A forma actual, largamente acrescentada, obrigou à repartição em quatro volumes.

O 1º Volume, *A Crítica da Razão Indolente*, define os parâmetros da transição paradigmática, tanto no relativo à transição epistemológica como à transição societal. Procedo a uma crítica forte do paradigma da modernidade ocidental e proponho um quadro teórico e analítico que torne possível conceber o paradigma fora das convenções canónicas que a seu respeito se foram sedimentando nos últimos duzentos anos. Esta alternativa conceptual envolve muita escavação histórica e é a partir dela que defino, a traço muito grosso, o paradigma emergente, tanto quanto às suas possibilidades emancipatórias como no tocante às subjectividades com capacidade e vontade para explorar tais possibilidades.

Na concepção que aqui apresento, a ciência e o direito — e as formas de poder social com que se articulam — ocupam um lugar central na configuração e na trajectória do paradigma da modernidade ocidental. São, por isso, os objectos centrais da crítica que formulo. Da escavação histórica, conceptual e semântica efectuada emergem possibilidades de conhecimento, para além da ciência moderna, e possibilidades do direito, para além do direito moderno. Emergem também perspectivas de transformar formas de poder em formas de autoridade partilhada.

A definição da transição paradigmática implica a definição das lutas paradigmáticas, ou seja, das lutas que visam aprofundar a crise do paradigma dominante e acelerar a transição para o paradigma ou paradigmas emergentes. A transição paradigmática é um objectivo de muito longo prazo. Acontece que as lutas sociais, políticas e culturais, para serem credíveis e eficazes, têm de ser travadas a curto prazo, no prazo de cada uma das gerações com capacidade e vontade para as travar. Por esta razão, as lutas paradigmáticas tendem a ser travadas, em cada geração, *como se* fossem subparadigmáticas, ou seja, como se ainda se admitisse, por hipótese, que o paradigma dominante pudesse dar resposta adequada aos problemas para que eles chamam a atenção. A sucessão das lutas e a acumulação das frustrações vão aprofundando a crise do paradigma dominante, mas, em si mesmas, pouco contribuirão para a emergência de um novo paradigma ou de novos paradigmas. Para que isso ocorra, é necessário que se consolide a consciência da ausência das lutas paradigmáticas. Essa consciência é tornada possível pela imaginação utópica. A consciência da ausência é a presença possível das lutas paradigmáticas no seio das lutas subparadigmáticas.

Os volumes seguintes prosseguem a crítica forte do paradigma dominante por via da identificação de lutas subparadigmáticas informadas pela inauguração utópica que lhes proporciona a consciência da ausência das lutas paradigmáticas. O conhecimento, o direito e o poder continuarão no centro das análises.

No 2º Volume, *O Direito da Rua*, procedo a análises empíricas detalhadas de formas marginais, subalternas e centrífugas de direito e de conhecimento jurídico. À luz do percurso teórico feito no 1º Volume, torna-se claro não ser por acaso que tais formas jurídicas e epistemológicas asseguram a ordem e a desordem em comunidades social, política ou culturalmente subalternas e mesmo marginais. Não se vislumbra nestas lutas nenhum paradigma emergente. Elas mostram, isso sim, a crise do paradigma dominante, as suas opressões e exclusões contra as quais elas se organizam como lutas pela sobrevivência, a decência e a dignidade. O seu espaço-tempo privilegiado é o local. A escavação arqueológica levada a cabo pela imaginação utópica permite imaginar novos locais e novas articulações local-nacional-global, as neocomunidades para as quais a emancipação não assenta nem no reconhecimento da diferença nem no reconhecimento da igualdade e antes no reconhecimento de ambas.

No 3º Volume, *Os Trabalhos de Atlas*, o espaço-tempo privilegiado é o global e as lutas em que ele se traduz. A crítica do paradigma dominante prossegue usando de novo o direito como indicador da crise profunda de alguns pressupostos paradigmáticos. O conceito de globalização é o tema analítico central. Contra as concepções convencionais, defendo, por um lado, que o global, longe de se opor ao local, é o outro lado do local e, por outro lado, que não há globalização, mas sim globalizações. Existem diferentes modos de produção de globalização constituídos por diferentes constelações de direitos, conhecimentos e poderes. As lutas subparadigmáticas são precisamente entre formas de globalização contraditórias: a globalização hegemónica, levada a cabo pelos grupos sociais e classes dominantes, e a globalização contra-hegemónica, levada a cabo por grupos sociais e classes dominados ou subordinados. A imaginação utópica permite imaginar nestas lutas a reinvenção da tensão entre regulação e emancipação que esteve na origem do paradigma da modernidade e que hoje, nos termos dele, não pode ser pensada senão a título póstumo.

Finalmente, no 4º Volume, *O Milénio Órfão*, procuro aprofundar a reinvenção da tensão entre regulação e emancipação de modo a abrir espaço para novas possibilidades, utópicas mas realistas, de emancipação. O poder, a política e a cultura política são os temas centrais deste volume. Ante o diagnóstico do colapso do contrato social da modernidade e da proliferação do fascismo societal em que tal colapso tem vindo a traduzir-se, é necessário reinventar não só a política mas também a cultura política. Só assim se poderá superar o senso comum regulatório que transforma a anormalidade em que vivemos na única normalidade possível e desejável. Porque a modernidade ocidental reduziu o poder político ao poder agregado à volta do Estado há que começar pela reinvenção do próprio Estado. O objectivo é promover a proliferação de espaços públicos não estatais a partir dos quais seja possível republicizar o espaço estatal entretanto privatizado pelos grupos sociais dominantes que exercem hoje o poder por delegação do Estado. O mundo é hoje um campo de experimentação imensa sobre as possibilidades dos espaços públicos não estatais. A análise de algumas dessas experiências sustenta a imaginação utópica que neste domínio se afirma pela radicalização da democracia.

Este livro é o produto do trabalho de muitos anos. Em boa medida prossegue modifica amplia e aprofunda preocupações que me têm acompanhado desde *Um Discurso sobre as Ciências* (1987) *Pela Mão de Alice* (1994) e *Reinventar a Democracia* (1998). Para garantir a coerência e a inteligibilidade da argumentação desenvolvida neste livro são inevitáveis algumas repetições de que peço desculpa aos meus leitores.

Como se compreende não é fácil agradecer a todas as pessoas e instituições que me ajudaram na preparação deste livro. Nos diferentes volumes serão feitos alguns agradecimentos especiais. Neste momento e sempre com o risco de omissões não posso deixar de expressar a minha gratidão às instituições que me apoiaram generosamente ao longo de muitos anos sendo justo destacar a faculdade de

Economia da Universidade de Coimbra o Centro de Estudos Sociais e a faculdade de Direito e Departamento de Sociologia da Universidade de Wisconsin-Madison. Recebi também apoio inestimável da London School of Economics e do Instituto de Estudos Avançados da Universidade de São Paulo. Um agradecimento especial às instituições que apoiaram financeiramente a minha investigação à Fundação Calouste Gulbenkian Fundação para a Ciência e a Tecnologia Fundação Luso-Americana para o Desenvolvimento British Council Tinker Foundation.

Ao longo dos anos tive o privilégio de beneficiar da colaboração de excelentes e dedicados assistentes de investigação. Em Madison Mike Morgalla Telle Zoller David Delaney Dan Stewart Angel Adams e Diane Soles. Em Coimbra Conceição Gomes Sílvia Ferreira e Ana Cristina Santos. Esta última teve a seu cargo a preparação final do manuscrito dos quatro volumes uma tarefa complexa que realizou com inexcedível zelo e competência. Um agradecimento muito especial à Lassalete Simões, uma presença na minha vida científica e profissional muito mais importante do que ela pode admitir.

Muitos dos capítulos deste livro e entre estes quase todos os que integraram a versão inglesa foram originalmente escritos em inglês e posteriormente traduzidos para português. Pelo trabalho da tradução estou grato à Teresa Lello e ao Mário Machaqueiro. Este último é merecedor de um agradecimento especial porque não só reviu com notável competência toda a tradução como também fez sugestões preciosas substantivas e de formulação e adaptou as referências bibliográficas de modo a torná-las mais acessíveis ao público de língua portuguesa.

Partes deste livro foram discutidas com muitos colegas de cujos comentários beneficiaram. Quero destacar o meu agradecimento colectivo a todos os investigadores do Centro de Estudos Sociais. Foi na oficina dos nossos seminários e dos nossos projectos colectivos que se foram gerando as ideias centrais deste livro. Um agradecimento muito especial ao António Sousa Ribeiro, que fez uma leitura extremamente cuidada — como só ele sabe fazer — do manuscrito. Estou também grato a Richard Abel, Sérgio Adorno, André-Jean Arnaud, Richard Bilder, John Brigham, Kristin Bumiller, Ascension Cambron, Celso Campilongo, Juan Ramon Capella, Wanda Capeller, Bill Clune, Amelia Cohn, Gabriel Cohn, Jacques Commaille, Leonor Marinho Dias, Murray Edelman, Eliaz Diaz, Joaquim Falcão, José Eduardo Faria, Peter Fitzpatrick, Marc Galanter, Yash Ghai, Linda Gordon, Armando Guevara-Gil, Christine Harrington, Allen Hunter, José Geraldo Sousa Júnior, Leonard Kaplan, Maivan Lam, Andrew Levine, Stewart Macaulay, Maria Paula Meneses, Sally Merry, Carlos Guilherme da Mota, Alexandrina Moura, Nikos Mouzelis, Tim Murphy, Laura Nader, German Palacio, Maria Célia Paoli, Maria do Rosário Pericão, Sol Picciotto, Paulo Sérgio Pinheiro, Simon Roberts, Fernando Rojas, Albie Sachs, Austin Sarat, Richard Schwartz, Gay Seidman, Susan Silbey, Francis Snyder, Aldaiza Sposati, Betty Sussekind, Goran Therborn, Philip Thomas, Joe

Thome, David Trubek, Vincent Tucker, Immanuel Wallerstein, Bill Whitford, Patricia Williams, Erik Wright e Barbara Yngevesson.

São muitos os agradecimentos, mas mesmo todos juntos não expressariam adequadamente o que este livro deve à Maria Irene Ramalho. Agradecer-lhe seria trivial. Prefiro socorrer-me de Kant: *De nobis sibi silemus.*

INTRODUÇÃO GERAL

Por que é tão difícil construir uma teoria crítica?

AS DIFICULDADES

O problema mais intrigante que as ciências sociais hoje enfrentam pode ser assim formulado: vivendo nós no início do milénio num mundo onde há tanto para criticar porque se tornou tão difícil produzir uma teoria critica? Por teoria critica entendo toda a teoria que não reduz a "realidade" ao que existe. A realidade qualquer que seja o modo como é concebida é considerada pela teoria crítica como um campo de possibilidades e a tarefa da teoria consiste precisamente em definir e avaliar a natureza e o âmbito das alternativas ao que está empiricamente dado. A análise critica do que existe assenta no pressuposto de que a existência não esgota as possibilidades da existência e que portanto há alternativas susceptíveis de superar o que é criticável no que existe. O desconforto o inconformismo ou a indignação perante o que existe suscita impulso para teorizar a sua superação.

Não parece que faltem no mundo de hoje situações ou condições que nos suscitem desconforto ou indignação e nos produzam inconformismo. Basta rever até que ponto as grandes promessas da modernidade permanecem incumpridas ou o seu cumprimento redundou em efeitos perversos. No que respeita à promessa da igualdade os países capitalistas avançados com 21% da população mundial controlam 78% da produção mundial de bens e serviços e consomem 75% de toda a energia produzida. Os trabalhadores do Terceiro Mundo do sector têxtil ou da electrónica ganham 20 vezes menos que os trabalhadores da Europa e da América do Norte na realização das mesmas tarefas e com a mesma produtividade. Desde que a crise da dívida rebentou no início da década de 80, os países devedores do Terceiro Mundo têm vindo a contribuir em termos líquidos para a riqueza dos países desenvolvidos pagando a estes em média por ano mais 30 biliões de dólares do que o que receberam em novos empréstimos. No mesmo período a alimentação disponível nos países do Terceiro Mundo foi reduzida em cerca de 30%. No entanto só a área de produção de soja no Brasil daria para alimentar 40 milhões de pessoas se nela fossem cultivados milho e feijão. Mais pessoas morreram de fome no nosso século que em qualquer dos séculos precedentes. A distância entre países ricos e países pobres e entre ricos e pobres no mesmo país não tem cessado de aumentar.

No que respeita à promessa da liberdade, as violações dos direitos humanos em países vivendo formalmente em paz e democracia assumem proporções avassaladoras. Quinze milhões de crianças trabalham em regime de cativeiro na Índia; a violência policial e prisional atinge o paroxismo no Brasil e na Venezuela, enquanto os incidentes raciais na Inglaterra aumentaram 276% entre 1989 e 1996, a violência sexual contra as mulheres, a prostituição infantil, os meninos de rua, os milhões de vítimas de minas antipessoais, a discriminação contra os toxicodependentes, os portadores de HIV ou os homossexuais, o julgamento de cidadãos por juízes sem rosto na Colômbia e no Peru, as limpezas étnicas e o chauvinismo religioso são apenas algumas manifestações da diáspora da liberdade.

No que respeita à promessa da paz perpétua que Kant tão eloquentemente formulou, enquanto no século XVIII morreram 4,4 milhões de pessoas em 68 guerras, no nosso século morreram 99 milhões de pessoas em 237 guerras. Entre o século XVIII e o século XX a população mundial aumentou 3,6 vezes, enquanto os mortos na guerra aumentaram 22,4 vezes. Depois da queda do Muro de Berlim e do fim da guerra fria, a paz que muitos finalmente julgaram possível tornou-se uma cruel miragem em face do aumento nos últimos 6 anos dos conflitos entre Estados e sobretudo dos conflitos no interior dos Estados. Finalmente, a promessa da dominação da natureza foi cumprida de modo perverso sob a forma de destruição da natureza e da crise ecológica. Apenas dois exemplos. Nos últimos 50 anos o mundo perdeu cerca de um terço da sua cobertura florestal. Apesar de a floresta tropical fornecer 42% da biomassa vegetal e do oxigénio, 600.000 hectares de floresta mexicana são destruídos anualmente. As empresas multinacionais detêm hoje direitos de abate de árvores em 12 milhões de hectares da floresta amazónica. A desertificação e a falta de água são os problemas que mais vão afectar os países do Terceiro Mundo na próxima década. Um quinto da humanidade já não tem hoje acesso a água potável.

Esta enumeração breve dos problemas que nos causam desconforto ou indignação é suficiente para nos obrigar a interrogarmo-nos criticamente sobre a natureza e a qualidade moral da nossa sociedade e a buscarmos alternativas teoricamente fundadas nas respostas que dermos a tais interrogações. Essas interrogações e essa busca estiveram sempre na base da teoria crítica moderna. Max Horkheimer definiu-a melhor que ninguém. Segundo ele, a teoria crítica moderna é, antes de mais, uma teoria fundada epistemologicamente na necessidade de superar o dualismo burguês entre o cientista individual produtor autónomo de conhecimento e a totalidade da actividade social que o rodeia: "A razão não pode ser transparente para consigo mesma enquanto os homens agirem como membros de um organismo irracional" (Horkheimer, 1972: 208). Segundo ele, a irracionalidade da sociedade moderna reside em ela ser produto de uma vontade particular, o capitalismo, e não de uma vontade geral, "uma vontade unida e autoconsciente" (Horkheimer, 1972: 208). Daí que a teoria crítica não possa aceitar os conceitos de "bom", "útil", "apropriado", "produtivo" ou "valioso" tal como a presente ordem social os entende e se recuse a concebê-los como pressupostos não científicos em relação aos quais nada há a fazer. "A aceitação crítica das categorias que governam a vida social contém simultaneamente a condenação delas" (Horkheimer, 1972: 208). É por isso que a identificação do pensamento crítico com a sua sociedade é sempre plena de tensões. A luta por objectivos emancipatórios é intrínseca à teoria crítica e daí que "a primeira consequência da teoria que reclama pela transformação global da sociedade é a intensificação da luta à qual a teoria está ligada" (Horkheimer, 1972: 219).

A influência de Marx na concepção horkheimeriana da teoria crítica moderna é evidente. E, de facto, o marxismo foi a base de sustentação principal da sociologia crítica no nosso século. No entanto, esta teve outras fontes de inspiração no romantismo do século XVIII e de princípios do século XIX, no pensamento utópico do século XIX, no pragmatismo americano do nosso século. Desdobrou-se em múltiplas orientações teóricas, estruturalistas, existencialistas, psicanalíticas, fenomenológicas, e os ícones analíticos mais salientes foram, talvez, classe, conflito, elite, alienação, dominação, exploração, racismo, sexismo, dependência, sistema mundial, teologia da libertação.

Estes conceitos e as configurações teóricas em que eles se integram são ainda hoje parte integrante do trabalho dos sociólogos e cientistas sociais e, à luz disso, é defensável pensar-se que afinal continua hoje a ser tão fácil ou tão possível produzir teoria social crítica como antes. Julgo, contudo, que assim não é. Em primeiro lugar, muitos desses conceitos deixaram de ter a centralidade de que gozavam antes ou foram internamente tão reelaborados e matizados que perderam muito da sua força crítica. Em segundo lugar, a sociologia convencional, tanto na sua vertente positivista como na vertente antipositivista, conseguiu fazer passar, como remédio para a crise da sociologia, a crítica da sociologia crítica, uma crítica assente, no caso da sociologia positivista, na ideia de que o rigor metodológico e a utilidade social da sociologia pressupõem que ela se concentre na análise do que existe e não nas alternativas ao que existe e, no caso da sociologia antipositivista, na ideia de que o cientista social não pode impor as suas preferências normativas por carecer de um ponto de vista privilegiado para o fazer.

Em resultado disto, a pergunta que sempre serviu de ponto de partida para a teoria crítica — de que lado estamos? — tornou-se para alguns uma pergunta ilegítima, para outros uma pergunta irrelevante e para outros ainda uma pergunta irrespondível. Se alguns, por acharem que não têm de tomar partido, deixaram de se preocupar com a pergunta e criticam quem com ela se preocupa, outros, talvez a geração mais jovem de cientistas sociais, embora gostassem de responder à pergunta e tomar partido, vêem, por vezes com angústia, a dificuldade, aparentemente cada vez maior, de identificar as posições alternativas em relação às quais haveria que tomar partido.

POSSÍVEIS CAUSAS

Passo a identificar alguns dos factores que, em meu entender, são responsáveis pela dificuldade em construir uma teoria crítica. Em primeiro lugar, e como resulta eloquentemente da posição de Horkheimer atrás referida, a teoria crítica moderna concebe a sociedade como uma totalidade e, como tal, propõe uma alternativa total à sociedade que existe. A teoria marxista é exemplar a este respeito. A concepção da sociedade como totalidade é uma construção social como qualquer outra. O que a distingue das construções rivais são os pressupostos em que assenta. Tais pressupostos são os seguintes: uma forma de conhecimento ele próprio total como condição de abarcar credivelmente a totalidade social; um princípio único de transformação social, e um agente colectivo, igualmente único, capaz de a levar a cabo; um contexto político institucional bem definido que torne possível formular lutas credíveis à luz dos objectivos que se propõem. A crítica destes pressupostos será feita ao longo do livro. Neste momento, quero apenas identificar alguns dos lugares onde a crítica nos trouxe.

O conhecimento totalizante é um conhecimento da ordem sobre o caos. O que distingue neste domínio a sociologia funcionalista da sociologia crítica é o facto de a primeira pretender a ordem da regulação social e a segunda pretender a ordem da emancipação social. No final do século, encontramo-nos perante a desordem tanto da regulação social como da emancipação social. O nosso lugar é em sociedades que são simultaneamente autoritárias e libertárias.

A última grande tentativa de produzir uma teoria crítica moderna coube a Foucault, tomando precisamente como alvo o conhecimento totalizante da modernidade, a ciência moderna. Ao contrário da opinião corrente, Foucault é para mim um crítico moderno e não um crítico pós-moderno. Ele representa o clímax e, paradoxalmente, a derrocada da teoria crítica moderna. Levando até às últimas consequências o poder disciplinar do panóptico construído pela ciência moderna, Foucault mostra que não há qualquer saída emancipatória dentro deste "regime da verdade", já que a própria resistência se transforma ela própria num poder disciplinar e, portanto, numa opressão consentida porque interiorizada. O grande mérito de Foucault foi ter mostrado as opacidades e os silêncios produzidos pela ciência moderna, conferindo credibilidade à busca de "regimes da verdade" alternativos, outras formas de conhecer marginalizadas, suprimidas e desacreditadas pela ciência moderna. O nosso lugar é hoje um lugar multicultural, um lugar que exerce uma constante hermenêutica de suspeição contra supostos universalismos ou totalidades. Intrigantemente, a sociologia disciplinar tem ignorado quase completamente o multiculturalismo. Este tem florescido nos estudos culturais, configurações transdisciplinares onde convergem as diferentes ciências sociais e os estudos literários e onde se tem produzido conhecimento crítico, feminista, anti-sexista, anti-racista, pós-colonial.

O princípio único da transformação social que subjaz à teoria crítica moderna assenta na inevitabilidade de um futuro socialista gerado pelo desenvolvimento constante das forças produtivas e pelas lutas de classes em que ele se traduz. Ao contrário do que sucedeu nas transições anteriores, será uma maioria, a classe operária, e não uma minoria, que protagonizará a superação da sociedade capitalista. A sociologia crítica moderna interpretou este princípio com grande liberdade e, por vezes, introduziu-lhe revisões profundas. Neste domínio, a teoria crítica moderna partilhou com a sociologia convencional dois pontos importantes. Por um lado, a concepção do agente histórico corresponde por inteiro à dualidade entre estrutura e acção que subjaz a toda a sociologia. Por outro lado, ambas as tradições sociológicas tiveram a mesma concepção das relações entre natureza e sociedade e ambas viram na industrialização a parteira do desenvolvimento. Não admira, pois, que, neste domínio, a crise da teoria crítica moderna se confunda em boa parte com a crise da sociologia em geral.

A nossa posição pode resumir-se assim. Em primeiro lugar, não há um princípio único de transformação social, e mesmo aqueles que continuam a acreditar num futuro socialista vêem-no como um futuro possível, em concorrência com outros futuros alternativos. Não há agentes históricos únicos nem uma forma única de dominação. São múltiplas as faces da dominação e da opressão e muitas delas foram irresponsavelmente negligenciadas pela teoria crítica moderna, como, por exemplo, a dominação patriarcal, o que é, nomeadamente, bem visível em Habermas, como mostrou Nancy Fraser. Não é por acaso que, nas duas últimas décadas, a sociologia feminista produziu a melhor teoria crítica. Sendo múltiplas as faces da dominação, são múltiplas as resistências e os agentes que as protagonizam. Na ausência de um princípio único, não é possível reunir todas as resistências e agências sob a alçada de uma grande teoria comum. Mais do que de uma teoria comum, do que necessitamos é de uma *teoria de tradução* que torne as diferentes lutas mutuamente inteligíveis e permita aos actores colectivos "conversarem" sobre as opressões a que resistem e as aspirações que os animam.

Em segundo lugar, a industrialização não é necessariamente o motor do progresso nem a parteira do desenvolvimento. Por um lado, ela assenta numa concepção retrógrada da natureza, incapaz de ver a relação entre a degradação desta e a degradação da sociedade que ela sustenta. Por outro lado, para dois terços da humanidade a industrialização não trouxe desenvolvimento. Se por desenvolvimento se entende o crescimento do PIB e da riqueza dos países menos desenvolvidos para que se aproximem mais dos países desenvolvidos, é fácil mostrar que tal objectivo é uma miragem dado que a desigualdade entre países ricos e países pobres não cessa de aumentar. Se por desenvolvimento se entende o crescimento do PIB para assegurar mais bem-estar às populações, é hoje fácil mostrar que o bem-estar das populações não depende tanto do nível da riqueza quanto da distribuição da riqueza. A falência da miragem do desenvolvimento é cada vez mais evidente, e, em vez de se buscarem novos modelos de desenvolvimento alternativo, talvez seja tempo de começar a criar alternativas ao desenvolvimento.

A crise da teoria crítica moderna tem, neste domínio, algumas consequências perturbadoras. Durante muito tempo, as alternativas científicas foram inequivocamente também alternativas políticas e manifestaram-se por ícones analíticos distintos que tornavam fácil distinguir os campos e as contradições entre eles. A crise da teoria crítica moderna arrastou consigo a crise da distinção icónica e os mesmos ícones passaram a ser partilhados por campos anteriormente bem demarcados, ou, em alternativa, foram criados ícones híbridos constituídos eclecticamente com elementos de diferentes campos. Assim, a oposição capitalismo/socialismo foi sendo substituída pelo ícone sociedade industrial, sociedade pós-industrial e, finalmente, sociedade de informação. A oposição entre imperialismo e modernização foi sendo substituída pelo conceito, intrinsecamente híbrido, de globalização. A oposição revolução/democracia foi quase drasticamente substituída pelos conceitos de ajustamento estrutural, pelo consenso de Washington e também pelos conceitos híbridos de participação e desenvolvimento sustentado.

Com esta política semântica, os campos deixaram de ter nomes distintivos, e para muitos, com isso, deixaram de ser distintos. Reside aqui a razão da perplexidade daqueles que, querendo tomar partido, sentem grandes dificuldades em identificar os campos entre os quais há que tomar partido.

O correlato da dificuldade em identificar os campos é a indefinição ou indeterminação do inimigo ou do adversário, uma síndrome reforçada pela descoberta da multiplicidade das opressões, das resistências e dos agentes atrás referidos. Quando, no início do século XIX, os luddistas destruíram as máquinas que os lançavam no desemprego, era talvez fácil demonstrar-lhes que o inimigo não eram as máquinas mas quem tinha poder para as comprar e utilizar. Hoje, a opacidade do inimigo ou do adversário parece ser muito maior. Por detrás do inimigo mais próximo parece estar outro e por detrás deste parece estar outro ainda, e assim sucessivamente. E quem está por detrás pode também estar pela frente. De algum modo, o espaço virtual é bem a metáfora desta indeterminação: o ecrã que está na frente pode igualmente estar atrás.

Em resumo, as dificuldades em construir hoje uma teoria crítica podem formular-se do seguinte modo. As promessas da modernidade, por não terem sido cumpridas, transformaram-se em problemas para os quais parece não haver solução. Entretanto, as condições que produziram a crise da teoria crítica moderna não se converteram ainda nas condições da superação da crise. Daí a complexidade da nossa posição transicional, que pode resumir-se assim: enfrentamos problemas modernos para os quais não há soluções modernas. Segundo uma posição, que podemos designar por pós-modernidade reconfortante, o facto de não haver soluções modernas é indicativo de que provavelmente não há problemas modernos, como também não houve antes deles promessas da modernidade. Há, pois, que aceitar e celebrar o que existe. Segundo outra posição, que designo por pós-modernidade inquietante ou de oposição, a disjunção entre a modernidade dos problemas e a pós-modernidade das possíveis soluções deve ser assumida plenamente e deve ser transformada num ponto de partida para enfrentar os desafios da construção de uma teoria crítica pós-moderna. É esta a minha posição, a ser desenvolvida em detalhe neste livro. Aqui, limito-me a resumi-la a traço muito grosso.

PARA UMA TEORIA CRÍTICA PÓS-MODERNA

Uma das fraquezas da teoria crítica moderna foi não ter reconhecido que a razão que critica não pode ser a mesma que pensa, constrói e legitima aquilo que é criticável. Não há conhecimento em geral, tal como não há ignorância em geral. O que ignoramos é sempre a ignorância de uma certa forma de conhecimento e vice-versa o que conhecemos é sempre o conhecimento em relação a uma certa forma de ignorância. Todo o acto de conhecimento é uma trajectória de um ponto A que designamos por ignorância para um ponto B que designamos por conhecimento. No projecto da modernidade podemos distinguir duas formas de conhecimento: o conhecimento-regulação cujo ponto de ignorância se designa por caos e cujo ponto de saber se designa por ordem e o conhecimento-emancipação cujo ponto de ignorância se designa por colonialismo e cujo ponto de saber se designa por solidariedade. Apesar de estas duas formas de conhecimento estarem ambas inscritas na matriz da modernidade eurocêntrica a verdade é que o conhecimento-regulação veio a dominar totalmente o conhecimento-emancipação. Isto deveu-se ao modo como a ciência moderna se converteu em conhecimento hegemónico e se institucionalizou como tal. Ao negligenciar a crítica epistemológica da ciência moderna a teoria crítica apesar de pretender ser uma forma de conhecimento-emancipação acabou por se converter em conhecimento-regulação.

Para a teoria crítica pós-moderna pelo contrário todo o conhecimento crítico tem de começar pela crítica do conhecimento. Na actual fase de transição paradigmática a teoria crítica pós-moderna constrói-se a partir de uma tradição epistemológica marginalizada e desacreditada da modernidade o conhecimento-emancipação. Nesta forma de conhecimento a ignorância é o colonialismo e o colonialismo é a concepção do outro como objecto e consequentemente o não reconhecimento do outro como sujeito. Nesta forma de conhecimento conhecer é reconhecer é progredir no sentido de elevar o outro da condição de objecto à condição de sujeito. Esse conhecimento-reconhecimento é o que designo por solidariedade. Estamos tão habituados a conceber o conhecimento como um princípio de ordem sobre as coisas e sobre os outros que é difícil imaginar uma forma de conhecimento que funcione como princípio de solidariedade. No entanto tal dificuldade é um desafio que deve ser enfrentado. Sabendo nós hoje o que aconteceu às alternativas propostas pela teoria crítica moderna não nos podemos contentar com um pensamento de alternativas. Necessitamos de um pensamento alternativo de alternativas. É este o tema central do 1º Volume. Os volumes seguintes desenvolverão esse tema em diferentes domínios.

A opção das ciências sociais em geral e da sociologia em especial pelo conhecimento-emancipação tem três implicações.

A primeira implicação pode formular-se do seguinte modo: *do monoculturalismo para o multiculturalismo*. Como a solidariedade é uma forma de conhecimento que se obtém por via do reconhecimento do outro o outro só pode ser conhecido enquanto produtor de conhecimento. Daí que todo o conhecimento-emancipação tenha uma vocação multicultural. A construção de um conhecimento multicultural tem duas dificuldades: o *silêncio* e a *diferença*. O domínio global da ciência moderna como conhecimento-regulação acarretou consigo a destruição de muitas formas de saber sobretudo daquelas que eram próprias dos povos que foram objecto do colonialismo ocidental. Tal destruição produziu silêncios que tornaram impronunciáveis as necessidades e as aspirações dos povos ou grupos sociais cujas formas de saber foram objecto de destruição. Não esqueçamos que sob a capa dos valores universais autorizados pela razão foi de facto imposta a razão de uma "raça" de um sexo e de uma classe social. A questão é, pois: como realizar um diálogo multicultural quando algumas culturas foram reduzidas ao silêncio e as suas formas de ver e conhecer o mundo se tornaram impronunciáveis? Por outras palavras, como fazer falar o silêncio sem que ele fale necessariamente a linguagem hegemónica que o pretende fazer falar? Estas perguntas constituem um grande desafio ao diálogo multicultural. Os silêncios, as necessidades e as aspirações impronunciáveis só são captáveis por uma *sociologia das ausências* que proceda pela comparação entre os discursos disponíveis, hegemónicos e contra-hegemónicos, e pela análise das hierarquias entre eles e dos vazios que tais hierarquias produzem. O silêncio é, pois, uma construção que se afirma como sintoma de um bloqueio, de uma potencialidade que não pode ser desenvolvida.

A segunda dificuldade do conhecimento multicultural é a diferença. Só existe conhecimento e, portanto, solidariedade nas diferenças e a diferença sem inteligibilidade conduz à incomensurabilidade e, em última instância, à indiferença. Daí a necessidade da *teoria da tradução* como parte integrante da teoria crítica pós-moderna. É por via da tradução e do que eu designo por hermenêutica diatópica que uma necessidade, uma aspiração, uma prática numa dada cultura pode ser tornada compreensível e inteligível para outra cultura. O conhecimento-emancipação não aspira a uma grande teoria, aspira sim a uma teoria da tradução que sirva de suporte epistemológico às práticas emancipatórias, todas elas finitas e incompletas e, por isso, apenas sustentáveis quando ligadas em rede.

O segundo desafio do conhecimento-emancipação pode ser assim formulado: *da peritagem heróica ao conhecimento edificante*. A ciência moderna e, portanto, também a teoria crítica moderna, assentam no pressuposto de que o conhecimento é válido independentemente das condições que o tornaram possível. Por isso, a sua aplicação independe igualmente de todas as condições que não sejam necessárias para garantir a operacionalidade técnica da aplicação. Tal operacionalidade é construída através de um processo que designo *por falsa equivalência de escalas* e que consiste em produzir e ocultar um desequilíbrio de escala entre a acção técnica e as consequências técnicas. Por via desse desequilíbrio, a grande escala da acção é posta em paralelo com a pequena escala das consequências. Esta falsa equivalência de escalas é fundamental neste paradigma de conhecimento. Dado que a ciência moderna desenvolveu uma enorme capacidade de agir, mas não desenvolveu uma correspondente capacidade de prever, as consequências de uma acção científica tendem a ser menos científicas que a acção científica em si mesma. Este desequilíbrio e a falsa equivalência de escalas que o oculta tornam possível o heroísmo técnico do cientista. Uma vez descontextualizado, todo o conhecimento é potencialmente absoluto. Esta descontextualização tornou possível o tipo de profissionalização que hoje domina. Apesar de a situação parecer estar a mudar, ainda hoje é muito fácil produzir ou aplicar conhecimento escapando às consequências. A tragédia pessoal do conhecimento só é hoje detectável nas biografias dos grandes criadores da ciência moderna de finais do século XIX e começos do século XX.

As ciências sociais críticas têm, pois, de refundar uma das reivindicações originais da teoria crítica moderna: *a distinção entre objectividade e neutralidade*. A objectividade decorre da aplicação rigorosa e honesta dos métodos de investigação que nos permitem fazer análises que não se reduzem à reprodução antecipada das preferências ideológicas daqueles que as levam a cabo. A objectividade decorre ainda da aplicação sistemática de métodos que permitam identificar os pressupostos os preconceitos os valores e os interesses que subjazem à investigação científica supostamente desprovida deles. Assim concebida a objectividade é uma "objectividade forte" para usar uma expressão de Sandra Harding (1991, 1993). É esta objectividade que permite dar conta adequadamente das diferentes e até contraditórias perspectivas posições etc. que se defrontam quanto ao tema em análise. Isto no entanto deve ser feito de maneira a evitar dois vícios igualmente graves e ambos assentes na fuga à argumentação: a recusa em argumentar a favor ou contra qualquer posição por se pensar que o cientista não pode nem deve tomar posição; ou a recusa em argumentar em favor da posição própria por se pressupor que ela longe de ser uma entre outras é a única ou a única racional e como tal se impõe sem necessidade de argumentação. Nem a objectividade nem a neutralidade são possíveis em termos absolutos. A atitude do cientista social crítico deve ser a que se orienta para maximizar a objectividade e para minimizar a neutralidade.

A teoria crítica pós-moderna parte do pressuposto de que o conhecimento é sempre contextualizado pelas condições que o tornam possível e de que ele só progride na medida em que transforma em sentido progressista essas condições. Por isso o conhecimento-emancipação conquista-se assumindo as consequências do seu impacto. Daí que seja um conhecimento prudente finito que mantém a escala das acções tanto quanto possível ao nível da escala das consequências.

A profissionalização do conhecimento é indispensável mas apenas na medida em que torna possível eficaz e acessível a aplicação partilhada e desprofissionalizada do conhecimento. Esta corresponsabilização contém na sua base um compromisso ético. Neste domínio vivemos hoje numa sociedade paradoxal A afirmação discursiva dos valores é tanto mais necessária quanto mais as práticas sociais dominantes tornam impossível a realização desses valores. Vivemos numa sociedade dominada por aquilo que São Tomás de Aquino designa por *habitus principiorum*, o hábito de proclamar princípios para não ter de viver segundo eles. Não admira pois que a teoria pós-moderna relativize os valores e nessa medida tenha uma forte componente de desconstrução sobretudo evidente em Derrida. Mas a pós-modernidade de oposição não pode quedar-se pela desconstrução uma vez que esta levada ao extremo desconstrói a própria possibilidade da resistência e da alternativa. Daqui decorre o terceiro desafio do conhecimento-emancipação às ciências sociais em geral e à sociologia em especial.

Este desafio pode formular-se assim: *da acção conformista à acção rebelde*. A teoria crítica moderna tal como a sociologia convencional centrou-se na dicotomia estrutura/acção e sobre ela construiu os seus quadros analíticos e teóricos. Não questiono a utilidade da dicotomia mas observo que com o tempo ela se transformou mais num debate sobre a ordem do que num debate sobre a solidariedade. Ou seja foi absorvida pelo campo epistemológico do conhecimento-regulação.

O melhor sinal desta absorção tem sido a sorte da dicotomia determinismo/contingência. Perante a aceleração do tempo histórico e a crise do tempo linear, a emergência da teoria das catástrofes e da complexidade, o determinismo na sua concepção tradicional transformou-se numa maneira preguiçosa de pensar, quer a transformação social, quer a impossibilidade desta. Por outro lado, as ideias de contingência e fragmentação que ocuparam o espaço deixado pelo determinismo transformaram-se numa maneira irresponsável de pensar a transformação social ou a impossibilidade dela.

A renovação da teoria crítica passa, neste domínio, por duas ideias. A primeira é que as estruturas são tão dinâmicas quanto as acções que elas consolidam. No seu conjunto, criam horizontes de possibilidades e, por isso, tanto excluem como potenciam. A segunda ideia é que a determinação ou indeterminação deixaram de ser conceitos filosóficos para serem variáveis empíricas. Como diria René Thom, os processos são mais ou menos determinados e um processo dado pode passar por momentos de maior ou de menor determinação. A variação depende de muitos factores, mas depende sobretudo de tipos de acção e de subjectividade que intervêm nos processos. As acções e as subjectividades são tanto produtos como produtores dos processos sociais. As determinações consolidam-se na medida em que dominam subjectividades orientadas para identificar limites e se conformarem com eles, quer porque os acham naturais, quer porque os acham inultrapassáveis. Pelo contrário, as determinações desestabilizam-se na medida em que predominam subjectividades orientadas para identificar possibilidades e as ampliarem para além do que é possível sem esforço.

Daí que, para a teoria crítica pós-moderna, seja necessário centrarmo-nos numa outra dualidade que não a determinação/contingência ou estrutura/acção: a dualidade entre a acção conformista e a acção rebelde. Tanto no domínio da produção como no domínio do consumo, a sociedade capitalista afirma-se cada vez mais como uma sociedade fragmentada, plural e múltipla, onde as fronteiras parecem existir apenas para poderem ser ultrapassadas. A substituição relativa da provisão de bens e serviços pelo mercado de bens e serviços cria campos de escolha que facilmente se confundem com exercícios de autonomia e libertação de desejos. Tudo isto ocorre dentro de limites estreitos, os da selecção das escolhas e os da solvência para as tornar efectivas, mas tais limites são facilmente construídos simbolicamente como oportunidades, sejam elas a fidelização às escolhas ou o consumo a crédito. Nestas condições, a acção conformista passa facilmente por acção rebelde. E, concomitantemente, a acção rebelde parece tão fácil que se transforma num modo de conformismo alternativo.

É neste contexto que a teoria crítica pós-moderna procura reconstruir a ideia e a prática da transformação social emancipatória. As especificações das formas de socialização, de educação e de trabalho que promovem subjectividades rebeldes ou, ao contrário, subjectividades conformistas é a tarefa primordial da inquirição crítica pós-moderna.

A construção social da rebeldia e, portanto, de subjectividades inconformistas e capazes de indignação é, ela própria, um processo social contextualizado. O contexto do início do milénio cria três grandes desafios a tal construção. O primeiro desafio é a discrepância entre as *experiências* e *as expectativas*. A não coincidência entre experiências e expectativas é a grande novidade histórica do paradigma da modernidade. Trata-se da ideia de que as experiências do presente serão excedidas pelas expectativas quanto ao futuro. Ao excesso das expectativas em relação às experiências foi dado o nome de progresso. A teoria crítica foi uma mensagem privilegiada dessa discrepância, e se algo a distinguia da teoria convencional era exactamente a sua predilecção por ampliar esse excesso e, com ele, a discrepância entre experiências medíocres e expectativas exaltantes.

No final do século, a globalização neoliberal e o capitalismo neo-selvagem vieram alterar esta condição. Para a esmagadora maioria da população, a discrepância entre experiências e expectativas mantém-se, mas invertida: as expectativas são agora negativas e deficitárias em relação às experiências. Às experiências de hoje, por mais medíocres, teme-se que se sigam outras no futuro ainda mais medíocres. Neste contexto, a teoria crítica vê-se na contingência de defender as experiências de hoje contra as expectativas deficitárias e com isso o seu programa de transformação social pode acabar por redundar na defesa do *status quo*. Mas, neste caso, o que distingue a teoria crítica da teoria convencional? E não será esta mais adequada para dar conta da nossa condição? E como pode uma teoria crítica que defende o *status quo* promover credivelmente a constituição de subjectividades rebeldes?

De algum modo, a realidade é menos dilemática do que parece nesta formulação. É que se a teoria crítica convencional procurou, no passado, minimizar a discrepância entre experiências e expectativas, quando estas eram positivas e excessivas, hoje, quando estas se tornam negativas e deficitárias, procura maximizar a discrepância entre elas e as experiências. Deixou, pois, de defender o *status quo* para defender a sua transformação conservadora. A versão extrema desta orientação é a do conservadorismo revolucionário com poder crescente nos Estados Unidos da América e nas agências multilaterais dominadas pelos EUA. Se com isto o *status quo* muda de qualidade política e a teoria crítica pode encontrar nele um factor de credibilização, por outro lado a teoria crítica tem de especificar cultural e politicamente o que distingue a subjectividade e acção rebelde que quer promover da que é promovida pelo revolucionarismo conservador.

O segundo desafio pode ser formuladora dicotomia *consenso/resignação*. O conceito central neste desafio é o conceito de hegemonia. Na peugada de Marx e de Gramsci, a teoria crítica sempre entendeu por hegemonia a capacidade das classes dominantes em transformarem as suas ideias em ideias dominantes. Por via dessa transformação, as classes dominadas acreditam estar a ser governadas em nome do interesse geral, e com isso consentem na governação. A teoria crítica teve um papel central em denunciar o carácter repressivo deste consenso e a mistificação ideológica em que assentava. E, ao fazê-lo, suscitou maior conflitualidade social embriu campo para alternativas sociais e políticas para além do consenso hegemónico.

O que é novo, no contexto actual, é que as classes dominantes se desinteressaram do consenso, tal é a confiança que têm em que não há alternativa às ideias e soluções que defendem. Por isso, não se preocupam com a vigência possível de ideias ou projectos que lhes são hostis, já que estão convictos da sua irrelevância e da inevitabilidade do seu fracasso. Com isto, a hegemonia transformou-se e passou a conviver com a alienação social, e em vez de assentar no consenso, passou a assentar na resignação. O que existe não tem de ser aceite por ser bom. Bom ou mau, é inevitável, e é nessa base que tem de se aceitar.

A teoria crítica foi desenvolvida para lutar contra o consenso como forma de questionar a dominação e criar o impulso de lutar contra ela. Como proceder numa situação em que o consenso deixou de ser necessário e, portanto, a sua desmistificação deixou de ser a mola do inconformismo? É possível lutar contra a resignação com as mesmas armas teóricas, analíticas e políticas com que se lutou contra o consenso?

Este desafio é enorme. A resignação, quando desestabilizada, tende a dar lugar a rupturas radicais com o que existe. É de algum modo o que verificamos hoje nos movimentos religiosos milenaristas ou apocalípticos, nos movimentos ecológicos fundamentalistas e em certas correntes mais radicais dos movimentos feministas. Estas rupturas radicais são dificilmente inteligíveis para a teoria crítica ou apropriáveis por ela. A teoria crítica moderna, sob a influência da cientificidade e do determinismo das suas premissas, sempre procurou ligar o presente ao futuro, as continuidades às descontinuidades. Promoveu a discrepância entre experiências e expectativas, mas manteve-as sempre articuladas, precisamente pela ideia de progresso. Como conceber rupturas progressistas fora da ideia de progresso?

A ruptura radical representa um excesso de presente em relação ao passado que é indiferente ao futuro, quer porque se pretende efémera, quer porque o futuro que visiona é inevitavelmente catastrófico. A exacerbação tanto da resignação como da ruptura radical questiona os princípios de determinação e de direcção em que se fundou a teoria crítica. Para enfrentar este desafio a teoria crítica terá de saber compensar a determinação e a direcção pela exigência do compromisso ético.

E isto me conduz ao terceiro e último desafio, o qual se pode formular na dicotomia *espera/esperança*. O contexto actual é o da maximização e máxima indeterminação do risco. Vivemos numa sociedade de riscos individuais e colectivos inseguráveis. São eles acima de tudo que minam a ideia de progresso e a linearidade e cumulatividade do tempo histórico. São eles os responsáveis pelo retorno da ideia do tempo cíclico, da decadência, da escatologia milenarista. O carácter caótico dos riscos torna-os presas fáceis de desígnios divinos ou, o que é o mesmo, de contingências absolutas. Esta situação traduz-se sociologicamente por uma atitude de espera sem esperança. Uma atitude de espera, porque a concretização do risco é simultaneamente totalmente certa e totalmente incerta. Só resta prepararmo-nos para esperar sem estarmos preparados. É uma atitude sem esperança porque o que vem não é bom e não tem alternativa.

À teoria crítica moderna foi sempre fundamental a ideia de espera, pois só com esta atitude é possível manter em aberto a possibilidade de alternativas credíveis. Mas por serem progressistas ou melhores que o que existe, tais alternativas foram também o motivo da esperança. Assim foi possível esperar com esperança. A teoria crítica moderna representou uma secularização fiel da esperança bíblica. Num contexto de espera sem esperança, a teoria crítica tem apenas a alternativa de lutar contra a inevitabilidade dos riscos. Para isso, porém, tem de assumir uma posição explicitamente utópica, uma posição que sempre teve, mas que durante muito tempo clamou não ter. Recuperar a esperança significa, neste contexto, alterar o estatuto da espera, tornando-a simultaneamente mais activa e mais ambígua. A utopia é, assim, o realismo desesperado de uma espera que se permite lutar pelo conteúdo da espera, não em geral mas no exacto lugar e tempo em que se encontra. A esperança não reside, pois, num princípio geral que providencia por um futuro geral. Reside antes na possibilidade de criar campos de experimentação social onde seja possível resistir localmente às evidências da inevitabilidade, promovendo com êxito alternativas que parecem utópicas em todos os tempos e lugares excepto naqueles em que ocorreram efectivamente. É este o realismo utópico que preside às iniciativas dos grupos oprimidos que, num mundo onde parece ter desaparecido a alternativa, vão construindo, um pouco por toda a parte, alternativas locais que tornam possível uma vida digna e decente.

À teoria crítica compete, em vez de generalizar a partir dessas alternativas em busca da Alternativa, torná-las conhecidas para além dos locais e criar, através da teoria da tradução, inteligibilidades e cumplicidades recíprocas entre diferentes alternativas em diferentes locais. A criação de redes translocais entre alternativas locais é uma forma de globalização contra-hegemónica — a nova face do cosmopolitismo.

Disse Marx que cada sociedade só se coloca em cada época os problemas que pode resolver. Compreendo as razões que levaram Marx a tal afirmação, mas discordo. O que faz mudar as sociedades e as épocas é precisamente o excesso de problemas que suscitam em relação às soluções que tornam possíveis. A teoria crítica é a consciência desse excesso. A sua aspiração utópica não reside em propor soluções desproporcionadas para os problemas postos, mas antes na capacidade para formular problemas novos para os quais não existem ou não existem ainda soluções.

CONCLUSÃO

Admito que não é difícil ver no pós-moderno de oposição aqui proposto mais uma posição moderna do que pós-moderna. Isto deve-se em parte ao facto de a versão dominante do pós-moderno ser o pós-moderno celebratório. Só isso explica que um intelectual tão sério como Terry Eagleton se deixe tentar por uma crítica tão superficial quanto descabelada do pós-moderno (Eagleton, 1996). Porque o pós-moderno celebratório reduz a transformação social à repetição acelerada do presente e se recusa a distinguir entre versões emancipatórias e progressistas de hibridação e versões regulatórias e conservadoras, tem sido fácil à teoria crítica moderna reivindicar para si o monopólio da ideia de uma "sociedade melhor" e da acção normativa. Pelo contrário, o pós-moderno de oposição questiona radicalmente este monopólio. A ideia de uma "sociedade melhor" é-lhe central, mas, ao contrário da teoria crítica moderna, concebe o socialismo como uma aspiração de democracia radical, um futuro entre outros futuros possíveis, que, de resto, nunca será plenamente realizado. Por outro lado, a normatividade a que aspira é construída sem referência a universalismos abstractos em que quase sempre se ocultam preconceitos racistas e eurocêntricos. É uma normatividade construída a partir do chão das lutas sociais, de modo participativo e multicultural.

Dada a crise da teoria crítica moderna, tenho razões para pensar que o antagonismo entre pós-moderno de oposição e pós-moderno celebratório terá gradualmente consequências políticas e teóricas mais importantes do que o antagonismo entre o moderno e o pós-moderno. Infelizmente, o primeiro antagonismo tem sido ocultado pelo segundo devido a uma intrigante convergência entre o discurso de modernistas irredutíveis e o discurso de pós-modernistas hiperdesconstruídos.

Este livro visa definir uma abordagem pós-moderna de oposição, uma abordagem que articula a crítica da modernidade com a crítica da teoria crítica da modernidade. O objectivo central é, pois, o de desenvolver teorias, horizontes analíticos e conceptuais que credibilizem esta atitude crítica sobretudo junto daqueles, presumivelmente muitos, que sentem que as razões da indignação e do inconformismo não estão apoiadas pela indignação e o inconformismo da razão. Porque recusa o vanguardismo, a teoria crítica pós-moderna visa transformar-se num senso comum emancipatório. Porque é auto-reflexiva, sabe que não é através da teoria que a teoria se transforma em senso comum. A teoria é a consciência cartográfica do caminho que vai sendo percorrido pelas lutas políticas sociais e culturais que ela influencia tanto quanto é influenciada por elas.

VOLUME 1

A crítica da razão indolente: contra o desperdício da experiência

PREFÁCIO

Há um desassossego no ar. Temos a sensação de estar na orla do tempo, entre um presente quase a terminar e um futuro que ainda não nasceu. O desassossego resulta de uma experiência paradoxal: a vivência simultânea de excessos de determinismo e de excessos de indeterminismo. Os primeiros residem na aceleração da rotina. As continuidades acumulam-se, a repetição acelera-se. A vivência da vertigem coexiste com a de bloqueamento. A vertigem da aceleração é também uma estagnação vertiginosa. Os excessos do indeterminismo residem na desestabilização das expectativas. A eventualidade de catástrofes pessoais e colectivas parece cada vez mais provável. A ocorrência de rupturas e de descontinuidades na vida e nos projectos de vida é o correlato da experiência de acumulação de riscos inseguráveis. A coexistência destes excessos confere ao nosso tempo um perfil especial, o tempo caótico onde ordem e desordem se misturam em combinações turbulentas. Os dois excessos suscitam polarizações extremas que, paradoxalmente, se tocam. As rupturas e as descontinuidades, de tão frequentes, tornam-se rotina e a rotina, por sua vez, torna-se catastrófica.

Pode pensar-se que este desassossego é típico dos tempos de passagem de século e, sobretudo, de passagem de milénio, sendo por isso um fenómeno superficial e passageiro. A tese deste livro é que, pelo contrário, o desassossego que experienciamos nada tem a ver com lógicas de calendário. Não é o calendário que nos empurra para a orla do tempo, e sim a desorientação dos mapas cognitivos, interaccionais e societais em que até agora temos confiado. Os mapas que nos são familiares deixaram de ser confiáveis. Os novos mapas são, por agora, linhas ténues, pouco menos que indecifráveis. Nesta dupla desfamiliarização está a origem do nosso desassossego.

Vivemos, pois, numa sociedade intervalar, uma sociedade de transição paradigmática. Esta condição e os desafios que ela nos coloca fazem apelo a uma racionalidade activa, porque em transito, tolerante, porque desinstalada de certezas paradigmáticas, inquieta, porque movida pelo desassossego que deve, ela própria, potenciar.

À luz disto, entende-se facilmente o título deste volume inspirado em Leibniz. No Prefácio da *Teodiceia* [1710 (1985)], Leibniz refere a perplexidade que desde sempre tem causado o sofisma que os antigos chamavam a "razão indolente" ou "razão preguiçosa": se o futuro é necessário e o que tiver de acontecer acontece independentemente do que fizermos, é preferível não fazer nada, não cuidar de nada e gozar apenas o prazer do momento. Esta razão é indolente porque desiste de pensar perante a necessidade e o fatalismo de que Leibniz distingue três versões: o *Fatum Mahometanum,* o *Fatum Stoicum* e o *Fatum Christianum.*

Neste volume, a razão criticada é uma razão cuja indolência ocorre por duas vias aparentemente contraditórias: a razão inerme perante a necessidade que só ela pode imaginar como lhe sendo exterior; a razão displicente que não sente necessidade de se exercitar por se imaginar incondicionalmente livre e, portanto, livre da necessidade de provar a sua liberdade. Bloqueada pela impotência auto-infligida e pela displicência, a experiência da razão indolente é uma experiência limitada, tão limitada quanto a experiência do mundo que ela procura fundar. É por isso que a crítica da razão indolente é também uma denúncia do desperdício da experiência. Numa fase de transição paradigmática, os limites da experiência fundada na razão indolente são particularmente grandes, sendo correspondentemente maior o desperdício da experiência. É que a experiência limitada ao paradigma dominante não pode deixar de ser uma experiência limitada deste último.

Neste volume analiso a natureza e os termos da transição paradigmática, a transição entre o paradigma sócio-cultural da modernidade ocidental e o paradigma emergente. Na Parte I, defino o paradigma dominante e os traços gerais da sua crise. A tese central é que a complexa matriz das energias regulatórias e das energias emancipatórias inscrita na modernidade ocidental foi sendo reduzida, à medida que esta convergiu com o desenvolvimento capitalista, a dois grandes instrumentos de racionalização da vida colectiva, a ciência moderna e o direito estatal moderno. A crise de ambos coincide, por isso, com a crise do paradigma dominante, uma crise epistemológica e societal. No Capítulo 1, centro-me na análise da ciência moderna e, no Capítulo 2, na análise do direito moderno.

Na Parte II, prossigo, a partir de uma perspectiva diferente, a identificação dos limites de representação da ciência e do direito. Por esta via, pretendo mostrar o impacto destes limites na intervenção científica e jurídica na sociedade, um impacto tanto maior quanto menor é o reconhecimento dos limites. Para esta análise, recorro às ciências e outras práticas que, devido à natureza dos seus objectivos, desenvolveram um reconhecimento mais apurado dos limites da representação, tais como a cartografia e a arqueologia, mas também a fotografia e a pintura. No Capítulo 3, parto da cartografia para analisar os limites da representação jurídica da realidade social. No Capítulo 4, tendo por alvo a ciência moderna com menos consciência dos limites de representação, a economia convencional, analiso os limites da representação científica da realidade com recurso à arqueologia, à fotografia e à pintura.

Na Parte III, apresento uma alternativa teórica e analítica do paradigma societal dominante, um procedimento que visa desnaturalizar e desnormalizar as formas de conhecimento, de poder e de direito que a modernidade ocidental transformou num cânone inexpugnável. Esta desnaturalização e desnormalização visa abrir novos espaços para novas lutas de resistência às diferentes faces da opressão caucionadas pelo paradigma dominante. Tais lutas pressupõem a reinvenção da emancipação social, feita a partir de escavações nas tradições marginalizadas ou suprimidas pela modernidade ocidental. No Capítulo 5, apresento uma teoria da regulação social segundo o paradigma dominante e, no Capítulo 6, recorro ao pensamento utópico para definir algumas das linhas do paradigma emergente, quer relativamente à emancipação social por ele tornada possível, quer às subjectividades capazes de transformar a possibilidade em realidade.

No prefácio geral ao livro agradeci os apoios que recebi na sua preparação. No que respeita ao 1º Volume, são devidos alguns agradecimentos especiais. Maria Paula Meneses, arqueóloga e antropóloga da Universidade Eduardo Mondiane, orientou pacientemente o meu estudo da arqueologia, e António Gama foi uma fonte inesgotável de informações cartográficas.

PARTE I

Epistemologia das estátuas quando olham para os pés: a ciência e o direito na transição paradigmática

INTRODUÇÃO

Graças à investigação e à teoria feministas, sabe-se hoje que os espelhos, sendo um objecto de uso corrente desde há muitos séculos, são usados de modo diferente pelos homens e pelas mulheres e que essa diferença é uma das marcas da dominação masculina. Enquanto os homens usam o espelho por razões utilitárias, fazem-no pouco frequentemente e não confundem a imagem do que vêem com aquilo que são, as mulheres têm de si próprias uma imagem mais visual, mais dependente do espelho, e usam-no mais frequentemente, para construir uma identidade que lhes permita funcionar numa sociedade em que não ser narcisístico é considerado não feminino (Sontag, 1972: 34). Como diz Susan Sontag, "as mulheres não têm apenas faces como os homens" (1972: 35), e La Belle acrescenta: "todos os homens têm faces; muitas mulheres são as suas faces" (1988: 24). Esta diferença, que é uma marca da discriminação sexual, tem vindo a ser reconstruída pelas feministas como ponto de partida para afirmação de uma identidade feminina libertada que reivindique o espelho como uma forma própria de conhecer e aceitar o corpo (La Belle, 1988: 173 e ss.).

Esta diferença não tem nada de essencial. Expressa tendências diferentes, cuja diferença, aliás, talvez venha a esbater-se à medida que progride a esteticização do consumo e do corpo tanto da mulher como do homem. Menciono estes padrões de utilização de espelhos porque penso que as sociedades, tal como os indivíduos, usam espelhos e fazem-no de um modo mais feminino do que masculino. Ou seja, as sociedades são a imagem que têm de si vistas nos espelhos que constroem para reproduzir as identificações dominantes num dado momento histórico. São os espelhos que, ao criar sistemas e práticas de semelhança, correspondência e identidade, asseguram as rotinas que sustentam a vida em sociedade. Uma sociedade sem espelhos é uma sociedade aterrorizada pelo seu próprio terror.

Há duas diferenças fundamentais entre o uso dos espelhos pelos indivíduos e o uso dos espelhos pela sociedade. A primeira diferença é, obviamente, que os espelhos da sociedade não são físicos, de vidro. São conjuntos de instituições, normatividades, ideologias que estabelecem correspondências e hierarquias entre campos infinitamente vastos de práticas sociais. São essas correspondências e hierarquias que permitem reiterar identificações até ao ponto de estas se transformarem em identidades. A ciência, o direito, a educação, a informação, a religião e a tradição estão entre os mais importantes espelhos das sociedades contemporâneas. O que eles reflectem é o que as sociedades são. Por detrás ou para além deles, não há nada.

A segunda diferença é que os espelhos sociais, porque são eles próprios processos sociais, têm vida própria e as contingências dessa vida podem alterar profundamente a sua funcionalidade enquanto espelhos. Acontece com eles o que aconteceu com o espelho da personagem da peça *Happy Days* de Samuel Beckett: "Leva o meu espelho, ele não precisa de mim". Quanto maior é o uso de um dado espelho e quanto mais importante é esse uso, maior é a probabilidade de que ele adquira vida própria. Quando isto acontece, em vez de a sociedade se ver reflectida no espelho, é o espelho a pretender que a sociedade o reflicta. De objecto do olhar, passa a ser, ele próprio, olhar. Um olhar imperial e imperscrutável, porque se, por um lado, a sociedade deixa de se reconhecer nele, por outro não entende sequer o que o espelho pretende reconhecer nela. É como se o espelho passasse de objecto trivial a enigmático super-sujeito, de espelho passasse a estátua. Perante a estátua, a sociedade pode, quando muito, imaginar-se como foi ou, pelo contrário, como nunca foi. Deixa, no entanto, de ver nela uma imagem credível do que imagina ser quando olha. A actualidade do olhar deixa de corresponder à actualidade da imagem.

Quando isto acontece, a sociedade entra numa crise que podemos designar como crise da consciência especular: de um lado, o olhar da sociedade à beira do terror de não ver reflectida nenhuma imagem que reconheça como sua; do outro lado, o olhar monumental, tão fixo quanto opaco, do espelho tornado estátua que parece atrair o olhar da sociedade, não para que este veja, mas para que seja vigiado.

Entre os muitos espelhos das sociedades modernas, dois deles, pela importância que adquiriram, parecem ter passado de espelhos a estátuas: a ciência e o direito. O processo histórico em que tal ocorreu é o resultado da combinação entre dois processos históricos distintos: o paradigma da modernidade ocidental e o capitalismo. Nesta Parte I analiso a ciência e o direito modernos no processo da sua transformação de espelhos em estátuas. É uma análise crítica e, por isso, pretende captá-los num momento de fragilidade. Nas estátuas esse momento é o momento de desequilíbrio no pedestal. É o momento em que o olhar imperial, fixo e opaco sobre o mundo, tem de repente de olhar para os pés. Os pés não têm sequer de ser de barro para que a estátua corra então o risco de cair. A análise que se segue aposta nesse risco, não porque se compraza em derrubar estátuas, mas apenas para reinventar novos espelhos que tornem possível ultrapassar a crise de consciência especular em que nos encontramos. Esse processo de reinvenção está apenas no começo. Por enquanto, os indícios de novos espelhos são ainda dispersos. As imagens que é possível obter são fragmentárias e convulsas e, nessa medida, opacas. Mas a sua opacidade, ao contrário da das estátuas, não é imperial, existe para ser superada.

A modernidade ocidental e o capitalismo são dois processos históricos diferentes e autónomos. O paradigma sócio-cultural da modernidade surgiu entre o século XVI e os finais do século XVIII, antes de o capitalismo industrial se ter tornado dominante nos actuais países centrais. A partir daí, os dois processos convergiram e entrecruzaram-se, mas, apesar disso, as condições e a dinâmica do desenvolvimento de cada um mantiveram-se separadas e relativamente autónomas[1]. A modernidade não pressupunha o capitalismo como modo de produção próprio. Na verdade, concebido enquanto modo de produção, o socialismo marxista é também, tal como o capitalismo, parte constitutiva da modernidade. Por outro lado, o capitalismo, longe de pressupor as premissas sócio-culturais da modernidade para se desenvolver, coexistiu e até progrediu em condições que, na perspectiva do paradigma da modernidade, seriam sem dúvida consideradas pré-modernas ou mesmo antimodernas.

Tenho vindo a defender que estamos a entrar num período de transição paradigmática (Santos, 1994). Resumo aqui o argumento já conhecido porque parto dele para avançar na formulação da natureza da transição paradigmática apresentada nesta Parte. O paradigma sócio-cultural da modernidade, constituído antes de o capitalismo se ter convertido no modo de produção industrial dominante, desaparecerá provavelmente antes de o capitalismo perder a sua posição dominante. Esse desaparecimento é um fenómeno complexo, já que é simultaneamente um processo de superação e um processo de obsolescência. É superação na medida em que a modernidade cumpriu algumas das suas promessas, nalguns casos até em excesso. É obsolescência na medida em que a modernidade já não consegue cumprir outras das suas promessas. Tanto o excesso como o défice de cumprimento das promessas históricas explicam a nossa situação presente, que aparece, à superfície, como um período de crise, mas que, a nível mais profundo, é um período de transição paradigmática. Como todas as transições são simultaneamente semi-invisíveis e semicegas, é impossível nomear com exactidão a situação actual. Talvez seja por isso que a designação inadequada de "pós-moderno" se tornou tão popular. Mas, por essa mesma razão, este termo é autêntico na sua inadequação.

---

1. A relação entre a modernidade e o capitalismo é em si um processo histórico que está longe de ser linear e no qual é possível distinguir diferentes momentos, temporalidades ou "fases". Distingo três períodos: capitalismo liberal, capitalismo organizado e capitalismo desorganizado (Santos, 1994: 73-84; e, adiante, Capítulo 2).

Semelhante transformação paradigmática terá consequências para o desenvolvimento do capitalismo, mas o seu impacto específico não pode ser pré-determinado. A eficácia da transição pós-moderna consiste em construir um novo e vasto horizonte de possíveis futuros alternativos, um horizonte pelo menos tão novo e tão vasto como aquele que a modernidade outrora construiu e que depois destruiu ou deixou destruir.

O paradigma da modernidade é muito rico e complexo, tão susceptível de variações profundas como de desenvolvimentos contraditórios. Assenta em dois pilares, o da regulação e o da emancipação, cada um constituído por três princípios ou lógicas. O pilar da regulação é constituído pelo princípio do Estado, formulado essencialmente por Hobbes, pelo princípio do mercado, desenvolvido sobretudo por Locke e por Adam Smith, e pelo princípio da comunidade, que domina toda a teoria social e política de Rousseau. O princípio do Estado consiste na obrigação política vertical entre cidadãos e Estado. O princípio do mercado consiste na obrigação política horizontal individualista e antagónica entre os parceiros de mercado. O princípio da comunidade consiste na obrigação política horizontal solidária entre membros da comunidade e entre associações. O pilar da emancipação é constituído pelas três lógicas de racionalidade definidas por Weber: a racionalidade estético-expressiva das artes e da literatura, a racionalidade cognitivo-instrumental da ciência e da tecnologia e a racionalidade moral-prática da ética e do direito.

O paradigma da modernidade é um projecto ambicioso e revolucionário, mas é também um projecto com contradições internas. Por um lado, a envergadura das suas propostas abre um vasto horizonte à inovação social e cultural; por outro, a complexidade dos seus elementos constitutivos torna praticamente impossível evitar que o cumprimento das promessas seja nuns casos excessivo e noutros insuficiente. Tanto os excessos como os défices estão inscritos na matriz paradigmática. O paradigma da modernidade pretende um desenvolvimento harmonioso e recíproco do pilar da regulação e do pilar da emancipação, e pretende também que esse desenvolvimento se traduza indefectivelmente pela completa racionalização da vida colectiva e individual. Esta dupla vinculação — entre os dois pilares, e entre eles e a *praxis* social — vai garantir a harmonização de valores sociais potencialmente incompatíveis, tais como justiça e autonomia, solidariedade e identidade, igualdade e liberdade.

Olhando para trás, é fácil concluir que a ousadia de um propósito tão vasto contém em si a semente do seu próprio fracasso: promessas incumpridas e défices irremediáveis. Cada um dos pilares, e porque ambos assentam em princípios abstractos, tende a maximizar o seu potencial próprio, quer pela maximização da regulação quer pela maximização da emancipação, prejudicando, assim, o êxito de qualquer estratégia de compromissos pragmáticos entre ambos. Para além disso, os referidos pilares assentam em princípios independentes e dotados de diferenciação funcional, cada um dos quais tende a desenvolver uma vocação maximalista: no lado da regulação, a maximização do Estado, a maximização do mercado ou a maximização da comunidade; no lado da emancipação, a esteticização, a cientificização ou a juridicização da *praxis* social.

Desde o início que se previra a possibilidade de virem a surgir excessos e défices, mas tanto uns como outros foram concebidos de forma reconstrutiva: os excessos foram considerados como desvios fortuitos e os défices como deficiências temporárias, qualquer deles resolúvel através de uma maior e melhor utilização dos crescentes recursos materiais, intelectuais e institucionais da modernidade. Essa gestão reconstrutiva dos excessos e dos défices foi progressivamente confiada à ciência e, de forma subordinada, embora também determinante, ao direito. Promovidos pela rápida conversão da ciência em força produtiva, os critérios científicos de eficiência e eficácia logo se tornaram hegemónicos, ao ponto de colonizarem gradualmente os critérios racionais das outras lógicas emancipatórias.

Como o pensamento utópico antecipa sempre muitas das soluções políticas futuras e os seus dilemas, logo no início do século XVII proliferaram as utopias onde a tradição hermética se combinava com as possibilidades exaltantes da revolução científica em curso. Andrea, Campanella e Bacon imaginaram sociedades que, por via do uso sábio da ciência, poderiam libertar-se da doença, da fome, da ignorância, da injustiça e do trabalho penoso[2]. Como sempre também, o pensamento utópico desta época imaginou os resultados virtuosos a partir de uma conjunção de condições que nunca viria a realizar-se. Assim, para Andrea e Campanella as novas técnicas científicas (a mágica natural) só poderiam conduzir à plenitude humana se articuladas com duas condições: a abolição da propriedade privada e a educação de todos os cidadãos.

No início do século XIX, a ciência moderna tinha já sido convertida numa instância moral suprema, para além do bem e do mal. Segundo Saint-Simon, a crise moral que grassava na Europa desde a Reforma, e a consequente separação entre os poderes secular e religioso, só podia ser resolvida por uma nova religião. Essa religião era a ciência. Foi assim que também a política se transformou num campo social de carácter provisório com soluções insatisfatórias para problemas que só poderiam ser convenientemente resolvidos se fossem convertidos em problemas científicos ou técnicos: a célebre transformação saint-simoniana da administração de pessoas numa administração de coisas. Por outro lado, tanto a micro-ética — um princípio de responsabilidade moral reportada exclusivamente ao indivíduo — como o formalismo jurídico — uma vasta constelação intelectual jurídica que se estende das pandectas germânicas ao movimento da codificação (cujo marco principal é o Código Napoleónico de 1804) e à teoria pura do direito de

---

2. Entre muitos, ver Easlea, 1973: 87 e ss.; Bloch, 1986: 471 e ss.

Kelsen (1967) — são valorizados de acordo com a sua adequação às necessidades da gestão científica da sociedade. Quanto à racionalidade estético-expressiva, os movimentos vanguardistas do início deste século (futurismo, surrealismo, dadaísmo, construtivismo russo, "proletkult", etc.) são expressões eloquentes da colonização da arte pela ideia de emancipação científica e tecnológica da sociedade (Habermas, 1973: 118 e ss.; Bürger, 1984; Huyssen, 1986)[3].

No entanto, a gestão reconstrutiva dos excessos e dos défices da modernidade não pôde ser realizada apenas pela ciência. Necessitou da participação subordinada, mas central, do direito moderno. Uma participação que, como já referi, foi subordinada, dado que a racionalidade moral-prática do direito, para ser eficaz, teve de se submeter à racionalidade cognitivo-instrumental da ciência ou ser isomórfica dela. Mas, apesar de subordinada, foi também uma participação central porque, pelo menos a curto prazo, a gestão científica da sociedade teve de ser protegida contra eventuais oposições através da integração normativa e da força coerciva fornecida pelo direito. Por outras palavras, a despolitização científica da vida social foi conseguida através da despolitização jurídica do conflito social e da revolta social.

Esta relação de cooperação e circulação de sentido entre a ciência e o direito, sob a égide da ciência, é uma das características fundamentais da modernidade. Por conseguinte, Foucault exagera, em meu entender, a incompatibilidade entre o poder jurídico e o poder disciplinar (das ciências humanas) e descura a profunda interpenetração entre ambos. A grande tese defendida por Foucault é a de que, a partir do século XVIII, o poder do Estado — aquilo a que ele chama poder jurídico ou legal — tem-se defrontado com uma outra forma de poder que gradualmente o vai deslocando e que o autor designa por poder disciplinar. Este último é a forma de poder dominante na actualidade, sendo gerado pelo conhecimento científico produzido nas ciências humanas e aplicado por corpos profissionais em instituições tais como escolas, hospitais, quartéis, prisões, famílias e fábricas (Foucault, 1976; 1977; 1980).

Foucault caracteriza as duas formas de poder social do seguinte modo: o poder jurídico (ou estatal) assenta na teoria da soberania; é poder enquanto direito que se possui ou se troca; é um poder de soma zero; tem uma organização centralizada e é exercido do topo para a base; distingue entre exercício de poder legítimo e ilegítimo; aplica-se a receptores ou alvos autónomos pré-existentes; fundamenta-se num discurso de direitos, obediência e normas. O poder disciplinar, pelo contrário, não tem um centro; é exercido em toda a sociedade; é fragmentário e capilar; exerce-se a partir da base e cria alvos próprios como veículos para o seu exercício; parte de um discurso científico de normalização e padronização.

---

3. A propósito da polémica entre Habermas e Bürger sobre o significado epistemológico e histórico do vanguardismo, ver Schulte-Sasse, 1984, e Jay, 1985: 125.

Embora Foucault seja relativamente confuso no que respeita às relações entre estas duas formas de poder, não restam dúvidas de que, para ele, ambas são incompatíveis, e que o poder científico e normalizador das disciplinas se tornou a forma de poder mais difundida na nossa sociedade[4].

Esta concepção tem uma longa tradição no pensamento ocidental, podendo encontrar-se a sua origem na distinção aristotélica entre lei como ordem normativa e lei como descrição científica das regularidades dos fenómenos. A meu ver, porém, esta distinção sofreu alterações qualitativas com o paradigma da modernidade, e essas alterações ocorreram no sentido oposto ao que Foucault aponta. Foucault acentua correctamente o predomínio do poder disciplinar, que corresponde, na minha estrutura analítica, à centralidade da ciência na gestão reconstrutiva dos excessos e dos défices da modernidade. Mas está errado quando afirma que o poder disciplinar e o poder jurídico são incompatíveis. Pelo contrário, a autonomia entre direito e ciência é fruto de uma transformação isomórfica do primeiro num *alter ego* da segunda. Isto explica a facilidade de se passar da ciência para o direito, e vice-versa, dentro da mesma instituição. O réu ou a ré, que depende do veredicto "científico-legal" sobre a sua saúde mental, pode ser remetido pela mesma instituição, o tribunal, para o campo médico ou para o campo jurídico-penitenciário. Na realidade, as mulheres têm sido frequentemente "localizadas" num ou noutro campo ou nos dois ao mesmo tempo — como dementes ou como prostitutas — de acordo com os mesmos pressupostos sexistas e classistas tanto da ciência como do direito.

Este isomorfismo e a consequente circulação de sentido dão lugar a processos sociais que funcionam como experiências simbólicas de fusão, configurações de sentido que combinam de modo complexo elementos da ciência e do direito. Uma dessas experiências simbólicas de fusão é o processo social pelo qual os médicos podem decidir sobre questões de vida ou de morte dos seus doentes. De modo geral, os sociólogos das profissões mostraram de que forma certos privilégios profissionais, derivados do conhecimento científico, legitimam decisões nas quais os juízos científicos deslizam para juízos normativos. Por exemplo, Joel Handler, quando analisa as decisões discricionárias, mostra como "a dominação decorrente das exigências do exercício da burocracia tem um bom acolhimento nas ideologias das profissões burocráticas" (Handler, 1983: 62).

---

4. Eis algumas das relações entre poder jurídico e poder disciplinar mais frequentemente referidas por Foucault: o poder jurídico é a concepção errada de poder, e o poder disciplinar é a concepção certa; o poder jurídico é o agente do poder disciplinar; o poder disciplinar transcende o poder jurídico; o poder disciplinar é menos legal ou existe onde o poder jurídico é menos legal ("nas extremidades"); o poder disciplinar é colonizado pelo poder jurídico; o poder jurídico e o poder disciplinar são as duas faces do mesmo mecanismo geral de poder; coexistem, mas são incompatíveis; o poder jurídico oculta e legitima a dominação exercida pelo poder disciplinar.

A meu ver, a apresentação de afirmações normativas como afirmações científicas e de afirmações científicas como afirmações normativas é um facto endémico no paradigma da modernidade. E, com efeito, tem forte tradição no pensamento social moderno a ideia de que a lei enquanto norma deve ser também lei enquanto ciência, uma tradição que remonta, pelo menos, a Giambattista Vico. Em 1725, Vico escrevia, na *Scienza Nuova*, a propósito da comparação que estabelecia entre filosofia e direito:

> *A filosofia encara o homem como ele deve ser e portanto só pode ser útil a muito poucos, àqueles que querem viver na República de Platão e não pretendem regressar ao infortúnio de Rómulo. A legislação encara o homem tal como ele é, de forma a torná-lo útil à sociedade humana* (Vico, 1961: 20).

Esta ideia de criar uma ordem social assente na ciência, ou seja, uma ordem social onde as determinações do direito sejam resultado das descobertas científicas sobre o comportamento social, é preponderante no pensamento social dos séculos XVIII e XIX, de Montesquieu a Saint-Simon, de Bentham a Comte, de Beccaria a Lombroso.

Se, como adiante afirmo, há uma crise final da gestão reconstrutiva dos excessos e dos défices da modernidade, é na ciência moderna que ela é mais patente e é também aí que a transição paradigmática será pressentida ou identificada de forma mais inteligível. De onde a necessidade de dedicar maior atenção à epistemologia geral. É isso que se fará no Capítulo 1. Os resultados da análise epistemológica serão úteis para a conceptualização da crise do direito moderno e da possível transição paradigmática no campo jurídico. Na verdade, dada a relativa autonomia do direito, as condições epistemológicas gerais da ciência moderna não explicam exaustivamente a situação crítica do direito moderno, e a transição paradigmática não é tão visível nele como no campo da ciência. Algumas destas questões serão afloradas no Capítulo 2 e retomadas nos capítulos seguintes. Procurarei identificar parte dos elementos constitutivos de uma concepção pós-moderna do direito.

À medida que a discussão for progredindo, tornar-se-á claro que, tal como a versão da modernidade que acabou por prevalecer foi uma entre muitas alternativas possíveis, também existem muitas maneiras diferentes de conceptualizar a crise final da modernidade e a transição paradigmática. A conceptualização aqui adoptada pode ser designada por pós-modernidade de oposição, uma conceptualização da actual condição sócio-cultural que, embora admitindo o esgotamento das energias emancipatórias da modernidade, não celebra o facto, mas procura antes opor-se-lhe, traçando um novo mapa de práticas emancipadoras.

CAPÍTULO 1

Da ciência moderna ao novo senso comum[1]

DE REGRESSO ÀS PERGUNTAS SIMPLES

Para Piaget, a epistemologia prospera em períodos de crise (Piaget, 1967: 7). A forma como a crise é identificada condiciona a direcção da viragem epistemológica. Contudo, o conhecimento usado para construir uma dada definição da crise tende a ser considerado, do ponto de vista de uma definição alternativa da mesma, como parte da crise que se procura definir. Por isso, a exterioridade do conhecimento relativamente às condições que analisa é apenas provisória, estando momentaneamente suspensa entre uma interioridade passada ou pré-reflexiva, e uma interioridade futura ou pós-reflexiva. O conhecimento, sobretudo o conhecimento crítico, move-se, assim, entre a ontologia (a interpretação da crise) e a epistemologia (a crise da interpretação), sem que, contudo, lhe caiba decidir qual dos dois estatutos prevalecerá, e por quanto tempo. Assim, o que de facto prospera em períodos de crise não é a epistemologia em si, mas a hermenêutica crítica de epistemologias rivais. Neste capítulo, procurarei desenvolver uma possível hermenêutica crítica da epistemologia dominante.

Em minha opinião, o que mais nitidamente caracteriza a condição sóciocultural deste fim de século é a absorção do pilar da emancipação pelo da regulação, fruto da gestão reconstrutiva dos défices e dos excessos da modernidade confiada à ciência moderna e, em segundo lugar, ao direito moderno. A colonização gradual das diferentes racionalidades da emancipação moderna pela racionalidade cognitivo-

---

1. Neste capítulo aprofundo e amplio as teses já apresentadas em *Um Discurso Sobre as Ciências* (1987). Para garantir a coerência e a inteligibilidade das novas análises, reproduzo, com ligeiríssimas alterações, em algumas das secções deste capítulo, o que foi escrito e publicado anteriormente.

instrumental da ciência levou à concentração das energias e das potenciali-dades emancipatórias da modernidade na ciência e na técnica. Não surpreende que a teoria social e política que mais sistematicamente explorou o potencial emancipatório da modernidade — o marxismo — tenha descoberto esse potencial no desenvolvimento tecnológico das forças produtivas e tenha mobilizado a racionalidade cognitivo-instrumental para se legitimar a si mesmo (o marxismo como ciência) e para legitimar o modelo de sociedade por si pensado (o socialismo científico). Surpreendente, talvez, será o facto de o mesmo poder dizer-se do socialismo utópico. A sua versão mais radical e consequente, o fourierismo, era profundamente tributária da racionalidade e do *ethos* científicos, como exemplarmente o demonstram os cálculos matemáticos de Fourier para determinar a dimensão exacta dos falanstérios e dos seus elementos constitutivos (Fourier, 1967: 162). A hipercientificização do pilar da emancipação permitiu promessas brilhantes e ambiciosas. No entanto, à medida que o tempo passava, tornou-se claro não só que muitas dessas promessas ficaram por cumprir, mas também que a ciência moderna, longe de eliminar os excessos e os défices, contribuiu para os recriar em moldes sempre renovados, e, na verdade, para agravar alguns deles.

A promessa da dominação da natureza, e do seu uso para o benefício comum da humanidade, conduziu a uma exploração excessiva e despreocupada dos recursos naturais, à catástrofe ecológica, à ameaça nuclear, à destruição da camada de ozono, e à emergência da biotecnologia, da engenharia genética e da consequente conversão do corpo humano em mercadoria última. A promessa de uma paz perpétua, baseada no comércio, na racionalização científica dos processos de decisão e das instituições, levou ao desenvolvimento tecnológico da guerra e ao aumento sem precedentes do seu poder destrutivo. A promessa de uma sociedade mais justa e livre, assente na criação da riqueza tornada possível pela conversão da ciência em força produtiva, conduziu à espoliação do chamado Terceiro Mundo e a um abismo cada vez maior entre o Norte e o Sul. Neste século morreu mais gente de fome do que em qualquer dos séculos anteriores[2], e mesmo nos países mais desenvolvidos continua a subir a percentagem dos socialmente excluídos, aqueles que vivem abaixo do nível de pobreza (o chamado "Terceiro Mundo interior").

Para entender correctamente o desenvolvimento desequilibrado e hipercientificizado do pilar da emancipação é necessário não esquecer o desenvolvimento concomitante, e igualmente desequilibrado, do pilar da regulação nos últimos dois séculos. Em vez de um desenvolvimento harmónico dos três princípios da regulação — Estado, mercado e comunidade —, assistimos geralmente ao desenvolvimento excessivo do princípio do mercado em detrimento do princípio do Estado e do princípio da comunidade[3]. Desde a primeira vaga industrial — com a expansão

---

2. Segundo dados da FAO, há 500 milhões de pessoas a morrer de fome. No ano 2000, das 25 cidades com mais de 11 milhões de habitantes, 22 serão do Terceiro Mundo.

3. Este processo histórico não foi, de modo nenhum, linear. Por exemplo, nos países centrais, durante o segundo período do capitalismo (o do capitalismo organizado) assistiu-se a uma articulação

das cidades comerciais e o aparecimento de novas cidades industriais no período do capitalismo liberal — até ao espectacular desenvolvimento dos mercados mundiais — com o aparecimento de sistemas de produção de dimensão mundial, a industrialização do Terceiro Mundo e a emergência de uma ideologia mundial de consumismo no actual período do "capitalismo desorganizado" —, o pilar da regulação sofreu um desenvolvimento desequilibrado, orientado para o mercado.

A redução da emancipação moderna à racionalidade cognitivo-instrumental da ciência e a redução da regulação moderna ao princípio do mercado, incentivadas pela conversão da ciência na principal força produtiva, constituem as condições determinantes do processo histórico que levou a emancipação moderna a render-se à regulação moderna. Em vez de se dissolver no pilar da regulação, o pilar da emancipação continuou a brilhar, mas com uma luz que já não provinha da tensão dialéctica inicial entre regulação e emancipação — tensão que ainda pode ser percebida, já sob o crepúsculo, na divisa do positivismo oitocentista "ordem e progresso" —, mas sim dos diferentes espelhos que reflectiam a regulação. Neste processo, a emancipação deixou de ser o outro da regulação para se converter no seu duplo. Assim se compreende a síndroma de esgotamento e bloqueamento globais: a proliferação dos espelhos da regulação dá lugar a práticas sociais cada vez mais contingentes e convencionais, mas essa contingência e essa convencionalidade coexistem, a nível global, com um grau cada vez maior de rigidez e de inflexibilidade. Tudo parece possível na arte e na ciência, na religião e na moral, mas, por outro lado, nada de novo parece ser viável ao nível da sociedade como um todo[4].

A absorção da emancipação pela regulação — fruto da hipercientificização da emancipação combinada com a hipermercadorização da regulação —, neutralizou eficazmente os receios outrora associados à perspectiva de uma transformação social profunda e de futuros alternativos. Todavia, produziu ao mesmo tempo uma nova sensação de insegurança, motivada pelo receio de desenvolvimentos incontroláveis, que pudessem ocorrer aqui e agora, precisamente como resultado da contingência e da convencionalidade generalizadas de práticas sociais sectoriais. A própria regulação desacreditou-se ideologicamente enquanto pilar da modernidade, devido às suas contradições internas. Por outras palavras, a contingência global e a convencionalidade minaram a regulação sem promover a emancipação: enquanto a regulação se torna impossível, a emancipação torna-se impensável.

A um nível mais profundo, esta sensação de insegurança tem as suas raízes na crescente assimetria entre a capacidade de agir e a capacidade de prever.

---

mais equilibrada entre o princípio do mercado e o princípio do Estado que conduziu a uma nova forma de Estado: o Estado-Providência. Este tema será desenvolvido no Capítulo 2.

4. Cfr. Offe (1987) para uma análise da sensação de esgotamento e bloqueamento total dos países centrais.

A ciência e a tecnologia aumentaram a nossa capacidade de acção de uma forma sem precedentes, e, com isso, fizeram expandir a dimensão espácio-temporal dos nossos actos. Enquanto anteriormente os actos sociais partilhavam a mesma dimensão espácio-temporal das suas consequências, hoje em dia a intervenção tecnológica pode prolongar as consequências, no tempo e no espaço, muito para além da dimensão do próprio acto através de nexos de causalidade cada vez mais complexos e opacos.

A expansão da capacidade de acção ainda não se fez acompanhar de uma expansão semelhante da capacidade de previsão, e, por isso, a previsão das consequências da acção científica é necessariamente muito menos científica do que a acção científica em si mesma. Esta assimetria tanto pode ser considerada um excesso como um défice: a capacidade de acção é excessiva relativamente à capacidade de previsão das consequências do acto em si ou, pelo contrário, a capacidade de prever as consequências é deficitária relativamente à capacidade de as produzir. Estas duas leituras não são intermutáveis, dado que se referem a processos distintos e evidenciam preocupações diferentes. A primeira põe em causa a noção de progresso científico e a segunda limita-se a exigir mais progresso científico.

Foi a segunda leitura (um défice de ciência) que prevaleceu até agora, estando alicerçada no que Hans Jonas chamou utopismo automático da tecnologia: o futuro como repetição "clónica" do presente (Jonas, 1985). A primeira leitura (a ciência como excesso) é ainda uma leitura marginal, mas a preocupação que suscita está a ganhar uma credibilidade cada vez maior: como é que a ciência moderna, em vez de erradicar os riscos, as opacidades, as violências e as ignorâncias, que dantes eram associados à pré-modernidade, está de facto a recriá-los numa forma hipermoderna? O risco é actualmente o da destruição maciça através da guerra ou do desastre ecológico; a opacidade é actualmente a opacidade dos nexos de causalidade entre as acções e as suas consequências; a violência continua a ser a velha violência da guerra, da fome e da injustiça, agora associada à nova violência da *hubris* industrial relativamente aos sistemas ecológicos e à violência simbólica que as redes mundiais da comunicação de massa exercem sobre as suas audiências cativas. Por último, a ignorância é actualmente a ignorância de uma necessidade (o utopismo automático da tecnologia) que se manifesta como o culminar do livre exercício da vontade (a oportunidade de criar escolhas potencialmente infinitas).

Optar por uma destas duas leituras da situação presente da ciência moderna não é tarefa fácil. Os sintomas são profundamente ambíguos e conduzem a diagnósticos contraditórios. Se uns parecem sustentar, de modo convincente, que a ciência moderna é a solução dos nossos problemas, outros parecem defender, com igual persuasão, que a ciência moderna é ela própria parte dos nossos problemas. Recorrendo à teoria sinergética do físico teórico Hermann Haken (1977), podemos dizer que vivemos num sistema visual muito instável em que a mínima flutuação da nossa percepção visual provoca rupturas na simetria do que vemos. Assim, olhando a mesma figura, ora vemos um vaso grego branco recortado sobre um fundo preto, ora vemos dois rostos gregos de perfil, frente a frente, recortados sobre um fundo branco. Qual das imagens é verdadeira? Ambas e nenhuma. É esta a ambiguidade e a complexidade da situação do tempo presente.

Tal como noutros períodos de transição, difíceis de entender e de percorrer, é necessário voltar às coisas simples, à capacidade de formular perguntas simples, perguntas que, como Einstein costumava dizer, só uma criança pode fazer mas que, depois de feitas, são capazes de trazer uma luz nova à nossa perplexidade. A minha criança preferida viveu há mais de duzentos anos e fez algumas perguntas simples sobre as ciências e os cientistas. Fê-las no início de um ciclo de produção científica que muitos de nós julgam estar agora a chegar ao fim. Essa criança é Jean-Jacques Rousseau. No seu célebre *Discurso sobre as Ciências e as Artes* (1750), Rousseau formula várias questões enquanto responde à questão, também razoavelmente infantil, que lhe fora posta pela Academia de Dijon (Rousseau, 1971: 52). Esta última questão rezava assim: o progresso das ciências e das artes contribuirá para purificar ou para corromper os nossos costumes? Trata-se de uma pergunta elementar, ao mesmo tempo profunda e fácil de entender. Para lhe dar resposta — do modo eloquente que lhe mereceu o primeiro prémio e algumas inimizades — Rousseau fez as seguintes perguntas não menos elementares: há alguma relação entre a ciência e a virtude? Há alguma razão de peso para substituirmos o conhecimento vulgar que temos da natureza e da vida e que partilhamos com os homens e mulheres da nossa sociedade pelo conhecimento científico produzido por poucos e inacessível à maioria? Contribuirá a ciência para diminuir o fosso crescente na nossa sociedade entre o que se é e o que se aparenta ser, o saber dizer e o saber fazer, entre a teoria e a prática? Perguntas simples a que Rousseau responde, de modo igualmente simples, com um redondo não.

Estávamos então em meados do século XVIII, numa altura em que a ciência moderna, saída da revolução científica do século XVI pelas mãos de Copérnico, Galileu e Newton, começava a deixar os cálculos esotéricos dos seus cultores para se transformar no fermento de uma transformação técnica e social sem precedentes na história da humanidade. Uma fase de transição, pois, que deixava perplexos os espíritos mais atentos e os fazia reflectir sobre os fundamentos da sociedade em que viviam e sobre o impacto das vibrações a que eles iam ser sujeitos por via da ordem científica emergente. Hoje, duzentos anos volvidos, somos todos protagonistas e produtos dessa nova ordem, testemunhos vivos das transformações que ela produziu. Mas estamos de novo perplexos, perdemos a confiança epistemológica; instalou-se em nós uma sensação de perda irreparável tanto mais estranha quanto não sabemos ao certo o que estamos em vias de perder; admitimos mesmo, noutros momentos, que essa sensação de perda seja apenas o medo que sempre precede os últimos ganhos do progresso científico. No entanto, existe sempre a perplexidade de não sabermos o que haverá, de facto, a ganhar.

Daí a ambiguidade e complexidade do tempo presente. Daí também a ideia, hoje partilhada por muitos, de estarmos numa fase de transição. Daí, finalmente, a urgência de dar resposta a perguntas simples, elementares, inteligíveis. Uma pergunta elementar é uma pergunta que atinge o magma mais profundo da nossa perplexidade individual e colectiva com a transparência técnica de uma fisga. Foram assim as perguntas de Rousseau; terão de ser assim as nossas. Mais do que isso, duzentos e tal anos depois, as nossas perguntas continuam a ser as de Rousseau.

Estamos de novo regressados à necessidade de perguntar pelas relações entre a ciência e a virtude, pelo valor do conhecimento dito ordinário ou vulgar que nós, sujeitos individuais ou colectivos, criamos e usamos para dar sentido às nossas práticas e que a ciência teima em considerar irrelevante, ilusório e falso; e temos, finalmente, de perguntar pelo papel de todo o conhecimento científico acumulado no enriquecimento ou no empobrecimento prático das nossas vidas, ou seja, pelo contributo positivo ou negativo da ciência para a nossa felicidade. A nossa diferença em relação a Rousseau é que, se as nossas perguntas são simples, as respostas sê-lo-ão muito menos. Rousseau viveu no início de um ciclo de hegemonia de uma certa ordem científica com cujo fim provavelmente nos confrontamos hoje. As condições epistémicas das nossas perguntas estão inscritas no avesso dos conceitos que utilizamos para lhes dar resposta. Questionar o paradigma da ciência moderna não é, em si, uma questão científica e pode facilmente transformar-se numa falsa questão ou, quando muito, no objecto de outra questão científica (a sociologia da ciência): porque é que, afinal de contas, a questão paradigmática se levanta?

Teremos forçosamente de ser mais rousseaunianos no perguntar do que no responder. Numa época de hegemonia quase indiscutível da ciência moderna, a resposta à pergunta sobre o significado sócio-cultural da crise da ciência moderna, ou seja, a *démarche* da hermenêutica crítica, não pode obter-se sem primeiro se questionarem as pretensões epistemológicas da ciência moderna. É o que a seguir faremos.

O PARADIGMA DOMINANTE

O modelo de racionalidade que preside à ciência moderna constituiu-se a partir da revolução científica do século XVI e foi desenvolvido nos séculos seguintes basicamente no domínio das ciências naturais. Ainda que com alguns prenúncios no século XVIII, é só no século XIX que este modelo de racionalidade se estende às ciências sociais emergentes. A partir de então pode falar-se de um modelo global (isto é, ocidental) de racionalidade científica que admite variedade interna, mas que se defende ostensivamente de duas formas de conhecimento não científico (e, portanto, potencialmente perturbadoras): o senso comum e as chamadas humanidades ou estudos humanísticos (em que se incluiriam, entre outros, os estudos históricos, filológicos, jurídicos, literários, filosóficos e teológicos).

Sendo um modelo global, a nova racionalidade científica é também um modelo totalitário, na medida em que nega o carácter racional a todas as formas de conhecimento que se não pautarem pelos seus princípios epistemológicos e pelas suas regras metodológicas. É esta a sua característica fundamental e a que melhor simboliza a ruptura do novo paradigma científico com os que o precedem. Está consubstanciada, com crescente definição, na teoria heliocêntrica do movimento dos planetas de Copérnico, nas leis de Kepler sobre as órbitas dos planetas, nas leis de Galileu sobre a queda dos corpos, na grande síntese da ordem cósmica de Newton e, finalmente, na consciência filosófica que lhe conferem Bacon e Descartes. Esta preocupação em testemunhar uma ruptura fundante que possibilita uma e só uma forma de conhecimento verdadeiro está bem patente na atitude mental dos protagonistas, no seu espanto perante as próprias descobertas e na extrema e ao mesmo tempo serena arrogância com que se medem com os seus contemporâneos.

Para citar apenas dois exemplos, Kepler escreve no seu livro sobre a *Harmonia do Mundo* publicado em 1619, a propósito das harmonias naturais que descobrira nos movimentos celestiais:

> *Perdoai-me, mas estou feliz; se vos zangardes eu perseverarei; (...) O meu livro pode esperar muitos séculos pelo seu leitor. Mas mesmo Deus teve de esperar seis mil anos por aqueles que pudessem contemplar o seu trabalho* (Kepler, 1939: 280).

Por outro lado, Descartes, nessa maravilhosa autobiografia espiritual que é o *Discurso do Método* e a que voltarei mais tarde, diz, referindo-se ao método por si encontrado:

> *Porque já colhi dele tais frutos que, embora no juízo que faço de mim próprio, procure sempre inclinar-me mais para o lado da desconfiança do que para o da presunção, e embora, olhando com olhar de filósofo as diversas acções e empreendimentos de todos os homens, não haja quase nenhuma que não me pareça vã e inútil, não deixo de receber uma extrema satisfação com o progresso que julgo ter feito em busca da verdade e de conceber tais esperanças para o futuro que, se entre as ocupações dos homens, puramente homens, alguma há que seja solidamente boa e importante, ouso crer que é aquela que escolhi* (Descartes, 1984: 6).

Para compreender esta confiança epistemológica é necessário descrever, ainda que sucintamente, os principais traços do novo paradigma científico. Cientes de que o que os separa do saber aristotélico e medieval ainda dominante não é apenas, nem tanto, uma melhor observação dos factos como sobretudo uma nova visão do mundo e da vida, os protagonistas do novo paradigma conduzem uma luta apaixonada contra todas as formas de dogmatismo e de autoridade. O caso de Galileu é particularmente exemplar, ou ainda a afirmação de independência intelectual de Descartes: "Eu não podia escolher ninguém cujas opiniões me parecessem dever ser preferidas às dos outros, e encontrava-me como que obrigado a procurar conduzir-me a mim próprio" (Descartes, 1984: 16). Esta nova visão do mundo e da vida conduz a duas distinções fundamentais, entre conhecimento científico e conhecimento do senso comum, por um lado, e entre natureza e pessoa humana, por outro.

Ao contrário da ciência aristotélica, a ciência moderna desconfia sistematicamente das evidências da nossa experiência imediata. Tais evidências, que estão na base do conhecimento vulgar, são ilusórias. Como bem salienta Einstein no prefácio ao *Diálogo sobre os Grandes Sistemas do Mundo*, Galileu esforça-se denodadamente por demonstrar que a hipótese dos movimentos de rotação e de translação da Terra não é refutada pelo facto de não observarmos quaisquer efeitos mecânicos desses movimentos, ou seja, pelo facto de a Terra nos parecer parada e quieta (Einstein, 1970: xvii). Por outro lado, é total a separação entre a natureza e o ser humano. A natureza é tão-só extensão e movimento; é passiva, eterna e reversível, mecanismo cujos elementos se podem desmontar e depois relacionar sob a forma de leis; não tem qualquer outra qualidade ou dignidade que nos impeça de desvendar os seus mistérios, desvendamento que não é contemplativo, mas antes activo, já que visa conhecer a natureza para a dominar e controlar. Como diz Bacon, a ciência fará da pessoa humana "o senhor e o possuidor da natureza" (1933)[5].

Com base nestes pressupostos, o conhecimento científico avança pela observação descomprometida e livre, sistemática e tanto quanto possível rigorosa dos fenómenos naturais. O *Novum Organum* opõe a incerteza da razão entregue a si mesma à certeza da experiência ordenada (Koyré, 1981: 30). Ao contrário do que pensa Bacon, a experiência não dispensa a teoria prévia, o pensamento dedutivo ou mesmo a especulação, mas força qualquer deles a não dispensarem, enquanto instância de confirmação última, a observação empírica dos factos. Galileu só refuta as deduções de Aristóteles na medida em que as acha insustentáveis e é ainda Einstein quem nos chama a atenção para o facto de os métodos experimentais de Galileu serem tão imperfeitos que só por via de especulações ousadas poderia preencher as lacunas entre os dados empíricos (basta recordar que não havia medições de tempo inferiores ao segundo) (Einstein, 1970: xix). Descartes, por seu turno, vai inequivocamente das ideias para as coisas e não das coisas para as ideias e estabelece a prioridade da metafísica enquanto fundamento último da ciência.

---

5. Para Bacon "a senda que conduz o homem ao poder e a que o conduz à ciência estão muito próximas, sendo quase a mesma" (1933: 110). Bacon também afirma que se o objectivo da ciência é dominar a natureza, não é menos verdade que "só podemos vencer a natureza *obedecendo-lhe*" (1933: 6, itálico meu), o que nem sempre tem sido devidamente salientado nas interpretações da teoria de Bacon sobre a ciência.

As ideias que presidem à observação e à experimentação são as ideias claras e simples a partir das quais se pode ascender a um conhecimento mais profundo e rigoroso da natureza. Essas ideias são as ideias matemáticas. A matemática fornece à ciência moderna, não só o instrumento privilegiado de análise, como também a lógica da investigação, e ainda o modelo de representação da própria estrutura da matéria. Para Galileu, o livro da natureza está inscrito em caracteres geométricos[6] e Einstein não pensa de modo diferente[7]. Deste lugar central da matemática na ciência moderna derivam duas consequências principais. Em primeiro lugar, conhecer significa quantificar. O rigor científico afere-se pelo rigor das medições. As qualidades intrínsecas do objecto são, por assim dizer, desqualificadas e em seu lugar passam a imperar as quantidades em que eventualmente se podem traduzir. O que não é quantificável é cientificamente irrelevante. Em segundo lugar, o método científico assenta na redução da complexidade. O mundo é complicado e a mente humana não o pode compreender completamente. Conhecer significa dividir e classificar para depois poder determinar relações sistemáticas entre o que se separou. Já em Descartes uma das regras do *Método* consiste precisamente em "dividir cada uma das dificuldades... em tantas parcelas quanto for possível e requerido para melhor as resolver" (Descartes, 1984: 17). A divisão primordial é a que distingue entre "condições iniciais" e "leis da natureza". As condições iniciais são o reino da complicação, do acidente e onde é necessário seleccionar as que estabelecem as condições relevantes dos factos a observar; as leis da natureza são o reino da simplicidade e da regularidade, onde é possível observar e medir com rigor. Esta distinção entre condições iniciais e leis da natureza nada tem de "natural". Como bem observa Eugene Wigner, é mesmo completamente arbitrária (Wigner, 1970: 3). No entanto, é nela que assenta toda a ciência moderna.

A natureza teórica do conhecimento científico decorre dos pressupostos epistemológicos e das regras metodológicas já referidas. É um conhecimento causal que aspira à formulação de leis, à luz de regularidades observadas, com vista a prever o comportamento futuro dos fenómenos. A descoberta das leis da natureza

---

6. Entre muitos outros passos do *Diálogo sobre os Grandes Sistemas do Mundo*, cfr. a seguinte fala de Salviati:
   Se o termo "entendimento", tomado na acepção de "intensivo", significa a compreensão intensiva, isto é, perfeita, de uma dada proposição, direi então que o entendimento humano compreende algumas proposições tão perfeitamente e alcança uma certeza tão absoluta quanto a própria natureza. Tal é o caso, por exemplo, das proposições das ciências matemáticas puras, a saber, a geometria e a aritmética; o intelecto divino conhece um número infinitamente maior, dado que as conhece todas, mas, se o intelecto humano conhece poucas, julgo que o conhecimento que delas tem iguala, em certeza objectiva, o conhecimento divino, porque chega a compreender-lhes a necessidade, e esse é o mais alto grau de certeza (Galileu Galilei, 1967: 110).
7. A admiração de Einstein por Galileu está bem patente no prefácio que escreveu para o *Diálogo de Galileu*. O modo radical como Einstein "vê" a natureza matemática da estrutura da matéria explica em parte a sua longa batalha sobre a interpretação da mecânica quântica (especialmente contra a interpretação de Copenhaga). A este propósito, ver Hoffmann (1973: 173 e ss.).

assenta, por um lado, e como já se referiu, no isolamento das condições iniciais relevantes (por exemplo, no caso da queda dos corpos, a posição inicial e a velocidade do corpo em queda) e, por outro lado, no pressuposto de que o resultado se produzirá independentemente do lugar e do tempo em que se realizarem as condições iniciais. Por outras palavras, a descoberta das leis da natureza assenta no princípio de que a posição absoluta e o tempo absoluto nunca são condições iniciais relevantes. Este princípio é, segundo Wigner, o mais importante teorema da invariância na física clássica (Wigner, 1970: 226).

As leis, enquanto categorias de inteligibilidade, repousam num conceito de causalidade escolhido, não arbitrariamente, entre os oferecidos pela física aristotélica. Aristóteles distingue quatro tipos de causa: a causa material, a causa formal, a causa eficiente e a causa final. As leis da ciência moderna são um tipo de causa formal que privilegia o *como funciona* das coisas em detrimento de *qual o agente* ou *qual o fim* das coisas. É por esta via que o conhecimento científico rompe com o conhecimento do senso comum. É que enquanto no senso comum, e portanto no conhecimento prático em que ele se traduz, a causa e a intenção convivem sem problemas, na ciência, a determinação da causa formal obtém-se ignorando a intenção. É este tipo de causa formal que permite prever e, portanto, intervir no real e que, em última instância, permite à ciência moderna responder à pergunta sobre os fundamentos do seu rigor e da sua verdade com o elenco dos seus êxitos na manipulação e na transformação do real.

Um conhecimento baseado na formulação de leis tem como pressuposto metateórico a ideia de ordem e de estabilidade do mundo, a ideia de que o passado se repete no futuro. Segundo a mecânica newtoniana, o mundo da matéria é uma máquina cujas operações se podem determinar exactamente por meio de leis físicas e matemáticas, um mundo estático e eterno a flutuar num espaço vazio, um mundo que o racionalismo cartesiano torna cognoscível por via da sua decomposição nos elementos que o constituem. Esta ideia do mundo-máquina é de tal modo poderosa que vai transformar-se na grande hipótese universal da época moderna. Pode parecer surpreendente e até paradoxal que uma forma de conhecimento assente numa tal visão do mundo tenha vindo a constituir um dos pilares da ideia de progresso que ganha corpo no pensamento europeu a partir do século XVIII e que é o grande sinal intelectual da ascensão da burguesia[8]. Mas a verdade é que a ordem e a estabilidade do mundo são a pré-condição da transformação tecnológica do real. O determinismo mecanicista é o horizonte certo de uma forma de conhecimento que se pretende utilitário e funcional, reconhecido menos pela capacidade de compreender profundamente o real do que pela capacidade de o dominar e transformar. No plano social, é esse também o horizonte cognitivo mais adequado aos interesses da burguesia ascendente, que via na sociedade, em

---

8. Ver, entre muitos, Pollard (1971: 39).

que começava a dominar, o estádio final da evolução da humanidade (o estado positivo de Comte; a sociedade industrial de Spencer; a solidariedade orgânica de Durkheim). Daí que o prestígio de Newton e das leis simples a que reduzia toda a complexidade da ordem cósmica tenham convertido a ciência moderna no modelo de racionalidade hegemónica que a pouco e pouco transbordou do estudo da natureza para o estudo da sociedade. Tal como foi possível descobrir as leis da natureza, seria igualmente possível descobrir as leis da sociedade.

Bacon, Vico e Montesquieu são os grandes precursores. Bacon afirma a plasticidade da natureza humana e, portanto, a sua perfectibilidade, dadas as condições sociais, jurídicas e políticas adequadas, condições que é possível determinar com rigor (Bacon,1933). Vico sugere a existência de leis que governam deterministicamente a evolução das sociedades e tornam possível prever os resultados das acções colectivas. Com extraordinária premonição, Vico identifica e resolve a contradição entre a liberdade e a imprevisibilidade da acção humana individual e a determinação e previsibilidade da acção colectiva (Vico, 1953). Montesquieu pode ser considerado um precursor da sociologia do direito ao estabelecer a relação entre as leis do sistema jurídico, feitas pelo homem, e as leis inescapáveis da natureza (Montesquieu, 1950).

No século XVIII, este espírito precursor é ampliado e aprofundado, e o fermento intelectual que daí resulta, as Luzes, vai criar as condições para a emergência das ciências sociais no século XIX. A consciência filosófica da ciência moderna, que tivera no racionalismo cartesiano e no empirismo baconiano as suas primeiras formulações, veio a condensar-se no positivismo oitocentista. Dado que, segundo este, só há duas formas de conhecimento científico — as disciplinas formais da lógica e da matemática e as ciências empíricas segundo o modelo mecanicista das ciências naturais — as ciências sociais nasceram para ser empíricas. O modo como o modelo mecanicista foi assumido teve, no entanto, algumas variantes. Distingo duas vertentes principais: a primeira, sem dúvida dominante, consistiu em aplicar, na medida do possível, ao estudo da sociedade, todos os princípios epistemológicos e metodológicos que dominavam o estudo da natureza desde o século XVI; a segunda, durante muito tempo marginal mas hoje cada vez mais seguida, consistiu em reivindicar para as ciências sociais um estatuto epistemológico e metodológico próprio, com base na especificidade do ser humano e na sua distinção radical em relação à natureza. Estas duas concepções têm sido consideradas antagónicas, a primeira sujeita ao jugo positivista, a segunda liberta dele, e ambas reivindicando o monopólio do conhecimento científico-social. Apresentarei adiante uma interpretação diferente, mas para já caracterizarei sucintamente cada uma destas variantes.

A primeira variante — cujo compromisso epistemológico está bem simbolizado no nome de "física social" com que inicialmente se designaram os estudos científicos da sociedade — parte do pressuposto de que as ciências naturais são uma aplicação ou concretização de um modelo de conhecimento universalmente válido e, de resto, o único válido. Portanto, por maiores que sejam as diferenças entre os fenómenos naturais e os fenómenos sociais, é sempre possível estudar os últimos como se fossem os primeiros. Reconhece-se que essas diferenças actuam contra os fenómenos sociais, ou seja, tornam mais difícil o cumprimento do cânone metodológico e menos rigoroso o conhecimento a que se chega, mas não há diferenças qualitativas entre o processo científico neste domínio e o que preside ao estudo dos fenómenos naturais. Para estudar os fenómenos sociais como se fossem fenómenos naturais, ou seja, para conceber os factos sociais como coisas, como pretendia Durkheim, o fundador da sociologia académica, é necessário reduzir os factos sociais às suas dimensões externas, observáveis e mensuráveis (1980). Assim, por exemplo, as causas do aumento da taxa de suicídio, na Europa do virar do século, não são procuradas nos motivos invocados pelos suicidas e deixados em cartas, como é costume, mas antes a partir da verificação de regularidades em função de condições tais como o sexo, o estado civil, a existência ou não de filhos, a religião dos suicidas (Durkheim, 1973).

Porque essa redução nem sempre é fácil e nem sempre se consegue sem distorcer grosseiramente os factos ou sem os reduzir à quase irrelevância, as ciências sociais, segundo esta primeira variante, têm um longo caminho a percorrer no sentido de se compatibilizarem com os critérios de cientificidade das ciências naturais. Os obstáculos são enormes, mas não são insuperáveis. Ernest Nagel, em *A Estrutura da Ciência*, simboliza bem o esforço desenvolvido nesta variante para identificar os obstáculos e apontar as vias da sua superação. Eis alguns dos principais obstáculos: as ciências sociais não dispõem de teorias explicativas que lhes permitam abstrair do real para depois buscar nele, de modo metodologicamente controlado, a prova adequada; as ciências sociais não podem estabelecer leis universais porque os fenómenos sociais são historicamente condicionados e culturalmente determinados; as ciências sociais não podem produzir previsões fiáveis porque os seres humanos modificam o seu comportamento em função do conhecimento que sobre ele se adquire; os fenómenos sociais são de natureza subjectiva e, como tal, não se deixam captar pela objectividade do comportamento; as ciências sociais não são objectivas porque o cientista social não pode libertar-se, no acto de observação, dos valores que informam a sua prática em geral e, portanto, também a sua prática de cientista (Nagel, 1961: 447 e ss.).

Em relação a cada um destes obstáculos, Nagel tenta demonstrar que a oposição entre as ciências sociais e as ciências naturais não é tão linear quanto se julga e que, na medida em que há diferenças, elas são superáveis ou negligenciáveis. Reconhece, no entanto, que a superação dos obstáculos nem sempre é fácil e que essa é a razão principal do atraso das ciências sociais em relação às ciências naturais. A ideia do atraso das ciências sociais é a ideia central da argumentação metodológica nesta variante, e, com ela, a ideia de que esse atraso, com tempo e dinheiro, poderá vir a ser reduzido ou mesmo eliminado.

Na teoria das revoluções científicas de Thomas Kuhn o atraso das ciências sociais é dado pelo carácter pré-paradigmático destas ciências, ao contrário das ciências naturais, essas sim, paradigmáticas. Enquanto, nas ciências naturais, o desenvolvimento do conhecimento tornou possível a formulação de um conjunto de princípios e de teorias sobre a estrutura da matéria que são aceites sem discussão por toda a comunidade científica, conjunto que Kuhn designa por paradigma, nas ciências sociais não há consenso paradigmático, pelo que o debate tende a atravessar verticalmente todo o conhecimento adquirido. O esforço e o desperdício que isso acarreta é simultaneamente causa e efeito do atraso das ciências sociais.

A segunda vertente reivindica para as ciências sociais um estatuto metodológico próprio. Os obstáculos que há pouco enunciei são, segundo esta vertente, intransponíveis. Para alguns, é a própria ideia de ciência da sociedade que está em causa, para outros trata-se tão-só de empreender uma ciência diferente. O argumento fundamental é que a acção humana é radicalmente subjectiva. O comportamento humano, ao contrário dos fenómenos naturais, não pode ser descrito e muito menos explicado com base nas suas características exteriores e objectiváveis, uma vez que o mesmo acto externo pode corresponder a sentidos de acção muito diferentes. A ciência social será sempre uma ciência subjectiva e não objectiva como as ciências naturais; tem de compreender os fenómenos sociais a partir das atitudes mentais e do sentido que os agentes conferem às suas acções, para o que é necessário utilizar métodos de investigação e mesmo critérios epistemológicos diferentes dos correntes nas ciências naturais, métodos qualitativos em vez de quantitativos, com vista à obtenção de um conhecimento intersubjectivo, descritivo e compreensivo, em vez de um conhecimento objectivo, explicativo e nomotético.

Esta concepção de ciência social reconhece-se numa postura antipositivista. A sua tradição filosófica é a fenomenologia em diferentes variantes, desde as mais moderadas (como a de Max Weber, 1968) até as mais extremistas (como a de Peter Winch, 1970). Contudo, numa reflexão mais aprofundada, esta concepção, tal como tem vindo a ser elaborada, revela-se mais subsidiária do modelo de racionalidade das ciências naturais do que parece. Partilha com este modelo a distinção natureza/ser humano e, tal como ele, tem da natureza uma visão mecanicista à qual contrapõe, com evidência esperada, a especificidade do ser humano. A esta distinção, primordial na revolução científica do século XVI, vão sobrepor-se nos séculos seguintes outras, tais como a distinção natureza/cultura e a distinção ser humano/animal, para no século XVIII se poder celebrar o carácter único do ser humano. A fronteira que então se estabelece entre o estudo do ser humano e o estudo da natureza não deixa de ser prisioneira do reconhecimento da prioridade cognitiva das ciências naturais, pois se, por um lado, se recusam as condicionantes biológicas do comportamento humano, pelo outro usam-se argumentos biológicos para fixar a especificidade do ser humano.

Pode, pois, concluir-se que ambas as concepções de ciência social a que aludi pertencem ao paradigma da ciência moderna, ainda que a concepção mencionada em segundo lugar represente, dentro deste paradigma, um sinal de crise e contenha alguns dos componentes da transição para um outro paradigma científico.

A CRISE EPISTEMOLÓGICA DO PARADIGMA DOMINANTE

São hoje muitos e fortes os sinais de que o modelo de racionalidade científica que acabo de descrever em alguns dos seus traços principais atravessa uma profunda crise. Defenderei nesta secção: primeiro, que essa crise é não só profunda como irreversível; segundo, que estamos a viver um período de revolução científica que se iniciou com Einstein e a mecânica quântica e não se sabe ainda quando acabará; terceiro, que os sinais nos permitem tão-só especular acerca do paradigma que emergirá deste período revolucionário, mas que, desde já, pode afirmar-se com segurança que colapsarão as distinções básicas em que assenta o paradigma dominante a que atrás aludi.

A crise do paradigma dominante é o resultado interactivo de uma pluralidade de condições. Distingo entre condições sociais e condições teóricas. Darei mais atenção às condições teóricas e por elas começo. A primeira observação, que não é tão trivial quanto parece, é que a identificação dos limites, das insuficiências estruturais do paradigma científico moderno, é o resultado do grande avanço no conhecimento que ele propiciou. O aprofundamento do conhecimento permitiu ver a fragilidade dos pilares em que se funda.

Einstein constitui o primeiro rombo no paradigma da ciência moderna, um rombo, aliás, mais importante do que o que Einstein foi subjectivamente capaz de admitir. Um dos pensamentos mais profundos de Einstein é o da relatividade da simultaneidade. Einstein distingue entre a simultaneidade de acontecimentos presentes no mesmo lugar e a simultaneidade de acontecimentos distantes, em particular de acontecimentos separados por distâncias astronómicas. Em relação a estes últimos, o problema lógico a resolver é o seguinte: como é que o observador estabelece a ordem temporal de acontecimentos no espaço? Certamente por medições da velocidade da luz, partindo do pressuposto, que é fundamental na teoria de Einstein, de que não há na natureza velocidade superior à da luz. No entanto, ao medir a velocidade numa direcção única (de A a B), Einstein defronta-se com um círculo vicioso: a fim de determinar a simultaneidade dos acontecimentos distantes é necessário conhecer a velocidade; mas, para medir a velocidade, é necessário conhecer a simultaneidade dos acontecimentos. Com um golpe de génio, Einstein rompe com este círculo, demonstrando que a simultaneidade de acontecimentos distantes não pode ser verificada, pode tão-só ser definida. É, portanto, arbitrária e daí que, como salienta Reichenbach, quando fazemos medições não possa haver contradições nos resultados uma vez que estes nos devolverão a simultaneidade que nós introduzimos por definição no sistema de medição (1970: 60).

Esta teoria veio revolucionar as nossas concepções de espaço e de tempo. Não havendo simultaneidade universal, o tempo e o espaço absolutos de Newton deixam de existir. Dois acontecimentos simultâneos num sistema de referência não são simultâneos noutro sistema de referência. As leis da física e da geometria baseiam-se em medições locais:

> Os instrumentos de medida, sejam relógios ou metros, não têm magnitudes independentes, ajustam-se ao campo métrico do espaço, cuja estrutura se manifesta mais claramente nos raios de luz (Reichenbach, 1970: 68).

O carácter local das medições e, portanto, do rigor do conhecimento que com base nelas se obtém, vai inspirar o surgimento da segunda condição teórica da crise do paradigma dominante, a mecânica quântica. Se Einstein relativizou o rigor das leis de Newton no domínio da astrofísica, a mecânica quântica fê-lo no domínio da microfísica. Heisenberg e Bohr demonstram que não é possível observar ou medir um objecto sem interferir nele, sem o alterar, e a tal ponto que o objecto que sai de um processo de medição não é o mesmo que lá entrou. Como ilustra Wigner, "a medição da curvatura do espaço causada por uma partícula não pode ser levada a cabo sem criar novos campos que são biliões de vezes maiores que o campo sob investigação" (1970: 7).

A ideia de que não conhecemos do real senão o que nele introduzimos, ou seja, que não conhecemos do real senão a nossa intervenção nele, está bem expressa no princípio da incerteza de Heisenberg: não se podem reduzir simultaneamente os erros da medição da velocidade e da posição das partículas; o que for feito para reduzir o erro de uma das medições aumenta o erro da outra (Heisenberg, 1971). Este princípio e, portanto, a demonstração da interferência estrutural do sujeito no objecto observado, tem implicações de vulto. Por um lado, sendo estruturalmente limitado o rigor do nosso conhecimento, só podemos aspirar a resultados aproximados e por isso as leis da física são tão-só probabilísticas. Por outro lado, a hipótese do determinismo mecanicista é inviabilizada uma vez que a totalidade do real não se reduz à soma das partes em que a dividimos para observar e medir. Por último, a distinção sujeito/objecto é muito mais complexa do que à primeira vista pode parecer. A distinção perde os seus contornos dicotómicos e assume a forma de um *continuum*.

O rigor da medição posto em causa pela mecânica quântica será ainda mais profundamente abalado se se questionar o rigor do veículo formal em que a medição é expressa, ou seja, o rigor da matemática. É isso o que sucede com as investigações de Gödel, as quais, por essa razão, considero serem a terceira condição da crise do paradigma. O teorema da incompletude e os teoremas sobre a impossibilidade de, em certas circunstâncias, encontrar dentro de um dado sistema formal a prova da sua consistência vieram mostrar que, mesmo seguindo à risca as regras da lógica matemática, é possível formular proposições indecidíveis, proposições que se não podem demonstrar nem refutar, sendo que uma dessas proposições é precisamente a que postula o carácter não-contraditório do sistema[9]. Se as leis da natureza fundamentam o seu rigor no rigor das formalizações matemáticas em que se expressam, as investigações de Gödel vêm demonstrar que o rigor da matemática carece ele próprio de fundamento. A partir daqui é possível não só questionar o rigor da matemática como também redefini-lo enquanto forma de rigor que se opõe a outras formas de rigor alternativo, uma forma de rigor cujas condições de êxito na ciência moderna não podem continuar a ser concebidas como naturais e óbvias. A própria filosofia da matemática tem vindo a problematizar criativamente estes temas e reconhece hoje que o rigor matemático, como qualquer outra forma de rigor, assenta num critério de selectividade e que, como tal, tem um lado construtivo e um lado destrutivo.

A quarta condição teórica da crise do paradigma newtoniano é constituída pelos progressos do conhecimento nos domínios da microfísica, da química e da biologia nos últimos trinta anos. A título de exemplo, menciono as investigações do físico-químico Ilya Prigogine. A teoria das estruturas dissipativas e o princípio da "ordem através de flutuações" estabelecem que, em sistemas abertos, ou seja, em sistemas que funcionam nas margens da estabilidade, a evolução se explica por flutuações de energia que em determinados momentos, nunca inteiramente previsíveis, desencadeiam espontaneamente reacções que, por via de mecanismos não lineares, pressionam o sistema para além de um limite máximo de instabilidade e o conduzem a um novo estado macroscópico. Esta transformação irreversível e termodinâmica é o resultado da interacção de processos microscópicos segundo uma lógica de auto-organização numa situação de não-equilíbrio.

A situação de bifurcação, ou seja, o ponto crítico em que a mínima flutuação de energia pode conduzir a um novo estado, representa a potencialidade do sistema em ser atraído para um novo estado de menor entropia. Deste modo, a irreversibilidade nos sistemas abertos significa que estes são produto da sua história (Prigogine e Stengers, 1979; Prigogine, 1980; Prigogine, 1981: 73 e ss.). A importância desta teoria está na nova concepção da matéria e da natureza que propõe, uma concepção dificilmente compaginável com a que herdámos da física clássica. Em vez da eternidade, temos a história; em vez do determinismo, a imprevisibilidade; em vez do mecanicismo, a interpenetração, a espontaneidade e a auto-organização; em vez da reversibilidade, a irreversibilidade e a evolução; em

---

9. O impacto dos teoremas de Gödel na filosofia da ciência tem sido diversamente avaliado. Ver, por exemplo, Ladrière (1967: 312 e ss.); Jones (1982: 158); Parain-Vial (1983: 52 e ss.); Thom (1985: 36); Briggs e Peat (1985: 22).

vez da ordem, a desordem; em vez da necessidade, a criatividade e o acidente. A teoria de Prigogine recupera inclusivamente conceitos aristotélicos tais como os conceitos de potencialidade e virtualidade que a revolução científica do século XVI parecia ter atirado definitivamente para o lixo da História.

Mas a importância maior desta teoria está em que ela não é um fenómeno isolado. Faz parte de um movimento convergente, pujante sobretudo a partir das duas últimas décadas, que atravessa as várias ciências da natureza e até as ciências sociais, um movimento de vocação transdisciplinar que Jantsch (1980) designa por paradigma da auto-organização e que tem aflorações, entre outras, na teoria de Prigogine, na sinergética de Haken (1977; 1985: 205 e ss.), no conceito de hiperciclo e na teoria da origem da vida de Eigen (Eigen e P. Schuster, 1979), no conceito de autopoiesis de Maturana e Varela (1973)[10], na teoria das catástrofes de Thom (1985), na teoria da evolução de Jantsch (1981: 83 e ss.), na teoria da "ordem implicada" de David Bohm (1984; Bateson, 1985) ou na teoria da matriz-S de Geoffrey Chew e na filosofia do "bootstrap" que lhe subjaz[11]. Este movimento científico e as demais inovações teóricas que atrás defini como outras tantas condições teóricas da crise do paradigma dominante têm vindo a propiciar uma profunda reflexão epistemológica sobre o conhecimento científico, uma reflexão de tal modo rica e diversificada que, melhor do que qualquer outra circunstância, caracteriza exemplarmente a situação intelectual do tempo presente.

Esta reflexão apresenta duas facetas sociológicas importantes. Em primeiro lugar, a reflexão é levada a cabo predominantemente pelos próprios cientistas, por cientistas que adquiriram uma competência e um interesse filosóficos para problematizar a sua prática científica. Não é arriscado dizer que nunca houve tantos cientistas-filósofos como actualmente, e isso não se deve a uma evolução arbitrária do interesse intelectual. Depois da euforia cientista do século XIX e da consequente aversão à reflexão filosófica, bem simbolizada pelo positivismo, chegamos a finais do século XX possuídos pelo desejo quase desesperado de complementarmos o conhecimento das coisas com o conhecimento do nosso conhecimento das coisas, isto é, com o conhecimento de nós próprios. A segunda faceta desta reflexão é que ela abrange questões que antes eram deixadas aos sociólogos. A análise das condições sociais, dos contextos culturais, dos modelos organizacionais da investigação científica, antes acantonada no campo separado e estanque da sociologia da ciência, passou a ocupar papel de relevo na reflexão epistemológica[12].

Do conteúdo desta reflexão, respigarei, a título ilustrativo, alguns dos temas principais. Em primeiro lugar, são questionados o conceito de lei e o conceito de

---

10. Ver também Benseler, Hejl e Koch (orgs.) (1980).
11. Chew (1968: 762 e ss.); Chew (1970: 23 e ss.). Ver, também, Capra (1979: 11 e ss.).
12. Sobre a antiga perspectiva, ver Merton (1968).

causalidade que lhe está associado. A formulação das leis da natureza funda-se na ideia de que os fenómenos observados independem de tudo excepto de um conjunto razoavelmente pequeno de condições (as condições iniciais) cuja interferência é observada e medida. Esta ideia — reconhece-se hoje — obriga a separações grosseiras entre os fenómenos, separações que, aliás, são sempre provisórias e precárias, uma vez que a verificação da não interferência de certos factores é sempre produto de um conhecimento imperfeito. As leis têm assim um carácter probabilístico, aproximativo e provisório, bem expresso no princípio da falsificabilidade de Popper. Mas, acima de tudo, a simplicidade das leis constitui uma simplificação arbitrária da realidade que nos confina a um horizonte mínimo para além do qual outros conhecimentos da natureza, provavelmente mais ricos e com mais interesse humano, ficam por conhecer.

Na biologia, onde as interacções entre fenómenos e formas de auto-organização em totalidades não mecânicas são mais visíveis, mas também nas demais ciências, a noção de lei tem vindo a ser parcial e sucessivamente substituída pelas noções de sistema, de estrutura, de modelo e, por último, pela noção de processo. O declínio da hegemonia da legalidade é concomitante do declínio da hegemonia da causalidade. O questionamento da causalidade nos tempos modernos vem de longe, pelo menos desde David Hume e do positivismo lógico. A reflexão crítica tem incidido tanto no problema ontológico da causalidade (quais as características do nexo causal?; esse nexo existe na realidade?) como no problema metodológico da causalidade (quais os critérios de causalidade?; como reconhecer um nexo causal ou testar uma hipótese causal?).

Hoje, a relativização do conceito de causa parte sobretudo do reconhecimento de que o lugar central que ele tem ocupado na ciência moderna se explica menos por razões ontológicas ou metodológicas do que por razões pragmáticas. O conceito de causalidade adequa-se bem a uma ciência que visa intervir no real e que mede o seu êxito pelo âmbito dessa intervenção. Afinal, causa é tudo aquilo sobre que se pode agir. Mesmo os defensores da causalidade, como Mario Bunge (1979), reconhecem que ela é apenas uma das formas do determinismo e que, por isso, tem um lugar limitado, ainda que insubstituível, no conhecimento científico[13]. A verdade é que, sob a égide da biologia e também da microfísica, o causalismo, enquanto categoria de inteligibilidade do real, tem vindo a perder terreno em favor do finalismo.

O segundo grande tema de reflexão epistemológica versa mais sobre o conteúdo do conhecimento científico do que sobre a sua forma. Sendo um conheci-

---

13. Bunge afirma: "Em poucas palavras, o princípio causal não é uma panaceia nem um mito: é uma hipótese geral subsumida num princípio universal de determinabilidade, tendo uma validade aproximada no seu domínio próprio" (1979: 353). Em Portugal, é justo salientar, a este propósito, a notável obra teórica de Armando Castro (1975, 1978, 1980, 1982, 1985).

mento mínimo que fecha as portas a muitos outros saberes sobre o mundo, o conhecimento científico moderno é um conhecimento desencantado e triste que transforma a natureza num autómato, ou, como diz Prigogine, num interlocutor terrivelmente estúpido (Prigogine e Stengers, 1979: 13). Este aviltamento da natureza acaba por aviltar o próprio cientista na medida em que reduz o suposto diálogo experimental ao exercício de uma prepotência sobre a natureza. O rigor científico, porque fundado no rigor matemático, é um rigor que quantifica e que, ao quantificar, desqualifica, um rigor que, ao objectivar os fenómenos, os objectualiza e os degrada, que, ao caracterizar os fenómenos, os caricaturiza. É, em suma e finalmente, uma forma de rigor que, ao afirmar a personalidade do cientista, destrói a personalidade da natureza. Desta forma, o conhecimento ganha em rigor o que perde em riqueza e a retumbância dos êxitos da intervenção tecnológica esconde os limites da nossa compreensão do mundo e reprime a pergunta sobre o valor humano de um afã científico assim concebido. Esta pergunta está, no entanto, inscrita na própria relação sujeito/objecto que preside à ciência moderna, uma relação que interioriza o sujeito à custa da exteriorização do objecto, tornando-os estanques e incomunicáveis.

Os limites deste tipo de conhecimento são, assim, qualitativos e não são superáveis com maiores quantidades de investigação ou maior precisão dos instrumentos. Aliás, a própria precisão quantitativa do conhecimento é estruturalmente limitada. Por exemplo, no domínio das teorias da informação, o teorema de Brillouin demonstra que a informação não é gratuita (1959; Parain-Vial, 1983: 122 e ss.). Qualquer observação efectuada sobre um sistema físico aumenta a entropia do sistema no laboratório. O rendimento de uma dada experiência deve, assim, ser definido pela relação entre a informação obtida e o aumento concomitante da entropia. Ora, segundo Brillouin, esse rendimento é sempre inferior à unidade e só em casos raros é próximo dela. Nestes termos, a experiência rigorosa é irrealizável, pois que exigiria um dispêndio infinito de actividades humanas.

Por último, a precisão é limitada porque, se é verdade que o conhecimento só sabe avançar pela via da progressiva parcelarização do objecto, bem representada nas crescentes especializações da ciência, é exactamente por essa via que melhor se confirma a irredutibilidade das totalidades orgânicas ou inorgânicas às partes que as constituem e, portanto, o carácter distorcido do conhecimento centrado na observação destas últimas. Os factos observados têm vindo a escapar ao regime de isolamento prisional a que a ciência os sujeita. Os objectos têm fronteiras cada vez menos definidas; são constituídos por anéis que se entrecruzam em teias complexas com os dos restantes objectos, a tal ponto que os objectos em si são menos reais que as relações entre eles.

Pautada pelas condições teóricas e sociais que acabei de referir, a crise do paradigma da ciência moderna não constitui um pântano cinzento de cepticismo ou de irracionalismo. É antes o retrato de uma família intelectual numerosa e instável, mas também criativa e fascinante, no momento de se despedir, com alguma dor, dos lugares conceptuais, teóricos e epistemológicos, ancestrais e íntimos, mas não mais convincentes e securizantes, uma despedida em busca de uma vida melhor a caminho doutras paragens onde o optimismo seja mais fundado e a racionalidade mais plural e onde, finalmente, o conhecimento volte a ser uma aventura encantada. A caracterização da crise do paradigma dominante traz consigo o perfil do paradigma emergente. É esse o perfil que procurarei desenhar a seguir.

O PARADIGMA EMERGENTE

A configuração do paradigma que se anuncia no horizonte só pode obter-se por via especulativa. Uma especulação fundada nos sinais que a crise do paradigma actual emite, mas nunca por eles determinada. Aliás, como diz René Poirier e antes dele disseram Hegel e Heidegger, "a coerência global das nossas verdades físicas e metafísicas só se conhece retrospectivamente" (Prefácio a Parain-Vial, 1983: 10). Por isso, ao falarmos do futuro, mesmo que seja de um futuro que já nos sentimos a percorrer, o que dele dissermos é sempre o produto de uma síntese pessoal embebida na imaginação, no meu caso, na imaginação sociológica. Não espanta, pois, que ainda que com alguns pontos de convergência, sejam diferentes as sínteses até agora apresentadas. Ilya Prigogine, por exemplo, fala da "nova aliança" e da metamorfose da ciência (Prigogine e Stengers, 1979). Fritjof Capra fala da "nova física" e do Taoísmo da física (1984), Eugene Wigner de "mudanças do segundo tipo" (1970), Erich Jantsch do paradigma da auto-organização (1980, 1981).

Eu falarei do *paradigma de um conhecimento prudente para uma vida decente*. Com esta designação, quero significar que a natureza da revolução científica que atravessamos é estruturalmente diferente da que ocorreu no século XVI. Sendo uma revolução científica que ocorre numa sociedade ela própria revolucionada pela ciência, o paradigma a emergir dela não pode ser apenas um paradigma científico (o paradigma de um conhecimento prudente), tem de ser também um paradigma social (o paradigma de uma vida decente).

As Representações Inacabadas da Modernidade

A análise do paradigma científico emergente deve evitar cair nas soluções fáceis de um pessimismo reaccionário ou de um voluntarismo inconsequente. Seguindo o conselho já antigo de Merleau-Ponty, creio que uma solução possível, embora difícil, é a de partir da identificação das representações mais abertas, incompletas ou inacabadas do nosso tempo (1968: 45). Isto significa, antes de mais, que só a partir da modernidade é possível transcender a modernidade. Se é verdade que a modernidade não pode fornecer a solução para excessos e défices por que é responsável, não é menos verdade que só ela permite desejá-la. De facto, podemos encontrar na modernidade tudo o que é necessário para formular uma solução, tudo menos essa solução.

Em meu entender, as representações que a modernidade deixou até agora mais inacabadas e abertas são, no domínio da regulação, o princípio da comunidade e, no domínio da emancipação, a racionalidade estético-expressiva. Dos três princípios de regulação (mercado, Estado e comunidade), o princípio da comunidade foi, nos últimos duzentos anos, o mais negligenciado. E tanto assim foi que acabou por ser quase totalmente absorvido pelos princípios do Estado e do mercado. Mas, também por isso, é o princípio menos obstruído por determinações e, portanto, o mais bem colocado para instaurar uma dialéctica positiva com o pilar da emancipação.

Porque é uma representação aberta e incompleta, a comunidade é ela própria dificilmente representável — ou é-o apenas vagamente — e os seus elementos constitutivos, também eles abertos e inacabados, furtam-se a enumerações exaustivas. Têm, contudo, uma característica comum: todos resistiram à especialização e à diferenciação técnico-científica através das quais a racionalidade cognitivo-instrumental da ciência moderna colonizou os outros dois princípios modernos de regulação: o mercado e o Estado. Ao contrário dos dois últimos, o princípio da comunidade resistiu a ser totalmente cooptado pelo utopismo automático da ciência e, por isso, pagou duramente com a sua marginalização e esquecimento. Mas, pelo facto de ter ficado afastado, o princípio da comunidade manteve-se diferente, aberto a novos contextos em que a sua diferença pode ter importância.

Para determinar as virtualidades epistemológicas do princípio da comunidade, saliento duas das suas dimensões: participação e solidariedade. Estes elementos só muito parcialmente foram colonizados pela ciência moderna. No caso da participação, a colonização deu-se, sobretudo, no contexto do que a teoria política liberal definiu, de forma bastante rígida, como sendo a esfera política (cidadania e democracia representativa). Mas para além dele ficaram muitos outros domínios da vida social em que a participação continuou a ser uma competência não especializada e indiferenciada da comunidade.

No caso da solidariedade, a sua colonização ocorreu, nos países capitalistas desenvolvidos, através das políticas sociais do Estado-Providência, embora também aqui de forma incompleta. Além disso, na esmagadora maioria dos Estados-nação, a solidariedade comunitária não especializada — o que designo por sociedade-providência — continua a ser a forma dominante de solidariedade.

Relativamente ao pilar da emancipação, apesar de, como já afirmei, tanto a racionalidade moral-prática como a estético-expressiva terem sido invadidas pela racionalidade cognitivo-instrumental e performativo-utilitária da ciência, a racionalidade estético-expressiva, em minha opinião, resistiu melhor à cooptação total. Houve vários factores que contribuíram para isso. Em geral, a racionalidade estético-expressiva é, por "natureza", tão permeável e inacabada como a própria obra de arte e, por isso, não pode ser encerrada na prisão flexível do automatismo técnico-científico. O carácter específico da racionalidade estético-expressiva tem sido uma das questões mais debatidas na teoria estética. Num artigo muito influente, Norris Weitz defende veementemente que a arte não é susceptível de definição e que, por isso, nem os artistas nem os teóricos a conseguiram definir com sucesso até hoje. Segundo Weitz, a arte não tem essência porque nenhuma qualidade é necessária e suficiente para que uma coisa seja obra de arte. Se "virmos com atenção", concluiremos que não há uma qualidade que seja comum a todas as obras de arte e só a elas (Weitz, 1956: 27-35)[14]. Não cabe aqui, porém, continuar o debate desencadeado por Weitz. De certo modo, nele ecoa a discussão sobre a natureza da beleza estética que remonta, pelo menos, a Aristóteles, embora inclua novas dimensões, em parte decorrentes da progressiva visibilidade da arte no actual período do "capitalismo desorganizado", como o debate sobre o pós-modernismo claramente demonstra.

Em meu entender, o carácter inacabado da racionalidade estético-expressiva reside nos conceitos de *prazer*, de *autoria* e de *artefactualidade discursiva*. A colonização do prazer na modernidade ocidental deu-se através da industrialização do lazer e dos tempos livres, das indústrias culturais e da ideologia e prática do consumismo. Contudo, fora do alcance da colonização, manteve-se a irredutível individualidade intersubjectiva do *homo ludens*, capaz daquilo a que Barthes chamou *jouissance*, o prazer que resiste ao enclausuramento e difunde o jogo entre os seres humanos. Foi no campo da racionalidade estético-expressiva que o prazer, apesar de semi-enclausurado, se pôde imaginar utopicamente mais do que semi-liberto.

A noção de *autor* — de par com todos os outros conceitos que lhe estão associados, tais como os de iniciativa, autonomia, criatividade, autoridade, autenticidade e originalidade — é o conceito que subjaz à organização do domínio artístico e literário da modernidade. Está também relacionado com a noção, igualmente moderna, de sujeito individual. Estes dois conceitos representam a descontinuidade entre o mundo medieval e o novo mundo do Renascimento e dos descobrimentos, o absurdo de reduzir o novo conhecimento às semelhanças ou analogias com as tipologias inertes estabelecidas pelo conhecimento anterior. Em suma, significam o fim da antiga *auctoritas*[15].

No entanto, foi sobretudo no pilar da regulação que se desenvolveu o conceito de sujeito autónomo como cidadão e como agente do mercado e, em ambos

---

14. Ver Davies (1991), para obter um excelente resumo da posição de Weitz e do debate a que deu origem.
15. Ver, também, Pease (1990: 105 e ss.).

os casos, como micro-unidade na criação quotidiana e normal da nova ordem das coisas. O conceito de autoria, pelo contrário, desenvolveu-se sobretudo no domínio artístico e literário, particularmente a partir do Romantismo: o autor era entendido como o "oposto" da vida quotidiana e vulgar, o criador autónomo capaz de inventar novos mundos culturais libertos do contexto material circundante. Enquanto a autonomia do sujeito se baseia no desempenho de acções normativamente reguladas de acordo com os contextos, as limitações e as possibilidades criadas pela repetição de acções anteriores semelhantes, a autonomia do autor assenta na diferença irredutível entre a acção e as condições do seu desempenho. Estes dois tipos de autonomia são ambos precários, embora por razões diferentes: a autonomia do sujeito corre o risco de não se distinguir das condições que a tornam possível (alienação); a autonomia do autor corre o risco de se tornar irrelevante quando separada das condições que a tornam possível (marginalização).

Graças ao carácter transcendente da diferença e da descontinuidade, o autor manteve-se como uma representação inacabada da modernidade e, consequentemente, foi mais resistente à colonização. A morte do autor anunciada pelo estruturalismo e pelo pós-estruturalismo tem o seu quê de verdade pelo facto de desvendar a repetição oculta que subjaz a discursos aparentemente irrepetíveis: o autor mais como efeito do que como causa das formas institucionalizadas, constantemente repetidas e normativamente reguladas de escrever ou de pintar. No entanto, isto não representa toda a verdade porque nenhum autor pode ser efeito sem nunca ter sido causa (a causa da própria produção artística ou literária)[16]. O domínio artístico e literário é, assim, um domínio em que as partes são mais do que o todo. Além do mais, como a desconstrução é, ela própria, infinita e, consequentemente, irrepetível e inacabada, o pós-estruturalismo não pode declarar a morte do autor sem, nesse mesmo processo, anunciar o nascimento de um novo autor, o filósofo desconstrucionista ou crítico literário.

O outro conceito organizador do domínio artístico e literário é o de *artefactualidade discursiva*. Todas as obras de arte têm de ser criadas ou construídas. São produto de uma intenção específica e de um acto construtivo específico. A natureza, a qualidade, a importância e a adequação dessa intenção e dessa construção são estabelecidas por meio de um discurso argumentativo dirigido a um público alvo (as pessoas e as instituições que constituem o domínio artístico e literário). Como essa argumentação é potencialmente interminável, os momentos de fixação (o cânone, a tradição estética, as instituições de consagração e os prémios) são sempre precários porque os argumentos que os apoiam não mantêm o seu poder retórico por muito tempo. Entendida nestes termos, a racionalidade estéti-

---

16. Paul Bové lembra, acertadamente, a afirmação de Foucault de que ninguém está interessado em negar a existência do escritor como uma causa da produção literária ou de qualquer outra forma de discurso escrito (1990: 62).

co-expressiva une o que a racionalidade científica separa (causa e intenção) e legitima a qualidade e a importância (em vez da verdade) através de uma forma de conhecimento que a ciência moderna desprezou e tentou fazer esquecer, o conhecimento retórico.

O princípio da comunidade e a racionalidade estético-expressiva são, assim, as representações mais inacabadas da modernidade ocidental. Por esta razão, deve dar-se prioridade à análise das suas potencialidades epistemológicas para restabelecer as energias emancipatórias que a modernidade deixou transformar em *hubris* regulatória. Depois de dois séculos de excesso de regulação em detrimento da emancipação, a solução procurada não é um novo equilíbrio entre regulação e emancipação. Isso seria ainda uma solução moderna cuja falência intelectual é hoje evidente. Devemos, sim, procurar um desequilíbrio dinâmico que penda para a emancipação, uma assimetria que sobreponha a emancipação à regulação. Se a pós-modernidade de oposição significa alguma coisa, é justamente esse desequilíbrio dinâmico ou assimetria a favor da emancipação, concretizado com a cumplicidade epistemológica do princípio da comunidade e da racionalidade estético-expressiva.

Do Conhecimento-Regulação ao Conhecimento-Emancipação

Todo o conhecimento implica uma trajectória, uma progressão de um ponto ou estado A, designado por ignorância, para um ponto ou estado B, designado por saber. As formas de conhecimento distinguem-se pelo modo como caracterizam os dois pontos e a trajectória que conduz de um ao outro. Não há, pois, nem ignorância em geral nem saber em geral. Cada forma de conhecimento reconhece-se num certo tipo de saber a que contrapõe um certo tipo de ignorância, a qual, por sua vez, é reconhecida como tal quando em confronto com esse tipo de saber. Todo o saber é saber sobre uma certa ignorância e, vice-versa, toda a ignorância é ignorância de um certo saber.

O paradigma da modernidade comporta duas formas principais de conhecimento: o conhecimento-emancipação e o conhecimento-regulação. O conhecimento-emancipação é uma trajectória entre um estado de ignorância que designo por *colonialismo* e um estado de saber que designo por *solidariedade*. O conhecimento-regulação é uma trajectória entre um estado de ignorância que designo por *caos* e um estado de saber que designo por *ordem*. Se o primeiro modelo de conhecimento progride do colonialismo para a solidariedade, o segundo progride do caos para a ordem. Nos termos do paradigma da modernidade, a vinculação recíproca entre o pilar da regulação e o pilar da emancipação implica que estes dois modelos de conhecimento se articulem em equilíbrio dinâmico. Isto significa que o poder cognitivo da ordem alimenta o poder cognitivo da solidariedade, e vice-versa.

A realização deste equilíbrio dinâmico foi confiada às três lógicas de racionalidade atrás mencionadas: a racionalidade moral-prática, a racionalidade estético-expressiva e a racionalidade cognitivo-instrumental. Vimos, porém, que nos últimos duzentos anos a racionalidade cognitivo-instrumental da ciência e da tecnologia se foi impondo às demais. Com isto, o conhecimento-regulação conquistou a primazia sobre o conhecimento-emancipação: a ordem transformou-se na forma hegemónica de saber e o caos na forma hegemónica de ignorância. Este desequilíbrio a favor do conhecimento-regulação permitiu a este último recodificar nos seus próprios termos o conhecimento-emancipação. Assim, o estado de saber no conhecimento-emancipação passou a estado de ignorância no conhecimento-regulação (a solidariedade foi recodificada como caos) e, inversamente, a ignorância no conhecimento-emancipação passou a estado de saber no conhecimento-regulação (o colonialismo foi recodificado como ordem).

É esta a situação em que nos encontramos e é dela que urge sair. E o caminho não pode ser senão o de reavaliar o conhecimento-emancipação e conceder-lhe a primazia sobre o conhecimento-regulação. Isto implica, por um lado, que se transforme a solidariedade na forma hegemónica de saber e, por outro, que se aceite um certo nível de caos decorrente da negligência relativa do conhecimento-regulação, o que obriga a dois compromissos epistemológicos de monta. O primeiro consiste em reafirmar o caos como forma de saber e não de ignorância, o que já começa a acontecer, com as teorias do caos, no seio da própria ciência moderna (Gleick, 1987; Hayles, 1990, 1991; Louçã, 1997). Em vez de transcender o caos, a ordem coexiste com ele numa relação mais ou menos tensa. Em qualquer das duas grandes versões das teorias do caos — a de Prigogine, para quem a ordem é uma auto-organização a partir do caos através das estruturas dissipativas que emergem nos sistemas longe do equilíbrio em momentos particularmente entrópicos; e a de Lorenz, Feigenbaum e Mandelbrot, para quem existe ordem no interior dos sistemas caóticos já que estes dispõem de estruturas profundas de ordem chamadas "strange attractors" — o caos deixa de ser algo negativo, vazio ou informe para ter uma positividade própria inseparável da ordem que sempre dominou a mecânica newtoniana.

Uma das positividades é a ideia de não-linearidade, a ideia de que nos sistemas complexos as funções não são lineares e, por isso, ao contrário do que ocorre nas funções lineares, uma pequena causa pode produzir um grande efeito.

Ora, como os indivíduos e as sociedades não podem produzir consequências senão através de causas e como estas, segundo as teorias do caos, não ocorrem na mesma escala dos seus efeitos, não é possível partir do pressuposto de que o controlo das causas acarreta consigo o controlo das consequências. Pelo contrário, a falta de controlo sobre as consequências significa que as acções empreendidas como causas têm, não apenas as consequências intencionais (lineares) da acção, mas uma multiplicidade imprevisível (potencialmente infinita) de consequências. O controlo das causas, sendo absoluto, é absolutamente precário.

As teorias do caos contribuem, assim, para elucidar o modo como a ciência moderna, transformada em recurso tecnológico de sistemas sociais cada vez mais complexos, levou ao extremo a discrepância entre a capacidade de acção (controlo das causas) e a capacidade de previsão (controlo das consequências). Transformado em máxima de acção social e política, o caos apela a suspeitar da capacidade de acção e a pôr em causa a ideia da transparência entre a causa e o efeito. Dito de outro modo, o caos convida-nos a um conhecimento prudente. A prudência assemelha-se um pouco ao pragmatismo. Ser pragmático é analisar a realidade partindo das "últimas coisas" (no sentido que W. James (1969: 380) deu à expressão), ou seja, das consequências, e quanto menor for a distância entre os actos e as consequências, maior será a precisão do julgamento sobre a validade. A proximidade deve ter a primazia como forma mais decisiva do real.

Enquanto atitude epistemológica, a prudência é de difícil execução porque verdadeiramente só sabemos o que está em jogo quando já está, de facto, em jogo. Depois de dois séculos de utopismo automático da ciência e da tecnologia, esta dificuldade tem forçosamente de aumentar, mas, como já referi, a única alternativa é enfrentá-la. O princípio da prudência faz-nos uma dupla exigência. Por um lado, exige que, perante os limites da nossa capacidade de previsão, em comparação com o poder e a complexidade da *praxis* tecnológica, privilegiemos perscrutar as consequências negativas desta em detrimento das suas consequências positivas. Não deve ver-se nisto uma atitude pessimista e muito menos uma atitude reaccionária. Uma das virtualidades do utopismo tecnológico é que, hoje, sabemos melhor aquilo que não queremos do que aquilo que queremos. Se a nossa capacidade de previsão é menos limitada a respeito das consequências negativas do que a respeito das consequências positivas, é de bom senso concentrarmos o conhecimento emancipatório nas consequências negativas. Isto implica assumir perante ela — e esta é a segunda exigência — uma certa "hermenêutica de suspeição", como Ricoeur lhe chamaria (1969: 67, 148-153): as consequências negativas duvidosas, mas possíveis, devem ser tidas como certas.

A revalorização do caos e da prudência não se traduz numa visão negativa do futuro. É certo que isso implica um maior peso do conhecimento do negativo, mas trata-se de uma negatividade que visa assegurar o que no futuro há de futuro. O utopismo automático da tecnologia tem implícita uma psicologia moral que consiste em conceber como acto de coragem a aceitação do risco das consequências negativas e como acto de medo a sua recusa. Constrói-se, assim, uma personalidade que diminui as capacidades de avaliação do risco e que acaba por transformar o automatismo tecnológico numa manifestação suprema de vontade. Há que criticar radicalmente esta psicologia moral porque ela, em vez de combater o nosso défice de capacidade de previsão, alimenta-se dele, diminuindo assim a nossa capacidade de prever consequências negativas. Quando está em risco a sobrevivência da humanidade tal como a conhecemos, não ter medo é a atitude mais conservadora. Em suma, é preciso construir uma teoria da personalidade assente na coragem de ter medo.

A aceitação e a revalorização do caos é, pois, uma das duas estratégias epistemológicas que tornam possível desequilibrar o conhecimento a favor da emancipação. A segunda estratégia consiste, como referi, em revalorizar a solidariedade como forma de saber. Estas duas estratégias estão de tal forma ligadas que nenhuma delas é eficaz sem a outra. A solidariedade é uma forma específica de saber que se conquista sobre o colonialismo. O colonialismo consiste na ignorância da reciprocidade e na incapacidade de conceber o outro a não ser como objecto. A solidariedade é o conhecimento obtido no processo, sempre inacabado, de nos tornarmos capazes de reciprocidade através da construção e do reconhecimento da intersubjectividade. A ênfase na solidariedade converte a comunidade no campo privilegiado do conhecimento emancipatório. Acontece que, depois de dois séculos de desterritorialização das relações sociais, a comunidade não pode limitar-se a ser uma territorialidade própria do espaço contíguo (o local) e a temporalidade própria do tempo miúdo (o imediato). Vivemos numa época de nexos opacos, locais-globais e imediatos-diferidos. A neo-comunidade é um campo simbólico cuja produtividade não exige um *genius loci fixo*. Trata-se de um *hic et nunc*, um local e imediato, que pode englobar o planeta e o mais distante futuro. A neo-comunidade transforma o local numa forma de percepção do global, e o imediato numa forma de percepção do futuro. É um campo simbólico em que se desenvolvem territorialidades e temporalidades específicas que nos permitem conceber o nosso próximo numa teia intersubjectiva de reciprocidades. Como a nova subjectividade depende menos da identidade do que da reciprocidade, pode e deve ser construída à margem do antropocentrismo: a natureza, dita não-humana, não nos sendo idêntica, é-nos recíproca na medida em que, por exemplo, a sua destruição acarreta a nossa própria destruição. Assim, a nossa subjectividade não se completa sem ela.

Da perspectiva do pós-moderno de oposição que proponho aqui, a opção epistemológica mais adequada à fase de transição paradigmática em que nos encontramos consiste na revalorização e reinvenção de uma das tradições marginalizadas da modernidade ocidental: o conhecimento-emancipação. Não é fácil formular uma tal opção e ainda o é menos segui-la. Não devemos esquecer-nos de que, dada a hegemonia do conhecimento-regulação, a solidariedade é hoje considerada uma forma de caos e o colonialismo uma forma de ordem. Assim, não podemos prosseguir senão pela via da negação crítica.

O sujeito e o objecto: todo o conhecimento é autoconhecimento

A ciência moderna consagrou o homem enquanto sujeito epistémico, mas expulsou-o enquanto sujeito empírico. Esta duplicidade está graficamente representada na epígrafe à *Crítica da Razão Pura* de Kant: *de nobis sibi silemus*. Por outras palavras, no mais eloquente tratado sobre subjectividade produzido pela modernidade ocidental nada se dirá sobre nós próprios enquanto seres humanos vivos, empíricos e concretos. Um conhecimento objectivo e rigoroso não pode tolerar a interferência de particularidades humanas e de percepções axiológicas. Foi nesta base que se construiu a distinção dicotómica sujeito/objecto.

O investimento epistemológico da ciência moderna na distinção entre sujeito e objecto é uma das suas mais genuínas características. Esta distinção garante a separação absoluta entre condições do conhecimento e objecto do conhecimento. No entanto, e apesar de fundamental para a ciência moderna, esta separação contém algumas contradições que de algum modo são ocultadas pela sua aparente linearidade. Sabe-se hoje que as condições do conhecimento científico são mais ou menos arbitrárias, assentando em convenções que, entre muitas outras condições possíveis, seleccionam as que garantem o desenrolar eficiente das rotinas de investigação. O objecto de investigação não é, afinal, mais do que o conjunto das condições não seleccionadas. Se, por hipótese, fosse possível levar até ao fim a enumeração das condições do conhecimento, não restaria objecto para conhecer. Por outras palavras, é tão impossível um conhecimento científico sem condições como um conhecimento plenamente consciente de todas as condições que o tornam possível. A ciência moderna existe num equilíbrio delicado, entre a relativa ignorância do objecto do conhecimento e a relativa ignorância das condições do conhecimento que pode ser obtido sobre ele.

A separação entre sujeito e objecto do conhecimento é, assim, feita de cumplicidades não reconhecidas. Isso explica porque é que, nas ciências sociais, a distinção epistemológica entre sujeito e objecto teve de se articular metodologicamente com a distância empírica entre sujeito e objecto. Isto mesmo se torna evidente se compararmos as estratégias metodológicas da antropologia cultural e social, por um lado, com as da sociologia, por outro. Na antropologia, a distância empírica entre o sujeito e o objecto era enorme. O sujeito era o antropólogo, o europeu "civilizado", o objecto era o povo "primitivo" ou "selvagem". Neste caso, a distinção, empírica e epistemológica, entre o sujeito e o objecto era tão gritante que a distância teve de ser encurtada através do uso de metodologias que obrigavam a uma maior intimidade com o objecto, nomeadamente o trabalho de campo etnográfico e a observação participante. Na sociologia, pelo contrário, era pequena ou mesmo nula a distância empírica entre o sujeito e o objecto: eram cientistas "civilizados" a estudar os seus concidadãos. Neste caso, a distinção epistemológica obrigou a que esta distância fosse aumentada através do uso de metodologias de distanciamento: por exemplo, os métodos quantitativos, o inquérito sociológico, a análise documental e a entrevista estruturada[17].

---

17 A antropologia, entre a descolonização e a guerra do Vietname, e a sociologia, a partir do final dos anos sessenta, viram-se na necessidade de pôr em causa este *status quo* metodológico e as noções

Isto ajuda-nos a reexaminar a distinção entre sujeito e objecto, que aprofunda a distinção entre o humano e o não-humano. O não-humano epistemológico tanto pode ser a natureza como a sociedade. Foi isso mesmo que Durkheim quis salientar como base da sociologia, ao afirmar que os factos sociais são coisas, devendo ser analisados enquanto tais (1980). Esta desumanização do objecto foi crucial para consolidar uma concepção do conhecimento instrumental e regulatória, cuja forma do saber era a conquista do caos pela ordem. Do ponto de vista do conhecimento emancipatório, a distinção entre sujeito e objecto é um ponto de partida e nunca um ponto de chegada. Corresponde ao momento da ignorância, ou colonialismo, que é nada mais nada menos do que a incapacidade de estabelecer relação com o outro a não ser transformando-o em objecto. O saber enquanto solidariedade visa substituir o objecto-para-o-sujeito pela reciprocidade entre sujeitos.

Esta revisão radical da distinção entre sujeito e objecto é facilitada pelo desenvolvimento da ciência moderna e da sociedade de consumo assente na tecnologia. Por um lado, nas ciências físico-naturais o regresso do sujeito fora já anunciado pela mecânica quântica ao demonstrar que o acto de conhecimento e o produto do conhecimento eram inseparáveis. Os avanços da microfísica, da astrofísica e da biologia das últimas décadas restituíram à natureza as propriedades de que a ciência moderna a expropriara. O aprofundamento do conhecimento conduzido segundo a matriz materialista veio a desembocar num conhecimento idealista. Por outro lado, a produção potencialmente infinita de objectos na sociedade de consumo encheu os sujeitos com objectos, mas, ao mesmo tempo, como Baudrillard e outros frisaram, conferiu subjectividade a esses objectos de forma a aumentar a eficácia do consumo. Hoje em dia, na fase posterior ao consumo massificado, caracterizada pela personalização e clientelização dos objectos, este processo é mais evidente do que nunca. Trata-se, evidentemente, de uma falsa subjectivação, dado que os objectos são subjectivados de forma a aumentarem a sua competência como objectos (sedução, facilidade de venda); mas, apesar de tudo, aponta o limite da distinção entre sujeito e objecto.

Parafraseando Clausewitz, podemos afirmar hoje que o objecto é a continuação do sujeito por outros meios. Por isso, todo o conhecimento emancipatório é autoconhecimento. Ele não descobre, cria. Os pressupostos metafísicos, os sistemas de crenças, os juízos de valor, não estão antes nem depois da explicação

---

de distância social em que ele assentava. Subitamente, os "selvagens" passaram a estar no meio de nós, nas nossas sociedades — quando não somos nós próprios os selvagens —, e a sociologia passou a socorrer-se, com maior frequência, de métodos (como a observação participante) que tinham sido praticamente monopólio da antropologia. Ao mesmo tempo, nesta última os "objectos" de estudo passavam a ser concidadãos, membros de pleno direito da Organização das Nações Unidas, e o seu estudo passou a ser mais adequadamente feito segundo métodos sociológicos. Estas perturbações, que afectaram a distinção, nas ciências sociais, entre sujeito e objecto, acabaram por explodir no período pós-estruturalista. Ver o Capítulo 5.

científica da natureza ou da sociedade. São parte integrante dessa mesma explicação. A ciência moderna não é a única explicação possível da realidade. Nada há de científico na razão que hoje nos leva a privilegiar uma forma de conhecimento baseada na previsão e controlo dos fenómenos. No fundo, trata-se de um juízo de valor. A explicação científica dos fenómenos é a autojustificação da ciência enquanto fenómeno central da nossa contemporaneidade. A ciência é, assim, autobiográfica.

A consagração da ciência moderna nestes últimos quatrocentos anos naturalizou a explicação do real, a ponto de não o podermos conceber senão nos termos por ela propostos[18]. Contudo, o processo de naturalização foi lento e, no início, os protagonistas da revolução científica tiveram a noção clara de que a prova íntima das suas convicções pessoais precedia e dava coerência às provas externas que desenvolviam. Descartes mostra melhor que ninguém o carácter autobiográfico da ciência. Diz, no *Discurso do Método*:

> Gostaria de mostrar, neste Discurso, que caminhos segui; e de nele representar a minha vida como num quadro, para que cada qual a possa julgar, e para que, sabedor das opiniões que sobre ele foram expendidas, um novo meio de me instruir se venha juntar àqueles de que costumo servir-me (1984).

Hoje sabemos ou suspeitamos que as nossas trajectórias de vida pessoais e colectivas (enquanto comunidades científicas) e os valores, as crenças e os preconceitos que transportam são a prova íntima do nosso conhecimento, sem o qual as nossas investigações laboratoriais ou de arquivo, os nossos cálculos ou os nossos trabalhos de campo constituiriam um emaranhado de diligências absurdas sem fio nem pavio. No entanto, este saber das nossas trajectórias e valores, do qual podemos ou não ter consciência, corre subterrânea e clandestinamente, nos pressupostos não-ditos do nosso discurso científico.

No paradigma emergente, o carácter autobiográfico do conhecimento-emancipação é plenamente assumido: um conhecimento compreensivo e íntimo que não nos separe e antes nos una pessoalmente ao que estudamos. Não se trata do espanto medieval perante uma realidade hostil possuída do sopro da divindade, mas antes da prudência perante um mundo que, apesar de domesticado, nos mostra cada dia a precariedade do sentido da nossa vida, por mais segura que esta esteja quanto à sobrevivência, sendo certo que para a esmagadora maioria da população mundial não o está.

---

18. Sem as categorias de espaço, tempo, matéria e número — as metáforas matriciais da física moderna (Jones, 1982) — seríamos incapazes de pensar, mesmo que hoje as concebamos como categorias convencionais e metafóricas.

Natureza e cultura: toda a natureza é cultura

Enquanto a distinção entre sujeito e objecto é uma distinção epistemológica que supostamente tem consequências ônticas (realidade, mundo real), a distinção entre natureza e cultura/sociedade é supostamente uma distinção ôntica com consequências epistemológicas. No entanto, as trajectórias das distinções epistemológicas e ontológicas entre natureza e cultura nos últimos cem anos são muito divergentes. Enquanto a distinção epistemológica se consolidou e aprofundou com o desenvolvimento tanto das ciências naturais como das ciências sociais, a distinção ôntica atenuou-se à medida que o desenvolvimento tecnológico foi transformando a natureza num artefacto planetário. Com isto, a cultura passou de artefacto intrometido num mundo de natureza à expressão da conversão da natureza em artefacto total. Aliás, é possível argumentar que esta transformação só foi possível porque a natureza enquanto objecto de conhecimento foi sempre uma entidade cultural e que, por isso, desde sempre as ciências ditas naturais foram sociais.

Como quer que seja, dada a assimetria original entre a distinção ôntica e a distinção epistemológica, as alterações ônticas do par natureza/cultura têm consequências epistemológicas: gradualmente, todas as ciências serão concebidas como ciências sociais. Hoje em dia, a distinção entre natureza e cultura é já o mero resultado da inércia. Trata-se, de facto, de um conceito relativamente autónomo, capaz de sobreviver, por algum tempo, às condições da sua criação. Mas o facto de aceitarmos que essa distinção é mais cultural do que natural permite-nos visualizar os processos sociais e políticos que presidiram à sua formação e desenvolvimento. Esta verificação permite mostrar que a ciência moderna, além de moderna, é também ocidental, capitalista e sexista. Esta tripla adjectivação não é circunstancial. Com ela quero salientar que a "matriz de privilégio" (Harding, 1993: 11) da produção científica moderna combina o racismo com o classismo e o sexismo. Embora em certos períodos históricos, em certos países, em certas comunidades científicas, um destes factores de hierarquia e de discriminação atinja a primazia, os restantes tendem igualmente a estar presentes em complexas articulações que os estudos sociais e culturais da ciência têm vindo a revelar[19].

Uma ciência ocidental capitalista

A sociologia implícita no dualismo natureza/cultura é particularmente notória nas chamadas ciências da vida. Escolho, entre muitos outros, dois exemplos: a teoria da evolução de Darwin e a primatologia.

---

19. Os estudos sociais e culturais da ciência tiveram um desenvolvimento assinalável nas três últimas décadas. Em Portugal, deve salientar-se o notável trabalho de João Arriscado Nunes (1995, 1996a, 1996b, 1996c, 1997, 1998). Igualmente importante é o trabalho de Maria Eduarda Gonçalves (1996). Ver ainda a nova historiografia da ciência em Portugal de que o melhor representante é António Fernando Cascais (no prelo).

Começa hoje a ser aceite que as ideias evolucionistas de Darwin estão sintonizadas com as perspectivas históricas e sociais do seu tempo e que a sua síntese, sem dúvida genial, recolheu muito da sua inspiração em concepções sociais e políticas que então circulavam. Aliás, o próprio Darwin reconhece que a teoria da selecção natural lhe ocorreu ao ler o *Ensaio sobre os Princípios da População* de Malthus (Hubbard, 1983: 51; Gross e Averill, 1983: 73). A luta pela existência e o que ela implicava — a escassez e a concorrência — permitiam explicar o motivo pelo qual as variações favoráveis tendiam a ser preservadas e as desfavoráveis tendiam a desaparecer. A luta pela existência conduzia ao que Herbert Spencer chamou a "sobrevivência dos mais aptos"20. Para Ruth Hubbard, a aceitação tão ampla da teoria de Darwin assenta, por um lado, no facto de ser uma teoria histórica e materialista, congruente com o ambiente intelectual do tempo, e, por outro lado, no facto de ser uma teoria intrinsecamente optimista que se adequava bem à ideologia meritocrática e individualista encorajada pelos êxitos do mercantilismo inglês, do capitalismo industrial e do imperialismo (Hubbard, 1983: 51).

Efectivamente, a selecção natural é uma história de progresso, de expansão, de invasão e de colonização; é, em suma, quase uma história natural do capitalismo ou uma história do capitalismo natural. E Marx, em carta a Engels, três anos depois da publicação de *A Origem das Espécies*, comenta ser notável que Darwin tenha reconhecido entre os animais e as plantas a sua sociedade inglesa com a sua divisão de trabalho, concorrência, abertura de novos mercados, invenções e luta malthusiana pela existência (Hubbard, 1983: 50). Mas se é verdade que Darwin absorveu na sua teoria a ideologia do liberalismo, não é menos verdade que essa teoria foi utilizada por teóricos sociais e por políticos para provar a naturalidade e, portanto, a inevitabilidade da referida ideologia. Nisto reside a circularidade do dualismo natureza/cultura do paradigma evolucionista.

No que respeita à primatologia, a ciência que estuda os macacos e os símios, Donna Haraway demonstra eloquentemente como os temas da raça, do sexo, da nação, da família e da classe têm vindo a ser inscritos no corpo da natureza pelas ciências da vida desde o século XVIII (Haraway, 1989). Neste contexto, os macacos e os símios têm, no Ocidente, uma posição privilegiada na distinção natureza/cultura, precisamente por ocuparem uma zona de fronteira entre estes dois pólos. Os macacos e os símios são, assim, uma das matérias-primas a partir das quais o homem ocidental constrói a imagem de si próprio como ser natural separado da natureza. Por isso, a primatologia é, no fundo, um conjunto de metáforas ou histórias sobre a origem e a natureza do homem, um discurso ocidental sobre a ordem social.

---

20. A influência que Herbert Spencer teve em Darwin é tão manifesta que, para Marvin Harris, o darwinismo devia chamar-se spencerismo biológico; em vez disso, a expressão consagrada para o spencerismo é darwinismo social (Harris, 1968).

A melhor via para verificar isto mesmo é a primatologia comparada, porque permite revelar em que medida diferentes tradições e condições sociais, políticas, religiosas e filosóficas criam diferentes guiões para diferentes narrativas primatológicas. É esta a via escolhida por Haraway que, para o efeito, compara a primatologia ocidental com a japonesa. A conclusão geral a que chega é que os Japoneses criaram, depois da Segunda Guerra Mundial, uma primatologia independente cujas características são parte integrante das narrativas culturais que dominam a sociedade e a cultura japonesas. Assim, tal como os primatas tropicais são espelhos do homem ocidental, os primatas japoneses são espelho do homem japonês. Enquanto a primatologia ocidental considera fundamental a distinção entre homem e natureza, a primatologia japonesa assenta na ideia de uma continuidade e de uma unidade essencial entre seres humanos e animais. À luz da tradição confucionista, essa continuidade e essa unidade não são incompatíveis com a ideia de hierarquia. Pelo contrário, desta decorre uma preocupação com as questões de estatuto, personalidade, mudança social, estabilidade e liderança, uma preocupação muito maior nos estudos japoneses do que nos ocidentais. Por outro lado, enquanto na primatologia ocidental a "boa" (nobre) natureza é a natureza selvagem e intocada, na primatologia japonesa a natureza é uma obra de arte que pode ser enriquecida pela interacção humana. Veja-se, por exemplo, a domesticação de macacos em cativeiro, uma prática que é altamente acarinhada no Japão e penalizada no Ocidente.

Haraway complementa o seu estudo com outras comparações, designadamente entre a primatologia ocidental e a africana ou a indiana. No seu conjunto, essas comparações convergem para a conclusão de que a primatologia é um campo multicultural, influenciado por uma biopolítica que, em diferentes culturas, estabelece diferentes redes de significação entre seres humanos e primatas, entre cultura e natureza. No fundo, constituem modos culturalmente diferenciados de o ser humano inteligir a sua própria subjectividade.

Uma ciência sexista

Para além de ocidental e capitalista, a ciência moderna é sexista. O binómio cultura/natureza pertence a uma longa família de dualismos em que podemos distinguir, entre outros, abstracto/concreto, espírito/corpo, sujeito/objecto, ideal/real. Todos estes dualismos são sexistas na medida em que, em cada um deles, o primeiro pólo é considerado dominante, sendo ao mesmo tempo associado com o masculino. Esta é uma associação muito antiga que tem a sua versão mais sofisticada em Aristóteles, cuja biologia, política e ética assentam no pressuposto da inferioridade da mulher. Por seu turno, a ciência moderna torna estes dualismos mais eficazes, dado que o falso (e hegemónico) universalismo da sua racionalidade cognitivo-instrumental se presta particularmente a transformar experiências dominantes (experiências de uma classe, sexo, raça ou etnia dominante) em experiências universais (verdades objectivas). Se o organismo é a forma tecno-científica do corpo, o organismo da mulher é a forma tecno-científica de a colocar no pólo dominado de qualquer dos dualismos referidos (a natureza, o concreto, o corpo, o objecto, o real). Por esta via, o masculino transforma-se numa abstracção universal, fora da natureza, enquanto o feminino é tão-só um mero ponto de vista carregado de particularismos e de vinculações naturalistas[21].

O etnocentrismo ocidental, que acima reconhecemos na teoria da evolução de Darwin, desdobra-se em androcentrismo nas suas concepções sobre as relações entre os sexos. O reino animal está cheio de machos avidamente promíscuos em perseguição de fêmeas que se mantêm passivas, lânguidas e expectantes até escolherem um parceiro, o mais forte ou o mais bonito. Este sexismo científico prolonga-se na sociobiologia, sobretudo nas explicações dadas para as assimetrias entre os sexos. Segundo Ruth Bleier,

> os esforços para explicar, no plano biológico, as origens das posições e dos papéis sexualmente diferenciados da mulher e do homem na civilização moderna e nas civilizações anteriores são fundamentais para que a teoria sociobiológica possa manter a tradição do determinismo biológico. Dessa forma, os sociobiólogos tentam atribuir causas naturais a fenómenos de origem social (Bleier, 1984: 46).

Os estudos feministas, sobretudo os dos últimos vinte anos, tornaram claro que, nas concepções dominantes das diferentes ciências, a natureza é um mundo de homens, organizado segundo princípios socialmente construídos, ocidentais e masculinos, como os da guerra, do individualismo, da concorrência, da agressividade, da descontinuidade com o meio ambiente. Daí a incapacidade ou a resistência que esse mundo oferece para admitir o maior conteúdo explicativo de concepções alternativas. Por exemplo, perante a observação inequívoca de ausência de comportamento competitivo, a solução "natural" do cientista androcêntrico é interpretá-la como fuga à competição e não, por exemplo, como comportamento cooperativo.

Mas o sexismo é notório em muitas outras disciplinas científicas. No caso da filosofia, por exemplo, Janice Moulton descobre-o na preponderância do "método antagonístico" enquanto paradigma de raciocínio filosófico (1983: 149). Nos termos deste método, o avanço filosófico assenta no debate entre adversários, e um adversário forte e bem sucedido deve submeter as posições contrárias à crítica mais agressiva. Ora, segundo Moulton, a agressividade é precisamente um dos atributos ou tipos de comportamento que é considerado bom para o sexo masculino

---

21. A crítica feminista à epistemologia moderna é hoje abundante. Entre muitas outras obras, ver as seguintes antologias: Harding e Hintikka (org.) (1983); Bowles e Klein (org.) (1983); e Nicholson (org.) (1990). Ver, também, Bleier (1984), o excelente trabalho de Haraway (1989 e 1985: 65-107; 1991) e Irigaray (1985: 73).

e mau para o sexo feminino. Moulton identifica ainda outras limitações deste método: é dedutivo e assenta em contra-exemplos, isola os argumentos e impede a problematização nos contextos mais amplos dos sistemas de ideias e de ideologias de uma dada época.

Não é necessário subscrever completamente a opinião de Moulton para aceitar que, tanto na ciência moderna como na filosofia, o sexismo reside na falsa universalidade das "generalizações transcendentes", uma questão muito bem analisada por Nancy Fraser e Linda Nicholson. De facto, a argumentação que apresentam tem muitas "semelhanças de família", para usar uma expressão de Wittgenstein, com a noção de conhecimento emancipatório pós-moderno que aqui tenho vindo a defender[22].

Todas as ciências são ciências sociais

A transformação da natureza num artefacto global, graças à imprudente produção-destruição tecnológica, e a crítica epistemológica do etnocentrismo e androcentrismo da ciência moderna, convergem na conclusão de que a natureza é a segunda natureza da sociedade e que, inversamente, não há uma natureza humana porque toda a natureza é humana. Assim sendo, todo o conhecimento científico-natural é científico-social. Este passo epistemológico é um dos mais decisivos na transição paradigmática que estamos a atravessar. É também um passo particularmente difícil.

Os últimos desenvolvimentos na física e na biologia, que eu mencionei atrás, parecem apontar nesta direcção, ainda que eles próprios considerem ter muito pouco que ver com a crítica feminista ou pós-moderna da ciência. Assim, os avanços recentes da física e da biologia põem em causa a distinção entre o orgânico e o inorgânico, entre seres vivos e matéria inerte e mesmo entre o humano e o não humano. As características da auto-organização, do metabolismo e da auto-reprodução, antes consideradas específicas dos seres vivos, são hoje atribuídas aos sistemas pré-celulares de moléculas. E, quer num quer noutros, reconhecem-se pro-

---

22. De modo geral, as críticas feministas da epistemologia dominante estão de acordo quando defendem uma experiência feminina cultural, social, histórica e pessoal específica, mas discordam quanto às conclusões que daí extraem. Para umas, o objectivo é transformar a experiência feminina numa experiência objectiva e universal, à semelhança do que Marx fez relativamente aos trabalhadores. Para outras, essa transformação é uma ratoeira masculina por não reconhecer a diferença das necessidades e das experiências da mulher. Defendem uma "tolerância epistemológica" e a aceitação expressa de pontos de vista parcelares. Neste último tipo inscreve-se a teoria feminista pós-moderna de Nancy Fraser e Linda Nicholson, uma teoria que "se assemelha mais a uma tapeçaria tecida com fios de várias tonalidades de que com fios de uma única cor". Ver Fraser e Nicholson (1990: 35). Ver, também, sobre diferentes epistemologias feministas, Hawkesworth (1989), e ainda Epstein (1988, capítulos 2 e 3), os artigos do volume 1 de *Differences* (Verão de 1989), dedicado à "diferença essencial, um outro olhar sobre o essencialismo", Jacobus, Keller e Shuttleworth (1990) e Sandoval (1991).

priedades e comportamentos antes considerados específicos dos seres humanos e das relações sociais. Todas as recentes teorias científicas que mencionei introduzem na matéria os conceitos de historicidade e de progresso, de liberdade, de autodeterminação e até de consciência que antes o homem e a mulher tinham reservado para si. Refiro-me à teoria das estruturas dissipativas de Prigogine, à sinergética de Haken, à da "ordem implicada" de David Bohm, à matriz-S de Geoffrey Chew e à filosofia do "bootstrap" que lhe subjaz e ainda à síntese entre a física contemporânea e o misticismo oriental de Fritjof Capra.

Todas elas têm uma vocação não dualista e algumas são especificamente orientadas para superar as incompatibilidades entre a mecânica quântica e a teoria da relatividade de Einstein. É como se nos tivéssemos lançado na aventura de conhecer os objectos mais distantes e diferentes de nós próprios, para, uma vez aí chegados, nos descobrirmos reflectidos como num espelho. Já no princípio da década de sessenta, e extrapolando a partir da mecânica quântica, Eugene Wigner considerava que o inanimado não era uma qualidade diferente mas apenas um caso limite, que a distinção corpo/alma deixara de ter sentido e que a física e a psicologia acabariam por se fundir numa única ciência (1970: 271). Hoje é possível ir muito além da mecânica quântica. Enquanto esta introduziu a consciência no acto do conhecimento, nós temos hoje de a introduzir no próprio objecto do conhecimento.

Mesmo que não subscrevamos algumas das mais radicais posições dos últimos vinte anos, nas quais o panpsiquismo de Leibniz[23] parece estar presente de novo, é inegável que o conhecimento, segundo o paradigma emergente, tende a ser não dualista. É antes um conhecimento baseado na superação de todas essas distinções familiares e óbvias que, até há pouco, tomávamos como certas: sujeito/objecto, natureza/cultura, natural/artifical, vivo/inanimado, espírito/matéria, observador/observado, subjectivo/objectivo, animal/pessoa[24].

Não basta, porém, salientar a tendência para a superação da distinção entre ciências naturais e ciências sociais, é preciso conhecer o sentido e conteúdo dessa

---

23. As teorias panpsiquistas falam de uma dimensão psíquica da natureza. A "consciência ampla" de Bateson refere-se a uma dimensão psíquica da natureza, uma consciência imanente a toda a ecologia planetária, da qual a consciência humana é apenas uma parte. Bateson afirma ainda que, enquanto Freud ampliou o conceito de mente para dentro (permitindo-nos abranger o subconsciente e o inconsciente), precisamos agora de o ampliar para fora (reconhecendo a existência de fenómenos mentais para além dos individuais e humanos) — Bateson (1985). Opiniões semelhantes podem encontrar-se em Capra (1983 e 1984) e em Bohm (1984). Ver, também, Bowen (1985: 213 e ss).

24. Este relativo desaparecimento das distinções dicotómicas tem repercussões nas disciplinas científicas que delas nascem. Aliás, sempre houve ciências que se reconheceram mal nestas distinções, de tal modo que tiveram de se fracturar internamente para se lhes adequarem minimamente. Refiro-me à antropologia, à geografia e também à psicologia. Mais do que em quaisquer outras, condensaram-se nelas privilegiadamente as contradições da separação entre ciências naturais e ciências sociais. Daí que, neste período de transição paradigmática, seja particularmente importante, do ponto de vista epistemológico, observar o que se passa nessas ciências.

superação. Recorrendo de novo à física, trata-se de saber se o "parâmetro de ordem" (segundo Haken) ou o "atractor" (segundo Prigogine) dessa superação residirá nas ciências naturais ou nas ciências sociais. Precisamente porque vivemos um estado de turbulência epistemológica, as vibrações do novo paradigma repercutem-se desigualmente nas várias regiões do paradigma vigente e por isso os sinais do futuro são ambíguos. Alguns lêem neles a emergência de um novo naturalismo que privilegia os pressupostos biológicos do comportamento humano. Assim Konrad Lorenz ou a sociobiologia. Para estes, a superação da dicotomia ciências naturais/ciências sociais ocorre sob a égide das ciências naturais.

Contra esta posição, pode objectar-se que ela tem do futuro a mesma concepção com que as ciências naturais justificam, no seio do paradigma dominante, o seu prestígio científico, social e político e, por isso, só vê do futuro aquilo em que ele repete o presente. Se, pelo contrário, numa reflexão mais aprofundada, atentarmos no conteúdo teórico das ciências que mais têm progredido no conhecimento da matéria, verificamos que a emergente inteligibilidade da natureza é presidida por conceitos, teorias, metáforas e analogias das ciências sociais. Para não irmos mais longe, quer a teoria das estruturas dissipativas de Prigogine quer a teoria sinergética de Haken explicam o comportamento das partículas através dos conceitos de revolução social, violência, escravatura, dominação, democracia nuclear, todos eles originários das ciências sociais (da sociologia, da ciência política, da história, etc.). O mesmo sucede com as teorias de Capra sobre a relação entre física e psicanálise, em que os padrões da matéria e os padrões da mente são concebidos como reflexos uns dos outros. Apesar de estas teorias diluírem as fronteiras entre os objectos da física e os objectos da biologia, foi sem dúvida no domínio desta última que os modelos explicativos das ciências sociais mais se enraizaram nas décadas recentes. Os conceitos de teleomorfismo, autopoiesis, auto-organização, potencialidade organizada, originalidade, individualidade, historicidade, atribuem à natureza um comportamento humano[25].

Que os modelos explicativos das ciências sociais vêm subjazendo ao desenvolvimento das ciências naturais nas últimas décadas prova-se, além do mais, pela facilidade com que as teorias físico-naturais, uma vez formuladas no seu domínio específico, se aplicam ao domínio social. Assim, por exemplo, Peter Allen, um dos mais estreitos colaboradores de Prigogine, tem vindo a aplicar a teoria das estruturas dissipativas aos processos económicos e à evolução das cidades e das regiões (1981: 25 e ss). E Haken salienta as potencialidades da sinergética para explicar situações revolucionárias na sociedade (1985). É como se a máxima de Durkheim se tivesse invertido e em vez de serem os fenómenos sociais a ser estudados como

---

25. De acordo com a hipótese de Gaia que Lovelock formulou para as ciências da vida, o nosso corpo é constituído por cooperativas de células (Lovelock, 1979).

se fossem fenómenos naturais, serem os fenómenos naturais a ser estudados como se fossem fenómenos sociais.

O facto de a superação da dicotomia ciências naturais/ciências sociais ocorrer sob a égide das ciências sociais não é, contudo, suficiente para caracterizar o modelo de conhecimento no paradigma emergente, ou seja, o modelo de um conhecimento emancipatório pós-moderno. É que, como disse atrás, as próprias ciências sociais constituíram-se no século XIX segundo os modelos de racionalidade das ciências naturais clássicas e, assim, a égide das ciências sociais, afirmada sem mais, pode revelar-se ilusória. Referi, contudo, que a constituição das ciências sociais teve lugar segundo duas vertentes: uma mais directamente vinculada à epistemologia e à metodologia positivistas das ciências naturais, e outra, de vocação antipositivista, caldeada numa tradição filosófica complexa, fenomenológica, interaccionista, mito-simbólica, hermenêutica, existencialista, pragmática, reivindicando a especificidade do estudo da sociedade mas tendo, para isso, de pressupor uma concepção mecanicista da natureza. A pujança desta segunda vertente nas duas últimas décadas é indicativa de ser ela o modelo de ciências sociais que, numa época de revolução científica, transporta a marca pós-moderna do paradigma emergente. Trata-se, como referi também, de um modelo de transição, uma vez que define a especificidade do humano por contraposição a uma concepção da natureza que as ciências naturais hoje consideram ultrapassada, mas é um modelo em que aquilo que o prende ao passado é menos forte do que aquilo que o prende ao futuro.

Em resumo, à medida que as ciências naturais se aproximam das ciências sociais, estas aproximam-se das humanidades. A revalorização dos estudos humanísticos acompanha a revalorização da racionalidade estético-expressiva das artes e da literatura que, juntamente com o princípio da comunidade, é uma representação inacabada da modernidade. A dimensão estética da ciência foi reconhecida por cientistas e filósofos da ciência, de Poincaré a Kuhn, de Polanyi a Popper[26]. Mas, na transição paradigmática, essa dimensão é ainda mais forte: a criação do conhecimento no paradigma emergente reclama para si uma proximidade com a criação literária ou artística. Daí que o discurso científico se aproxime cada vez mais do discurso artístico e literário.

Como já pudemos observar, os dois conceitos organizadores da racionalidade estético-expressiva são a autoria e a artefactualidade discursiva. O conceito de

---

26. Jones considera que o sistema de Newton é tanto uma obra de arte como uma obra de ciência (1982: 41). A propósito das contaminações recíprocas entre o discurso científico e o literário, e sobre as múltiplas complementaridades que encontra na obra de Bachelard entre a sua epistemologia e a sua poética, apesar dos denodados esforços que este fez para fundamentar uma ciência autónoma, ver Lecourt (1972: 37 e ss). Ver, também, Bachelard (1972), particularmente a sua discussão sobre o uso de metáforas na ciência (pp. 38, 81).

autoria resiste à distinção entre sujeito e objecto sem renunciar à dimensão activa do sujeito. O autor é o originador, por muito discutível e secundária que a sua originalidade possa ser. Por isso mesmo, a crítica literária vaticina a subversão da relação entre sujeito e objecto, uma subversão que o paradigma emergente tenta concretizar. Na crítica literária, o objecto de estudo, como se diria em linguagem científica moderna, sempre foi, de facto, um super-sujeito (um poeta, um romancista, um dramaturgo) em relação ao qual o crítico é apenas um sujeito secundário ou autor secundário. É verdade que, ultimamente, o crítico tem sido tentado a sobrepor-se ao escritor que estuda, a ponto de poder falar-se de luta pela supremacia[27]. Mas precisamente por ser uma luta, a relação é entre dois sujeitos e não entre um sujeito e um objecto. Cada um é a tradução do outro e ambos são criadores de textos, textos esses escritos em linguagens diferentes, mas ambas necessárias para aprender a amar as palavras e o mundo.

Por outro lado, o conceito de artefactualidade discursiva, embora aparentemente baseado na distinção entre natureza e cultura, acaba na verdade por subvertê-la: como não há limites para a produção de objectos artísticos, a natureza é, desde o início, cultura em acção. A infinita discursividade da arte e da literatura protege o seu carácter artefactual contra o utopismo automático da tecnologia. A arte e a literatura são apenas aquilo que, por determinadas razões, uma comunidade entende designar desse modo. A necessidade de atribuir razões implica um novo tipo de relação entre contemplação e transformação que subordina a última à primeira, tal como a transformação activa da natureza pelo escultor que cinzela a pedra está de certo modo subordinada à contemplação do artefacto: a escultura acabada.

A superação da dicotomia ciências naturais/ciências sociais tende assim a revalorizar os "estudos humanísticos". Mas esta revalorização não ocorrerá sem que as *humanidades* sejam, elas também, profundamente transformadas. O que há nelas de futuro é terem resistido à separação entre sujeito e objecto e entre natureza e cultura, e terem preferido a compreensão do mundo à manipulação do mundo. Este núcleo genuíno foi, no entanto, envolvido num anel de preocupações mistificatórias (o esoterismo nefelibata e a erudição balofa) e numa política reaccionária. O gueto a que as humanidades se remeteram foi em parte uma estratégia defensiva contra o assédio das ciências sociais, armadas do carácter cientista triunfalmente brandido. Mas foi também o produto do esvaziamento que sofreram em face da ocupação do seu espaço pelo modelo cientista. Foi assim nos estudos históricos com a história quantitativa, nos estudos jurídicos com a ciência pura do direito e a dogmática jurídica, nos estudos literários com as análises

---

27. O exemplo mais flagrante é Harold Bloom, que classifica a sua *Anxiety of Influence* como "poema austero". Note-se que os teóricos da literatura são frequentemente estudados como "originais". Ver Ramalho (1984).

formalistas, como o *new criticism*, e na linguística com o estruturalismo. Além disso, quer resistam, quer sucumbam ao modelo cientista, os estudos humanísticos decidiram, de modo geral, ignorar as relações e os processos sociais responsáveis pela auto-atribuição da qualidade de autor, pelos critérios de inclusão na comunidade interpretativa, pela repartição do poder retórico entre diferentes argumentos, em suma, pela distribuição social das boas razões.

Há que recuperar esse núcleo genuíno e pô-lo ao serviço de uma reflexão global sobre o mundo. O texto, sobre que sempre se debruçou a filologia, é uma das analogias matriciais com que se construirá no paradigma emergente o conhecimento sobre a sociedade e a natureza. Como catalisadores da progressiva fusão das ciências naturais e das ciências sociais, os novos estudos humanísticos ajudam-nos a procurar categorias globais de inteligibilidade, conceitos quentes que derretam as fronteiras em que a ciência moderna dividiu e encerrou a realidade.

A ciência pós-moderna é uma ciência assumidamente analógica, que conhece o que conhece pior através do que conhece melhor. Já mencionei a analogia textual e julgo que tanto a analogia lúdica como a analogia dramática, como ainda a analogia biográfica, figurarão entre as categorias matriciais do paradigma emergente: o mundo, que hoje é natural ou social e amanhã será ambos, visto como um texto, como um jogo, como um palco ou ainda como uma autobiografia[28]. Cada uma destas analogias desvela uma ponta do mundo. A nudez total, que será sempre a de quem se vê no que vê, resultará das configurações de analogias que soubermos imaginar: afinal, o jogo pressupõe um palco, o palco exercita-se com um texto e o texto é a autobiografia do seu autor. Quando estas intertextualidades se tornarem auto-reflexivas e conscientes de que constituem relações ou processos sociais "cristalizados" — através dos quais se nega a alguns indivíduos ou grupos sociais a peça, o palco e o texto, ou através dos quais eles são silenciados pela força — podem então transformar-se em projectos locais emancipatórios de um conhecimento pós-moderno indiviso.

ARGUMENTAÇÃO, RELATIVISMO E ETNOCENTRISMO

A anterior discussão sobre o etnocentrismo e o androcentrismo da ciência moderna permite-me concluir, de acordo com a estrutura conceptual da modernidade aqui apresentada, que o livro moderno da natureza — parafraseando Galileu — foi escrito segundo o princípio do mercado e o princípio do Estado, utilizando a linguagem da racionalidade cognitivo-instrumental. Não foi, seguramente, escrito segundo o princípio da comunidade e dos seus conceitos fundamentais de solida-

---

28. Clifford Geertz (1983: 19) refere algumas destas analogias humanísticas e restringe o seu uso às ciências sociais, enquanto eu as concebo como categorias mais abrangentes de inteligibilidade.

riedade, participação e prazer, nem tão-pouco na linguagem da racionalidade moral-prática ou na da racionalidade estético-expressiva. Esse livro só nos faculta conhecimento se avançarmos do caos para a ordem, a mesma ordem que impomos aos objectos do nosso estudo, sejam eles humanos (as ciências sociais) ou não-humanos (as ciências naturais). O livro moderno da natureza é, por conseguinte, um livro de conhecimento-regulação. Para podermos reconstruir o conhecimento-emancipação como uma nova forma de saber, temos de começar pelas representações inacabadas da modernidade, ou seja, pelo princípio da comunidade e pela racionalidade estético-expressiva[29]: o conhecimento-emancipação é um conhecimento local criado e disseminado através do discurso argumentativo. Estas duas características (o carácter local e o carácter argumentativo) são inseparáveis, visto que só pode haver discurso argumentativo dentro de comunidades interpretativas, os auditórios relevantes da retórica.

A ciência moderna teve de lutar com um inimigo poderoso: os monopólios de interpretação, fossem eles a religião, o Estado, a família ou o partido. Foi uma luta travada com enorme êxito e cujos resultados positivos vão ser indispensáveis para criar um conhecimento emancipatório pós-moderno. O fim dos monopólios de interpretação é um bem absoluto da humanidade. No entanto, como a ciência moderna colonizou as outras formas de racionalidade, destruindo assim o equilíbrio dinâmico entre regulação e emancipação em detrimento desta, o êxito da luta contra os monopólios de interpretação acabou por dar lugar a um novo inimigo, tão temível quanto o anterior, e que a ciência moderna não podia senão ignorar: a renúncia à interpretação, renúncia paradigmaticamente patente no utopismo automático da tecnologia e também na ideologia e na prática consumistas.

Assim se explica que o conhecimento emancipatório pós-moderno tenha de enfrentar desde o início dois poderosos inimigos: os monopólios de interpretação e a renúncia à interpretação. O combate a ambos baseia-se na mesma estratégia: a proliferação de comunidades interpretativas. Esta estratégia, embora guiada pelo conhecimento teórico local, não é um artefacto cognitivo: as comunidades interpretativas são comunidades políticas. São aquilo a que chamei neo-comunidades, territorialidades locais-globais e temporalidades imediatas-diferidas que englobam o conhecimento e a vida, a interacção e o trabalho, o consenso e o conflito, a intersubjectividade e a dominação, e cujo desabrochar emancipatório consiste numa interminável trajectória do colonialismo para a solidariedade própria do conhecimento-emancipação.

Contrariamente ao fim dos monopólios de interpretação, o princípio da comunidade não é um bem absoluto da humanidade. É antes um bem relativo, cujo

---

29. A racionalidade moral-prática é também uma representação inacabada da modernidade, mas a sua eficiência para criar um conhecimento emancipatório advém-lhe do facto de ser um ponto de chegada e não um ponto de partida.

valor depende da profundidade e do alcance do conhecimento emancipatório que consegue produzir, ou seja, da medida em que elimina o colonialismo e constrói a solidariedade. Além do mais, como a criação da comunidade envolve muitas vezes a destruição da comunidade, o complexo colonialismo-solidariedade é geralmente diferente nas relações intercomunitárias e intracomunitárias. Os "comunitaristas" tendem a concentrar-se nas relações intracomunitárias e na interacção solidária, ignorando quer as relações intercomunitárias quer a interacção colonialista que quase sempre as domina.

A trajectória que parte do colonialismo para a solidariedade tem de atravessar tanto as relações intracomunitárias como as relações intercomunitárias. A emancipação social emerge da tensão dialéctica entre o comunitarismo que domina nas relações intracomunitárias e o contratualismo que domina nas relações intercomunitárias. Nesta tensão ocorre também a constante reinvenção da comunidade enquanto trajectória do colonialismo à solidariedade. Refiro-me a processos sociais concretos que frequentemente se desenrolam sob os nossos olhos, demasiado perto para que possam ser vistos. Basta lembrar, por exemplo, a notável reinvenção da vida comunitária que nos últimos vinte anos tem vindo a verificar-se um pouco por toda a parte, graças aos movimentos populares, às lutas pelos direitos humanos, à sociologia da libertação e às culturas populares comunitárias. Esta vasta panóplia de práticas político-culturais, nas palavras de um dos grandes inspiradores da investigação-acção, Orlando Fals Borda (1987), visa reinventar a comunidade através de um conhecimento emancipatório que habilite os seus membros a resistir ao colonialismo e a construir a solidariedade pelo exercício de novas práticas sociais, que conduzirão a formas novas e mais ricas de cidadania individual e colectiva.

Enquanto produto de comunidades interpretativas, o conhecimento emancipatório pós-moderno é retórico. Aí reside a sua proximidade com a racionalidade estético-expressiva. Enquanto a ciência moderna visa naturalizar o conhecimento através de verdades objectivas, de descrições e de regularidades, o conhecimento emancipatório pós-moderno assume a sua artefactualidade discursiva. Para esta forma de conhecimento, a verdade é retórica, uma pausa mítica numa batalha argumentativa contínua e interminável travada entre vários discursos de verdade; é o resultado sempre provisório de uma negociação de sentido realizada num auditório relevante que, na idade moderna, foi a comunidade científica ou, melhor dizendo, uma pluralidade de comunidades científicas. As regularidades são enclaves precários de caos latente em áreas onde existe um grande consenso sobre o que deve ser considerado anormal ou irrelevante.

A retórica, enquanto arte de persuasão pela argumentação, é uma das tradições mais enraizadas no pensamento ocidental. Como acontece com outras grandes tradições, a retórica atravessou períodos de enorme fulgor e outros em que quase desapareceu. Sempre competiu pela supremacia no conhecimento erudito contra outra grande tradição: a da demonstração científica por meio da prova irrefutável e da lógica apodíctica. A revolução científica dos séculos XVI e XVII marca o início de um longo período em que essa disputa se decide contra a retórica. A marginalização da retórica pode ser precisamente localizada no *Discurso do Método*, quando Descartes afirma, como uma das regras fundamentais do novo método, que tudo aquilo que apenas for provável deve ser considerado falso. Desde as "ideias claras e distintas" de Descartes e do "raciocínio pela experimentação" de Bacon até aos diferentes tipos de positivismo do início do século XX, a retórica foi sendo firmemente expulsa do novo território da racionalidade científica.

A trajectória histórica da retórica ilustra claramente a colonização da racionalidade moral-prática do direito pela racionalidade hegemónica da ciência, colonização a que me referi na Introdução. Efectivamente, o direito sempre foi um dos campos favoritos da retórica. Na Idade Média, os estudantes exercitavam a sua perícia argumentando a favor das partes litigantes em disputas legais simuladas (Curtius, 1953: 64 e ss.; Giuliani, 1963: 54; Barthes, 1970: 172; Castro, 1973). Mas as amplas tendências culturais desencadeadas pela racionalidade cartesiana foram-se gradualmente impondo na cultura e na prática jurídicas. O movimento codificador do século XIX e o positivismo jurídico que o acompanhou conduziram ao abandono total da retórica jurídica e à sua substituição pela ciência jurídica — a chamada "dogmática jurídica". Voltarei a este tema no próximo capítulo.

O nosso século foi, portanto, o século da diáspora da retórica. Durante uns tempos, parecia que o conhecimento provável, resultante de uma argumentação razoável, tinha sido irreversivelmente suplantado pelo conhecimento exacto resultante da prova científica. No entanto, desde a década de 60 que se começou a duvidar do triunfalismo da racionalidade científica, considerado prematuro e até errado à partida. Em meu entender, a reemergência da retórica é parte integrante da crise paradigmática da ciência moderna. O debate entre o conhecimento retórico (não fundacional) e o conhecimento apodíctico (fundacional) é talvez o único debate fundacional da tradição ocidental, e, como tal, tende a explodir em períodos de transição paradigmática[30]. De facto, a pergunta sobre a existência e a natureza de uma transição paradigmática é, em si, uma pergunta retórica. Será que os indícios da crise da ciência moderna, por mim apontados, permitirão concluir que se está perante uma transição paradigmática que levará a um novo paradigma científico? O "conteúdo de verdade" tanto da resposta positiva como da resposta negativa a esta pergunta é provavelmente o mesmo. Se eu tiver boas razões para acreditar que a resposta positiva é a mais razoável, não há nenhuma estratégia de verdade que possa convencer-me do contrário.

---

30. Stanley Fish defende a mesma posição sem no entanto se referir à transição paradigmática (1990: 208). Ver, também, Ong (1971); Barthes (1970); Todorov (1973: 93); Ducrot e Todorov (1972: 99); Logan (1978: 624); Lausberg (1966: 13); Ijsseling (1976); Kremer-Marietti (1978); Carrilho, 1990, 1992, 1994.

Num período de transição paradigmática é impossível não nos lembrarmos da análise da revolução científica do século XVI feita por Koyré e na qual Thomas Kuhn tanto se inspirou (Koyré, 1986; Kuhn, 1970). Segundo Koyré, nesses períodos a pergunta sobre a natureza da transição não pode ter uma resposta assente nos requisitos de verdade, precisamente porque os critérios que legitimam esses requisitos estão, eles próprios, em causa. O que está em jogo não é uma decisão sobre a validade das novas descobertas, mas a existência ou não de uma nova percepção da realidade. Assim, a questão será decidida, em última análise, através da força dos argumentos que os grupos utilizem, dentro da comunidade relevante, em defesa de uma determinada percepção global.

A centralidade da retórica no actual período de transição paradigmática tem duas vertentes. Por um lado, a afirmação de que a ciência moderna, apesar das suas pretensões a ser um conhecimento apodíctico, é, efectivamente, um conhecimento retórico. Esta afirmação pode ter duas versões, uma fraca e outra forte. De acordo com a versão fraca, o discurso científico, a manifestação pública da ciência, está saturado de subtilezas retóricas (a retórica na ciência); de acordo com a versão forte, o conhecimento científico é, em si, retórico (a ciência como retórica). Na segunda vertente, a centralidade da retórica resulta da ideia de que no novo paradigma emergente o conhecimento será assumidamente retórico e de que essa retórica será radicalmente diferente daquela que caracteriza a ciência moderna. Seguidamente, irei analisar esses dois aspectos da centralidade da retórica no nosso tempo.

A retórica da ciência moderna

A natureza retórica do conhecimento científico moderno advém-lhe de três fontes intelectuais diferentes, mas convergentes. Em primeiro lugar, da crítica da epistemologia modernista e fundacionalista, crítica efectuada desde Nietzsche e Heidegger a Gadamer, Foucault, Feyerabend, Morin e Rorty; em segundo lugar, da influência do pragmatismo de James e de Dewey em alguns destes autores e também em Habermas; em terceiro lugar, do novo interesse pelas retóricas grega e medieval a partir de 1958, data da publicação da *Nova Retórica* de Perelman, que considero o guia mais importante para uma análise da retórica da ciência e também da retórica do direito.

Perelman começa por Aristóteles que, nos *Tópicos*, estuda o discurso argumentativo de forma sistemática e que, na *Retórica*, o reporta a contextos de aplicação. Não cabe aqui discutir em pormenor a retórica de Perelman ou a de Aristóteles. No 2º Volume (*O Direito da Rua*), recorrerei aos aspectos principais desta retórica na análise sociológica do direito de uma comunidade subalterna (Pasárgada). Para já, não irei além de afirmar que a retórica é uma forma de conhecimento que avança de premissas prováveis para conclusões prováveis, mediante vários tipos de argumentos, alguns dos quais podem revestir a forma silogística embora não sejam silogismos (refiro-me aos *entimemas*, "argumentos quase lógicos que são apresentados sob a forma silogística", Perelman e Olbrechts-Tyteca, 1969: 230). Os argumentos são de uma imensa variedade, mas só podem ser aplicados a um processo concreto de argumentação se estiverem preenchidas duas condições: tem de haver algumas premissas geralmente aceites e que funcionem como ponto de partida para a argumentação; tem de haver um auditório relevante a persuadir ou a convencer[31]. Há dois tipos de premissas extremamente importantes: por um lado, os factos e as verdades e, por outro, os *topoi*.

Como já afirmei, do ponto de vista da retórica os factos e as verdades são objectos com aceitação suficientemente intensa para não exigir reforço pela argumentação. Nenhuma afirmação pode gozar indefinidamente deste estatuto e, assim, quando o nível de intensidade da aceitação diminui, os factos e as verdades deixam de o ser e convertem-se, por sua vez, em argumentos. Segundo Perelman, há dois processos que levam a isso:

> ou se levantaram dúvidas no auditório a que foram apresentados, ou o auditório foi aumentado com a inclusão de novos membros a quem se reconhece a capacidade de julgar o acontecimento e que não vão concordar que se trata de um facto (1969: 67)[32].

Os *topoi* ou *loci* são "lugares-comuns", pontos de vista amplamente aceites, de conteúdo muito aberto, inacabado ou flexível, e facilmente adaptável a diferentes contextos de argumentação. Como Walter Ong afirma: "em todos os sentidos, o termo (*topos*) tem a ver de uma maneira ou de outra com a exploração do que já é conhecido e, muitas vezes, do que já é extremamente bem conhecido" (1977: 149). Para Lausberg, *topoi* "são pensamentos infinitos utilizados como argumentos quando se discute uma *quæstio* finita" (1966: 383). E, finalmente, para Perelman os *topoi* "formam um arsenal indispensável ao qual terá de recorrer, quer queira quer não, todo aquele que pretender persuadir alguém" (1969: 84). Perelman faz aqui lembrar Cícero, para quem os *topoi* eram "armazéns de argumentos".

Aristóteles distingue entre os *topoi* que pertencem a um domínio específico de conhecimento (como os *topoi* do justo e do injusto, que podem ser usados na política, na ética e no direito, mas não na física) e os *topoi* que podem ser utilizados indiscriminadamente em qualquer domínio do conhecimento (como o *topos* de quantidade, que pode ser usado na política, na física, etc.). Embora esta distinção tenha sido abandonada em tratados de retórica posteriores (Ong, 1977: 149),

---

31. Sobre a distinção entre persuasão e convencimento, ver Perelman e Olbrechts-Tyteca (1969: 26).
32. Alterando ou aumentando o auditório pertinente, a teoria feminista e a teoria crítica anti-racista — e, anteriormente, já o marxismo ocidental — converteram em meros argumentos os factos e as verdades das ciências sociais convencionais.

Perelman recupera-a e articula-a com a outra condição necessária da argumentação: o auditório relevante.

Para que possa haver argumentação "tem de ser realizada, num dado momento, uma efectiva comunidade de espíritos", tem de haver um "encontro de espíritos", por outras palavras, um auditório, que Perelman define como "o conjunto daqueles que o orador pretende influenciar com a sua argumentação" (Perelman e Olbrechts-Tyteca, 1969: 19). Para a retórica, a comunidade, em qualquer momento determinado, é o auditório relevante dos que estão empenhados na argumentação, isto é, o conjunto dos que se pretende que sejam influenciados pela persuasão ou convencimento. Para conseguirem influenciar o auditório, os "oradores" têm de se adaptar a ele e para que essa adaptação seja bem sucedida têm de conhecer o auditório. Este é um dos princípios básicos da retórica que Perelman explica melhor que ninguém:

> *O conhecimento de um auditório não é independente do conhecimento da forma de o influenciar, [...] é também o conhecimento da forma de o moldar e ainda o conhecimento de quanto ele já está moldado num qualquer momento do discurso* (Perelman e Olbrechts-Tyteca, 1969: 23).

Há diversos tipos de auditórios. Há auditórios específicos compostos por um maior ou menor número de pessoas a serem influenciadas pela argumentação. Há também o auditório individual: uma determinada pessoa pode constituir o seu próprio auditório quando pondera uma decisão ou justifica as suas acções. Perelman fala ainda de um terceiro tipo de auditório, o auditório universal, que tem uma importância muito especial para a retórica da ciência moderna. O auditório universal é potencialmente toda a humanidade, é uma construção do orador sempre que este pretende convencer o auditório de que as razões invocadas são imperativas, auto-evidentes e têm uma validade absoluta e atemporal, independentemente das contingências locais ou históricas. Segundo este autor, é possível caracterizar cada orador

> *a partir da imagem que ele tem do auditório universal que tenta conquistar para o seu ponto de vista. Cada um cria o auditório universal com base no que conhece do seu próximo, e de forma a ultrapassar as poucas oposições de que tem consciência. Cada indivíduo e cada cultura tem a sua concepção própria de auditório universal. O estudo dessas variações seria elucidativo, porque nos permitiria conhecer aquilo que o ser humano, nas diferentes épocas da História, considerou real, verdadeiro e objectivamente válido* (Perelman e Olbrechts-Tyteca, 1969: 33).

Quem se dirige a um auditório universal tem mais probabilidades de utilizar os *topoi* gerais, no sentido aristotélico do termo. Além disso, a retórica de eficácia máxima, no caso de um auditório universal, é aquela que só recorre à prova lógica.

Quando o auditório e as premissas se encontram definidas, a argumentação desenrola-se de acordo com um plano cujo objectivo é persuadir ou convencer o auditório. Esse plano implica a escolha de argumentos, bem como a sequência e a técnica da sua apresentação. Não pode determinar-se a força argumentativa de um argumento isoladamente, porque ela depende da forma como ele se articula numa cadeia ou numa teia de vários argumentos[33].

A determinação das relações entre a ciência e a retórica é um trabalho em curso que, aliás, está muito menos adiantado do que o da determinação das relações entre o direito e a retórica[34]. Referirei, agora, algumas das principais linhas de investigação no campo das relações entre a ciência e a retórica. Em primeiro lugar — e dado que os cientistas geralmente consideram que a sua comunidade científica é um auditório universal —, a retórica científica caracteriza-se pelo uso de *topoi* gerais, de factos e verdades, como as premissas mais importantes da argumentação, e ainda de argumentos baseados na estrutura da realidade. Em geral, a retórica científica visa utilizar apenas a prova lógica e, por isso, a sua principal característica é negar que é retórica.

Uma segunda linha de investigação diz respeito aos métodos científicos. Os métodos científicos são argumentos cuja sequência e técnica de apresentação são da competência do cientista. O conhecimento científico é, portanto, intrinsecamente pessoal. Um dos primeiros autores a chamar a nossa atenção para este facto foi Michael Polanyi na sua obra *Conhecimento Pessoal*, e um dos mais recentes é Paul Feyerabend em *Contra o Método* (Polanyi, 1962; Feyerabend, 1982)[35]. Segundo Polanyi, os métodos científicos, tal como a filosofia da ciência os define, são um resumo árido e deturpador da utilização concreta de métodos feita por cientistas concretos. Os métodos são ambíguos, e o seu uso é aceite apenas com base em muitas premissas de assentimento no seio da comunidade científica, as quais constituem a "componente tácita" do conhecimento. Pode, assim, concluir-se que a verdade científica é uma "verdade fiduciária" baseada na determinação da credibilidade dos cientistas e da genuinidade das suas motivações. Não há outras garantias "mais objectivas" do que esta fidúcia.

A terceira linha de investigação refere-se à natureza dos *topoi* usados na ciência moderna. A análise dos *topoi* gerais é especialmente importante. Nas dife-

---

33. Perelman distingue entre os argumentos quase lógicos, os argumentos baseados na estrutura da realidade, os argumentos das relações que estabelecem a estrutura da realidade, etc. (1969: 185 e ss.).

34. Sobre as relações entre a retórica e as ciências sociais, ver Simons (1989); McCloskey (1985); Breuer e Shanze (1981); Nelson (1987). Sobre as relações entre o direito e a retórica, ver, entre outros, Viehweg (1963, 1969, 1981); Esser (1956, 1970); Perelman (1951, 1965); Alexy (1978); Recasens-Siches (1962); Levi (1949); Santos (1980, 1989); Ball (1985, 1993); White (1985).

35. Não vou aqui analisar a posição de Feyerabend, tema sobre o qual já me detive em Santos (1989: 121 e ss). A análise retórica da ciência na sua versão fraca (a retórica na ciência) é mais corrente. Como exemplo, refiro Bourdieu (1982: 238), que sublinha a utilização retórica do discurso científico em contextos não científicos.

rentes culturas, os *topoi* surgem geralmente agrupados em pares de elementos opostos (o *topos* da quantidade contra o da qualidade, ou o *topos* clássico da superioridade do eterno contra o *topos* romântico da superioridade do efémero). O conjunto dos *topoi* dominantes nos diferentes pares, num determinado tempo e lugar, constitui a constelação intelectual hegemónica desse período e introduz-se, de uma maneira ou de outra, em todas as áreas de conhecimento. Os *topoi* subordinados não são suprimidos, mas apenas usados em discursos argumentativos marginais ou apresentados nos discursos centrais sob o disfarce de *topoi* contrários.

Um exemplo muito elucidativo para se determinar a importância da retórica como elemento fundador da ciência moderna é a histórica luta entre o *topos* da quantidade e o da qualidade. De acordo com o *topos* da quantidade, é conveniente determinar o número de uma coisa. É o próprio Aristóteles quem afirma que um grande número de coisas boas é mais desejável do que um pequeno número. Este *topos* foi, de longe, o que mais dominou a retórica científica moderna e empurrou o *topos* da qualidade (a superioridade do que é intrinsecamente valioso e, no caso limite, a superioridade do que é único) para uma posição marginal, para uma circulação em discursos desqualificados, ou seja, discursos muitas vezes desvalorizados precisamente devido à incapacidade de se adaptarem ao *topos* da quantidade.

Este foi um dos processos de que a racionalidade cognitivo-instrumental da ciência moderna se serviu para colonizar as outras formas de racionalidade que, por sua vez, só podiam evitar a despromoção se maximizassem o uso do *topos* da quantidade em detrimento do da qualidade. Sempre que isso não fosse possível, o preço era a marginalização, a incompletude. Hoje, porém, a hegemonia do *topos* da quantidade está a ser posta em causa no próprio coração da ciência moderna. Todas as tendências atrás analisadas como sintomas da crise do paradigma científico dominante podem ser entendidas como outras tantas manifestações do regresso ao *topos* da qualidade. O *topos* da qualidade conseguiu sobreviver na racionalidade moral-prática e, principalmente, na racionalidade estético-expressiva, embora muitas vezes recorrendo ao disfarce da quantidade. Este é outro dos motivos que nos levam, no actual período de transição paradigmática, a recorrer a estas duas formas de racionalidade na busca do inacabado que nos há-de abrir uma nova via de conhecimento[36].

O último aspecto da análise da retórica científica relaciona-se com o auditório. A ciência moderna apresenta-se como um conjunto de argumentos dirigidos ao auditório universal. Em última instância, é isso que lhe vai permitir apresentar-se como não-retórica. Escavar nos diferentes estratos retóricos da ciência moderna equivale a pôr em causa que o auditório universal seja o único auditório relevante.

---

36. Pode fazer-se uma análise semelhante relativamente à predominância do *topos* da superioridade do *eterno* na ciência moderna e ao actual ressurgimento do *topos* da superioridade do *efémero*.

Em minha opinião, embora o auditório universal continue a ser o enquadramento global da apresentação técnica dos argumentos científicos, para o cientista concreto ele é muito menos importante do que dois outros auditórios particulares: o auditório dos cientistas que esse cientista pretende influenciar (a comunidade científica empírica) e o auditório constituído pelo próprio cientista concreto quando apresenta as razões que o convencem ou não daquilo que está a afirmar ou a fazer (a comunidade individual ou comunidade interior). A *praxis* científica concreta realiza-se nestes dois auditórios ou comunidades e nas trajectórias ou movimentos pendulares entre um e outro. A distância entre as duas comunidades não pode ser determinada em abstracto. Pode ser grande ou pequena, pode diferir conforme o tempo e o lugar ou conforme o domínio específico da ciência. Mas há sempre uma distância porque a comunidade interior, visto estar geralmente menos sujeita às premissas hegemónicas da argumentação científica, pode mais facilmente incorporar premissas ou argumentos provenientes da racionalidade moral-prática ou da racionalidade estético-expressiva. Dado que essas premissas ou esses argumentos não podem ser aceites pela comunidade científica empírica, têm de ser rejeitados no decurso da emigração simbólica da comunidade interior para a comunidade exterior, a fim de que o cientista seja confirmado como cientista. Se não forem rejeitados, terão então de ser dissimulados ou escondidos como imigrantes clandestinos. Isto significa que o cientista concreto está sempre dividido entre os argumentos que o convencem a si (os argumentos como "valor de uso" simbólico) e os argumentos que convencem a comunidade científica empírica (os argumentos como "valor de troca" simbólico). Esta divisão é fonte de uma duplicidade a que Einstein costumava chamar "oportunismo metodológico". Por vezes é também fonte de escândalo, como o que aconteceu com a publicação dos diários de Malinowski.

A novíssima retórica e o conhecimento pós-moderno

A análise retórica da ciência moderna, quer na versão forte (a ciência como retórica), quer na versão fraca (a retórica na ciência), é fundamental neste momento de transição paradigmática para relativizar as pretensões cognitivas da racionalidade cognitivo-instrumental. A relativização do seu valor cognitivo exige a relativização do seu valor instrumental. É aí que a retórica e o pragmatismo se intersectam. O reconhecimento dos limites do conhecimento obriga-nos a abordar a realidade partindo daquilo a que James chamou as "últimas coisas", isto é, partindo das consequências, do impacto sobre o mundo da vida e sobre a nossa vida pessoal e colectiva.

Contudo, a análise retórica da ciência moderna diz-nos muito pouco acerca do conhecimento pós-moderno de oposição que tenho vindo a propor: um conhecimento-emancipação construído a partir das tradições epistemológicas marginalizadas da modernidade ocidental. A única coisa que nos diz é que este conhecimento assume inteiramente o seu carácter retórico: um conhecimento prudente para uma vida decente.

Para poder contribuir para a reinvenção do conhecimento-emancipação, a nova retórica tem de ser radicalmente reconstruída. A retórica de Perelman é técnica (por exemplo, não adjudica entre as duas formas de influenciar, entre persuasão e convencimento); parte do princípio de que o auditório e, consequentemente, a comunidade, são dados imutáveis, não reflectindo, assim, nem os processos sociais de inclusão neles ou de exclusão deles, nem os processos sociais de criação e de destruição de comunidades; por último, é manipuladora porque os "oradores" visam apenas influenciar o auditório e não se consideram influenciados por ele, excepto na medida em que se lhe adaptam para conseguirem influenciá-lo. Em resumo, a retórica de Perelman é, em meu entender, demasiado moderna para poder contribuir para o conhecimento pós-moderno sem uma alteração profunda. A crítica radical à nova retórica deve, portanto, conduzir a uma *novíssima retórica*.

Motivos e acções

A retórica é uma forma de argumentar através de motivos razoáveis, no intuito de explicar resultados já consumados ou de procurar adesão à produção de resultados futuros. Esta é a dimensão activa e irredutível da retórica. Mas esta dimensão pode ser mais ou menos saliente conforme o tipo de adesão pretendida: persuasão ou convencimento. A persuasão é uma adesão baseada na motivação para agir; a argumentação destinada a atingi-la tende a intensificar essa motivação, recorrendo a argumentos emocionais, o elemento psicagógico da retórica referido por Aristóteles no livro II da *Retórica*. O convencimento, por seu lado, é um tipo de adesão baseada na avaliação das razões para agir; para isso a argumentação cria um campo caótico onde a acção pode ou não ocorrer. No *Emílio*, Rousseau considera que é inútil convencer uma criança se não pudermos também persuadi-la. Quando a tónica é posta nos resultados, o discurso argumentativo inclina-se para uma adesão pela persuasão e, pelo contrário, quando a tónica recai no esforço de apresentar razões para eventuais resultados, o discurso argumentativo inclina-se para uma adesão pelo convencimento.

A meu ver, a novíssima retórica deve privilegiar o convencimento em detrimento da persuasão, deve acentuar as boas razões em detrimento da produção de resultados. Efectivamente, a persuasão é uma forma de adesão que se adapta ao utopismo automático da tecnologia moderna que é a expressão típico-ideal da subordinação das razões aos resultados. Se um dos principais objectivos do conhecimento emancipatório pós-moderno é proporcionar uma crítica radical desse utopismo, tal não é obtível através de um discurso argumentativo que, por subordinar, ele próprio, as razões aos resultados tende a transformar-se num utopismo automático de outro tipo. Pelo contrário, uma retórica que privilegie a obtenção de convencimento tenderá a contribuir para um maior equilíbrio entre razões e resultados, entre contemplação e acção e para uma maior indeterminação da acção, dois pressupostos de um conhecimento prudente para uma vida decente num período de transição paradigmática.

Uma retórica dialógica

A nova retórica assenta na polaridade orador/auditório e no quase total protagonismo do orador. Esta polaridade exige, na realidade, um certo diálogo entre o orador e o auditório, dado que a argumentação não só pressupõe "um encontro de espíritos" como, para ser eficaz, obriga a um conhecimento prévio do auditório que se pretende influenciar. A dimensão dialógica é, porém, reduzida ao mínimo indispensável e só se admite por ser necessária para influenciar o auditório. Por outras palavras, a relação entre o orador e o auditório tem algumas semelhanças com a relação entre sujeito e objecto.

Entendo que a *novíssima retórica* deverá intensificar a dimensão dialógica intersticial da nova retórica e convertê-la no princípio regulador da prática argumentativa. Em termos ideais, a polaridade orador/auditório deve perder a rigidez para se transformar numa sequência dinâmica de posições de orador e de posições de auditório intermutáveis e recíprocas que torne o resultado do intercâmbio argumentativo verdadeiramente inacabado: por um lado, porque o orador inicial pode acabar por transformar-se em auditório e, vice-versa, o auditório em orador e, por outro lado, porque a direcção do convencimento é intrinsecamente contingente e reversível. O "conhecimento do auditório" — que, como vimos, é uma condição necessária ao êxito da argumentação — deve ser multidireccional e acabar por ser a soma total do conhecimento de cada um dos oradores. Através da retórica dialógica, o conhecimento progride na medida em que progride o autoconhecimento.

Nestas condições, as premissas da argumentação (os pontos de partida do consenso), quer sejam *topoi*, factos ou verdades, podem ser analisadas e debatidas com muito mais profundidade do que a permitida pela nova retórica. A nova retórica pressupõe uma certa estabilidade e duração das premissas, o que não acontece com a novíssima retórica. Os topoi têm de ser rebatidos com os *topoi* contrários, os factos com outros factos e as verdades com outras verdades. Especialmente no caso dos *topoi*, a polaridade dos pares tem de ser dialéctica: um *topos* contraposto a outro *topos* enquanto artifício argumentativo para inventar novos *topoi*, novos campos de conhecimento partilhado e, eventualmente, de novas batalhas argumentativas.

O auditório na retórica dialógica

O auditório é a comunidade encarada na perspectiva do conhecimento argumentativo. A comunidade visada pela novíssima retórica é a neo-comunidade já referida. A nova retórica encara o auditório, ou a comunidade interpretativa, como um dado. Para a novíssima retórica, pelo contrário, o auditório está em permanente formação. Em vez de ser o "outro" do orador (o ponto fixo que torna possível o movimento argumentativo), o auditório é a fonte central do movimento, a polaridade orador-auditório em constante rotação. Em vez de ser uma entidade fixa ou um estado de coisas inalterável, o auditório é um processo social, e o mesmo acontece com as relações e as ligações entre auditórios. Daí que a novíssima retórica preste uma atenção especial aos processos pelos quais os auditórios emergem, se desenvolvem e morrem. Neste domínio, parte de dois pressupostos: em primeiro lugar, o de que no sistema mundial capitalista a realidade social não pode reduzir-se à argumentação e ao discurso; em segundo lugar, o de que a retórica não é libertadora por natureza.

Para além da argumentação e do discurso, há também trabalho e produção, silêncio e silenciamento, violência e destruição. Sem ter em conta a dialéctica entre momentos argumentativos e não-argumentativos é impossível entender a construção e a destruição sociais de auditórios e comunidades[37]. Além disso, no sistema mundial capitalista, os auditórios e as comunidades possuem uma dimensão translocal que permite a interpenetração de conflitos e consensos mundiais com conflitos e consensos locais. No plano do discurso argumentativo, essa interpenetração é fruto da constante alteração de posições na polaridade orador-auditório, bem como da permanente questionação das premissas da argumentação.

Por outro lado, o potencial emancipatório da retórica assenta na criação de processos analíticos que permitam descobrir por que é que, em determinadas circunstâncias, certos motivos parecem ser melhores e certos argumentos mais poderosos do que outros. Em resumo, a novíssima retórica comporta, como seu elemento constitutivo, uma sociologia da retórica. Num contexto diferente, Gadamer aconselha a analisar a interpenetração entre os três "universais": da retórica, da sociologia e da hermenêutica (1965: 477 e ss.). O paradigma emergente do conhecimento-emancipação exige, em minha opinião, um conhecimento não compartimentado que combine os três "universais".

---

37. No capítulo seguinte e no 2º Volume, deter-me-ei na análise da dialéctica entre momentos argumentativos e não-argumentativos no domínio do direito.

UMA TÓPICA DE EMANCIPAÇÃO: PARA UM NOVO SENSO COMUM

A ciência moderna constituiu-se em oposição ao senso comum, que considera superficial, ilusório e falso. A distinção entre ciência e senso comum ficou a dever-se àquilo a que chamo a *primeira ruptura epistemológica* (Santos, 1989: 33 e ss.)[38], que define dois tipos de conhecimento: conhecimento verdadeiro e senso comum. Embora opostas entre si, estas duas entidades epistémicas implicam-se reciprocamente, pois uma não existe sem a outra. Com efeito, fazem parte da mesma constelação cultural que hoje em dia dá sinais de exaustão e extinção. Em suma, o senso comum é tão moderno quanto a própria ciência moderna[39].

A distinção entre ciência e senso comum pode ser feita tanto a partir da ciência como do senso comum, mas o sentido é diferente em cada um dos casos. Quando é feita pela ciência, significa distinguir entre conhecimento objectivo e mera opinião ou preconceito. Quando é feita pelo senso comum, significa distinguir entre um conhecimento incompreensível e prodigioso e um conhecimento óbvio e obviamente útil. Por conseguinte, a distinção está longe de ser simétrica. Além disso, quando é feita na perspectiva da ciência, essa distinção tem um poder que é excessivo face ao conhecimento que a torna possível. Como qualquer conhecimento especializado e institucionalizado, a ciência tem o poder de definir situações que ultrapassam o conhecimento que delas detém. É por isso que a ciência pode impor, como ausência de preconceito, o preconceito de pretender não ter preconceitos.

Proponho a ideia de uma *dupla ruptura epistemológica* como forma de superar este beco-sem-saída. A expressão dupla ruptura epistemológica significa que, depois de consumada a primeira ruptura epistemológica (permitindo, assim, à ciência moderna diferenciar-se do senso comum), há um outro acto epistemológico importante a realizar: romper com a primeira ruptura epistemológica, a fim de transformar o conhecimento científico num novo senso comum. Por outras palavras, o conhecimento-emancipação tem de romper com o senso comum conservador, mistificado e mistificador, não para criar uma forma autónoma e isolada de conhecimento superior, mas para se transformar a si mesmo num senso comum novo e emancipatório.

O conhecimento-emancipação tem de converter-se num senso comum emancipatório: impondo-se ao preconceito conservador e ao conhecimento prodigioso e impenetrável, tem de ser um conhecimento prudente para uma vida decente. A reinvenção do senso comum é incontornável dado o potencial desta

---

38. O conceito de ruptura epistemológica é retirado de Bachelard (1972), mas enquanto Bachelard refere uma ruptura epistemológica, eu menciono duas. Desenvolverei este tema mais adiante.

39. Numa perspectiva diferente, J. Dewey classifica as relações recíprocas entre ciência e senso comum como transacções. Ver Dewey e Bentley (1949: 270 e ss.).

forma de conhecimento para enriquecer a nossa relação com o mundo. Apesar de o conhecimento do senso comum ser geralmente um conhecimento mistificado e mistificador, e apesar de ser conservador, possui uma dimensão utópica e libertadora que pode valorizar-se através do diálogo com o conhecimento pós-moderno.

Essa feição utópica e libertadora está patente em muitas das características do conhecimento do senso comum. Assim, o senso comum faz coincidir causa e intenção; subjaz-lhe uma visão do mundo assente na acção e no princípio da criatividade e da responsabilidade individuais. O senso comum é prático e pragmático; reproduz-se colado às trajectórias e às experiências de vida de um dado grupo social e, nessa correspondência, inspira confiança e confere segurança. O senso comum é transparente e evidente; desconfia da opacidade dos objectivos tecnológicos e do esoterismo do conhecimento em nome do princípio da igualdade do acesso ao discurso, à competência cognitiva e à competência linguística. O senso comum é superficial porque desdenha das estruturas que estão para além da consciência, mas, por isso mesmo, é exímio em captar a complexidade horizontal das relações conscientes entre pessoas e entre pessoas e coisas. O senso comum é indisciplinar e não-metódico; não resulta de uma prática especificamente orientada para o produzir; reproduz-se espontaneamente no suceder quotidiano da vida. O senso comum privilegia a acção que não produza rupturas significativas no real. O senso comum é retórico e metafórico; não ensina, persuade ou convence. Finalmente, o senso comum, nas palavras de Dewey, funde a utilização com a fruição, o emocional com o intelectual e o prático (Dewey e Bentley, 1949: 276).

Estas características do senso comum têm uma virtude antecipatória. Deixado a si mesmo, o senso comum é conservador, mas, transformado pelo conhecimento-emancipação, é imprescindível para intensificar a trajectória da condição ou momento da ignorância (o colonialismo) para a condição ou momento do saber (a solidariedade). A solidariedade enquanto forma de conhecimento é a condição necessária da solidariedade enquanto prática política. Mas a solidariedade só será um senso comum político na medida em que for um senso comum *tout court*.

Na ciência moderna, a ruptura epistemológica simboliza o salto qualitativo do conhecimento do senso comum para o conhecimento científico; no conhecimento-emancipação, esse salto qualitativo deve ser complementado por um outro, igualmente importante, do conhecimento científico para o conhecimento do senso comum. A ciência moderna ensinou-nos a rejeitar o senso comum conservador, o que em si é positivo, mas insuficiente. Para o conhecimento-emancipação, esse ensinamento é experienciado como uma carência, a falta de um novo senso comum emancipatório. O conhecimento-emancipação só se constitui enquanto tal na medida em que se converte em senso comum. Só assim será um conhecimento claro que cumpre a sentença de Wittgenstein: "tudo o que pode dizer-se, pode dizer-se com clareza" (Wittgenstein, 1973, § 4.116). Só assim será uma ciência transparente que faz justiça ao desejo de Nietzsche quando diz que "todo o comércio entre os homens visa que cada um possa ler na alma do outro, sendo a linguagem comum a expressão sonora dessa alma comum" (Nietzsche, 1971: 136). O conhecimento-emancipação, ao tornar-se senso comum, não despreza o conhecimento que produz tecnologia, mas entende que tal como o conhecimento deve traduzir-se em autoconhecimento, o desenvolvimento tecnológico deve traduzir-se em sabedoria de vida. É esta que assinala os marcos da prudência à nossa aventura científica, sendo essa prudência o reconhecimento e o controlo da insegurança. Tal como Descartes, no limiar da ciência moderna, exerceu a dúvida em vez de a sofrer, nós, no limiar um novo paradigma epistemológico, devemos exercer a insegurança em vez de a sofrer.

O senso comum emancipatório é um senso comum discriminatório (ou desigualmente comum, se preferirmos), construído para ser apropriado privilegiadamente pelos grupos sociais oprimidos, marginalizados ou excluídos, e, de facto, alimentado pela prática emancipatória destes. A neo-comunidade, que é também uma constelação de neo-auditórios relevantes, não é uma amálgama de consensos e diálogos indiferenciados. É um processo sócio-histórico que começa por ser o consenso local-imediato mínimo sobre os pressupostos de um discurso argumentativo que permita identificar o colonialismo como forma específica de ignorância. A construção da emancipação neo-comunitária avança à medida que a argumentação introduz exercícios de solidariedade cada vez mais vastos. Esta construção microutópica tem de assentar na força dos argumentos que a promovem, ou melhor, no poder argumentativo das pessoas ou dos grupos que pretendem realizá-la. Além disso, depende da congenialidade das premissas da argumentação, o que é particularmente crucial no caso dos *topoi*.

Os *topoi* exprimem pontos de vista amplamente aceites numa determinada época e numa determinada comunidade retórica. Como já afirmei, a estabilidade e a durabilidade dos *topoi* na novíssima retórica é intrinsecamente problemática e as relações entre os vários pares de *topoi* são dialécticas. Acresce ainda que, por comportar uma sociologia da retórica, a novíssima retórica parte do pressuposto de que os *topoi* reflectem e constituem as relações sociais dominantes numa dada comunidade ou auditório. Assim, o conjunto dos *topoi* — o domínio tópico — que, num dado momento, possibilita o discurso argumentativo numa determinada comunidade é concebido como um domínio social.

Na novíssima retórica, a tópica é uma tópica social[40]. Isto significa, entre outras coisas, que a própria noção de senso comum tem de ser radicalmente revista. Existem, potencialmente, tantos sensos comuns quantos os domínios tópicos. Como

---

40. No final da década de 60, Oskar Negt utilizou o conceito de tópica social com um sentido diferente (Schumann, 1981: 196; Moser, 1981: 200 e ss.).

o domínio tópico é a matriz do senso comum de uma dada comunidade retórica, haverá tantos domínios tópicos quantas as comunidades interpretativas ou retóricas. É evidente que, numa determinada cultura ou sociedade, as diferentes comunidades não existem isoladamente, mas constituem redes de comunidades e, portanto, os *topoi* gerais exprimem o que há de comum entre elas (pontos de vista partilhados). Cada comunidade é, em si, um domínio tópico, e os *topoi* desse domínio que são partilhados por outras comunidades da mesma rede constituem os *topoi* gerais.

Como as comunidades são relações sociais e os auditórios são o enquadramento argumentativo em que essas relações se concretizam, nem as comunidades nem os auditórios existem aleatoriamente numa dada formação social. Além disso, as redes em que eventualmente se integram não são totalmente fortuitas. No Capítulo 5, defendo a tese de que as formações sociais capitalistas são constituídas por seis conjuntos de relações sociais que são as matrizes das comunidades interpretativas principais existentes na sociedade. Esses conjuntos ou espaços-tempos são: o espaço doméstico, o espaço da produção, o espaço do mercado, o espaço da comunidade, o espaço da cidadania e o espaço mundial. A análise destes espaços estruturais será feita no Capítulo 5. Aqui, basta referir que, nas formações sociais capitalistas, há, basicamente, seis domínios tópicos, seis sensos comuns básicos, correspondentes aos seis grupos estruturais de relações sociais. O conhecimento emancipatório pós-moderno parte do princípio de que só haverá emancipação se, nestes domínios tópicos básicos, os *topoi* que exprimem as relações sociais dominantes forem substituídos por outros que exprimam a aspiração de relações sociais emancipatórias, assentes simultaneamente em políticas de reconhecimento (identidade) e em políticas de redistribuição (igualdade). Não pode haver emancipação sem uma tópica de emancipação. E isso pressupõe a substituição, no espaço doméstico, de uma tópica patriarcal por uma tópica da libertação da mulher; no espaço da produção, a substituição de uma tópica capitalista por uma tópica eco-socialista; no espaço do mercado, a substituição de uma tópica do consumismo fetichista por uma tópica de necessidades fundamentais e satisfações genuínas; no espaço da comunidade, a substituição de uma tópica chauvinista por uma tópica cosmopolita; no espaço da cidadania, a substituição de uma tópica democrática fraca por uma tópica democrática forte; no espaço mundial, a substituição de uma tópica do Norte por uma tópica do Sul.

Da perspectiva do pós-moderno de oposição aqui defendida, a política epistemológica emancipatória consiste no desenvolvimento de uma tópica de emancipação nas diferentes comunidades interpretativas e nas redes que entre elas se estabelecem. Haverá senso comum emancipatório quando os *topoi* emancipatórios desenvolvidos numa dada comunidade interpretativa encontrarem tradução adequada nos *topoi* de outras comunidades e se converterem, assim, em *topoi* gerais. Isso acontecerá, por exemplo, quando a tópica da libertação da mulher, desenvolvida pelos movimentos feministas, tiver tradução adequada não só nas comunidades vinculadas ao espaço doméstico, como também nas comunidades vinculadas ao espaço da produção, ao espaço do mercado, ao espaço da cidadania, ao espaço da comunidade e ao espaço mundial. O mesmo poderá dizer-se sobre todas as restantes tópicas emancipatórias estruturais. Quanto maior for o domínio tópico influenciado pelos *topoi* emancipatórios, maior será o senso comum emancipatório.

Sublinhar a necessidade de uma tópica de emancipação significa que só pode haver emancipação através de significações partilhadas, através da invenção convincente de novos *topoi* emancipatórios. A única vanguarda legítima é o senso comum de vanguarda. É inerente ao discurso argumentativo o facto de essa invenção nunca ser completa e nunca atingir um ponto de irreversibilidade.

Para um novo senso comum ético: um senso comum solidário

O novo senso comum deverá ser construído a partir das representações mais inacabadas da modernidade ocidental: o princípio da comunidade, com as suas duas dimensões (a solidariedade e a participação), e a racionalidade estético-expressiva (o prazer, a autoria e a artefactualidade discursiva). Salientarei, por agora, três dimensões na construção do novo senso comum: a solidariedade (dimensão ética), a participação (dimensão política) e o prazer (dimensão estética). Nos capítulos 5 e 6 serão valorizadas as dimensões da autoria e da artefactualidade discursiva.

Já atrás referi a forma como a micro-ética liberal se tornou o conceito dominante da racionalidade moral-prática da modernidade. Trata-se de uma ética antropocêntrica e individualista decorrente de uma concepção muito estreita de subjectividade. Confinada ao espaço contíguo e ao tempo imediato, a ética liberal funciona numa sequência linear: um sujeito, uma acção, uma consequência. Nos nossos dias, esta ética tornou-se uma estratégia de desarme, uma vez que nos fornece critérios éticos para acções menores, ao passo que no-los nega para as acções maiores decorrentes da enorme capacidade de intervenção propiciada pela ciência e pela tecnologia. Na era tecnológica, o conhecimento-emancipação pressupõe uma nova ética, uma ética que, ao contrário da ética liberal, não seja colonizada pela ciência nem pela tecnologia, mas parta de um princípio novo. A meu ver, este princípio novo é o princípio da responsabilidade proposto por Hans Jonas (1985).

O princípio da responsabilidade a instituir não pode assentar em sequências lineares, pois vivemos numa época em que é cada vez mais difícil determinar quem são os agentes, quais são as acções e quais as consequências. Esta é uma das razões por que a neo-comunidade deve ser definida numa relação espácio-temporal, local-global e imediata-diferida. O risco do colonialismo surge, assim, numa nova escala e o mesmo sucede com as oportunidades para a solidariedade. O novo princípio da responsabilidade reside na *Sorge*, na preocupação ou cuidado que nos coloca no centro de tudo o que acontece e nos torna responsáveis pelo outro, seja ele um ser humano, um grupo social, a natureza, etc.; esse outro inscreve-se simultaneamente na nossa contemporaneidade e no futuro cuja possibilidade de existência temos de garantir no presente. A nova ética não é antropocêntrica, nem individualista, nem busca apenas a responsabilidade pelas consequências imediatas. É uma responsabilidade pelo futuro.

É difícil desenvolver uma argumentação em volta da nova ética e em sua defesa. Não só porque é contra-hegemónica, mas também porque se centra na solidariedade com o futuro. Quando o futuro é concebido fora do utopismo automático da tecnologia, é muito difícil fornecer representações credíveis dele. A noção de progresso, gémea da noção de utopismo automático da tecnologia, continua a ser tão consensual que funciona como *topos* no discurso argumentativo sobre o futuro: em vez de ser objecto da argumentação, é premissa. Cabe à novíssima retórica fazer com que o progresso deixe de ser um *topos* e passe a ser um argumento entre outros, confrontando-o com o argumento de uma visão alternativa do futuro baseada num conhecimento prudente para uma vida decente. O objectivo da retórica emancipatória é intensificar a força argumentativa desta concepção alternativa e, eventualmente, convertê-la em *topos* de um discurso argumentativo novo e mais solidário. Se esta representação do futuro é difícil, a representação da responsabilidade dessa representação é-o ainda mais. Como Jonas diz, a responsabilidade fundamental está em criar a possibilidade de haver responsabilidade (1985: 186).

A nova ética tem também de eliminar o princípio de reciprocidade limitada em que a micro-ética liberal se funda. Segundo esse princípio, só pode ter direitos aquele a quem puder exigir-se os correspondentes deveres. Pelo contrário, segundo o princípio pós-moderno de responsabilidade, tanto a natureza como o futuro têm direitos sem ter deveres[41]. Quer a concepção do futuro como progresso tecnológico automático, quer a concepção mecanicista da natureza, continuam a ser *topoi* prevalecentes. Assim, a obrigação, que incumbe à novíssima retórica, de tornar credível a ética de um conhecimento prudente para uma vida decente é duplamente difícil. Essas dificuldades residem no problema de como definir o sujeito da responsabilidade em termos não individualistas: se o indivíduo parece demasiado liliputiano para comportar a responsabilidade pelas consequências colectivas, presentes e futuras, a colectividade, enquanto globalidade indiferenciada, parece uma entidade demasiado abstracta para que nela se possa "localizar" a responsabilidade.

---

41. Numa perspectiva diferente, Michel Serres propôs recentemente a celebração de um "contrato natural" (1990).

Toda a responsabilidade é co-responsabilidade, mas o problema é saber como determinar a correspondência entre a quota-parte de responsabilidade partilhada e a quota-parte das consequências a partilhar. As duas raramente coincidem: as consequências mais negativas e amplas do utopismo tecnológico tendem a atingir prioritariamente as populações e os grupos sociais com menor responsabilidade na concepção e execução das acções que as provocaram. O indivíduo e a colectividade devem ser considerados pólos num *continuum*, e devem definir-se critérios para dividir a responsabilidade pelos vários grupos sociais que integram esse espectro. A grande dificuldade consiste, obviamente, na definição desses critérios.

Para um novo senso comum político: um senso comum participativo

Forçados como somos a avançar para o conhecimento emancipatório pós-moderno partindo de conceitos e distinções produzidos pelo conhecimento moderno, podemos afirmar que tal como a dimensão da solidariedade confere ao novo senso comum a sua marca ética, a dimensão da participação confere-lhe a marca política. Porque esta dimensão é analisada em pormenor na Parte III, apresento aqui resumidamente a tese que adiante irei desenvolver. Um dos processos que levaram a que o equilíbrio entre regulação e emancipação fosse quebrado a favor da regulação consistiu na redução da política a uma prática social sectorial e especializada e na rígida regulação da participação dos cidadãos nessa prática. Em consequência disso, ficaram vastíssimas áreas da prática social fora da intervenção participativa dos cidadãos e, por outro lado, a regulação hiperdetalhada da participação autorizada acabou por transformar esta última na participação dos cidadãos na sua própria regulação. Um certo pós-modernismo míope, ao proclamar pseudo-radicalmente o fim da política, não faz mais do que levar a termo o processo de despolitização posto em curso pela modernidade ocidental. O conhecimento-emancipação visa, pelo contrário, uma repolitização global da vida colectiva, assente em duas ideias fundamentais. Em primeiro lugar, a ideia de que a hiperpoliticização do Estado, operada pela modernidade, é o outro lado da despolitização da chamada sociedade civil. Confinado a um sector específico da acção social — a esfera pública —, o ideal democrático da política moderna foi neutralizado ou drasticamente limitado no seu potencial emancipatório. Em segundo lugar, a liberdade não é um bem natural da humanidade que tenha de ser defendido da política, como a teoria política liberal preconiza[42]. Pelo contrário, quanto mais vasto for o domínio da política, maior será a liberdade. O fim da política significará sempre, duma forma ou doutra, o fim da liberdade.

---

42. Na obra de Hannah Arendt pode ler-se uma crítica ao conceito liberal de liberdade como essência pré-política. Ver, por exemplo, Arendt (1963: 149).

Partindo destes pressupostos, o conhecimento-emancipação, na esteira de Foucault, assenta na ideia de que todas as relações de poder são políticas. Mas, ao contrário de Foucault, não renuncia a estruturar e a hierarquizar as formas de poder e de relações de poder. Se o poder está em todo o lado, não está em lado algum. A repolitização global da vida colectiva não é um todo indiferenciado. No Capítulo 5 enumero seis formas de poder que correspondem aos seis domínios tópicos atrás referidos. Só uma delas — a dominação, correspondente ao espaço da cidadania — foi considerada política pela modernidade ocidental. O novo senso comum político impõe que todas as outras formas de poder sejam também consideradas políticas.

Esta será, em meu entender, a maneira mais eficaz de lutar contra os monopólios de interpretação e de, ao mesmo tempo, garantir que o fim dos monopólios de interpretação não implique necessariamente a renúncia à interpretação. A ideia de que a política apenas diz respeito ao espaço da cidadania é um dos principais *topoi* do discurso político moderno. As ciências sociais modernas, e as suas aplicações às políticas públicas e à popularização científica, contribuíram para consolidar este *topos* como premissa essencial do senso comum político moderno. À novíssima retórica emancipatória compete contestar esta premissa e rebater a ideia restrita de política até que esta deixe de ser premissa e passe a objecto de argumentação. De todas as tarefas que cabem à novíssima retórica, esta é, a meu ver, a mais problemática, visto que as forças que defendem a renúncia à interpretação têm, neste domínio, um grande poder argumentativo que é apoiado pela política convencional, pelos meios de comunicação social e pelo consumo de massas.

Para um novo senso comum estético: um senso comum reencantado

O prazer é a marca estética do novo senso comum. A ciência moderna é uma forma de saber que se afirma desencantada e desapaixonada. Os métodos de distanciação — conceitos frios, retórica não-retórica, literalização das metáforas, atitudes antipsicacógicas, supressão da biografia — encontram-se entre as principais estratégias argumentativas subjacentes ao desencantamento que alegadamente garante a reprodução do dualismo sujeito/objecto. Prazer, paixão, emoção, retórica, estilo, biografia, tudo isto pode perturbar esse dualismo e, por isso, tem de ser rejeitado. Até Polanyi, para quem as "paixões intelectuais" são uma componente tácita da ciência, considera que as paixões fornecem a energia para a descoberta científica, mas não influenciam o resultado (1962: 173).

O prazer foi, assim, expulso da ciência e ficou confinado a duas esferas aparentemente incompatíveis: por um lado, ao consumo da massa e à ideologia do consumismo; por outro lado, à autonomia da obra de arte. Quanto a esta última, é importante salientar, no seguimento de Peter Bürger, que a autonomia da arte, tal como é concebida a partir do século XVIII, tem, na sociedade burguesa, uma função crítica compensatória: visa restabelecer a harmonia e a totalidade da personalidade humana numa sociedade dominada pela divisão social do trabalho, pela racionalidade cognitivo-instrumental e pela interacção utilitária. Como bem demonstrou a Escola de Frankfurt, para que lhe seja possível advogar a humanidade, numa sociedade em que a humanidade não pode realizar-se, a arte é "institucionalizada" como autónoma. Acontece que esta oposição ao mundo real utilitário, que é condição mesma da função crítica da arte, impede simultaneamente que essa crítica produza efeitos no mundo não artístico.

Em minha opinião, esta autonomia isolacionista e derrotista da arte moderna demonstra até que ponto o dualismo sujeito/objecto prevalece não só na ciência moderna, onde é mais evidente, mas também na arte moderna e na ética moderna, nestas duas parcialmente devido à sua colonização pela ciência moderna. A racionalidade moderna, uma vez colonizada pela racionalidade cognitivo-instrumental, tende a privilegiar uma forma de representação que conhece (e regula) tanto melhor quanto maior é a distância entre o sujeito que representa e o objecto que é representado. Traços desta tendência podem, aliás, ser identificados muito cedo na construção do paradigma sócio-cultural da modernidade. Por exemplo, na sua análise da pintura flamenga do século XVII, Susan Sontag sublinha a forma como o artista combina "a atmosfera da distância com a exactidão da descrição, descrição de uma igreja real vista de uma perspectiva real, mas nunca próxima" (1987: 125). Efectivamente, o real e o próximo sempre se opuseram no conhecimento moderno. Dewey tem plena consciência deste facto quando afirma que "a ciência é 'acerca de' no sentido em que 'acerca de' é 'distante de'" (1949: 282). O conhecimento-emancipação privilegia o próximo como forma de conceber e compreender o real, mesmo que o real seja o global ou o futuro. Só a ligação à proximidade, mesmo a uma proximidade nova e desconhecida, pode conduzir ao reencantamento do mundo.

A reformulação proposta por Ernest Gellner à tese do desencantamento merece aqui uma referência crítica. Esta tese, como é bem sabido, sustenta que o mundo moderno se empenhou numa "busca faustiana" de poder cognitivo, tecnológico e administrativo que nos obriga a trocar o velho mundo humanamente rico e sensível por um outro "mais previsível e mais manejável, mas frio, indiferente e desconfortável" (Gellner, 1987: 153). Esta é a conhecida jaula de ferro a que Weber nos condenou. Para Gellner, porém, essa condenação não vai além do início da sociedade industrial: hoje, com a redução da semana laboral, a expansão dos tempos livres e a diminuição das actividades que exigem raciocínio cartesiano, saímos da jaula de ferro e entrámos numa de borracha.

A meu ver, nas condições da actual reestruturação mundial do capitalismo, é, em primeiro lugar, muito duvidoso que o horário laboral tenha diminuído e que os tempos livres tenham aumentado[43]. E, além disso, uma jaula, mesmo de borracha, é sempre uma jaula, e continuará a sê-lo enquanto os dualismos sujeito/objecto e cultura/natureza se mantiverem como pressupostos do conhecimento. Se não se lhes contrapuser uma nova experiência estética, estes dualismos irão boicotar, de forma mais ou menos subreptícia, o anti-funcionalismo e o anti-instrumentalismo que se esperam de um conhecimento emancipatório. Haverá, então, que agir, não pela via cómoda da esteticização da brutalidade do presente, mas pela via estrénua do reencantamento de tudo o que possa impedir o mundo de cair no futuro "clónico" que o utopismo automático da tecnologia lhe reservou. Por outras palavras, haverá que agir através do reencantamento das práticas sociais locais-globais e imediatas-diferidas que plausivelmente possam conduzir do colonialismo à solidariedade.

Lograr credibilidade argumentativa para esta experiência será uma tarefa difícil, nomeadamente na comunidade científica onde o *topos* do distanciamento e do desencantamento é hegemónico e onde nem as paixões intelectuais de Polanyi são abertamente reconhecidas. Aí, o conhecimento pós-moderno poderá, enquanto estratégia de transição, inovar por citação, recuperando e reciclando formas degradadas da modernidade. Por exemplo, a Saint-Simon é convencionalmente atribuída a paternidade da teoria da modernização e da ideia de converter a ciência e a tecnologia no grande motor do progresso que iria gradualmente substituindo a política pela administração das coisas. No entanto, se tomarmos em conta a forma como concebeu o novo sistema político em 1819-1820, facilmente se conclui que, para ele, o útil e o belo eram inseparáveis. No modelo que idealizou, a primeira câmara da Câmara dos Comuns, a chamada Câmara da Invenção, seria formada por 300 membros assim distribuídos: 200 engenheiros civis, 50 poetas ou outros inventores literários, 25 pintores, 15 escultores e arquitectos e 10 músicos. Esta câmara ficaria incumbida de apresentar projectos públicos, o mais importante dos quais seria aquilo a que hoje chamamos infra-estruturas físicas. Mas Saint-Simon acrescenta que "as estradas e os canais a construir não devem ser concebidos apenas como meios que facilitem os transportes; a sua construção deve ser planeada de forma a torná-los tão agradáveis quanto possível para os viajantes" (Taylor, 1975: 203). Como se temesse que isto não tivesse sido perfeitamente entendido ou considerado importante, acrescenta em nota:

> *Serão escolhidos 50 acres de terreno (ou mais, se for necessário) nos locais mais pitorescos atravessados por estradas ou canais. Autorizar-se-á a utilização desses terrenos para locais de repouso dos viajantes e de lazer para os habitantes das imediações. Em cada jardim desses, existirá um museu de produtos naturais e de produtos industriais dos distritos das redondezas. Haverá alojamento para os artistas que aí preten-*

---

43. Schor (1991) demonstrou cabalmente que, nos últimos vinte anos, o tempo que os americanos passam no emprego tem vindo constantemente a aumentar.

dam deter-se, e também haverá sempre um certo número de músicos para instilarem nos habitantes da região a paixão que é necessário desenvolver para o maior bem da nação (ibidem).

CONCLUSÃO

Neste primeiro capítulo, analisei a crise que considero profunda e eventualmente final da ciência moderna. Simultaneamente, propus a ideia de transição paradigmática para uma nova forma de conhecimento a que chamei conhecimento-emancipação. Tal como a modernidade se transformou num paradigma sóciocultural antes do triunfo do capitalismo, imagino estar a surgir um novo paradigma epistemológico e sócio-cultural, embora não se descortine, por enquanto, qualquer transição para lá do capitalismo. Com a progressiva transformação da ciência moderna em conhecimento-regulação, a modernidade ocidental desistiu de propor uma ideia de progresso sem capitalismo. Abandonado a si próprio, o capitalismo, enquanto modo hegemónico de produção, não admite qualquer outra transição a não ser aquela que conduz a mais capitalismo.

A invenção social de um novo conhecimento emancipatório é, quanto a mim, uma das condições essenciais para romper com a auto-reprodução do capitalismo. Essa invenção é um longo processo social já em curso e os seus indícios mais evidentes, que examinei com certo pormenor neste capítulo, são a crítica epistemológica radical (que é sempre uma auto-crítica) da ciência moderna. Esta crítica permite-nos ver como a ciência moderna, outrora vista como solução para todos os problemas das sociedades modernas, acabou por se tornar, ela própria, num problema. A transformação gradual da ciência numa força produtiva neutralizou-lhe o potencial emancipatório e submeteu-a ao utopismo automático da tecnologia.

Os nossos problemas sociais assumiram uma dimensão epistemológica quando a ciência passou a estar na origem deles. Os problemas não deixaram de ser sociais para passarem a ser epistemológicos. São epistemológicos na medida em que a ciência moderna, não podendo resolvê-los, deixou de os pensar como problemas. Daqui decorre a necessidade de uma crítica da epistemologia hegemónica e a necessidade de invenções credíveis de novas formas de conhecimento. A isso dediquei o resto deste capítulo, identificando alguns traços do paradigma emergente e de um novo senso comum emancipatório. Escavando nas representações inacabadas ou suprimidas da modernidade (o princípio da comunidade e a racionalidade estético-expressiva), foi possível identificar algumas virtualidades emancipatórias, elas próprias também inacabadas. É tudo o que pode esperar-se de uma epistemologia insurrecta. Os meios através dos quais passamos a conceber os problemas como problemas com soluções possíveis só muito remotamente se assemelham às lutas necessárias para possibilitar essas soluções.

CAPÍTULO 2

Para uma concepção pós-moderna do direito

Na introdução à Parte I e no Capítulo 1, defendi que as infinitas promessas e possibilidades de libertação individual e colectiva contidas na modernidade ocidental foram drasticamente reduzidas no momento em que a trajectória da modernidade se enredou no desenvolvimento do capitalismo. Defendi também que a ciência moderna teve um papel central nesse processo. Essa funcionalização da ciência, a par da sua transformação na principal força produtiva do capitalismo, diminuiu-lhe radical e irreversivelmente o seu potencial para uma racionalização emancipatória da vida individual e colectiva. A gestão científica dos excessos e dos défices, tal como a burguesia ascendente a entendia, transformou o conhecimento científico num conhecimento regulador hegemónico que absorveu em si o potencial emancipatório do novo paradigma. Originalmente concebida como o "outro" da regulação, a emancipação social tornou-se, gradualmente, o duplo da regulação social. A hegemonia do conhecimento-regulação significou a hegemonia da ordem, enquanto forma de saber, e a transformação da solidariedade — a forma de saber do conhecimento-emancipação — numa forma de ignorância e, portanto, de caos.

A ordem que se buscava era, desde o início e simultaneamente, a ordem da natureza e a ordem da sociedade. Enquanto a tensão entre regulação e emancipação foi protagonista no paradigma da modernidade, a ordem foi sempre concebida numa tensão dialéctica com a solidariedade, tensão que seria superada mediante uma nova síntese: a ideia da "boa ordem". Desaparecida a tensão, a ideia de boa ordem deu lugar à ideia de ordem *tout court*. Ao direito moderno foi atribuída a tarefa de assegurar a ordem exigida pelo capitalismo, cujo desenvolvimento ocorrera num clima de caos social que era, em parte, obra sua. O direito moderno passou, assim, a constituir um racionalizador de segunda ordem da vida social, um substituto da cientificação da sociedade, o *ersatz* que mais se aproximava — pelo menos no momento — da plena cientifização da sociedade que só poderia ser fruto da própria ciência moderna. Para desempenhar essa função, o direito moderno teve de se submeter à racionalidade cognitivo-instrumental da ciência moderna e tornar-se ele próprio científico. A cientificização do direito moderno envolveu também a sua estatização, já que a prevalência política da ordem sobre o caos foi atribuída ao Estado moderno, pelo menos transitoriamente, enquanto a ciência e a tecnologia a não pudessem assegurar por si mesmas.

Neste capítulo, irei mostrar mais pormenorizadamente que a transformação da ciência moderna na racionalidade hegemónica e na força produtiva fundamental, por um lado, e a transformação do direito moderno num direito estatal científico, por outro, são as duas faces do mesmo processo histórico, daí decorrendo os profundos isomorfismos entre a ciência e o direito modernos. Tal como aconteceu com a ciência moderna, também o direito perdeu de vista, neste processo, a tensão entre regulação e emancipação social, originalmente inscrita no paradigma da modernidade. Essa perda foi tão completa e irreversível que a recuperação das energias emancipatórias à qual este livro faz apelo implica uma reavaliação radical do direito moderno, paralela da reavaliação radical da ciência moderna feita no Capítulo 1.

Na primeira secção, analiso as características originais da tensão entre regulação e emancipação no direito moderno, partindo de três momentos importantes: a recepção do direito romano, o direito natural racionalista e as teorias do contrato social. Na segunda secção, analiso sumariamente o processo histórico que conduziu à eliminação dessa tensão, através da canibalização da emancipação social por parte da regulação social. Por fim, na terceira secção defendo que o direito moderno tem de ser des-pensado[1] com base na ideia de que a transição paradigmática, que se manifesta já no plano epistemológico, referida no Capítulo 1, se estende também a um plano societal e civilizacional mais vasto. Abordo, em seguida, os principais tópicos do des-pensamento do direito moderno na fase de transição entre paradigmas sociais (e não apenas epistemológicos). Alguns desses tópicos serão aqui apenas aflorados, já que a sua análise pormenorizada consta dos capítulos seguintes.

A TENSÃO ENTRE REGULAÇÃO E EMANCIPAÇÃO

A recepção do direito romano

O processo histórico da tensão entre regulação e emancipação no campo jurídico é ainda mais antigo do que no campo da ciência e, numa das suas primei-

---

1. Sirvo-me do neologismo "des-pensar" — em inglês "unthinking" — para significar o processo analítico pelo qual o direito é submetido a um questionamento radical que envolve, sobretudo, o autoconhecimento produzido pelos juristas, o chamado "pensamento jurídico" e a "dogmática jurídica".

ras manifestações, remonta à recepção do direito romano na Europa do século XII. Este fenómeno foi de tal modo decisivo para o desenvolvimento subsequente do direito que os historiadores do direito o consideram quase unanimemente o factor mais importante na criação da tradição jurídica moderna ocidental. Há, isso sim, divergências quanto à interpretação da inserção sociológica desse fenómeno na história europeia[2]. Harold Berman, por exemplo, salienta, em relação a este período (1050-1150), aquilo que designa por revolução papal (a luta para tornar o Bispo de Roma a autoridade suprema da Igreja, e para emancipar o clero relativamente ao controlo dos imperadores, reis e suseranos) e o novo direito canónico a que deu origem (Berman, 1983: 85-119)[3], enquanto Michael Tigar e Madeleine Levy sublinham a perfeita adaptação do direito romano aos interesses da burguesia nascente (1977: 8-52). Mais próximo desta última interpretação e numa perspectiva analítica muito mais ampla, Fernand Braudel considera o período entre os séculos X e XIII como o verdadeiro Renascimento (1979: 413).

A recepção do direito romano foi, de facto, um extraordinário movimento intelectual (o "direito erudito"), que começou na Universidade de Bolonha, em finais do século XI, e daí se espalhou por toda a Europa. Foi um processo de criação de um direito — a "adopção" do *Corpus Juris Civilis* de Justiniano, compilado no século VI d.C. — independente dos senhores feudais e em oposição ao que, *grosso modo*, poderia chamar-se sistema jurídico feudal (Lévi-Bruhl, 1971: 12; Wieacker, 1967: 97-203; Poggi, 1978: 73). Digo *grosso modo* porque a sociedade feudal, nos seus aspectos jurídico, político, social, cultural e económico, era muito fragmentada e diversificada[4], "com vários suseranos, temporais e espirituais, a digladiarem-se na disputa pelo direito de explorar cada pedaço de solo arável ou habitável — e quem neles vivia" (Tigar e Levy, 1977: 9). No que diz respeito ao direito, a sociedade feudal encontrava-se numa situação extrema de pluralismo jurídico que, na opinião de Harold Berman, foi "talvez a característica mais marcante da tradição jurídica do Ocidente" (1983: 10). Para além do direito canónico, havia ainda o direito feudal ou senhorial, o direito real, o direito dominial, o direito urbano e a *lex mercatoria* (o direito mercantil). O facto de uma pessoa poder estar sujeita a diferentes ordenamentos jurídicos conforme a situação ou a sua condição, bem como a ausência de regras explícitas de delimitação dos diferentes direitos, tornavam o "sistema jurídico" complexo, pesado, caótico e arbitrário.

É evidente que esta situação podia ser também uma fonte de liberdade, tal como Harold Berman correctamente sublinha:

---

2. Uma das melhores análises sobre este tema é a de Wieacker (1967: 45-80). Ver, também, Von Mehren e Gordley (1977: 7-93) e Merryman (1985: 6-14).

3. Ver, também, Wieacker (1967: 71-80).

4. O conhecimento desta fragmentação estrutural tornou os historiadores progressivamente mais "alérgicos" ao conceito de feudalismo, como aconteceu com Fernand Braudel (1979: 413).

[um] servo podia apelar para o tribunal da cidade em busca de protecção contra o seu amo. Um vassalo podia apelar para o tribunal da coroa, pedindo protecção contra o seu senhor. Um clérigo podia recorrer ao tribunal eclesiástico em busca de protecção contra o rei (1983: 10).

Tratava-se, porém, de uma liberdade caótica, que só era exercida em situações extremas, e não do tipo de liberdade pelo qual ansiavam as novas classes mercantis urbanas. Uma tal liberdade tinha de ser exercida numa rotina igual à das transacções que essas classes efectuavam e exigia protecção contra ingerências arbitrárias: a liberdade contratual e a garantia contratual deviam completar-se como duas faces de uma mesma constelação jurídica.

Na origem dessa nova constelação jurídica esteve o "direito erudito" e a racionalização jurídica da vida social que ele propunha[5]. A recepção do direito romano convinha aos projectos emancipatórios da classe nascente, já que desenvolvia uma forma de regulação jurídica que reforçava os seus interesses numa sociedade que ela não dominava, nem política nem ideologicamente. Na situação política e social que prevaleceu na Europa até ao século XVI, o *jus commune* — "um corpo único de leis e de textos jurídicos, uma linguagem jurídica comum e um método comum de ensino e de erudição" (Merryman, 1985: 11) — era, sem dúvida, um "sistema intelectualmente superior" ao serviço de interesses progressistas.

Quando, em finais do século XI, Irnério começou a ensinar o *Corpus Juris Civilis* na Universidade de Bolonha, a Europa Ocidental sofria profundas alterações políticas e económicas (von Mehren e Gordley, 1977: 7; Wieacker, 1967: 47). Depois de, em 1096, a primeira Cruzada ter definitivamente reaberto o Mediterrâneo como rota comercial europeia, foi rápida a expansão do comércio e de uma economia monetária ao longo das costas da Europa, do Mediterrâneo ao Mar do Norte. Para isso contribuíram também as cidades italianas, que cultivavam o espírito republicano de autonomia e liberdade, socialmente escorado numa sociedade culta, para quem os sistemas feudais locais, com uma administração da justiça não profissional, imprevisível e injusta, estavam a tornar-se culturalmente anacrónicos, mais do que simplesmente desajustados.

Como Wieacker muito bem acentua (1967: 48, 52 e 69), a recepção do direito romano é o resultado de uma convergência única de interesses económicos e culturais. Essa convergência proporcionou o aparecimento de um saber jurídico autónomo, humanista e laico que pôs a autoridade do *imperium romanum* e o fascínio pelo ideal cultural romano ao serviço de um novo projecto jurídico, político e societal. Ao contrário do que nessa época acontecia nas universidades do Noroeste da Europa (Paris e Oxford), o *studium civile* de Bolonha não era uma

---

5. Essa racionalização da vida social tornou-se muito evidente depois do século XIV na obra dos pós-glosadores, dos quais Bártolo (1313-1356) é o mais representativo.

corporação eclesiástica hierarquizada, mas uma *universitas scolarium*, uma associação de eruditos (Wieacker, 1967: 53). De acordo com o argumento sobre a interpenetração do poder disciplinar e do poder jurídico, que expus na Introdução à Parte I, em crítica a Foucault, o "direito erudito" começou por ser uma disciplina académica, isto é, um conhecimento disciplinar que mais tarde se tornou poder jurídico — a forma de poder que Foucault contrapõe ao poder disciplinar — quando, em finais do século XII, passou a ser aplicado como direito residual. A partir daí, o direito romano reuniu as duas formas de poder-saber, e foi provavelmente esse o segredo dos notáveis resultados que obteve. No final do século XII, havia em Bolonha milhares de estudantes de direito que rapidamente divulgaram os novos conhecimentos por toda a Europa, como diplomatas, conselheiros reais, juízes, notários, etc. Ao lado do clérigo, surgiu o jurista ou legista que, nos séculos seguintes, iria monopolizar a administração pública e o sistema judicial em toda Europa.

A tensão entre regulação e emancipação é constitutiva da recepção do direito romano. Este novo projecto regulador está ao serviço dos interesses progressistas da classe social a quem, nessa altura, cabe desenvolver um extenso projecto cultural e político de emancipação social. Particularmente importante é o facto de nos ensinamentos e na exegese dos Glosadores e dos Comentadores o direito romano ser um misto de autoridade (inscrita na *translatio imperii*) e de razão (a *ratio scripta*) (Wieacker, 1967: 52; von Mehren e Gordley, 1977: 8 e ss.). As exigências práticas da regulação estão, assim, subordinadas à experiência racional, que, por sua vez, longe de ser apenas um produto técnico com fins instrumentais, constitui a procura de uma nova ética política e social ajustada aos novos tempos e aos novos ideais de autonomia e liberdade. É Toulmin quem recorda que, ainda no século XVI, o modelo de "empreendimento racional" era para os eruditos não a ciência, mas o direito (1990: 34). Por fim, a tensão entre regulação e emancipação reside no facto de a legitimidade do poder regulador derivar da sua autonomia relativamente aos poderes fácticos envolvidos nos conflitos cuja resolução exige regulação. Na Europa do século XII, isto equivalia a um salto revolucionário. Nas condições específicas da época, a juridicização autónoma da resolução dos conflitos e a centralidade da argumentação jurídica permitiram uma regulação social que não perdia de vista objectivos emancipatórios.

Se faço alusão às condições específicas da época, é porque, à medida que elas se alteraram, as características do direito romano responsáveis pela tensão entre regulação e emancipação também se transformaram, tornando-se dispositivos através dos quais a emancipação foi absorvida pela regulação. Isto sucedeu no decorrer de um longo processo histórico que não cabe aqui analisar. Referirei apenas o seu fim infeliz no século XIX com a *Pandektenschule* (Savigny, Puchta, Windscheid). Os Pandectistas transformaram o direito romano numa estrutura formal e hierarquizada de regras jurídicas, que obedecia a um rígido sistema lógico. A combinação complexa de autoridade, racionalidade e ética, característica do direito romano dos Glosadores, foi assim alterada e reduzida a um formalismo técnico-racional, supostamente neutro em relação à ética e apenas preocupado com a perfeição técnica, a coerência lógica, a abrangência e previsibilidade totais. O potencial emancipatório do direito romano, que o colocara no centro dos debates na Europa do século XII, perdeu-se quando, segundo as palavras de Ihering, "a ciência jurídica se transformou em matemática". E acrescenta ainda Ihering:

> As instituições e os princípios que no direito romano, atendendo às circunstâncias e aos costumes da época, eram inteligíveis, transformaram-se, devido ao completo desaparecimento das anteriores condições, numa verdadeira praga. E nunca existiu no mundo uma forma de administração da justiça com mais poder do que esta para abalar a confiança das pessoas no direito e na existência dele (1915: 121-122).

No novo contexto sociológico oitocentista de domínio do capitalismo, do nacionalismo e do imperialismo[6], a cientificização do direito permitida pelo direito romano — transformado, entretanto, numa erudição inútil e num esoterismo impenetrável — demonstra como, num período de hegemonia positivista, a regulação social se torna científica para ser maximizada e para, de passo, maximizar o esquecimento da ética social e política que, desde o século XII, mantivera vivas as energias emancipatórias do novo horizonte jurídico. A tensão, muito particular, entre regulação e emancipação que caracterizou a recepção do direito romano era parte integrante do projecto histórico da nova burguesia europeia, em luta pela conquista do poder económico e cultural e, por último, do poder político. Uma vez conquistado o poder político, essa tensão perdeu toda a utilidade histórica.

O direito natural racionalista

O direito natural racionalista dos séculos XVII e XVIII parte da ideia da fundação de uma nova "boa ordem", segundo a lei da natureza, através do exercício da razão e da observação. A sua versão mais elaborada encontra-se na obra de Grotius (1583-1645)[7]. A nova racionalidade da vida individual e colectiva é uma racionalidade secular que deve prevalecer nas questões nacionais e internacionais.

---

6. É interessante referir, a este propósito, a discussão travada no século XVI entre o *mos gallicus* e o *mos italicus*, particularmente a forma como os juristas franceses punham em causa o universalismo do direito romano, à luz do direito consuetudinário francês, com o objectivo de defender a independência e até a superioridade da monarquia francesa e das suas tradições. Ver D. R. Kelley (1984: 277 e ss.), no capítulo intitulado "The Development and Context of Bodin's Method".

7. A escola ou movimento do direito natural inclui muitos outros pensadores. Grotius pertenceu à primeira fase da escola, juntamente com os escolásticos espanhóis da última fase e Althusius. Outros filósofos importantes desta escola foram Pufendorf, Christian Wolff, Leibniz, Espinosa, Thomasius e Hobbes. Ver Wieacker (1967: 270).

Assenta numa ética social secular que se emancipou da teologia moral. Grotius afirma, de forma ousada, em De Jure Belli ac Pacis que

> entre as características do homem há uma vontade que o impele para a sociedade, ou seja, para a vida social — não para qualquer uma, mas para uma que seja pacífica e organizada à medida da sua inteligência — com os seus semelhantes [...]. A preservação da ordem social, que sumariamente resumimos e que se harmoniza com a inteligência humana, é a fonte do direito na verdadeira acepção do termo [...] *O que temos vindo a dizer seria sempre válido, mesmo que admitíssemos aquilo que só com a maior perversidade pode admitir-se: que Deus não existe, ou que os assuntos dos homens O não preocupam* (1964: 11-13, Prolegomena, Secções 6-11)[8].

Além disso, a nova racionalidade é universal e universalmente aplicável[9] e o seu desenvolvimento requer uma nova metodologia na qual a razão e a experiência tenham lugar:

> A prova a priori consiste em demonstrar o necessário acordo ou desacordo de uma coisa com uma natureza racional e natural, a prova a posteriori, em concluir, se não com absoluta certeza, pelo menos com toda a probabilidade, que isso está de acordo com a lei natural que se supõe existir em todas as nações ou entre as que estão mais avançadas na civilização. Pois um efeito que seja universal exige uma causa universal e a causa dessa opinião não pode ser outra coisa senão o sentimento a que se chama o senso comum da humanidade (1964: 42).

Como se sabe, o direito natural racionalista serviu para legitimar, quer o "despotismo iluminado", quer as ideias liberais e democráticas que conduziram à Revolução Francesa[10]. Mas a tensão entre regulação e emancipação, como funda-

---

8. Itálico meu. É interessante verificar que a afirmação epistemológica de validade é defendida por Grotius de forma muito semelhante à de Galileu, quando este declara que "se o intelecto humano conhece poucas [proposições], julgo que o conhecimento que delas tem iguala, em certeza objectiva, o conhecimento divino, porque chega a compreender-lhes a necessidade, e esse é o mais alto grau de certeza" (Galileu Galilei, 1979: 110). Esta convergência mostra a inter-relação inicial entre a ciência moderna e o direito moderno, tal como tenho vindo a defender na Parte I. Cassirer (1946: 165) cita uma carta escrita por Grotius onde ele exprime a sua grande admiração pelo trabalho de Galileu.

9. A atitude cartesiana de Grotius está patente no Livro 1, *Prolegomena*, Secção 40, quando acentua que só se pode recorrer à autoridade do passado de forma muito selectiva, sob pena de a nova metodologia universal não se impor: "Para provar a existência desta lei da natureza, socorro-me ainda do testemunho de filósofos, historiadores, poetas e, finalmente, também de oradores. Não que devamos confiar neles indiscriminadamente, pois estavam acostumados a servir os interesses da sua seita, do seu tema ou da sua causa" (1964: 23). Como a prática nunca corresponde à teoria, Grotius serviu vários projectos políticos durante a vida. Dezasseis anos antes do *De Jure*, publicou anonimamente o seu célebre panfleto sobre a liberdade de navegação nos mares (*Mare Liberum*) para refutar a posição portuguesa sobre o acesso ao alto mar (*mare clausum*).

10. Sobre a relação entre o *Vernunftsrecht* e o despotismo iluminado, ver Wieacker (1967: 312-322).

mento de uma nova boa ordem, reside precisamente nessa duplicidade. Conforme Tuck justamente observa, a obra de Grotius, *De Jure Belli ac Pacis*, "tem a dupla face de Janus com ambas as bocas a falarem a linguagem do absolutismo e a da liberdade" (1979: 79). Também Buckle identifica no pensamento de Grotius a tendência absolutista e a tendência antiabsolutista, atribuindo esta última à preocupação de Grotius com o direito de propriedade e o direito de resistência, uma preocupação geralmente associada ao pensamento político de John Locke (Buckle, 1991: 3).

Na concepção teórica do direito e da política de Grotius, a vida colectiva assenta numa ânsia de sociedade (um *appetitus societatis*), num vínculo natural, independente simultaneamente do Estado e do *corpus misticum* (Gurvitch, 1942: 81). Assim entendido como *custodia societatis*, o direito torna-se inerente à vida colectiva e aos diferentes grupos sociais em que ela se organiza. O direito, conforme a natureza do grupo social, ora promove a hierarquia, ora a igualdade. Segundo Grotius, há três grandes divisões do direito: o *jus latius patens* da sociedade internacional, o *jus civile* criado pelos Estados e o *jus arctius* desenvolvido nos pequenos grupos. O terceiro subdivide-se em *jus rectorium*, que regula as relações hierárquicas entre pais e filhos, senhores e servos, administradores e administrados, e no *jus equatorium*, que regula as relações entre pares, entre associações fraternais e voluntárias.

Esta preocupação com a sistematização e a racionalização, característica do jusnaturalismo dos séculos XVII e XVIII, tem origem no humanismo jurídico dos séculos XV e XVI, e, enquanto projecto, remonta ao ideal de Cícero de reduzir o direito a uma arte ou uma ciência (*jus in artem redigendo*), através da revelação da razão abstracta contida no direito romano (a *recta ratio* ou *ratio juris*). Esta preocupação com o *methodus*, os *schemata* e a *ratio* conjuga-se no século XVII com o entusiasmo pela nova ciência de Galileu e de Descartes, numa combinação que é já uma primeira manifestação das cumplicidades entre ciência moderna e direito moderno[11]. Uma geração depois de Grotius, Leibniz apresentou, em 1667, um "novo método" de teoria do direito, baseado fundamentalmente na matemática, a *jurisprudentia rationalis* (Zweigert e Kötz, 1987: 49)[12]. Décadas mais tarde, Gianbattista Vico propôs outra "ciência nova", de natureza decididamente geométrica, que desenvolvia o tema anteriormente apresentado num tratado sobre *Diritto Universale* (1984).

As teorias de Vico são particularmente importantes para o meu argumento, porque nelas a tensão entre regulação e emancipação é exercida de um modo tão sofisticado que as semelhanças e as diferenças nas formas como a ciência moderna

---

11. Ver Kelly (1984: 637 [capítulo: "Gaius Noster: Substructures on Western Social Thought"]); Wieacker (1967: 253). Ver ainda Toulmin (1990).

12. Ver, também, Cassirer (1946: 165).

e o direito moderno a experienciam se revelam com grande clareza. Vico propõe-se fazer com o passado da humanidade o mesmo que Newton tinha feito com a natureza: descobrir os princípios da história (*Historia nondum habet sua principia*, a história ainda não tem os seus princípios)[13]. Contudo, Vico está consciente de que a ciência da história ou da sociedade não pode seguir os mesmos princípios e métodos da ciência da natureza. Vai ao ponto de criticar o naturalismo e o racionalismo cartesianos por serem incapazes de atingir a verdadeira sabedoria e a equidade nas questões sociais (*aequitas civilis*), que é o objectivo primeiro do estudo da cultura e da história humana. É à filologia e ao direito que Vico vai buscar os princípios alternativos adequados a esse estudo. Sobre a filologia, escreve:

> *O vocabulário mental das instituições sociais humanas, sentidas, em substância, de forma idêntica por todas as nações, mas expressas em linguagem de forma diversa conforme as suas diferentes variantes, manifesta-se tal como nós o concebemos... Estas provas filológicas permitem-nos ver as instituições, que planeámos mentalmente, existirem como realidade nesse mundo de nações, segundo o método de filosofar de Bacon que é "pensar e ver"* (cogitare videre) (1984: 64-65)[14].

Sobre a filologia, Kelly sublinha correctamente que, para Vico, "se a matemática era a linguagem do livro da natureza, como Galileu ensinara, a filologia era indispensável para quem pretendesse penetrar no livro da humanidade" (1984, xii: 19). A linguagem é uma expressão simbólica da realidade social e da transformação social através da qual podemos "penetrar" numa determinada cultura e/ou sociedade, e reconstituí-la imaginariamente (aquilo a que Vico chama *fantasia*). Quanto à teoria do direito, ela era científica, tal como os juristas defendiam havia séculos, "não só por tratar as coisas em termos de causa e efeito, mas também por ser universal, embora, ao contrário da filosofia natural, tivesse como objectivo o bem-estar da humanidade" (Kelly, 1984, xii: 27).

---

13. A ideia de ruptura com o passado, comum a Galileu e a Descartes (ver Capítulo 1), está também presente em Vico: "Assim, para proceder a esta investigação, temos de pensar como se não houvesse livros no mundo" (1984: 52). O propósito de Vico da "descoberta dos princípios da história" antecipa um século e meio Karl Marx, que inicialmente pensou dedicar o primeiro volume de *O Capital* a Charles Darwin por considerar que estava a fazer, relativamente à evolução da sociedade, o que Darwin fizera relativamente à evolução da natureza em *A Origem das Espécies*. Ver, também, Kelly, 1984 (capítulo XII, "Vico's Road: From Philology to Jurisprudence and Back"), pp. 16-29.

14. Isaiah Berlin (1976) considera que uma das maiores inovações do pensamento de Vico foi a ideia de "que os que fazem ou criam alguma coisa podem entender de uma forma que os meros observadores não podem" (p. xvi). É aqui que reside a grande diferença entre as ciências da natureza e as ciências da sociedade: é possível ter um conhecimento "interno" da linguagem, mas não da natureza; o reino da natureza obedece a leis (cognoscíveis, mas não inteligíveis), ao passo que aquilo que é produto da humanidade está sujeito a regras (inteligíveis)" (p. xxi). São estas as palavras de Vico: "[Quem] reflictir sobre isto não pode deixar de estranhar que todos os filósofos tenham dedicado as suas energias ao estudo do mundo da natureza, que, por ser obra de Deus, só Ele conhece; e que tenham descuidado o estudo do mundo das nações ou mundo civil, que, por ser obra dos homens, os homens poderiam vir a conhecer" (1984: 53).

Vico pensou ter descoberto um *jus naturale gentium*, dando assim continuidade ao trabalho de Grotius que, em sua opinião, tinha sido o "jurista da humanidade". Basicamente, Vico considerava que a evolução do direito e da teoria do direito era a prova mais reveladora da evolução da civilização. Também aqui foi precursor. Antecipou-se, mais de um século, à teoria de Durkheim sobre a evolução da divisão social do trabalho e a sua relação com a evolução das formas de direito, teoria segundo a qual o direito repressivo seria preponderante nas sociedades dominadas pela solidariedade mecânica, enquanto o direito restitutivo prevalecia nas sociedades de solidariedade orgânica.

A forma como a tensão entre regulação e emancipação se processa no campo jurídico reside, a meu ver, na distinção, fundamental ao pensamento de Vico, entre o certo (*certum*) e o verdadeiro (*verum*). No início da *Ciência Nova*, Vico apresenta os axiomas, ou *degnità*, que vão orientar a sua investigação. Entre eles, há dois que aqui nos interessam:

> Degnità CXI: *O certo nas leis é uma nebulosidade de julgamento apenas apoiada pela autoridade, de tal modo que as achamos duras de aplicar embora a isso sejamos obrigados por serem certas. Em bom latim, certum significa particularizado ou, como as escolas dizem, individualizado; daí que, num latim ultra-correcto,* certum *e* commune *se oponham entre si.*
>
> Degnità CXIII: *A verdade nas leis é uma luz e um esplendor com que a razão natural as ilumina; daí que os jurisconsultos tenham muitas vezes por hábito dizer* verum est *em vez de* aequum est (Vico, 1984: 50-51).

O *certum* é a autoridade, a arbitrariedade, o resultado particularizado da vontade humana, enquanto o *verum* é a verdade, a emanação da razão, a universalidade decorrente da necessidade da natureza. Ambos são facetas do direito que acaba por ser uma ponte sobre o abismo que os separa. Essa ponte, porém, é móvel e vai-se deslocando com o desenrolar da experiência humana. Para Vico, o direito natural não é uma entidade normativa fixa, mas sim

> o movimento do processo da formação histórica das estruturas do direito positivo em direcção a uma idealidade imanente. [...] A universalidade do direito natural consiste, não no facto de em todos os tempos e em lugares idênticos dever prevalecer um direito positivo idêntico, mas no facto de em todas as formas de direito positivo, independentemente da diversidade das circunstâncias materiais que ditam a força imediata do direito, estar subjacente o mesmo princípio ideal[15].

Contudo, esse movimento não é circular. A trajectória histórica da experiência humana demonstra que ela se move do *certum* para o *verum*, da autoridade

---

15. Ver d'Entreves (1972: 160).

para a razão, do particular para o universal. É o direito que melhor revela essa trajectória: em todos os momentos da história, o direito é constituído por uma tensão entre regulação (autoridade) e emancipação (razão), mas, com o desenrolar da experiência humana, a emancipação triunfa sobre a regulação. Note-se que esse processo ocorre — e isto é fundamental para a tese que defendo — porque o *verum* não é uma mera razão cognitiva. O *verum* é o *æquum*. O potencial emancipatório do direito reside no facto de a sua racionalidade não se distinguir do bem-estar social universal, a *æquitas civilis*.

As teorias do contrato social

Outra manifestação proeminente da tensão entre regulação e emancipação na origem do campo jurídico moderno foi a emergência das teorias do contrato social, das quais a mais importante, para o que aqui proponho, é a de Rousseau. A ideia de contrato social para justificar uma obrigação política não é nova[16]. Segundo Lessnoff (1990: 5), a sua origem remonta à obra de um monge alsaciano, Manegold de Lautenbach, que nos finais do século XI defendeu a ideia de contrato social em nome do Papa Gregório VII na sua luta contra o Imperador. O que de novo existe nas teorias de Hobbes, Locke e Rousseau é o facto de todas elas serem fruto do debate sobre o direito natural racionalista, do qual, evidentemente, partem, e de se considerarem parte da nova ordem social e política e do novo método científico moderno de análise da realidade (Weinreb, 1987: 67). A universalidade da nova obrigação jurídica e política está, de uma forma ou outra, ligada às pretensões de verdade da ciência moderna. Esta ligação é mais duvidosa em Rousseau do que em Hobbes, cujo projecto é erguer uma "ciência de justiça natural", moldada segundo o método da geometria, "a única ciência que, até agora, aprouve a Deus oferecer à humanidade" (Hobbes, 1946: 21).

Rousseau, que sempre criticou as *Luzes* a partir das *Luzes*, não se considera ligado a nenhum método naturalista científico. Pelo contrário, como já foi dito no Capítulo 1, no seu *Discurso sobre as Ciências* Rousseau critica implacavelmente a ciência moderna por esta ser incapaz de encarar o problema ético e político mais grave da época — "o homem nasce livre, mas por toda a parte está acorrentado" (1971: 165) — nos seus próprios termos, ou seja, em termos éticos e políticos. Daí que, a meu ver, Rousseau exprima, melhor do que ninguém, a tensão dialéctica entre regulação e emancipação que está na origem da modernidade. Essa tensão está patente logo na primeira frase do *Contrato Social*, quando Rousseau afirma que a sua intenção "é descobrir se, na ordem civil, pode haver alguma regra de

---

16. Existe, pelo menos, desde a noção estóica de *consociatio* humana, referida por Cícero, e que é, de facto, o mito da origem, ou *fabula docet*, da tradição política europeia.

administração legítima e segura, considerando os homens tal como são e as leis tal como podem ser" (1959-69: 351).

A tensão que aqui surge é entre a certeza e a justiça, uma tensão muito semelhante à que Vico exprimiu (a tensão entre o *certum* e o *verum*, ou seja, o *æquum*). A justiça e a certeza estão ambas na raiz do novo projecto de sociedade pelo qual o ser humano é moralmente responsável. Dado que o ser humano se acha simultaneamente livre do estado de natureza e livre para exercer uma opção moral, a sociedade é um produto da escolha humana. Perante a individualidade da escolha humana, como é possível criar, a partir dela, uma vida colectiva? Por outras palavras, como é possível criar uma obrigação política assente na liberdade?

A ideia de contrato social é a narrativa matricial com que o Iluminismo tenta responder a estas questões[17]. Como em muitas outras situações, Rousseau ultrapassa os "contratualistas" seus contemporâneos. Para ele, o problema não é tanto o de basear uma ordem social na liberdade, mas antes o de o fazer de forma a maximizar o exercício da liberdade; assim, seria um absurdo aceitar de livre vontade uma relação contratual se daí resultasse a perda da liberdade (como no contrato hobbesiano). Para Rousseau, só existe uma solução: a vontade geral como um exercício essencial de soberania inalienável e indivisível. A vontade geral, tal como Rousseau a entendeu, representa a síntese entre regulação e emancipação, e essa síntese está muito bem expressa em duas ideias aparentemente contraditórias: a ideia de "só obedecer a si próprio" e a ideia de "ser forçado a ser livre":

> *Encontrar uma forma de associação que defenda e proteja, com toda a força comum, a pessoa e os bens de cada associado, e por meio da qual cada um, unindo-se a todos, não obedeça contudo senão a si próprio e permaneça tão livre como antes [...].*
>
> *[...] Quem se recusar a obedecer à vontade geral será obrigado a fazê-lo por todo o corpo. Isto significa apenas que será forçado a ser livre [...]* (Rousseau, 1959-69: 360 e 364).

Na verdade, as duas ideias partem da mesma premissa básica do contrato social de Rousseau: no contrato social a vontade individual pode ser boa ou má, mas a vontade geral só pode ser boa (Cobban, 1964: 74). A vontade individual é sempre contingente, mas fica protegida contra a renúncia de si própria pela liberdade colectiva, não-contingente, para a qual contribui através da associação. Quando alguém age contra a vontade geral, esse alguém não é moralmente livre, mas escravo das suas paixões e apetites. Ser moralmente livre significa agir de acordo com leis que o próprio prescreveu, leis que promovem o bem comum definido

---

17. Como Cassirer correctamente sublinha, "[aquilo que] procuramos é uma origem na razão, não no tempo" (1946: 174).

pela vontade geral. A vontade geral não coincide necessariamente com a vontade de todos. O que generaliza a vontade não é o número de vozes, mas o interesse comum que as une (Rousseau, 1959-69, Livro II, cap. 3: 371-372). Através da dupla ideia de "só obedecer a si próprio" e "ser forçado a ser livre", a fundação do corpo político assenta numa obrigação política horizontal, de cidadão para cidadão, em relação à qual a obrigação política vertical, do cidadão para o Estado, é necessariamente secundária ou derivada.

Nestas circunstâncias, o exercício mais elevado da regulação é o exercício mais elevado da emancipação. O direito e a educação cívica são os instrumentos fundamentais dessa síntese. Quanto ao direito, a sua complexidade reside no facto de combinar a máxima indisponibilidade com a máxima instrumentalidade. Enquanto emanação da vontade geral, o direito não pode servir nenhum fim que viole essa vontade. Por exemplo, o direito não pode particularizar os sujeitos da sua regulação, porque o direito tem de ser tão geral como a vontade da qual emana: "o direito considera os sujeitos em conjunto e as acções como abstractas, e nunca um homem como indivíduo nem uma acção particular" (Rousseau, 1959-69, Livro II, cap. 3: 379). Por outro lado, enquanto conforme à vontade geral, o direito é um instrumento com infinitas capacidades, e tem mesmo de o ser, já que "o acto originário que cria e une o corpo [político] não determina, de modo algum, o que ele deve fazer para a sua preservação" (1959-69, Livro II, cap. 3: 378).

Assim, ao contrário de Hobbes, Rousseau concebe o direito, simultaneamente, como um princípio ético incondicional e um eficaz instrumento "positivo" de ordenação e transformação social. Esta pluralidade de dimensões do direito corresponde a uma pluralidade de dimensões do Estado. Por um lado, o Estado é todo-poderoso, porque é potenciado por um princípio absoluto de legitimidade: a vontade geral; mas, por outro lado, o Estado é indistinguível dos cidadãos, na medida em que eles têm o direito inalienável de decretar as leis pelas quais serão regulados. Assim, temos de concluir[18] que a teoria política de Rousseau conduz, em última instância, à abolição ou ao desaparecimento do Estado.

Em minha opinião, Rousseau representa o clímax da concepção alargada da racionalidade moral-prática, originalmente inscrita no paradigma da modernidade, a ideia de uma tensão criativa entre regulação e emancipação, que assume a forma política mais apurada na *Declaração dos Direitos do Homem e do Cidadão* (1789). A ideia de Rousseau de um novo princípio societal e político, expressa no *Contrato Social* e noutras obras de carácter político, exprime melhor do que qualquer outro conceito iluminista a complexidade dilemática de uma regulação social tendente a fomentar, e nunca a sufocar, a emancipação prometida pela modernidade. Essa regulação social deveria equilibrar a liberdade e a igualdade, a

---

18. Ver também Colletti (1974) e Medina (1990: 61).

autonomia e a solidariedade, a razão e a ética, a autoridade e o consentimento, em nome de uma racionalização plena da vida colectiva e da vida individual.

Na Introdução à Parte I, afirmei que a complexidade da regulação social moderna se manifesta em cada um dos três princípios que a sustentam — o princípio da comunidade, o princípio do Estado e o princípio do mercado —, bem como nas relações que se estabelecem entre eles. Da mesma forma que os dois outros grandes filósofos políticos "contratualistas" da modernidade, Hobbes e Locke, também Rousseau inclui esses três princípios na sua análise e tenta encontrar uma relação dinâmica entre eles. Mas se Hobbes privilegia o princípio do Estado e Locke o do mercado, Rousseau privilegia o princípio da comunidade.

Tendo em vista as opiniões de Rousseau sobre as associações e a religião civil, pode parecer estranho identificá-lo exclusivamente com o princípio da comunidade. Não cabe aqui analisar a controvérsia que as ideias de Rousseau desencadearam e continuam a desencadear. Na minha interpretação de Rousseau, a comunidade é, para ele, a comunidade integral a que corresponde a soberania do Estado. É o poder desta comunidade que Rousseau pretende reforçar. Daí a sua ênfase na vontade geral e na inalienabilidade da soberania do povo. Daí também a sua ênfase na obrigação política horizontal e solidária, de cidadão para com cidadão, da qual deriva inequivocamente a autoridade do Estado. Para salvaguardar essa comunidade, é necessário eliminar todos os obstáculos que possam intrometer-se no intercâmbio político de cidadão para cidadão e que, desse modo, impeçam a formação de uma vontade geral isenta de distorções[19]. Ora, as associações e as corporações podem, segundo Rousseau, transformar-se em poderosos grupos privilegiados e desviar a vontade geral a favor dos seus interesses particularistas. Como, para Rousseau, a soberania da comunidade é inalienável, ele não tem necessidade de conceber essas associações como obstáculos à tirania do Estado, ao contrário de Montesquieu em *O Espírito das Leis*. Rousseau preocupa-se, sim, com a possibilidade de elas próprias se corromperem e se tornarem tirânicas. Como tem plena consciência de que é impossível abolir essas associações, Rousseau recomenda a sua proliferação: "[Mas] se existirem sociedades parciais, é preciso multiplicar-lhes o número e evitar qualquer desigualdade entre elas, como fizeram Sólon, Numa e Sérvio". E acrescenta: "Só estas precauções garantem que a vontade geral seja sempre esclarecida e que o povo não se engane" (1959-69: 372). O maior desejo de Rousseau é assegurar a transparência da vontade geral. Pode aceitar-se a existência de associações, desde que elas não fragilizem essa garantia; e, de facto, noutras obras, Rousseau admite um amplo espaço para "ces associations [...] plus petites [_] tacites ou formelles" ("essas associações [...] mais pequenas [...] tácitas ou formais")[20].

---

19. Ver também Cobban (1964: 46).
20. Ver Cobban (1964: 47).

Enquanto, em Rousseau, o contrato social torna a soberania do Estado derivada e precária, em Hobbes o *Covenant* torna-a original e absoluta. Por esta razão, em meu entender, Rousseau é o arquétipo do teorizador do princípio moderno da comunidade e Hobbes o arquétipo do teorizador do princípio moderno do Estado. Segundo Hobbes, o contrato social é o instrumento por meio do qual o povo renuncia ao estado de natureza — ou seja, à liberdade total e à igualdade que necessariamente conduz à guerra de todos contra todos — e cria uma sociedade civil baseada na soberania absoluta do Estado que, em vez da liberdade e da igualdade, garante a paz, a autoridade efectiva e, finalmente, a única sociedade justa possível. Como o soberano é absoluto, não está sujeito a nenhuma lei, nem mesmo às que promulga. No pólo contrário, o povo tem um interesse fundamental em obedecer ao soberano, pelo menos enquanto o soberano garantir a protecção das suas vidas (Hobbes, 1946: 113-129)[21].

Tal como em Rousseau, o contrato social é feito "por todos com todos". Mas, enquanto em Rousseau o contrato representa um acto de atribuição de poder que se reproduz no corpo político que cria, em Hobbes a atribuição de poder por parte da comunidade esgota—se no acto do contrato. A partir daí, o objectivo da paz exige submissão absoluta ao soberano. Enquanto em Rousseau o soberano é "intrínseco" ao contrato, em Hobbes é "extrínseco", dado que não pode haver pacto entre súbditos e soberano. O soberano é um deus mortal, mas muito pouco o distingue de um deus imortal. Hoje em dia, é geralmente aceite que, tal como em Rousseau, também em Hobbes o estado de natureza é um artifício lógico ou uma elaboração teórica para justificar a institucionalização da sociedade civil. Daí que as diferenças entre eles no modo como concebem o estado de natureza sejam simétricas das diferenças no modo como concebem a sociedade civil. Em Hobbes, a "crueldade absoluta do estado de natureza", como Weinreb lhe chama, constitui uma verdade retórica ou uma premissa da discussão sobre os fundamentos da autoridade civil absoluta. Weinreb conclui que "quando todo o argumento é apresentado, não restam dúvidas de que o estado de natureza é expressamente criado para ser abandonado" (1987: 74)[22].

O processo de reducionismo por que o paradigma da modernidade passou, quando o seu desenvolvimento se fundiu com o do capitalismo, está já anunciado em Hobbes, muito mais do que em Rousseau e Locke, como adiante demonstrarei. Há, sobretudo, duas razões que explicam o facto. Em primeiro lugar, Hobbes ficou profundamente seduzido pela ciência moderna e, acima de tudo, pelas potencialidades da ciência para lograr uma ordem incontroversa[23]. Embora a filo-

---

21. Segundo Cassirer (1946: 175), foi esta transferência de direitos, incondicional e absoluta, para o governante que levou os mais influentes autores de teoria política do século XVII a rejeitarem as conclusões de Hobbes.
22. Ver também Medina (1990: 12).
23. Ver também Buckle (1991: 55) e Toulmin (1990).

sofia racionalista do século XVII ansiasse emular o método da geometria, ou da matemática, e criar um conhecimento sistematizado que partisse do direito natural para a "filosofia experimental", Hobbes, mais do que qualquer outro, assumiu o propósito de atingir a certeza e a incontrovérsia (no conhecimento e na política). Por caminhos vários, essa epistemologia conduziu ao reducionismo: a política separa-se da ética; a moral passa a ser uma função do interesse pessoal; o bem e o mal são reduzidos a objectos relativamente aos quais há, respectivamente, apetência ou aversão.

Na visão da modernidade em Hobbes, as sementes de reducionismo estão ainda inscritas no facto de a tensão entre regulação e emancipação se restringir a uma tensão entre a guerra e a paz. Uma regulação pacífica é a única emancipação acessível ao ser humano, cuja "paixão natural" é a guerra e a anarquia. É verdade que o objectivo de Hobbes é construir uma sociedade justa, mas apesar de ele acreditar, numa formulação assaz ambígua, que "o bem do Soberano e o do Povo são inseparáveis", o facto é que, para Hobbes, a autoridade efectiva é, por definição, uma autoridade justa, e no seu pensamento não existe qualquer protecção contra a tirania, excepto no caso extremo de perigo para a autopreservação[24].

É, pois, evidente que o pensamento de Hobbes transporta já as sementes da estatização como uma forma empobrecida da regulação moderna. O mesmo não pode dizer-se de Locke que, pelo contrário, ataca frontalmente a ideia de soberania absoluta e relaciona a legitimidade do governo com os limites das suas finalidades: o governo é legítimo enquanto respeitar os direitos naturais, e só existe para os proteger. O governo age por consentimento e, como é difícil obter o consentimento unânime, está autorizado a governar segundo a regra da maioria. De facto, existem dois contratos sociais: um entre o povo, em que este decide abandonar o estado de natureza e fundar a sociedade civil, e um outro, entre o povo e o governo soberano, em que o governo é incumbido de regular a sociedade civil de acordo com a regra da maioria. O governo fica, assim, vinculado pelo direito, sendo o direito a única garantia contra os abusos de poder e a tirania. Se essa garantia falhar, o povo tem o direito de se rebelar e de resistir. Se assim não fosse, isso equivaleria a

> admitir que os homens são tão loucos que tomam precauções para evitar os males que lhes possam advir das doninhas e das raposas, mas aceitam, ou antes, consideram seguro, serem devorados por leões (Locke, 1952: 53).

As características que distinguem a concepção de sociedade civil de Hobbes da concepção de Locke correspondem às que distinguem as suas concepções do estado de natureza. O estado de natureza de Locke é muito menos sinistro e violento do que o de Hobbes. Trata-se, de facto, de um estado de perfeita liberdade,

---

24. Para uma interpretação coincidente de Hobbes, ver Medina (1990: 13-26).

igualdade e independência, sendo, de modo geral, um estado de paz, de boa vontade e auxílio mútuo. Numa situação destas, a urgência em abandonar o estado de natureza não é tão grande como no caso de Hobbes: o que deixamos não é assim tão terrível, e o que ganhamos não é, obviamente, muito melhor (Weinreb, 1987: 80). Aquilo que ganhamos é, essencialmente, a certeza e um processo de resolver, por meios pacíficos, aquelas disputas que no estado natural levariam, inevitavelmente, à guerra. Essas disputas e a incerteza prejudicariam, em primeiro lugar, o usufruto da propriedade. Locke escreve, sem qualquer ambiguidade, que "o grande e principal objectivo da união dos homens em comunidade e da sua submissão ao governo é, portanto, a preservação da propriedade" (1952: 71).

Discute-se, actualmente, o conceito de propriedade de Locke, as suas características no estado de natureza e na sociedade civil, bem como a sua evolução ao longo da história[25]. Para a questão que aqui analiso, apenas interessa referir três aspectos, relativamente incontroversos, do conceito de propriedade de Locke. Em primeiro lugar, adoptando o conceito de Grotius do *suum*, Locke defende um conceito amplo de propriedade que inclui não só bens materiais, mas também a vida, o corpo e a liberdade individual. No entanto, o conceito parece restringir-se à propriedade material quando discutido num contexto de economia monetária. Em segundo lugar, para Locke a propriedade assenta no trabalho. Na sua teoria da propriedade, o trabalho desempenha uma função tão importante como meio de aquisição de propriedade que Locke pode ser considerado um dos precursores da teoria do valor-trabalho:

> Porque é, de facto, o trabalho que atribui um valor diferente a cada coisa [...], creio que será um cálculo relativamente simples afirmar que, dos produtos existentes na terra necessários à vida do homem, 9/10 são resultado de trabalho (1952: 24-25).

O terceiro aspecto da teoria de Locke que pretendo destacar é que, na sua opinião, a introdução da moeda alterou drasticamente as relações sociais da propriedade, ao subverter a equação entre propriedade e capacidade de utilização:

> e assim surgiu o uso da moeda — uma coisa duradoura que os homens podiam guardar sem que se estragasse, e que, por mútuo consentimento, eles aceitavam em troca de suprimentos verdadeiramente úteis à vida, mas perecíveis (1952: 28).

Com o uso da moeda, a acumulação da propriedade tornou-se ilimitada[26]. O contraste com Rousseau é flagrante. Embora Rousseau forneça uma justificação da

---

25. A discussão abrange, também, a evolução do pensamento de Locke sobre a propriedade desde os *Ensaios sobre o Direito da Natureza* até aos *Dois Tratados sobre o Governo*. Sobre opiniões divergentes, ver Buckle (1991: 152) e Macpherson (1962: 237). Ver também Medina (1990: 29-41).

26. A crítica de Buckle a Macpherson, para quem Locke defendia a acumulação ilimitada, não nos parece muito convincente. Ver Buckle (1991: 152).

propriedade muito semelhante à de Locke — propriedade como produto do trabalho —, ele modifica-a ao introduzir o ideal da igualdade. A propriedade tende a acumular-se, tornando-se desigual. Por isso, como "a liberdade não pode subsistir sem igualdade", o Estado tem de intervir para garantir ambas: "é precisamente pelo facto de a força das circunstâncias tender sempre para destruir a igualdade que a força da legislação deve tender sempre para a conservar" (Rousseau, 1959-60: 392). Para Locke, pelo contrário, ao admitir tacitamente o uso de moeda "o homem aceitou uma propriedade da terra desproporcionada e desigual" (1952: 29).

Na forma como Locke concebe a propriedade moderna vejo uma das formulações fundadoras do princípio do mercado, entendido como um dos pilares da regulação próprios da modernidade. É verdade que esse princípio foi posteriormente mais desenvolvido por Adam Smith, que, aliás, critica Locke pela sua visão mercantilista da riqueza. Para Smith, a riqueza não é constituída por dinheiro, mas por mercadorias cujo consumo é "a causa principal do trabalho humano"[27]. Contudo, em meu entender, esta concepção de riqueza e a concepção de relações sociais a que conduz não teriam sido possíveis sem o esforço inicial de Locke: o trabalho como fonte de propriedade; a propriedade potencialmente ilimitada e legítima, apesar da desigualdade, se "adquirida segundo as leis da natureza"; o Estado legitimado principalmente pela segurança que pode conferir às relações de propriedade. Tudo isto está na origem das modernas relações de mercado tal como foram universalizadas pelo capitalismo.

Acresce ainda que a teoria de Locke agudiza a contradição moderna entre, por um lado, a universalidade das leis civis fundadas no consentimento e conformes com as leis da natureza, e, por outro, a legitimidade de uma ordem social perturbada por tremendas desigualdades sociais e conflitos de classes[28]. Através desta tensão, a dialéctica entre regulação e emancipação está bem presente em Locke, embora um pouco menos do que em Rousseau, mas indiscutivelmente mais do que em Hobbes. O objectivo principal de Locke é oferecer uma visão racional de uma sociedade justa, livre e feliz. Daí que o governo tenha de ser limitado e que as leis tenham de assentar no consentimento. A racionalidade da propriedade também impõe certos limites à sua utilização: a propriedade tem de ser protegida como garantia contra a escravatura e a opressão política, não podendo, por isso, ser utilizada de forma a prejudicar a prosperidade social que pretende garantir. Por exemplo, não pode ser malbaratada nem destruída sem justificação racional para isso. A contextualização racional da propriedade em Locke é tão complexa que alguns autores afirmaram recentemente que, nele, a propriedade é "apenas um direito de uso"[29]. Seja como for, o "individualismo possessivo" de Locke encontra-

---

27. Para uma comparação entre Locke e Smith, ver Buckle (1991: 156).
28. Como foi, correctamente, sublinhado por Macpherson (1962). Ver, também, Medina (1990: 34).
29. Ver, especialmente, Buckle (1991: 169 e 183).

se limitado pela ideia de que a capacidade produtiva dos trabalhadores garante uma prosperidade geral, embora desigual, e também pela ideia de que quando a desigualdade conduz à necessidade extrema os necessitados têm o *direito* à caridade.

A análise dos três fundadores do pensamento político moderno mostra a extensão e a complexidade das pretensões regulatórias e emancipatórias da modernidade, como também as tensões dialécticas entre elas. Hobbes, Locke e Rousseau, cada qual a seu modo, sugerem que as simetrias mais abrangentes dos seus projectos — estado de natureza/sociedade civil; soberano/cidadãos; liberdade/igualdade; direito natural/direito civil; consentimento/coerção — acabam por fracassar quando transpostas para a vida real. De facto, cada um destes "founding fathers" do pensamento político moderno antecipa a possibilidade de um tal resultado, e as suas teorias podem ser vistas como tentativas para impedir que isso aconteça. Aqui reside, talvez, uma das razões das bem conhecidas inconsistências, incoerências e contradições das suas teorias, e também das múltiplas e discrepantes interpretações que elas autorizam.

Mas a extensão e a complexidade da construção político-jurídica da modernidade e, em especial, a tensão, a ela inerente, entre regulação e emancipação, são ainda mais evidentes quando Hobbes, Locke e Rousseau são considerados, no seu conjunto, como partes distintas de uma mesma e única constelação intelectual. Na verdade, cada um deles simboliza uma dimensão arquetípica de um projecto revolucionário global. O princípio do Estado (Hobbes), o princípio do mercado (Locke) e o princípio da comunidade (Rousseau) são constitutivos, em pé de igualdade, de um novo paradigma social que, para estar à altura das suas promessas, tem de assegurar o desenvolvimento equilibrado dos três princípios.

Compreendemos melhor Hobbes, Locke e Rousseau concebendo os seus escritos como parte de um vasto projecto de racionalização da vida social. As suas concepções de racionalidade e de direito são particularmente elucidativas a este respeito. No que se refere à concepção de racionalidade, embora os três filósofos se considerem agentes e pensadores racionais, testemunhas eloquentes da emergência da razão iluminista contra as trevas da religião e da tradição, diferem quanto ao tipo de racionalidade que privilegiam na reconstrução racional da sociedade. A racionalidade de Hobbes é, acima de tudo, a racionalidade cognitiva da ciência, da geometria e da matemática. A de Rousseau é a racionalidade moral—prática e, até certo ponto, também a racionalidade estético-expressiva. A de Locke é uma combinação da racionalidade moral-prática com o senso comum.

Esta diversidade, que evidencia a riqueza e complexidade das energias emancipatórias da modernidade, mostra também a tensão entre objectivos eventualmente conflituantes. Por exemplo, enquanto Hobbes procura a positividade e o carácter incontroverso de um conhecimento superior, Rousseau delicia-se a dramatizar a sua indignação moral perante a injustiça e a estupidez, advertindo que uma excessiva confiança no conhecimento científico pode redundar numa perda de sabedoria. Locke, por seu lado, procura reconstruir a sabedoria a partir do senso comum, combinando positividade com convencionalidade e acessibilidade. Enquanto Hobbes e, até certo ponto, Locke distinguem entre política e moral, Rousseau recusa aceitar tal distinção. Enquanto para Rousseau a comunidade é indispensável para assegurar a vida moral do indivíduo, tanto Hobbes como Locke têm uma fé individualista no indivíduo. Estas tensões só podem ser plenamente entendidas enquanto lutas entre diferentes dimensões de uma mesma constelação intelectual.

O mesmo sucede com as concepções de direito de cada um deles. Para Hobbes, o direito é um produto da vontade, da vontade do soberano, sendo, por isso, inteiramente positivo por natureza e instrumental no seu objectivo. O fim da comunidade política é a "paz e defesa de todos, e quem tiver direito aos fins, tem direito aos meios" (1946: 116). Entre esses meios, Hobbes inclui "todo o poder de prescrever as leis" e "o direito de julgar, ou seja, de ouvir e decidir todos os litígios que possam surgir em matéria de direito, civil ou natural". Para Locke, o direito é um produto do consentimento pelo qual a comunidade delega no Estado a prerrogativa de ditar e aplicar as leis. De facto, o que falta no estado de natureza é

> um direito estabelecido, fixado e conhecido, recebido e autorizado por consentimento comum para ser o padrão do bem e do mal e a medida comum para dirimir todos os conflitos entre ambos (1952: 71).

Finalmente, para Rousseau, o direito, mais do que produto do consentimento, é auto-prescrito, já que a comunidade não aliena ao soberano o direito de legislar. É por isso que o cidadão de Rousseau não obedece senão a si próprio e não pode ser forçado a nada senão a ser livre (sempre que a sua vontade não estiver à altura da vontade geral).

Assim, a complexidade do paradigma da modernidade reside no facto de o direito ser, potencial e simultaneamente, vontade do soberano, manifestação de consentimento e autoprescrição. Pode oscilar entre uma extrema instrumentalidade e uma extrema indisponibilidade, mas é sempre o exercício da regulação em nome da emancipação. Muito especialmente para Hobbes e Locke, as leis civis extraem, em última instância, a sua universalidade e legitimidade da correspondência com as leis naturais. As fraquezas, as paixões, os interesses pessoais dos seres humanos obrigam a que as leis naturais sejam sustentadas pelas leis civis.

Hobbes, Locke e Rousseau anteciparam, cada qual a seu modo, a antinomia entre a universalidade deste paradigma político-jurídico e o mundo particularista em que ele irá ser aplicado, uma sociedade progressivamente dominada pelo capitalismo, pelas divisões de classe e por extremas desigualdades. As "soluções" para esta antinomia que os três oferecem são muito diferentes. Rousseau ataca-a frontalmente, recusando separar a liberdade da igualdade e deslegitimando as desigualdades sociais com base na propriedade. Hobbes suprime ou oculta a antinomia, reduzindo todos os indivíduos a uma situação de extrema e idêntica impotência perante o soberano. Finalmente, Locke acolhe a antinomia, sem se exceder em consistência, através de uma justificação que legitima, simultaneamente, a universalidade da ordem político-jurídica e as desigualdades de propriedade.

Nenhuma das abordagens destes autores é, em si, reducionista, mas podemos facilmente identificar as sementes de possíveis reducionismos em cada uma delas. Em última instância, a tensão entre regulação e emancipação que percorre essa poderosa constelação intelectual é sentida pelos fundadores do pensamento político moderno como uma ansiedade de *justificação*. Sentem-se incumbidos de justificar a nova ordem social e política que está a surgir diante dos seus olhos, mas antecipam, e até testemunham, o facto de essa nova ordem ter, simultaneamente, um lado límpido de promessas sem precedentes e um lado obscuro de excessos e défices irreversíveis. A ansiedade de justificação é fruto, por um lado, de não poderem justificar aquilo que consideram moralmente errado, e, por outro, de saberem que, para salvar a nova ordem dos seus inimigos reaccionários, têm de a justificar globalmente.

A MODERNIDADE POLÍTICO-JURÍDICA E O CAPITALISMO

No campo jurídico e político, a "prova real" do paradigma da modernidade ocorre no século XIX. É justamente nesse período que o capitalismo se torna no modo de produção dominante nos países centrais e que a burguesia emerge como classe hegemónica. Daí para a frente, o paradigma da modernidade fica associado ao desenvolvimento do capitalismo. Seguindo a proposta inicialmente apresentada por Hilferding, e continuada por Offe e outros, divido esse desenvolvimento em três períodos[30]. O primeiro, o período do capitalismo liberal, cobre todo o século XIX, embora as três últimas décadas tenham um carácter de transição; o segundo, o período do capitalismo organizado, começa nos finais do século XIX e atinge o seu desenvolvimento máximo no período entre as duas guerras e nas duas primeiras décadas do após-guerra; finalmente, o terceiro período, o do capitalismo desorganizado, começa nos finais dos anos 60 e ainda continua.

Não pretendo fazer aqui uma descrição pormenorizada de cada período, mas apenas referir as características necessárias para seguir a trajectória do paradigma da modernidade ao longo dos três períodos[31]. A minha tese é que o primeiro

---

30. Ver Hilferding (1981); Offe (1985); Lash e Urry (1987). Ver, ainda, Winckler (1974).

31. Na descrição dos três períodos do desenvolvimento capitalista, reporto-me ao que escrevi anteriormente (1994: 73-84).

período mostra já que o projecto sócio-cultural da modernidade é demasiado ambicioso e internamente contraditório. O segundo período cumpre algumas das promessas da modernidade e deixa outras por cumprir, enquanto procura, graças a uma política de hegemonia, minimizar a extensão dos seus fracassos e torná-los social e simbolicamente invisíveis. O terceiro período representa a consciência de uma situação com três características essenciais: primeiro, o que quer que a modernidade possa ter concretizado não é irreversível e, se não for excessivo, deve ser preservado, embora tal preservação não possa ser garantida nos termos propostos pela modernidade; segundo, as promessas ainda não cumpridas continuarão por cumprir enquanto o paradigma da modernidade dominar; e, finalmente, esse défice, além de ser irreversível, é muito maior do que se pensava no segundo período.

À medida que avançamos do primeiro para o segundo e terceiro períodos, o paradigma da modernidade, qual raio laser, reduz a amplitude das suas realizações ao mesmo tempo que as intensifica. Esse processo de concentração/exclusão é também o processo através do qual a tensão entre regulação social e emancipação social, constitutiva do moderno pensamento jurídico, vai sendo gradualmente substituída por uma utopia automática de regulação jurídica confiada ao Estado.

Primeiro período

O Estado constitucional do século XIX é herdeiro da rica tradição intelectual descrita na secção anterior. Contudo, ao entrar na posse desta herança, o Estado minimizou os ideais éticos e as promessas políticas de modo a ajustar uns e outros às necessidades regulatórias do capitalismo liberal. A soberania do povo transformou-se na soberania do Estado-nação dentro de um sistema inter-estatal; a vontade geral transformou-se na regra da maioria (obtida entre as elites governantes) e na *raison d'état*; o direito separou-se dos princípios éticos e tornou-se um instrumento dócil da construção institucional e da regulação do mercado; a boa ordem transformou-se na ordem *tout court*.

Este complexo processo histórico não pode ser aqui descrito em detalhe. Inflamada pelas contradições do desenvolvimento capitalista, a tensão entre regulação e emancipação explodiu. O Estado liberal encontrou no caos daí resultante a justificação para impor um modo de regulação que convertesse as pretensões mais inequivocamente emancipatórias do paradigma em anomia ou utopia e, portanto, em qualquer dos casos, em perigo social. A deslegitimação social da emancipação ocorre quase simultaneamente no direito e na política, por um lado, e na ciência e na tecnologia, por outro: o caos sócio-político e o caos epistémico referido no Capítulo 1 — o caos concebido como ignorância do ponto de vista do conhecimento-regulação — estão, assim, estreitamente interligados. E o isomorfismo entre as transformações político-jurídicas e epistemológicas é acentuado pela mesma filosofia que gradualmente as penetra: o positivismo[32].

O aparecimento do positivismo na epistemologia da ciência moderna e o do positivismo jurídico no direito e na dogmática jurídica podem considerar-se, em ambos os casos, construções ideológicas destinadas a reduzir o progresso societal ao desenvolvimento capitalista, bem como a imunizar a racionalidade contra a contaminação de qualquer irracionalidade não capitalista, quer ela fosse Deus, a religião ou a tradição, a metafísica ou a ética, ou ainda as utopias ou os ideais emancipatórios. No mesmo processo, as irracionalidades do capitalismo passam a poder coexistir e até a conviver com a racionalidade moderna, desde que se apresentem como regularidades (jurídicas ou científicas) empíricas.

O positivismo é a consciência filosófica do conhecimento-regulação. É uma filosofia da ordem sobre o caos tanto na natureza como na sociedade. A ordem é a regularidade, lógica e empiricamente estabelecida através de um conhecimento sistemático. O conhecimento sistemático e a regulação sistemática são as duas faces da ordem. O conhecimento sistemático é o conhecimento das regularidades observadas. A regulação sistemática é o controlo efectivo sobre a produção e reprodução das regularidades observadas. Formam, em conjunto, a ordem positivista eficaz, uma ordem baseada na certeza, na previsibilidade e no controlo. A ordem positivista tem, portanto, as duas faces de Janus: é, simultaneamente, uma regularidade observada e uma forma regularizada de produzir a regularidade, o que explica que exista na natureza e na sociedade. Graças à ordem positivista, a natureza pode tornar-se previsível e certa, de forma a poder ser controlada, enquanto a sociedade será controlada para que possa tornar-se previsível e certa. Isto explica a diferença, mas também a simbiose, entre as leis científicas e as leis positivas. A ciência moderna e o direito moderno são as duas faces do conhecimento-regulação.

Enquanto a ciência da natureza tem por objecto a natureza tal como ela é, a ciência da sociedade tem por objecto a sociedade como ela deverá ser. Relativamente à sociedade, o hiato que existe entre o ser e o dever ser pode determinar-se cientificamente (as leis da evolução societal), mas, pelo menos por enquanto, não pode ser preenchido recorrendo-se apenas à ciência. É necessário um acto de vontade que, no entanto, pode ser criado cientificamente. O direito moderno é esse acto de vontade e o agente dessa vontade é o Estado: o Estado jurídico-racional de Max Weber.

O cientificismo e o estatismo são as principais características do direito racional moderno, tal como se desenvolveu no Ocidente durante o século XIX. Para Max Weber, só o Ocidente conhece o Estado no sentido moderno, com uma ad-

---

32. A propósito das relações entre o positivismo científico e o positivismo jurídico, ver Wieacker (1967: 458-468).

ministração profissional, um funcionalismo especializado e um direito baseado no conceito de cidadania. Só o Ocidente conhece o direito racional, elaborado por juristas e racionalmente interpretado e aplicado (Weber, 1978, II: 865-900). Ao contrário de outras formas de dominação política, como a carismática ou a tradicional, a dominação jurídica formal não está apenas associada a um determinado tipo de direito; ela é constituída por um direito racional. Segundo Hunt, "é, porém, no aspecto da 'dominação jurídica' que a forma de direito não é apenas uma característica de um tipo particular de ordem política, mas a sua característica central e determinante" (1978: 114)[33].

A dominação jurídica racional é legitimada pelo sistema racional de leis, universais e abstractas, emanadas do Estado, que presidem a uma administração burocratizada e profissional, e que são aplicadas a toda a sociedade por um tipo de justiça baseado numa racionalidade lógico-formal.

O *Rechtsstaat* de Weber interioriza a ordem positivista com as suas duas faces de Janus, e mostra-se, quer como pessoa, quer como máquina. A metáfora do Estado como pessoa, como uma pessoa artificial, é utilizada por Hobbes e, mais tarde, por Hegel[34]. O Estado, concebido como um sujeito monumental que se gerou a si próprio e a si próprio atribuiu o poder, é o agente da vontade política suprema. Por outro lado, o Estado é concebido, nas palavras de Poggi,

> como uma máquina com todas as componentes interligadas, uma máquina movida a energia e comandada pela informação que flui de um único centro ao serviço de uma pluralidade de tarefas coordenadas (1978: 98).

É na mesma metáfora mecânica que assenta a noção constitucional norte-americana de "*checks and balances*", metáfora também presente na concepção do Estado como criação artificial, funcionalmente específico e que exerce o poder de forma impessoal. No fundo, as duas metáforas, a da pessoa e a da máquina, não estão tão distantes uma da outra como poderia pensar-se, pois, no século XIX, o mecanicismo arquetípico da ciência moderna transformou o ser humano, a pessoa, numa máquina viva (num organismo). Mas, embora gémeas, as duas metáforas são autónomas, e essa autonomia revelou-se muito conveniente para o capitalismo. O Estado-como-pessoa garante a exterioridade do Estado face às relações de produção e a credibilidade do Estado na prossecução do interesse comum, enquanto o Estado-como-máquina garante a certeza e a previsibilidade das suas operações e, acima de tudo, a regulação eficaz das relações de mercado.

O direito formal racional proporcionou quer a vontade do Estado-como-pessoa quer a energia do Estado-como-máquina. Tal como o direito foi reduzido ao

---

33. Weber (1978, I: 212-226). Ver também Trubek (1985).
34. Ver também Weinreb (1987: 87).

Estado, também o Estado foi reduzido ao direito. Estes dois processos, porém, não foram simétricos. Por um lado, o Estado reservou para si um certo excedente relativamente ao direito, bem presente nas áreas dominadas pela *raison d'état* onde os limites do direito são bastante imprecisos. Por outro lado, se a redução do direito ao Estado converteu o direito num instrumento do Estado, a redução do Estado ao direito não converteu o Estado num instrumento do direito: o direito perdeu poder e autonomia no mesmo processo político que os concedeu ao Estado.

À medida que o direito se foi tornando estatal, foi-se tornando também científico. Na Europa, foi a *Pandektenwissenschaft* alemã que desenvolveu, como já dissemos, a mais notável cientificização do direito moderno, no domínio do direito privado. O carácter científico do formalismo jurídico do Código Civil alemão de 1900 é o seu exemplo mais acabado. Mas as Pandectas foram apenas uma manifestação extrema de um processo muito mais vasto de cientificização do direito moderno tendente a transformar o direito num instrumento eficaz da engenharia social oficial. À medida que o direito foi politizado, enquanto direito estatal, foi também cientificizado, contribuindo assim, pela sua reconstrução científica do Estado, para despolitizar o próprio Estado: a dominação política passou a legitimar-se enquanto dominação técnico-jurídica.

A hiperpolitização do direito foi, assim, um requisito necessário para a despolitização do Estado. Dentro do Estado, o direito tornou-se autónomo, como parte do mesmo processo histórico que, no sistema capitalista, colocou o Estado fora das relações sociais de produção. Este jogo de espelhos é constitutivo do mundo jurídico moderno. Por exemplo, a divisão entre direito público e direito privado estabelece uma distinção real entre o direito que vincula o cidadão ao Estado e o direito que está à disposição dos cidadãos e que eles utilizam nas relações entre si. Esta distinção real resulta da ilusão de que o direito privado não é um direito estatal.

Concebida nestes moldes, a instrumentalidade técnica do direito estatal autónomo é virtualmente infinita no seu alcance. O que caracteriza a especificidade funcional do Estado moderno não é o número de funções que o Estado pode desempenhar, mas sim a forma de desempenho. O Estado mínimo do constitucionalismo liberal não só contém, em si, as sementes do Estado-Providência benevolente do capitalismo civilizado, mas também as do Estado fascista e do Estado estalinista. Nenhuma destas formas de Estado pôde desprezar a positividade do direito como instrumento potencialmente inesgotável de dominação, por mais subvertida e caricaturada que fosse essa positividade nas duas últimas formas de Estado. Em suma, o cientificismo e o estatismo moldaram o direito de forma a convertê-lo numa utopia automática de regulação social, uma utopia isomórfica da utopia automática da tecnologia que a ciência moderna criara. Quer isto dizer que, embora a modernidade considerasse o direito um princípio secundário (e talvez provisório) de pacificação social relativamente à ciência, uma vez submetido ao Estado capitalista o direito acabou por se transformar num artefacto científico de primeira ordem. A partir daí, o utopismo automático da tecnologia desenvolveu-se em articulação estreita com o utopismo automático da engenharia jurídica e, na verdade, até hoje, estes dois processos passaram a apoiar-se mutuamente.

Convém, contudo, não esquecer que o século XIX não foi apenas o século do positivismo na ciência e no direito. Foi também o século que aprofundou o idealismo romântico do século XVIII e que deu origem ao grande romance realista; foi o século que assistiu ao aparecimento do socialismo como movimento político e de uma infinidade de projectos e práticas utópicas. De formas muito diversas, todos estes fenómenos constituem, não só vigorosas denúncias da redução dos objectivos da modernidade, como também actos de resistência contra a estigmatização da emancipação e contra o abandono da promessa de racionalização radical da vida individual e colectiva.

Os projectos e os movimentos socialista e utópico apontavam para uma realização plena e harmoniosa dos ideais de igualdade e liberdade, de autonomia e solidariedade, de regulação e emancipação. Por sua vez, o idealismo romântico representou — embora de forma elitista — a visão utópica da realização total da subjectividade desenvolvida pelo Iluminismo. Com a nostalgia da totalidade, das origens e do vernáculo, contra o atomismo, a alienação e o instrumentalismo da vida moderna, e ao colocar a estética e a poesia no centro da integração social, o idealismo romântico simbolizou a denúncia e a resistência à tendência para a selectividade e concentração na aplicação social do paradigma da modernidade[35]. Por outro lado, o romance realista revelou-nos uma classe — a burguesia — incapaz de aproveitar a oportunidade histórica de se tornar uma classe universal e de levar a cabo uma transformação social radical[36], a mesma oportunidade que Hegel previu para a burocracia e Marx para a classe operária.

Em resumo, o período do capitalismo liberal desencadeia o processo social de selectividade e concentração da modernidade, mas, como as contradições do paradigma vão explodindo sem mediação, é ainda possível neste período formular e activar, mesmo que de forma desviante e marginal, a vocação radical e globalizante do paradigma, rejeitando assim a ideia da irreversibilidade do défice no cumprimento das suas promessas.

---

35. Ver Hauke Brunkhorst, para quem "o modernismo romântico está desconcertantemente próximo da oposição fundamental conservadora ou reaccionária à cultura moderna e ao seu racionalismo utópico" (1987: 409). Também na opinião de Gouldner, "o potencial revolucionário do romantismo resultou, em parte, do facto de, embora constituísse basicamente uma crítica ao industrialismo, poder ser usado como crítica ao capitalismo e à sua cultura" (1970: 115).

36. Segundo Georg Lukács, "a categoria e o critério central da literatura realista é o tipo, uma síntese específica que originariamente reúne o geral e o particular, tanto nas personagens como nas estruturas" (1972: 5). Daí que defina o realismo como "uma concepção dialéctica correcta da relação entre ser e consciência" (idem: 119). Ver também Auerbach (1968: 454 e ss.) e Swingewood (1975, cap. 3).

Nestas circunstâncias, o estatismo e cientificismo do direito — que *grosso modo* correspondem à preponderância dos princípios do Estado e do mercado em detrimento do princípio da comunidade — desenvolveram-se num terreno social cheio de tensões. Por um lado, foi convulsiva a redução da comunidade soberana de Rousseau a uma estrutura dualista de entidades abstractas — Estado e sociedade civil; sociedade civil e indivíduo. Por outro lado, o princípio do Estado e o princípio do mercado colidiram frequentemente na demarcação de áreas de cumplicidade/complementaridade e de domínio exclusivo, numa espécie de jogo de cumplicidade e antagonismo que dura até hoje e que desde o início se desenrolou primordialmente no campo do direito.

Se o princípio do mercado foi impulsionado pela primeira vaga de industrialização, pela expansão das cidades comerciais, pelo aparecimento de novas cidades industriais e pela expansão do colonialismo industrial, o desenvolvimento do princípio do Estado foi muito mais ambíguo, sobretudo devido aos objectivos contraditórios do *laissez-faire*. Como Dicey muito sagazmente sublinhou, o *laissez-faire* incluía simultaneamente a ideia de Estado mínimo e a de Estado máximo (1948: 306). Isto explica porque é que, acima e para além dos momentos de colisão, os dois princípios são inseparáveis e se implicam mutuamente. A exactidão da previsão de Durkheim de que o desenvolvimento das relações de mercado implicaria um desenvolvimento das relações estatais tornou-se patente nos dois períodos subsequentes do capitalismo (Durkheim, 1984).

Segundo período

Relativamente aos países centrais do sistema mundial, pode em geral afirmar-se que o período do capitalismo organizado foi, efectivamente, uma idade positiva em sentido comteano. Tal como qualquer adulto sensato e maduro saído do *Cours de Philosophie Positive*, este período começou por distinguir, no paradigma da modernidade, entre as promessas que podiam e as que não podiam ser cumpridas numa sociedade capitalista dinâmica. Seguidamente, concentrou-se nas primeiras e tentou, através da socialização e da inculcação cultural, eliminar as segundas do universo simbólico da praxis social e cultural. Por outras palavras, começou por reconhecer a ideia de que o défice no cumprimento de promessas era inevitável e irreversível para depois eliminar a própria noção de défice. No campo jurídico, este período foi caracterizado por uma hipertrofia inédita da utopia automática de engenharia social através do direito, em nome da qual se redefiniram o cientificismo e o estatismo do direito.

No primeiro período, o período do capitalismo liberal, a autonomia e a universalidade do direito assentavam na unidade do Estado, e a unidade do Estado assentava na distinção entre Estado e sociedade civil e na especificidade funcional do Estado. A sociedade civil e, acima de tudo, as relações de mercado eram concebidas como auto-reguladas, e era ao Estado que cabia garantir essa autonomia. O instrumento mais crucial da autonomização da sociedade de mercado foi o direito privado, complementado por medidas fiscais, monetárias e financeiras, destinadas quase sempre a corrigir os desequilíbrios resultantes de deficiências ou imperfeições do mercado. Este último objectivo incluía tarefas tão diversas como a concessão de terrenos às empresas ferroviárias, o serviço da dívida pública, o proteccionismo, a concessão de patentes, a repressão e a regulação dos sindicatos, as políticas coloniais. Incluía também legislação sobre a duração do dia de trabalho, tão brilhantemente analisada por Marx no capítulo 10 do volume 1 de *O Capital*, e a legislação que lidava com "a questão social", ou seja, com o conjunto de problemas decorrentes da rápida e autónoma industrialização, tais como pobreza generalizada, prostituição, criminalidade, alcoolismo, epidemias, analfabetismo, greves, desemprego e subversão socialista[37].

Esta intervenção do Estado liberal, aparentemente excepcional e discreta, trazia consigo o potencial para o "absolutismo jurídico", potencial que, no entanto, se manifestava de modo muito incompleto, resultando num desenvolvimento desigual do campo jurídico. Considerava-se que o direito privado, o foco privilegiado do cientificismo e do positivismo jurídicos, estava desvinculado de qualquer conteúdo político ou social e era capaz de libertar as relações sociais dos vínculos e hierarquias do antigo regime. Tinha como objectivo assegurar a reprodução de um mercado competitivo, capaz de se auto-equilibrar, através de liberdades negativas, enquadramentos jurídicos apropriados, mas supletivos, e mecanismos que garantissem o cumprimento dos contratos. O direito administrativo organizava o distanciamento quotidiano dos aparelhos do Estado relativamente aos cidadãos e concentrava-se nos mecanismos que reproduziam esse distanciamento, sobretudo através de uma nítida demarcação dos limites da intervenção do Estado. Por último, o direito constitucional assentava no pressuposto de que as liberdades individuais tinham origem pré-jurídica e de que o Estado apenas podia garanti-las por meios políticos e administrativos, apertadamente definidos, seguros e previsíveis, que competia ao direito constitucional estabelecer[38].

Nos finais do século XIX, este panorama jurídico e político alterou-se dramaticamente, sobretudo devido ao crescente domínio do modo de produção capitalista, não só sobre as relações económicas, mas também em todos os aspectos da vida social[39]. A concentração e centralização do capital industrial, comercial e financeiro, a proliferação de cartéis e monopólios, e a separação entre propriedade

---

37. Ver Poggi (1978: 115). O período de transição entre o capitalismo liberal e o capitalismo organizado é particularmente esclarecedor a este respeito. Ver também Romein (1978).
38. Sobre este desenvolvimento, ver, entre outros, Preuss (1988).
39. Uma descrição expressiva desta evolução pode ser encontrada em Romein (1978: 271 e ss.).

jurídica e controlo económico ilustraram a extraordinária expansão do princípio do mercado, ao mesmo tempo que puseram fim ao mercado competitivo e auto-equilibrável. Além disso, o alargamento do direito de voto e a organização dos interesses sociais sectoriais (muitas vezes antagónicos) em organizações patronais e sindicatos evidenciaram ainda mais o carácter classista da dominação política. À medida que as práticas de classe se traduziram em política de classe, os sindicatos e os partidos operários entraram na cena política, até então exclusivamente ocupada pelos partidos oligárquicos e pelas organizações burguesas.

Nestas condições, a distinção entre Estado e sociedade civil iria sofrer um processo de transformação gradual, que começou por deslocações sucessivas da linha de demarcação e que acabou por esbater totalmente a distinção, com implicações decisivas no campo jurídico que se continuam a repercutir até hoje. Duas evoluções diferentes, mas convergentes, incentivaram este processo.

A primeira foi a necessidade de uma gestão económica pública imposta pela crescente complexidade da economia capitalista. Por um lado, as externalidades do crescimento económico decorrentes da crescente desigualdade dos agentes económicos (não só entre o capital e o trabalho, mas também no seio do próprio capital) conduziram à necessidade da intervenção do Estado, sobretudo para regular os mercados. Por outro lado, e aparentemente em contradição com isto, o crescimento das grandes empresas, o controlo que eram capazes de exercer sobre os processos económicos e o poder político que assim foram acumulando resultaram na crescente disponibilidade do Estado capitalista para proteger os interesses empresariais, desde a construção de infra-estruturas e da socialização dos custos de industrialização à criação de sistemas educativos concebidos para satisfazer as necessidades das grandes empresas no que respeita à habilitação e especialização da mão-de-obra, a políticas de pleno emprego e a fundos para investigação e desenvolvimento.

Embora este processo, no seu resultado final, tenha convergido para a deslocação da linha de demarcação entre Estado e sociedade civil, e mesmo para o gradual desaparecimento dessa distinção, algumas das forças sociais nele implicadas (de forma muito especial a burguesia e a classe operária) foram mobilizadas por objectivos frequentemente contraditórios. Além disso, o próprio Estado desenvolveu entretanto um interesse autónomo na intervenção como meio de assegurar a reprodução da enorme organização burocrática que entretanto fora criada. Buscando a justificação em situações excepcionais (a devastação das guerras mundiais), no reconhecimento das deficiências do mercado (lucros ou investimento insuficientes) ou num novo princípio político (a social-democracia), essa intervenção autónoma do Estado incluiu, por vezes, a nacionalização de empresas privadas ou até a criação de empresas públicas. Poggi tem razão ao afirmar que *o que torna a tendência para a eliminação da divisão entre Estado e sociedade civil tão forte é, precisamente, o facto de que vários fenómenos diferentes, e até contraditórios, convergem para provocá-la* (1978: 131)[40].

A segunda transformação foi o reconhecimento político das externalidades sociais do desenvolvimento capitalista — a politização de algumas dimensões da "questão social" —, reconhecimento resultante da expansão do processo político desencadeado pela extensão do direito de voto aos trabalhadores e pela emergência de poderosos partidos operários. A politização da desigualdade social envolveu a intervenção do Estado na relação salarial e no consumo colectivo: segurança do emprego, salários mínimos, subsídios e indemnizações aos trabalhadores, fundos de pensões, educação pública, saúde e habitação, ordenamento do território e planeamento urbanístico, etc. Estas medidas foram tão radicais e resultaram de um pacto social (entre o capital e o trabalho, sob a égide do Estado) tão inédito que conduziram a uma forma política nova: o Estado-Providência.

A gestão económica (o keynesianismo) e a gestão política (o Estado-Providência) do capitalismo nos países centrais conduziram a um novo modo de regulação social que se designou por fordismo. Este modo de regulação baseia-se na convergência do desenvolvimento do princípio do Estado e do princípio do mercado, de forma a que os conflitos entre ambos sejam considerados provisórios, selectivos e até institucionalizados. Daí que o aparecimento de um conflito ou de uma distanciação mútua num determinado campo social se combine facilmente com uma nova cumplicidade e aproximação recíproca noutro campo social.

Há, aliás, argumentos para defender que, no período do capitalismo organizado, não se fortaleceram apenas os princípios do mercado e do Estado, mas também o princípio da comunidade. De facto, o carácter distributivo das políticas sociais assenta numa noção de solidariedade que se assemelha à obrigação política horizontal, de cidadão para cidadão, que considerei ser a essência do princípio da comunidade. No entanto, convém não esquecer que o princípio da comunidade não foi reconhecido nos seus próprios termos. Tratou-se, antes, de um reconhecimento derivado, já que ocorreu sob a égide do princípio do Estado e como parte integrante da expansão deste princípio. Na verdade, com o Estado-Providência a obrigação política horizontal transformou-se numa dupla obrigação vertical entre os contribuintes e o Estado, e entre os beneficiários das políticas sociais e o Estado. Desta forma, o exercício de autonomia que o princípio da comunidade pressupunha transformou-se num exercício de dependência relativamente ao Estado.

Apesar de tudo, é indiscutível que no período do capitalismo organizado a dimensão político-jurídica do paradigma da modernidade foi totalmente redefinida

---

40. Ver, também, Romein (1978: 276).

para conciliar objectivos antagónicos e equilibrar interesses que o período anterior considerara insusceptíveis de conciliação e de equilíbrio. Conciliar e equilibrar implicava, também, reduzir os ideais de emancipação a proporções realistas, e as opções de princípio a compromissos contingentes. Solidariedade, justiça e igualdade podiam ser compatíveis com autonomia, identidade e liberdade, desde que cada conjunto de valores, aparentemente incompatíveis, fosse reduzido ao que era realisticamente exequível numa sociedade capitalista. Desta forma, seria possível, nos países centrais, cumprir, em maior ou menor grau, duas promessas "realistas": a promessa de uma distribuição mais justa dos recursos materiais e a promessa de uma maior democratização do sistema político. Compatibilizou-se o cumprimento da primeira com a vigência de uma sociedade de classes, e o cumprimento da segunda com a vigência de uma política liberal burguesa. Através de uma política de hegemonia foi, então, possível converter esta forma particular de compatibilização — no fundo, uma entre muitas outras — na única legítima e, até, na única concebível. Esta conversão significou o triunfo do reformismo sobre a revolução, facto simultaneamente patente na gradual, mas constante, marginalização dos partidos comunistas e na transformação dos partidos socialistas em partidos social-democráticos.

O impacto do novo modo de regulação social no direito foi enorme. A monitorização intensificada dos processos económicos e sociais levada a cabo pelo Estado conduziu ao desenvolvimento de novos domínios do direito, como o direito económico, o direito do trabalho e o direito social, todos eles com a característica comum de conjugarem elementos de direito privado e direito público, esbatendo assim ainda mais a linha de demarcação entre Estado e sociedade civil. Mas as consequências destas transformações nos domínios tradicionais do direito foram também importantes, sobretudo no direito constitucional e no direito administrativo. As constituições deixaram de ser a concepção de um Estado burocrático e de um sistema político apertadamente definido para se transformarem num terreno de intermediação e negociação entre interesses e valores sociais conflituantes. O resultado mais sintomático desta evolução foi o reconhecimento dos direitos sócio-económicos, a terceira geração dos direitos humanos segundo T. H. Marshall (1950). A evolução do direito administrativo seguiu também o mesmo caminho, ao deixar de se preocupar com a organização da submissão controlada a um Estado burocrático e autoritário, para se concentrar na organização da afectação de recursos e na regulação tecnológica realizada por um Estado cooperante.

De modo geral, à medida que o Estado se envolveu na gestão dos processos económicos e sociais — uma transformação que, segundo os teóricos liberais, exigia a "perda da autonomia do Estado" —, o direito do Estado tornou-se menos formalista e menos abstracto; o equilíbrio e o compromisso entre os interesses em conflito tornou-se mais evidente (a "materialização" do direito); e a função de integração política e social do direito distributivo tornou-se um importante tema de debate político (a "politização" do direito). No fundo, nem a "materialização" nem a "politização" eram fenómenos novos. Foram considerados como tal apenas porque abrangiam agora grupos sociais e domínios de actividade muito mais vastos do que os que eram abrangidos pelo direito no período do capitalismo liberal. De qualquer forma, as transformações foram enormes. O facto de o direito ter passado da demarcação dos limites externos da prática social para a modulação interna da prática social intensificou radicalmente a instrumentalidade do direito. Só então é que o direito do Estado conseguiu dar credibilidade à utopia automática da engenharia jurídica anunciada no primeiro período. A crescente complexidade dos subsistemas sociais e a crescente necessidade de coordenação social e de integração entre eles exigiam um campo jurídico potencialmente infinito onde os défices e os excessos do desenvolvimento económico e social fossem, se não eliminados, pelo menos reduzidos a proporções controláveis.

Esta utopia jurídica[41] simbolizava, antes de mais, um novo conceito de caos social e, simetricamente, um novo conceito de ordem. No período do capitalismo liberal, considerava-se que as relações sociais e, sobretudo, as relações de mercado se auto-regulavam de modo geral e que, portanto, estavam longe de ser caóticas. Como atrás pudemos verificar, as tendências caóticas só se faziam sentir nos extremos, e só aí havia lugar para uma demarcação jurídica dos limites. Neste período, o caos social aparecia sob a forma da questão social. Dado que o sistema político era demasiado restritivo para permitir uma politização total da questão social, o direito do Estado só muito superficialmente conseguia abordá-la.

Pelas razões atrás mencionadas, a situação alterou-se drasticamente no segundo período. A produção política, social e económica de caos tornou-se muito mais visível, bem patente nas guerras e no imperialismo, nas crises globais e nas práticas predatórias, nas enormes desigualdades sociais e nos consumos sumptuários, na rebelião social e na anomia, na discriminação social e no desperdício dos recursos, etc., etc. A expansão da regra democrática, introduzida pelos partidos operários, permitiu uma politização das "disfunções" caóticas maior do que nunca. Assim que entrou no campo político, o caos foi miniaturizado a uma dimensão que permitisse o funcionamento eficaz do controlo jurídico. A utopia jurídica podia, então, reproduzir-se, desde que, por via da inculcação ideológica, fosse possível manter oculto o "efeito de miniaturização".

As profundas alterações do intervencionismo estatal e da instrumentalidade jurídica que ocorreram no segundo período tiveram um impacto tão profundo no Estado como no seu direito. Uma intervenção *do* Estado é sempre uma intervenção *no* Estado e o mesmo é valido para o direito. Referirei, sumariamente, algumas

---

41. Esta utopia jurídica está prisioneira de uma espécie de mito de Sísifo: cada conjunto de medidas jurídicas, motivadas por um qualquer desenvolvimento "exterior", exige um novo conjunto de medidas, e assim por diante, num processo infindável.

consequências no domínio do direito. As mais importantes estão patentes nas transformações que ocorreram na estatização e na cientificização do direito do Estado.

A "condição inicial", de ordem epistemológica, para o eficaz funcionamento do direito como direito do Estado nas sociedades capitalistas é a unidade do Estado, a sua especificidade funcional e a sua separação inequívoca em relação à sociedade civil. Como atrás afirmei, esta condição inicial sofreu uma profunda erosão no segundo período. A juridicização da prática social foi simultaneamente produto e agente dessa erosão. A equação Estado/direito foi desestabilizada e, consequentemente, o carácter estatal do direito tornou-se problemático; em vez de característica intrínseca, passou a ser uma variável. À medida que o Estado se transformava num recurso político para grupos e classes sociais mais vastas, o transclassismo e a autonomia do Estado ganharam credibilidade ideológica. No entanto, embora o Estado actuasse através do direito, a autonomia do Estado não implicava a autonomia do direito enquanto direito *estatal*. Pelo contrário, à medida que o direito se entranhava nas práticas sociais que pretendia regular ou constituir, distanciava-se do Estado: ao lado da utilização do direito pelo Estado, surgiu a possibilidade de o direito ser usado em contextos não estatais e até contra o Estado. A surpreendente agregação da política e da ética que ocorreu neste período, independentemente da forma selectiva que assumiu, possibilitou o reaparecimento de uma percepção social do direito como direito natural, embora se tratasse de um direito natural derivado do direito positivo e surgisse no momento em que as liberdades pré-políticas e pré-constituídas do primeiro período, bem como as auto-regulações que o caracterizavam, eram varridas por uma juridicização da vida social sem precedentes.

De uma outra perspectiva, porém, o direito tornou-se mais estatal do que nunca. A juridicização da prática social significou a imposição de categorias, interacções e enquadramentos jurídicos estatais, relativamente homogéneos, nos mais diversos e heterogéneos domínios sociais (família, vida comunitária, local de trabalho, esfera pública, processos de socialização, saúde, educação, etc.). A manejabilidade do direito estatal pressupunha a maleabilidade dos domínios sociais a regular juridicamente. Sempre que a prática social não pôde validar este pressuposto, o resultado foi o que Habermas designou por "colonização do mundo da vida", isto é, a destruição das relações sociais sem a criação de equivalentes funcionais jurídicos adequados[42]. Sempre que tal aconteceu, o benefício jurídico do Estado-Providência converteu-se num bem humano condicional. Condicional pelo facto de poder destruir as dimensões eventualmente benéficas das relações sociais a serem reguladas, sem garantir a sustentabilidade da benevolência jurídico-estatal, dada a dependência desta em relação às necessidades variáveis de reprodução do capital.

---

42. Para uma profunda análise deste processo, ver Teubner (1987) e Preuss (1988).

O desenvolvimento incompleto da estatização do direito do Estado teve lugar num contexto político caracterizado por um activismo jurídico tão intenso que conduziu à ideologia suprema da moderna ordem burocrática: o fetichismo jurídico e institucional. No entanto, e aparentemente em contradição com isto, a sobreutilização do direito foi acompanhada, não de um aumento, mas de uma perda da centralidade do direito como fonte de legitimação do Estado. Enquanto o Estado liberal se legitimou através da racionalidade jurídico-formal do seu funcionamento, o Estado-Providência procurou a sua legitimação no tipo de desenvolvimento económico e na forma de sociabilidade que julgava fomentar. O direito foi despromovido da categoria de princípio legitimador do Estado para a de instrumento de legitimação do Estado. Assim se lançavam as sementes da banalização do direito.

As transformações no estatismo do direito estatal foram acompanhadas por transformações idênticas no seu cientificismo. A condição epistemológica inicial para a reprodução cientificizada do direito estatal é a relativa estabilidade das normas e dos factos, e, sobretudo, do próprio dualismo norma/facto. O desgaste desta condição era inevitável perante o dinamismo das sociedades capitalistas neste século e perante o papel central que o Estado nele desempenhou. Com o progressivo envolvimento do Estado nos processos económicos e sociais e à medida que este se vai tornando mais complexo, diferenciado e sistémico, o direito abstracto, formal e universal, recua perante o direito contextualizado, particularista e circunstancial. Em certas áreas onde a componente tecnológica da regulação jurídica é fundamental, a regra do direito transforma-se em regra de competência técnica, com normas e factos a interpenetrarem-se de tal forma que se tornam indistinguíveis (Preuss, 1988: 371).

Além disso, nas áreas de intervenção do Estado mais dinâmicas e estratégicas, as condições gerais para a actuação deste — as que podem ser enquadradas por leis abstractas — são quase irrelevantes. Os órgãos que lhes dão execução necessitam, sobretudo, de amplos poderes discricionários, ou seja, de reconhecida competência para manipular quer as normas quer os factos da forma que considerem mais adequada, tendo em conta os diferentes campos sociais, em constante mutação, e as suas respectivas necessidades de regulação. É, particularmente, no campo do direito económico que há mais possibilidades para uma legalidade negociada, uma legalidade efémera e intersticial onde o dualismo norma/facto desaparece quase completamente. Finalmente, as áreas onde o dualismo subsiste podem tornar-se tão complexas que a aplicação convencional do direito só pode tornar o dualismo operacional depois de ter reduzido drasticamente o âmbito das normas e dos factos em causa. Isto acontece, sobretudo, no caso de consequências de processos tecnológicos (emissões tóxicas, fugas radioactivas, Chernobyl, Bophal, deflorestação). Nesses casos, o nexo de causalidade juridicamente pertinente é geralmente uma miniatura caricatural do verdadeiro nexo de causalidade e, em consequência, as reivindicações assentes em direitos das pessoas lesadas são também miniaturizadas.

Ao longo de todo o século, e por variadíssimas formas (*Interessenjurisprudenz*, teoria sociológica do direito, neo-jusnaturalismo, realismo jurídico, disponibilidade do direito, auto-reflexividade do direito, autopoiese jurídica, etc.), a ciência jurídica tem tentado fornecer um relato científico das transformações no campo do direito. No terceiro período tornam-se evidentes as razões do fracasso de todas essas tentativas.

Terceiro período

Desde o início da década de setenta, o modo de regulação fordista tem vindo a sofrer uma considerável deterioração nos países centrais, a par de uma crise multifacetada do Estado-Providência[43]. As transformações têm sido tão vastamente sentidas que é legítimo falar-se de um novo período, o período do *capitalismo desorganizado*. Esta designação, porém, é ambígua e traiçoeira, pois pode fazer crer que no período actual o capitalismo não é organizado, o que está longe de ser verdade. De facto, pode afirmar-se precisamente o contrário, que o capitalismo está hoje mais organizado do que nunca. A expressão capitalismo desorganizado significa, em primeiro lugar, que as formas de organização típicas do segundo período estão a ser gradualmente desmanteladas ou reconstituídas num nível de coerência muito mais baixo, e, em segundo lugar, que, precisamente por esse processo estar a decorrer, é muito mais visível a demolição das antigas formas organizativas do que o perfil das novas formas que irão substituí-las.

Um sinal de que o capitalismo está actualmente mais bem organizado do que nunca é o facto de ele dominar todos os aspectos da vida social e ter conseguido neutralizar os seus inimigos tradicionais (o movimento socialista, o activismo operário, as relações sociais não-mercantilizadas). Em todo o caso, essa organização é ainda muito opaca, e aquilo que já é visível parece bastante provisório, como se estivesse apenas a preparar caminho para as instituições, as regras e os processos que hão-de constituir o novo modo de regulação. Neste sentido muito específico, é legítimo designar a nossa época por capitalismo desorganizado, um período de transição de um regime de acumulação capitalista para outro ou, como adiante propomos, de uma transição muito mais vasta de um paradigma societal para outro.

Fundamentalmente, neste período, as duas promessas "realistas" que, até certo ponto, se tinham concretizado nos países centrais do sistema mundial ao longo do

---

43. Ver, também, Harvey (1989), que fornece uma boa síntese. Para ilustrar diferentes perspectivas, ver, entre muitos outros, Offe (1985), Esping-Andersen (1990), Peck (1996), Pierson (1996), Sainsbury (1997).

segundo período — a promessa de uma distribuição mais justa dos benefícios sociais e a promessa de um sistema político estável e relativamente democrático — não tiveram continuidade e estão, aliás, a deteriorar-se através de múltiplas manifestações: desigualdades sociais crescentes, aumento alarmante da pobreza, aparecimento de "Terceiros Mundos interiores", redução dos recursos e do âmbito das políticas sociais, deslegitimação ideológica do Estado facilitador, novas formas de exclusão social e de autoritarismo sob a capa de promoção de autonomia e de liberdade, "patologias" da participação e da representação no processo político, novo populismo e clientelismo na política, etc. Além disso, os dois paradigmas políticos da transformação social disponíveis no início do segundo período — revolução e reforma — parecem estar ambos igualmente esgotados. O paradigma revolucionário, rejeitado nos países centrais logo a seguir à Primeira Guerra Mundial, parece estar a atravessar uma última crise irreversível nos países periféricos e semiperiféricos que o adoptaram, em diferentes moldes, depois da Segunda Guerra Mundial. Por sua vez, o paradigma reformista — que inicialmente visava uma transformação socialista da sociedade e se estabilizou gradualmente no projecto, muito menos ambicioso, de democratização social do capitalismo —, apesar de ter sido hegemónico nos países centrais durante o segundo período, perdeu vigor nas últimas duas ou três décadas e, neste momento, atravessa uma crise tão grave quanto a das formas sociais e políticas que promoveu: o fordismo e o Estado-Providência.

De acordo com a estrutura analítica que tenho vindo a propor, as transformações mais decisivas do terceiro período parecem estar a ocorrer sob a égide do princípio do mercado, que se afigura mais hegemónico que nunca no seio do pilar da regulação, dado que produz um excesso de sentido que invade o princípio do Estado e o princípio da comunidade, tendendo a dominá-los de forma muito mais profunda do que nos dois períodos anteriores. O crescimento espectacular dos mercados mundiais, juntamente com a emergência de sistemas mundiais de produção e de agentes económicos transnacionais, minou a capacidade do Estado para regular o mercado ao nível nacional. A industrialização do Terceiro Mundo, a expansão internacional da subcontratação e dos contratos de franquia, bem como a ruralização da indústria, tudo se conjugou para destruir a configuração espacial da produção e da reprodução nos países centrais.

Ao mesmo tempo que a dinâmica endógena local — frequentemente assente em complexas combinações entre agricultura e indústria, produção familiar e produção industrial — vai ligando, sem a intermediação do espaço nacional, os espaços locais aos espaços globais da economia, as antigas regiões industriais vão-se descaracterizando e desindustrializando, reaparecendo em seu lugar o espaço local como factor produtivo estratégico. A expansão extensiva do mercado acompanha a sua expansão intensiva, como o demonstram a ideologia cultural do consumismo — com a crescente diferenciação dos produtos e individualização dos gostos, e o consequente aumento do número de escolhas — e a progressiva mercadorização da informação e da comunicação social, que oferece oportunidades virtualmente infinitas para a reprodução alargada do capital.

O princípio do Estado está, também, a sofrer transformações drásticas. A ideologia e a prática do neoliberalismo, em combinação com as operações transnacionais das grandes empresas e das agências internacionais, conduziram a um certo esbatimento do protagonismo do Estado-nação como actor no sistema mundial. Conforme tentarei demonstrar no 3º e no 4º Volumes, este é um processo extremamente complexo e cheio de contradições, mas de modo geral pode afirmar-se que o Estado parece estar a perder o estatuto de unidade privilegiada de análise e de prática social. Esta perda relativa de protagonismo do Estado nos países centrais tem tido um papel determinante nas políticas sociais. Desregulação, privatização, mercado interno do Estado, comparticipação nos custos, mercadorização, cidadania activa, ressurgimento da comunidade são algumas das denominações do variado conjunto de políticas estatais com o objectivo comum de reduzir a responsabilidade do Estado na produção de bem-estar social. O facto de, na maioria dos países, a degradação do desempenho social do Estado não lhe ter diminuído significativamente o peso burocrático faz com que ao crescente enfraquecimento e ineficácia da administração pública venha juntar-se o crescente autoritarismo de um sem-número de burocracias desajustadas, cada uma exercendo o seu micro-despotismo sobre cidadãos cada vez mais impotentes e politicamente incapazes.

À escala mundial, o sistema inter-estatal está, também, a atravessar uma fase de importantes transformações. A relativa perda de protagonismo do Estado, sendo embora um fenómeno generalizado, tem implicações muito diferentes conforme se trate de Estados do centro, da semiperiferia ou da periferia do sistema mundial. Num contexto de crescente desigualdade entre o Norte e o Sul, os Estados periféricos e semiperiféricos estão a ficar cada vez mais limitados — como vítimas ou como parceiros — ao cumprimento das determinações do capital financeiro e industrial transnacional, determinações, por sua vez, estabelecidas pelas organizações internacionais controladas pelos Estados centrais. Essas determinações, frequentemente apresentadas em combinações estranhas de liberalismo económico e de protecção dos direitos humanos, abalam a tal ponto a já de si frágil componente social do Estado, que esses países assumem a ideia da crise do Estado-Providência sem nunca terem usufruído verdadeiramente deste.

Em consequência destas alterações, o princípio, nunca acabado, da comunidade retrocedeu para um estado de marginalização ainda maior. No período do capitalismo organizado, a transformação da obrigação política horizontal (de cidadão para cidadão), característica do princípio da comunidade, numa dupla obrigação política vertical (do contribuinte para com o Estado e do beneficiário da segurança social para com o Estado), foi o resultado de um complexo processo político onde as práticas e as políticas de classe desempenharam um papel determinante. No terceiro período, o conjunto de alterações do princípio do Estado e do princípio do mercado limitou e descaracterizou consideravelmente as práticas e as políticas de classe. A tendência para uma relação salarial mais precária (alguns dirão: mais flexível) tem sido, simultaneamente, causa e efeito do declínio dos mecanismos corporativos (legislação laboral, justiça do trabalho, contratação colectiva, salários indirectos) e das organizações que os mobilizavam, principalmente dos sindicatos, que viram o número de filiados diminuir continuamente.

Mas as práticas e políticas de classe foram também afectadas por modificações significativas nas estruturas das classes. A segmentação nacional e transnacional dos mercados de trabalho, a crescente diferenciação interna da classe operária industrial, o aumento do desemprego e do subemprego, qualquer deles estrutural, a expansão do sector informal no centro, na periferia e na semiperiferia, o extraordinário aumento dos serviços, tanto dos qualificados como dos não qualificados, a difusão da ideologia cultural do consumismo, mesmo em classes e países onde essa ideologia dificilmente pode ser traduzida numa prática de consumo, o conjunto de todos estes factores contribuiu para descaracterizar as práticas de classe ou para impedir que se transformassem eficazmente em política de classe. Foi assim que os partidos operários tradicionais acabaram por suavizar o conteúdo ideológico dos seus programas e se transformaram em partidos transclassistas (*catchall parties*). Entretanto, as transformações políticas radicais da Europa de Leste e o desmoronamento da União Soviética contribuíram para "naturalizar" o capitalismo e a exploração capitalista, agora nas suas versões mais liberais, em detrimento das versões social-democráticas.

Embora todas estas transformações tenham contribuído para fragilizar ainda mais as condições para o exercício da solidariedade horizontal a que o princípio da comunidade faz apelo, deve salientar-se que, nas últimas décadas, este princípio foi de certo modo reactivado, não através de uma forma derivada e centrada no Estado, como no segundo período, mas de uma nova forma aparentemente mais autónoma. Trata-se de um processo bastante ambíguo que abrange um vasto espectro de cenários ideológicos.

Na vertente conservadora, a ideia de retracção do Estado traduziu-se, basicamente, na privatização das políticas sociais, criando assim novas possibilidades de valorização do capital. Mas traduziu-se também no apelo a um ressurgimento da *Gemeinschaft*, das redes tradicionais de solidariedade, reciprocidade e auxílio mútuo como forma de recuperar a autonomia colectiva que fora destruída ou considerada anacrónica quando, no período do capitalismo organizado, foi o Estado a prover às redes de segurança individual.

Na vertente progressista, a tónica recai na ideia de que o Estado-Providência, sendo embora a forma política mais benevolente de capitalismo, não pode assumir o monopólio do bem-estar social de que a sociedade necessita. Se algumas correntes empolam as deficiências do Estado-Providência[44] — burocracias pesadíssimas, ineficácia devido à ausência de concorrência, corrupção crescente, novo autoritarismo e controlo social sobre os cidadãos dependentes, solidariedade duvidosa e, por vezes, injusta —, outras correntes acentuam o incomportável fardo financeiro do Estado-Providência, dado que, paradoxalmente, a actuação do Estado-Providência é mais solicitada em períodos (de elevado desemprego, por exemplo) em que a disponibilidade de recursos é menor (receitas fiscais mais baixas). Ambas as correntes, porém, coincidem quando reconhecem as limitações do Estado-Providência e, consequentemente, a necessidade de uma nova sociedade-providência[45]. A ideia não é olhar para um passado que, provavelmente, nunca existiu, mas encarar a criação futura de um terceiro sector, situado entre o Estado e o mercado, que organize a produção e a reprodução (a segurança social) de forma socialmente útil através de movimentos sociais e organizações não governamentais (ONG's), em nome da nova solidariedade ditada pelos novos riscos contra os quais nem o mercado nem o Estado pós-intervencionista oferecem garantia. No entanto, mesmo nas propostas mais progressistas há uma constante intrusão de elementos

---

44. Ver, na generalidade, Teubner (org.) (1986). Pierson (1991) recolhe as críticas mais importantes ao Estado-Providência (ou diagnósticos da sua crise). Em primeiro lugar, as circunstâncias excepcionalmente favoráveis ao crescimento económico no período do pós-guerra permitiram a expansão simultânea da economia e do Estado-Providência. Foram circunstâncias historicamente únicas e, por isso, o Estado-Providência cresceu até ao limite. As aspirações de bem-estar social contidas na noção de Estado-Providência só podem ser realizadas com a transição da sociedade para o socialismo. Em segundo lugar, o poder dos governos nacionais, dos movimentos sindicais e do capital nacional — geralmente os actores dos acordos sobre política social — foram prejudicados pela crescente internacionalização e desregulação da economia mundial. Em terceiro lugar, o Estado-Providência do pós-guerra representou um "compromisso histórico" entre o capital e o trabalho organizado. Embora na altura tivesse servido os interesses de ambos, actualmente está a tornar-se cada vez menos atractivo para qualquer deles. Nestas circunstâncias, a única estratégia correcta para os actuais movimentos sociais democráticos é reactivarem a sua luta pela socialização da função de investimento do capital, "suspensa" com o compromisso keynesiano do Estado-Providência. Em quarto lugar, o Estado-Providência provocou alterações na estrutura de classes que minaram a base de apoio da sua manutenção. Por exemplo, deterioraram a aliança entre as classes médias e as classes trabalhadoras em que o Estado-Providência assentava, o que levou ao afastamento de importantes sectores da população do sistema estatal de previdência social. Em quinto lugar, o Estado-Providência foi um instrumento institucional adequado para fornecer determinados serviços sociais num determinado grau de desenvolvimento económico e social. Para lá desse grau torna-se desadequado: a expansão das escolhas e da riqueza nos países centrais do Ocidente gera uma crescente insatisfação com os serviços sociais estatais e uma maior fuga de consumidores para os serviços oferecidos pelo mercado. Por último, embora o Estado-Providência tenha sido historicamente progressista, não pode obter-se mais progresso através de políticas sociais convencionais. Isto acontece porque o Estado-Providência está vinculado a uma estratégia produtivista de crescimento económico que já não consegue corresponder às necessidades humanas reais nem oferecer uma verdadeira previdência social. Para uma excelente crítica feminista ao Estado-Providência, ver Gordon (org.) (1991). Ver, também, Gordon (1990). Sobre este debate em Portugal, a partir da recente discussão sobre a reforma da segurança social, ver Santos et al. (1998).

45. Rosanvallon (1981); Ewald (1986a, 1986b); Lipietz (1989); Santos (1998).

conservadores (veja-se como nas propostas de uma nova sociedade-providência socialista frequentemente se esquece que a maior parte do trabalho de utilidade social acaba por recair sobre as mulheres).

Passarei agora a analisar as consequências destas transformações no estatismo e cientificismo do direito. Fá-lo-ei, porém, de forma forçosamente provisória, já que tanto as transformações como os seus efeitos no campo jurídico estão em curso. O carácter transitório do tempo actual provoca uma opacidade muito característica que se reflecte nos debates analíticos por via da interferência recorrente de falsas questões nos debates dos problemas reais.

Um dos mais sofisticados e consistentes debates da actualidade centra-se na crítica à juridicização do mundo social que ocorreu no segundo período do desenvolvimento capitalista. Passarei a expor os principais argumentos em que assenta. O Estado intervencionista (o Estado-Providência) promoveu a instrumentalização política do direito até aos seus limites. Esses limites são também os do próprio Estado-Providência, e denunciam disfunções, incongruências, resultados contraproducentes e efeitos perversos que se revelam no campo jurídico de múltiplas formas. Em primeiro lugar, revelam-se como manifestações da "colonização" da sociedade: ao submeter histórias de vida e formas de viver concretas e contextualizadas a uma burocratização e monetarização abstractas, a regulação jurídica destrói a dinâmica orgânica e os padrões internos de autoprodução e auto-reprodução das diferentes esferas sociais (economia, família, educação, etc.). Embora vise a integração social, ela promove a desintegração social, aí residindo, para Habermas, a estrutura dilemática do Estado-Providência (Habermas, 1986: 211; 1987). Em segundo lugar, essas disfunções revelam-se como "materialização" do direito: o reverso da sobre-juridicização da sociedade é a sobre-socialização do direito; segundo Teubner, ao expandir e aprofundar a sua autoridade reguladora sobre a sociedade, o direito

> fica "prisioneiro" da política ou dos subsistemas regulados, "politizando-se", "economicizando-se" ou "pedagogizando-se", acabando por submeter a uma tensão excessiva a autoprodução dos seus elementos normativos (Teubner, 1986: 311).

Finalmente, as disfunções redundam numa ineficácia do direito: é muito provável, ou até quase certo, que a discrepância da lógica interna e da autoprodução dos padrões do direito com os das outras esferas da vida social por ele reguladas torne a regulação jurídica ineficaz ou contraproducente.

As diferentes explicações para estas três grandes limitações da regulação jurídica — a que Teubner chama "trilema regulatório" (1986: 309) — variam tanto quanto as recomendações sobre a política jurídica que delas derivam. Contudo, de modo geral, as soluções propostas convergem quanto a considerarem a colonização, a materialização e a ineficácia como os limites extremos aquém dos quais devem definir-se novas fronteiras, mais rígidas e mais restritas, da regulação jurídica, de forma a permitir que o direito funcione eficaz e autonomamente sem se descaracterizar a si nem às esferas sociais que regula. As soluções propostas são múltiplas e diversificadas: a processualização do direito (Wietholter, 1986: 221; Eder, 1986 e 1987); do direito como regulação ao direito como constituição (Febbrajo, 1986: 141); o direito como um programa relacional ou direito reflexivo (Teubner, 1986: 321; Wilke, 1986); o direito como discussão crítica (Peters, 1986); do direito como um meio ao direito como instituição (Habermas, 1986). Todas apontam para uma orientação material mínima como característica de um direito pós-instrumental.

A formulação mais ampla e mais bem articulada deste programa de investigação é a concepção do direito como sistema autopoiético (Luhman, 1984, 1986, 1988a, 1988b; Teubner (org.), 1988, 1989, 1991, 1992)[46]. Enquanto as sociedades antigas se organizavam segundo princípios de segmentação ou de hierarquia, as sociedades modernas organizam-se de acordo com um princípio de diferenciação funcional. Em vez de serem estruturadas por um centro ou um sistema funcionalmente dominante, as sociedades modernas são constituídas por uma série de subsistemas (direito, política, economia, ciência, arte, religião, etc.), todos eles fechados, autónomos, autocontidos, auto-referenciais e automutantes, cada qual com um modo de funcionamento e um código próprios. A correspondência estrutural entre os subsistemas é essencialmente o resultado aleatório de uma co-evolução cega, enquanto as interligações funcionais resultantes da coexistência desses subsistemas na mesma sociedade ficam reduzidas a formas de "acoplamento estrutural". O direito é um desses subsistemas, um sistema de comunicações jurídicas que funciona com o seu próprio código binário: legal/ilegal. O direito só se regula a si próprio. O direito é o ambiente que rodeia os outros subsistemas sociais tal como estes são o meio-ambiente do direito. Mas, sejam quais forem as "vibrações" ou "perturbações" que um dado sistema, em consequência da sua interdependência funcional ou coexistência, possa "causar" noutro sistema, elas serão irrelevantes se não forem convertidas em respostas ou reacções autopoiéticas.

No que respeita ao direito, esta versão radical de autopoiese jurídica dada por Luhman foi, entretanto, relativamente alterada por Teubner (1989, 1991). Abordando um dos aspectos mais controversos da teoria — o da interdependência dos subsistemas —, Teubner propõe uma alteração à ideia de acoplamento estrutural (1992). Não cabe aqui enveredar por uma análise crítica da autopoiese ou do direito autopoiético revisto por Teubner[47]. Mas não posso deixar de sublinhar que, depois de tantas décadas de rica e profunda investigação no domínio da sociologia do direito, é surpreendente que Teubner considere fundamental e controversa uma

---

46. Sobre as diferenças existentes entre a concepção de autopoiese jurídica de Teubner e a de Luhman, ver Teubner, 1989.
47. Ver, entre outros, Blankenburg (1984); Jessop (1990: 320-337).

questão que, na tradição jurídico-sociológica, constitui pouco menos que uma situação óbvia:

> Não será a "interdiscursividade" no direito e na sociedade algo de muito mais denso do que aquilo que meras perturbações transitórias poderiam causar? E não é verdade que encontramos na co-evolução do direito e da sociedade muito mais afinidades electivas do que as que poderiam ser fornecidas pela simples coexistência de uma tendência estrutural? (Teubner, 1992: 1447).

A teoria da natureza autopoiética do direito só me merece atenção crítica na medida em que ela é parte de um programa mais vasto de processualização e reautonomização do direito. A meu ver, a discussão sobre a processualização e a reflexividade do direito é, em grande parte, uma falsa questão. Assenta na concepção de autonomia do direito no Estado liberal que, como defendi acima, é uma concepção mistificatória. De facto, a redução do direito a direito de Estado, levada a cabo pelo Estado constitucional no século XIX, transformou a autonomia do direito *frente* ao Estado em autonomia do direito *dentro* do Estado. A autonomia do direito estatal ficou assim reduzida à sua especificidade operacional de instrumento da intervenção do Estado. O cientificismo do direito, propagado pelo positivismo jurídico, foi crucial neste processo, já que funcionou como um espelho que simultaneamente reflectia e dissimulava o estatismo do direito. É verdade que as alterações do intervencionismo estatal, do primeiro para o segundo período, tiveram um impacto decisivo sobre a especificidade operacional do direito. Mas, quando muito, essas alterações revelaram a capacidade de adaptação do campo jurídico às novas condições da regulação social. O que não é, afinal, de estranhar, se recordarmos que o paradigma jurídico-político que permitiu o absolutismo jurídico e a juridicização global da vida social não foi uma invenção do período do capitalismo organizado, mas, pelo contrário, foi engendrado no período do capitalismo liberal como parte do programa velado do Estado constitucional.

Como atrás tentei demonstrar, o espectacular desenvolvimento do intervencionismo estatal no Estado-Providência modificou as condições do direito moderno, quer como direito estatal, quer como direito científico. Essas transformações, porém, não indiciaram qualquer crise do direito em si. A verdadeira crise ocorreu nas áreas sociais reguladas pelo direito (família, trabalho, educação, saúde, etc.) quando se tornou evidente que as classes populares careciam de força política para garantir a continuidade das medidas estatais de protecção social. Trata-se, portanto, da crise de uma forma política — o Estado-Providência — e não da crise de uma forma jurídica — o direito autónomo. Na verdade, este desapareceu muito tempo antes, com a consolidação do Estado moderno. Como adiante tentarei provar, o direito moderno, enquanto conceito muito mais amplo do que o direito estatal moderno, está indiscutivelmente em crise, não devido à sobre-utilização (comparada com quê?) que o Estado fez do direito moderno, mas devido à redução histórica da sua autonomia e da sua eficácia à autonomia e eficácia do Estado. Procura-se, pois, atribuir à processualização ou à reflexividade a tarefa de Sísifo de devolver ao direito estatal moderno o que ele nunca possuiu.

A falsa questão reside no pressuposto de que a especificidade operacional do direito é suficientemente "material" para que possa questionar-se o direito estatal sem questionar o Estado. É evidente que essa *especificidade* levanta alguns problemas operacionais particulares (por exemplo, demoras e custos da justiça, brutalidade policial, congestionamento dos tribunais e das prisões, serviços de justiça insuficientemente dotados de recursos financeiros e humanos, discrepância entre o direito escrito e o direito aplicado, etc.). No entanto, para além do limitado — mas importante — nível "operacional", esses problemas não são jurídico-técnicos: são problemas políticos. Isto é sobretudo evidente em dois dos defeitos da juridicização da vida social salientados pelos processualistas e os autopoieticistas: ineficácia e materialização (sobrecarga).

É verdade que os recursos cognitivos e organizacionais podem ser mobilizados em estratégias institucionais alternativas, as quais, devido às suas diferentes características técnicas, podem maximizar ou minimizar a eficácia da regulação jurídica. No entanto, o horizonte regulatório em que essas opções técnicas se movem não está, de modo nalgum, nem técnica nem organizacionalmente predeterminado. Trata-se de um produto político que se vai transformando ao sabor das transformações do processo político. A escolha entre as diferentes possibilidades institucionais raramente é feita só com base em motivos de ordem técnica. Geralmente, as considerações sobre o volume dos recursos afectados ou sobre o carácter mais ou menos participativo do desenvolvimento institucional e do processo de decisão acabam por se impor.

Essas considerações envolvem o processo político no seu todo. É, assim, pouco convincente atribuir a ineficácia do direito regulatório ao facto de ele "sobrestimar as limitações inerentes ao processo de regulação" (Teubner, 1986: 311). Essas limitações existem, mas não são nem estruturais nem sistémicas, ou seja, não são de forma alguma ditadas pela organização auto-referencial do subsistema regulador ou regulado. São estratégicas e dependem, acima de tudo, do poder político e da disponibilidade das capacidades técnicas. De facto, uma das maiores deficiências da autopoiese é o facto de se concentrar exclusivamente nos sistemas sociais, descurando por completo a acção social: os processos e as condições em que os agentes são determinantes na produção das transformações sociais (Jessop, 1990: 334).

É, de modo geral, reconhecido que a vaga de desregulação que actualmente assola os Estados e o sistema inter-estatal é altamente selectiva e que, por isso mesmo, a desregulação numa determinada área é habitualmente acompanhada por uma re-regulação noutra área. Num processo tão dinâmico como este, as variações da auto-referencialidade devem ser explicadas e não tomadas como explicações. A sobredeterminação política dos níveis de eficácia da regulação jurídica é particulamente evidente em períodos de rápida transformação social e política. Refiro, como exemplo, a enorme variação da eficácia da legislação económica, social e laboral aprovada em Portugal a seguir à Revolução de 1974 (Santos, 1990, 1993). Embora as leis tenham permanecido basicamente inalteradas nos anos seguintes, o padrão da sua eficácia alterou-se de acordo com a mudança dos blocos sociais e políticos que apoiaram a reconstrução económica e social de Portugal no período pós-revolucionário.

A sobredeterminação política dos limites da regulação jurídica aplica-se tanto ao caso da ineficácia do direito como ao caso da sua materialização ou sobrecarga. No entanto, aplica-se de forma diferente. A ineficácia é um fenómeno simultaneamente jurídico e extra-jurídico. Refere-se àquilo que o direito transforma ou deixa de transformar no "mundo exterior". O "mundo exterior", tanto numa epistemologia realista como numa epistemologia construtivista, é sempre "outro" relativamente ao direito. Pelo contrário, a materialização é um fenómeno estritamente jurídico. Refere-se à interiorização do mundo exterior feita pelo direito. A simetria destas duas limitações é, portanto, apenas aparente. A ineficácia tem uma existência material extradiscursiva que pode ser identificada e depois explicada de várias formas. A materialização, pelo contrário, é um produto do discurso jurídico científico, uma construção mental dos juristas para descrever e, *simultaneamente*, explicar aquilo que, para eles, é a transformação mais importante do direito entre o primeiro e o segundo período do desenvolvimento capitalista. No caso da materialização, a limitação do direito é um défice inventado por um excesso, também ele inventado (sobrepolitização ou sobressocialização do direito). E, como tenho vindo a defender, esse excesso não é mais do que o estado "normal" do direito moderno, desde que ficou reduzido ao direito estatal[48]. Pode então perguntar-se porque é que essa situação normal é considerada um excesso e não um défice? Porque o subtexto da materialização do direito é uma crítica do Estado-Providência tal como o conhecemos. Enquanto, no caso da ineficácia, a crítica é disfarçada interpelando o direito moderno como direito estatal, no caso da materialização a crítica é disfarçada interpelando o direito moderno como direito científico.

A terceira deficiência da juridicização da vida social — a colonização do mundo da vida analisada por Habermas — não está ao mesmo nível das outras duas. Enquanto o debate sobre a ineficácia e a sobrecarga é, em grande parte,

---

48. Mesmo que os sistemas sociais sejam sujeitos epistémicos, como afirmam os autopoieticistas, é dificilmente concebível que o direito seja um sujeito epistémico como Teubner pretende (ver, por exemplo, Teubner [1989: 739-746]). A redução do direito moderno a direito estatal é apenas o processo pelo qual o direito renuncia à "sua" subjectividade a favor do Estado. A instrumentalidade do direito estatal moderno é, portanto, uma condição original e nunca uma adulteração posterior de um primitivo ou original estado de coisas.

uma falsa questão, o debate sobre a colonização toca na verdadeira questão que, embora de forma mistificadora, o debate sobre o processualismo e o pós-intervencionismo levanta. O que realmente está em causa é a discussão sobre o Estado-Providência, sobre os seus efeitos políticos e sociais, a sua amplitude e forma, o seu desenvolvimento e sustentabilidade, em suma, sobre o seu passado e o seu futuro. A "colonização do mundo da vida" é uma das já mencionadas críticas da esquerda ao Estado-Providência[49].

Penso, no entanto, que nenhuma destas críticas pode ser formulada de modo a sugerir uma responsabilidade fundamental do sistema jurídico na crise do Estado-Providência. É um facto que o padrão dominante da protecção social — uma organização burocratizada, baseada numa crescente dependência e clientelização dos cidadãos beneficiários, e orientada para a monetarização das relações sociais e para práticas consumistas — é fruto de uma constelação institucional em que o sistema jurídico teve um papel nuclear. Mas também é verdade que, nas condições do Estado capitalista moderno, mesmo que se tivesse adoptado um padrão diferente — participativo, valorizador da autoconfiança, solidário e orientado para a produção mutualista e socialmente útil de bens e serviços —, o sistema jurídico teria desempenhado um papel igualmente decisivo, por mais diferentes que tivessem sido as formas jurídicas de organização e funcionamento utilizadas. A pergunta que se impõe é, obviamente, sobre a viabilidade política e económica desse padrão de protecção social no sistema capitalista. Se — numa ousadíssima hipótese — a resposta fosse afirmativa, o direito estatal moderno revelaria toda a sua plasticidade regulatória (que é o reverso da sua falta de autonomia relativamente ao Estado) e adaptar-se-ia ao projecto alternativo de *Vergesellschaftung* (societalização).

Em suma, o que está em causa na sobre-juridicização da vida social ou, como prefiro dizer, na utopia jurídica de engenharia social através do direito, é a avaliação política de uma determinada forma de Estado, o Estado-Providência que, no pós-guerra, surgiu numa pequena minoria de países, os países centrais do sistema mundial. Por isso, a crise do direito regulatório diz relativamente pouca coisa sobre as transformações profundas que, no domínio do direito, da economia e da política, estão a acontecer em todo o sistema mundial no período corrente de transição entre regimes de acumulação ou, em termos mais latos, como na secção seguinte se sugere, entre paradigmas societais.

O que a crise do direito regulatório nos revela, embora de forma mistificada, é, mesmo assim, importante. Revela-nos que, quando posto ao serviço das exigências regulatórias do Estado constitucional liberal e do capitalismo hegemónico, o direito moderno, assim reduzido a um direito estatal científico, foi gradualmente

---

49. Tem a ver com as duas últimas críticas do Estado-Providência apontadas por Pierson (1991). Ver acima nota 44.

eliminando a tensão entre regulação e emancipação que originalmente lhe era constitutiva. Dividi este longo processo histórico em três grandes períodos, cada um dos quais representando um padrão diferente de relações entre regulação e emancipação. No primeiro período, a emancipação foi sacrificada às exigências regulatórias dos Estados e confinada quase só a movimentos anti-sistémicos. No segundo período, a regulação estatal nos países centrais tentou integrar esses projectos emancipatórios anti-sistémicos, desde que fossem compatíveis com a produção e a reprodução social capitalista; longe de se tratar de uma verdadeira síntese da regulação e emancipação, constituiu uma nítida subordinação dos projectos emancipatórios aos projectos regulatórios. No terceiro período, esta falsa síntese evoluiu para uma mútua desintegração da regulação e da emancipação; longe de beneficiar da desintegração da regulação fordista, a emancipação, entretanto transformada no duplo da regulação, não pôde senão desintegrar-se ela própria.

Em última análise, a crise afecta a gestão reconstrutiva dos excessos e dos défices das sociedades capitalistas que, a partir do século XIX, foi confiada à ciência moderna e, numa posição subordinada mas igualmente importante, ao direito moderno. A saída da crise é a obra mais progressista dos nossos tempos. Implica um repensar radical sobre a ciência moderna e o direito moderno, um repensar tão radical que, na verdade, pode ser concebido como um "des-pensar". Relativamente à ciência, foi o que se fez no Capítulo 1. Nesta secção, e no Capítulo 5, fá-lo-emos em relação ao direito.

PARA DES-PENSAR O DIREITO

Da transição epistemológica à transição societal

Tenho vindo a defender nesta Parte que o papel desempenhado pelo direito na gestão reconstrutiva dos excessos e dos défices da modernidade ocidental é um papel central, ainda que secundário em relação à ciência. Tal como foi imaginada pelo paradigma da modernidade, a regulação social seria idealmente, e a longo prazo, uma mera emanação das descobertas científicas sobre a ordem e a transformação social. Contudo, até que tal fosse possível haveria que recorrer ao poder coercitivo do direito e à sua capacidade de integração normativa para garantir, nomeadamente, que a gestão gradualmente mais científica da sociedade fosse prosseguindo tão liberta quanto possível dos conflitos sociais e da rebelião. Nestas condições, é legítimo pensar que a crise do paradigma da ciência moderna acarreta consigo a crise do paradigma do direito moderno.

Isto não significa, porém, que as condições da transição paradigmática na ciência sejam ou as mesmas, ou tão visíveis, ou que actuem da mesma forma que as da transição paradigmática no direito. Em primeiro lugar, porque mesmo que exista uma certa cumplicidade epistemológica e uma circulação de sentido entre a ciência e o direito moderno, resultantes da submissão da racionalidade moral-prática do direito e da ética à racionalidade cognitivo-instrumental da ciência, o isomorfismo assim produzido é de alcance limitado e de conteúdo epistemológico meramente derivado. Enquanto domínio social funcionalmente diferenciado, o direito desenvolveu um autoconhecimento especializado e profissionalizado, que se define como científico (ciência jurídica), dando assim origem à ideologia disciplinar a que chamo cientificismo jurídico. Como defendi acima, o cientificismo jurídico e o estatismo jurídico evoluíram *pari passu*. O positivismo jurídico é a versão mais apurada desta co-evolução ideológica. Mas essa interligação mútua do cientificismo jurídico com o estatismo jurídico revela também até que ponto o isomorfismo epistemológico com a ciência moderna é limitado pela sua eficácia pragmática. O saber jurídico tornou-se científico para maximizar a operacionalidade do direito enquanto instrumento não científico de controlo social e de transformação social.

Daí que a sequência estabelecida por Bacon — saber/poder — não se aplique do mesmo modo à ciência e ao direito. Enquanto na ciência o saber iria gerar poder, no direito, do século XIX em diante, o poder (estatal) iria gerar saber (profissional). Compreende-se, assim, que o positivismo jurídico reclamasse para si uma capacidade operacional com a qual o conhecimento da ordem e da transformação social não podia competir, pois esse conhecimento teria ainda de ser desenvolvido pelas ciências sociais, que eram então pouco mais que incipientes. Este desajustamento é, de facto, endémico na cultura jurídica do Estado moderno. Do positivismo jurídico à autopoiese, o pressuposto ideológico foi sempre o de que o direito devia desconhecer, por ser irrelevante, o conhecimento social científico da sociedade e, partindo dessa ignorância, deveria construir uma afirmação epistemológica própria ("direito puro", "direito auto-referencial", "subjectividade epistémica do direito").

Esta é a segunda razão pela qual as condições teóricas da transição paradigmática da ciência moderna não vigoram da mesma forma no domínio do direito. Como as pretensões epistemológicas do direito são derivadas e, no fundo, assentam num défice de conhecimento científico sobre a sociedade, as condições teóricas do conhecimento jurídico estão subordinadas às condições sociais do poder jurídico, das quais, até certo ponto, têm de ser deduzidas. A autonomia, universalidade e generalidade do direito assentam numa ligação a um determinado Estado concreto, cujos interesses servem, independentemente de estes serem autónomos ou de classe, gerais ou particulares.

Mas se, por tudo isto, o direito é relativamente opaco no que se refere às condições teóricas da actual transição paradigmática, já no que toca às condições sociais e políticas poderá revelar-se especialmente transparente. Afirmei no Capítulo 1 que uma das maiores dificuldades do debate sobre a transição paradigmática reside no estatuto epistemológico do conhecimento que alimenta esse debate. Isto é particularmente evidente quando o debate incide sobre as próprias condições epistemológicas dessa transição, como aconteceu no Capítulo 1. Dado que a formulação do debate tende a ser mais tributária do paradigma cessante do que do novo, o que nós dizemos no debate tende a ser menos "transicional" do que aquilo que dizemos acerca dele. Esta discrepância gera opacidade e frustração. Uma dificuldade semelhante, mas menos dilemática, tende a surgir quando o debate versa as condições sociais e políticas da transição paradigmática. Para começar, a identificação dessas condições resulta de uma forma de conhecimento científico fundamentalmente posto em causa. Refiro-me à sociologia, à economia e à ciência política, as três principais ciências sociais nascidas no século XIX com o objectivo de descobrirem as leis da transformação social pacífica.

Recentemente, Wallerstein sublinhou que a construção social dessas ciências representou o triunfo da ideologia liberal para a qual a pedra angular do processo social era a cuidadosa delimitação de três esferas de actividade: as que se relacionam com o mercado (economia), as que se relacionam com o Estado (ciência política) e as que se reportam a todas as actividades não imediatamente relacionadas com o Estado ou com o mercado, isto é, a vida pessoal, a vida quotidiana, a família, a igreja, a comunidade, o crime, etc. (sociologia) (Wallerstein, 1991a: 19)[50]. Por esta razão, estas ciências, concebidas para consolidarem a hegemonia do paradigma da modernidade, numa altura em que ele era incontestável, não fornecem, em princípio, nem como projecto epistemológico nem como projecto social, uma orientação fidedigna para a análise de processos de transformação social que efectivamente transcendam as fronteiras da modernidade. Sendo assim, uma das tarefas primordiais da transição paradigmática consiste em des-pensar as ciências sociais (Wallerstein, 1991a)[51].

No Capítulo 1, esbocei uma utopia intelectual possível (o paradigma emergente) que poderá orientar-nos nessa revisão radical. O mesmo deve fazer-se em relação ao direito. No entanto, antes de meter mãos à obra, há que analisar cuidadosamente as condições sociais e políticas da transição paradigmática.

Afirmei que a crise final da modernidade é mais visível como crise epistemológica (uma crise da ciência moderna) do que como crise societal (uma crise do mundo capitalista). A ligação historicamente contingente entre modernidade e capitalismo subjaz às quatro grandes interpretações da transformação social do nosso tempo. De acordo com a primeira, o capitalismo e o liberalismo triunfaram

---

50. A estas três ciências sociais deveríamos acrescentar a antropologia e o orientalismo, as duas ciências sociais que se ocupam do estudo do outro colonial, seja ele o "selvagem" (antropologia) ou o oriental "civilizado" (orientalismo).

51. Ver também Santos, 1996.

e esse triunfo constitui a maior realização possível da modernidade (o fim da história à Fukuyama; a democracia social centrista). De acordo com a segunda interpretação, a modernidade é, ainda hoje, um projecto inacabado, com capacidade intelectual e política para conceber e pôr em prática um futuro não-capitalista (Habermas, eventualmente Jameson, o marxismo convencional do Ocidente, uma democracia social de esquerda). De acordo com a terceira interpretação, a modernidade soçobrou aos pés do capitalismo, cuja expansão e reprodução sóciocultural irá, daqui para a frente, assumir uma forma pós-moderna (pós-modernismo conservador, Daniel Bell, Lyotard, Baudrillard, Vattimo, Lipovetsky). Finalmente, de acordo com a quarta interpretação, a modernidade entrou em colapso como projecto epistemológico e cultural, o que vem abrir um vasto leque de possibilidades futuras para a sociedade, sendo uma delas um futuro não-capitalista e ecosocialista (o pós-moderno de oposição).

Em minha opinião, a última interpretação é a que melhor capta as perspectivas progressistas de transformação social no fim do século. O conhecimento emancipatório pós-moderno a que tenho feito apelo visa descobrir, inventar e promover as alternativas progressistas que essa transformação pode exigir. É uma utopia intelectual que torna possível uma utopia política. Não é minha intenção descrever em pormenor os termos da transição possível entre paradigmas sociais. É geralmente aceite que as transições paradigmáticas se estendem por muito tempo, por várias décadas e, às vezes, por mais de um século. Foi o que aconteceu com a revolução científica ou com a transição do "feudalismo" para o capitalismo. Tais transições ocorrem quando as contradições internas do paradigma dominante não podem ser geridas através dos mecanismos de gestão de conflitos e de ajustamento estrutural desenvolvidos pelo paradigma em causa.

Em tempos normais, essas contradições manifestam-se como excessos ou défices, e as tensões, as crises e os conflitos que daí resultam são resolvidos através dos recursos intelectuais, institucionais e organizacionais do paradigma. Quando isso deixa de acontecer, o efeito cumulativo dos excessos e dos défices não resolvidos gera uma deslegitimação global dos recursos de ajustamento. É então que as contradições internas se tornam socialmente visíveis e acabam por converter-se em tópicos de luta social e política. Quando isso acontece, as contradições internas perdem a sua rigidez estrutural, e o tipo de determinismo criado pelo paradigma atenua-se drasticamente. Entende-se, assim, porque é que as transições paradigmáticas, depois de começadas, são indeterminadas, caminham para resultados desconhecidos e se abrem a futuros alternativos. É também por isso que expandem enormemente o "livre arbítrio", isto é, a capacidade de inovação e transformação social[52]. Além disso, essa consciência social activa é reforçada pelo

---

52. Ver, também, Wallerstein (1991a: 254).

facto de, em períodos de transição paradigmática e à semelhança do que acontece nos períodos de bifurcação de Prigogine, pequenas alterações poderem causar grandes flutuações sistémicas (contrariamente ao que acontece em épocas subparadigmáticas, normais ou de crise, em que as grandes transformações geralmente produzem flutuações sistémicas muito pequenas).

O tempo de transição paradigmática é um tempo muito contestado, sobretudo por englobar múltiplas temporalidades. Dado que os conflitos paradigmáticos (as contradições internas) coexistem com os conflitos subparadigmáticos (os excessos e os défices), a própria transição é, em si mesma, um fenómeno intrinsecamente contestado. O horizonte temporal daqueles para quem apenas existem conflitos subparadigmáticos é forçosamente mais estreito e curto do que o daqueles para quem esses conflitos são manifestações visíveis de um conflito paradigmático latente. Mesmo os que admitem a existência de uma transição paradigmática podem não concordar quanto à identificação ou natureza do paradigma cessante, ou quanto à duração e sentido da transição iminente. Acresce que as tendências seculares, que são a temporalidade da transição, têm de ser reduzidas, enquanto representação social, à duração do ciclo da vida humana, a fim de que as lutas paradigmáticas sejam politicamente eficazes. Dado este condicionalismo, poderá ser necessário conceptualizar essas lutas como lutas paradigmáticas (contradições internas), mas conduzi-las como se fossem subparadigmáticas (excessos e défices). A luta paradigmática é, portanto, uma utopia cuja eficácia pode residir nos recursos intelectuais e políticos que fornece às lutas subparadigmáticas. A meu ver, isto explica a opacidade e, simultaneamente, a turbulência e a vibratilidade, os equívocos e as inesperadas convergências que caracterizam ab ovo a transição paradigmática enquanto fenómeno cultural, societal e político.

Defendo uma muito ampla concepção de transição paradigmática. A transição actual não é apenas (ou não tanto) uma transição entre modos de produção estreitamente definidos, mas entre formas de sociabilidade no sentido mais lato, incluindo as dimensões económica, social, política e cultural. O entrelaçar do projecto sócio-cultural da modernidade com o desenvolvimento capitalista no século XIX conferiu ao capitalismo uma densidade social e cultural que ultrapassou largamente as relações económicas de produção. Este facto foi de certo modo descurado por Marx e, por isso, a sua visão da transição paradigmática partilha com o liberalismo muito mais do que o que ele alguma vez poderia admitir. São as seguintes as principais cumplicidades entre marxismo e liberalismo[53]: a confiança

---

53. Numa conferência realizada em Berlim, em 1922, sobre "A noção de Direito Natural e de Humanidade na Política Mundial", o teólogo alemão Trœltsch comentava que, sempre que os socialistas tinham necessidade de enunciar princípios, recorriam geralmente à ideia de "uma paixão totalmente a-histórica pela revolução, a ser levada a cabo em nome da Humanidade e da Igualdade". E acrescentava: "[Quando] isso acontece, os princípios socialistas quase não se distinguem, apesar do ataque do Socialismo à burguesia, da fisolofia burguesa ocidental; e a base individualista e utilitarista dessa filosofia, em particular, é simplesmente adoptada por inteiro" (1934: 222).

no poder libertador da ciência moderna; o dualismo natureza/sociedade que subjaz à ciência moderna e as pretensões epistemológicas que aí assentam; a ideia de um processo evolutivo linear que há-de ter um fim (embora, para Marx, esse fim ainda estivesse para vir), seja ele a sociedade industrial (Spencer), o estado positivo (Comte) ou a solidariedade orgânica (Durkheim); a ideia de progresso, mesmo que descontínuo (através de revoluções); a crença num desenvolvimento tecnológico contínuo e num crescimento infindável; a concepção do capitalismo como factor civilizador progressista, por mais brutal que fosse a opressão colonial e a destruição da natureza.

Do ponto de vista da perspectiva ampla de transição que tenho vindo a defender, o período de transição paradigmática por que estamos a passar começou com o colapso epistemológico da ciência moderna e acabará por pôr em questão todas as convicções mencionadas acima. Daí que exija uma transformação civilizacional. Embora indiscutivelmente tributária do Marxismo, esta concepção de transição paradigmática considera que a transição marxista convencional é, afinal de contas, subparadigmática.

Defendo, assim, que a discussão paradigmática do direito moderno, em conjunto com a da ciência moderna, irá esclarecer os termos e as direcções possíveis da transição para um novo paradigma societal. Na próxima secção, enumerarei os principais tópicos dessa discussão, que desenvolverei nos capítulos seguintes.

O Estado e o sistema mundial

A confluência das promessas da modernidade com as virtualidades do desenvolvimento capitalista proporcionadas pelo liberalismo foi fortemente propiciada pela concepção da transformação social como um conjunto de processos nacionais, ocorrendo nas sociedades nacionais e promovidos ou dirigidos pelos Estados-nação. A nacionalização da transformação social e a simetria entre sociedade e Estado foram, no século XIX, tão fundamentais para as ciências sociais que então despontavam como para as transformações sofridas pelo direito moderno nessa mesma época.

É hoje largamente reconhecido que essa concepção de transformação social falseou, de forma evidente, a dinâmica do desenvolvimento capitalista. A intensificação, sem precedentes, das interacções transnacionais nas três últimas décadas reforçou a concepção alternativa avançada por historiadores e cientistas sociais, como Braudel e Wallerstein, para quem as sociedades nacionais deviam ser entendidas como partes de um sistema histórico muito mais vasto (mundial), cuja divisão de trabalho e dinâmica internas explicariam a transformação social identificada ao nível das sociedades nacionais. Vivemos numa economia-mundo, o sistema mundial capitalista moderno, que teve início entre 1400 e 1500 e que, através da sua lógica interna, se expandiu ao planeta inteiro, absorvendo, nesse seu avanço, todos os "mini-sistemas" e "impérios mundiais" existentes. Em finais do século XIX — no auge das concepções nacionalistas — havia, pela primeira vez no mundo, um único sistema histórico no planeta (Wallerstein, 1991a: 248).

Quando o sistema mundial é transformado em unidade privilegiada de análise, o conhecimento da sua lógica global, do seu desenvolvimento e das suas crises torna-se fundamental para compreender as manifestações locais que vão aflorando por todo o sistema inter-estatal[54]. Admitindo que o sistema mundial é a unidade privilegiada do desenvolvimento histórico moderno e, consequentemente, a sua unidade de análise privilegiada, o debate sobre a transição paradigmática deve fazer-se no plano do sistema mundial. Quer isto dizer, por um lado, que a crise paradigmática se desenvolverá sem ser muito afectada pelas soluções nacionais encontradas para as suas manifestações locais; e, por outro, que qualquer que seja o resultado da transição, ele será sempre gerado ao nível do sistema mundial. Aqui reside o primeiro tópico do debate paradigmático sobre o direito: a absorção do direito moderno pelo Estado moderno foi um processo histórico contingente que, como qualquer outro processo histórico, teve um início e há-de ter um fim.

O Estado constitucional do século XIX foi concebido como a máquina perfeita de engenharia social. A sua constituição formal, mecânica e artificial, conferia-lhe uma força e uma plasticidade nunca antes conseguidas por qualquer outra entidade política. A força era simultaneamente externa e interna; exercida externamente por um poder militar e económico, contra os Estados estrangeiros e os concorrentes na acumulação mundial de capital; exercida internamente, sobretudo por meio do direito, contra os inimigos internos de uma transformação social normal e ordeira. A plasticidade, resultante de uma manuseabilidade institucional e jurídica praticamente infinitas, residia na capacidade do Estado para decidir quais os meios normais e anormais e quais os fins normais e anormais da transformação social. Estas extraordinárias características convertiam o Estado na unidade natural — de espacialidade e temporalidade homogéneas — da transformação social e da inteligibilidade social. Esta naturalização do Estado exigia a naturalização do direito moderno como direito estatal.

A concepção do sistema mundial como o espaço-tempo do capitalismo histórico permite revelar as estratégias ideológicas e pragmáticas subjacentes aos processos gémeos de naturalização do Estado e de naturalização do direito estatal. O Estado constitucional do século XIX integrou-se num sistema inter-estatal onde a soberania efectiva era uma função da posição de cada um dos Estados nesse siste-

---

54. Por exemplo, o Estado-Providência — bem como a crise que o afecta — é uma dessas manifestações, e uma das suas características mais flagrantes, normalmente descurada nas análises centradas no Estado-nação, é o facto de essa forma política se ter desenvolvido numa reduzida parcela do sistema inter-estatal e num lapso de tempo relativamente curto.

ma hierarquicamente estruturado. Por esta razão, tanto a força como a plasticidade do Estado eram, afinal, variáveis, e não características estruturais.

Enquanto os países centrais tenderam a ser externa e internamente fortes, externamente rígidos e internamente flexíveis, os países periféricos tenderam a ser débeis externa e internamente, externamente flexíveis e internamente rígidos. Assim como a naturalização dos Estados concretos variou enormemente dentro do sistema mundial, o mesmo aconteceu com a naturalização do direito. Além disso, não só variaram no espaço, mas também no tempo, como é patente nas metamorfoses políticas e jurídicas que os países centrais sofreram nos três períodos do desenvolvimento capitalista atrás referidos.

Na realidade, o Estado nunca deteve o monopólio do direito. Por um lado, os mecanismos do sistema mundial, actuando num plano supra-estatal, desenvolveram as suas próprias leis sistémicas, que se sobrepuseram às leis nacionais dos Estados particulares do sistema mundial. Por outro lado, paralelamente a este direito supra-estatal, subsistiram ou surgiram diferentes formas de direito infra-estatal: ordens jurídicas locais, com ou sem base territorial, regendo determinadas categorias de relações sociais e interagindo, de múltiplas formas, com o direito estatal. A existência destas ordens jurídicas infra-estatais e a sua articulação com o direito estatal foram quase sempre recusadas por este último, apesar de vigentes no plano sociológico. A constelação jurídica das sociedades modernas foi, assim, desde o início constituída por dois elementos. O primeiro elemento é a coexistência de várias ordens jurídicas (estatal, supra-estatal, infra-estatal) em circulação na sociedade; o direito estatal, por muito importante e central, foi sempre apenas uma entre as várias ordens jurídicas integrantes da constelação jurídica da sociedade; embora as diferentes constelações do sistema mundial variassem muito do centro para a periferia, combinaram sempre as ordens jurídicas estatal, supra-estatal e infra-estatal. Por outro lado — e este é o segundo elemento, igualmente importante, da constelação jurídica moderna —, o Estado nacional, ao conceder a qualidade de direito ao direito estatal, negou-a às demais ordens jurídicas vigentes sociologicamente na sociedade.

Estes dois factos (a existência sociológica de uma constelação de direitos e a sua rejeição pela ordem política) são igualmente importantes para a compreensão da especificidade operacional, da força e da plasticidade do direito estatal moderno nas diferentes sociedades nacionais, tal como pretendo demonstrar nos capítulos seguintes e nos 2º e 3º Volumes. Neste momento da análise, sublinho apenas que, para des-pensar o direito num período de transição paradigmática, deve forçosamente começar-se por separar o Estado do direito. Essa separação tem dois propósitos, o primeiro dos quais é mostrar que não só o Estado nunca deteve o monopólio do direito como também nunca se deixou monopolizar por ele. Muito para além da doutrina da *raison d'état*, o Estado constitucional funcionou geralmente tanto por meios legais como por meios ilegais. Essa conjugação de legalidade com ilegalidade (segundo a definição de ordem jurídica do próprio Estado) variou conforme as áreas de intervenção do Estado. Variou, sobretudo, de acordo com a posição do Estado no sistema mundial. Em segundo lugar, a rejeição arbitrária da pluralidade de ordens jurídicas eliminou ou reduziu drasticamente o potencial emancipatório do direito moderno. Analisarei, pormenorizadamente, estas questões no Capítulo 5 e nos 2º e 3º Volumes.

Neste momento, porém, impõem-se duas observações. A primeira é que a separação entre direito e Estado-nação é uma condição necessária, mas não suficiente, para a recuperação do potencial emancipatório do direito, já que tão importante quanto essa separação é a direcção que ela toma. A segunda observação é que essa separação é relativa, isto é, não colide com o reconhecimento da centralidade do direito estatal no sistema inter-estatal; apenas põe em causa a expansão simbólica dessa centralidade operada a partir do século XIX: passar do protagonismo do direito estatal, numa constelação de diferentes ordens jurídicas, para o de único actor numa ordem jurídica monolítica exclusivamente regulada pelo Estado. Esta expansão simbólica foi tão profundamente aceite pela cultura jurídico-política e pelo senso comum que pô-la hoje em causa equivale a despensar o direito.

Tal como na discussão de outros tópicos ou dimensões da transição paradigmática do direito moderno, o processo de des-pensar o direito orientar-se-á inicialmente pelas tradições banidas ou marginalizadas da modernidade, o que requer alguma escavação arqueológica. Relativamente à separação entre direito e Estado, recorrerei à cultura jurídica transnacional da modernidade que analisei nas primeiras secções deste capítulo.

O direito e a sociedade política

A separação jurídico-política entre Estado nacional e sociedade internacional foi historicamente concomitante com a separação entre o Estado, como entidade distinta, e o conjunto da sociedade nacional. De facto, à medida que a nação se tornou juridicamente simétrica do Estado, este — convertido numa estrutura formal de poder, separada quer dos governantes quer dos governados — desligou-se politicamente dela. Esta transformação ideológica e política remonta à passagem da concepção romântica para a concepção hegeliana de nação. Enquanto a concepção romântica de nação, como uma "individualidade histórica grandiosa", permite equacionar as exigências práticas que a tentativa de fazer coincidir nação com Estado imporia à ideia de nação (A. Smith, 1988: 174-208; Guidieri e Pellizzi, 1988: 10), para Hegel a nação é o equivalente "racional" do Estado, a base social da sua legitimidade e da sua força; para constituir a base do poder do Estado, a nação tem de estar privada de qualquer poder que não seja o poder do Estado sobre ela. Esta dialéctica entre atribuição de poder e privação de poder foi cristalizada pelo dualismo Estado/sociedade civil que, no século XIX, as ciências sociais reconstruíram analiticamente.

É evidente que nunca houve uma cristalização perfeita das entidades opostas deste dualismo. Por exemplo, relativamente aos limites exactos da sociedade civil, discute-se se a economia faz ou não parte dela (Keane, 1988a, 1988b; Jessop, 1990: 338-369)[55]. Por outro lado, como já vimos, o Estado sofreu profundas transformações desde o período do capitalismo liberal até hoje. Além disso, os termos da distinção entre Estado e sociedade civil sofreram também uma profunda evolução[56].

O mais importante a reter é que os debates suscitados pelo dualismo Estado/sociedade civil nos últimos duzentos anos quase sempre ocultaram a matriz do dualismo, a ideia de que as duas entidades, embora reciprocamente autonomizadas, são parte integrante uma da outra e não podem ser concebidas como entidades separadas — a sociedade civil como o "outro" do Estado e vice-versa. No Capítulo 5, veremos como este dualismo foi a espinha dorsal da teoria política liberal, e como ele foi igualmente adoptado pelo marxismo. A meu ver, hoje em dia, a consistência deste dualismo não vai além do facto de ele constituir uma ilusão generalizadamente aceite.

No Capítulo 5, proporei uma alternativa conceptual, de que apresento a seguir um breve resumo. Do ponto de vista do sistema mundial, este dualismo constituiu, desde o início, uma representação profundamente errada da realidade política, sobretudo no período do pós-guerra, quando as colónias, na sua maioria, se tornaram Estados independentes. Se em alguns (não em todos) países centrais pode afirmar-se, com razão, que a sociedade civil criou o seu Estado, na periferia (as antigas colónias), e até na semiperiferia, aconteceu exactamente o oposto. Neste último caso, a sociedade civil foi uma entidade ainda mais artificial do que o próprio Estado. Os muitos processos sociais (divisões étnicas, culturas locais, pluralidade jurídica, etc.) que ficaram excluídos da sociedade civil, tão abstracta e limitadamente definida, foram transformados pelas potências hegemónicas em factores explicativos da "debilidade" da sociedade civil dos Estados periféricos e semiperiféricos no sistema mundial. Uma teoria política baseada numa parcela tão diminuta do processo histórico global só podia servir as hierarquias imperialistas do sistema interestatal.

A dicotomia Estado/sociedade civil ocultou a natureza das relações de poder na sociedade e é indiscutível que o direito contribuiu decisivamente para isso. A concepção do poder do Estado como a única forma de poder político-jurídico não significou que não houvesse outras formas de poder na sociedade, mas converteu-

---

55. Ver também Pierson (1991: 205).
56. Segundo Keane (1988a), esta evolução comporta quatro fases.

os em poderes fácticos sem base jurídica autónoma e, em todo o caso, sem qualquer carácter político. Se considerarmos as relações de poder realmente existentes nas sociedades do início do século XIX, a redução do poder político ao poder do Estado nada tem de óbvio. No entanto, permitiu passar das promessas emancipatórias globais, inscritas no paradigma da modernidade, para a promessa da democratização do Estado. A partir daí, a forma de poder estatal, mais ou menos democrática, pôde coexistir com formas mais ou menos despóticas de poder social sem que a natureza democrática do sistema político fosse posta em causa. Do mesmo modo, um direito estatal mais ou menos democrático pôde coexistir com formas mais ou menos despóticas de direito infra-estatal sem que a natureza democrática do direito oficial fosse posta em causa.

A dicotomia Estado/sociedade civil desencadeou uma relação dinâmica entre os dois conceitos que, em termos gerais, pode ser caracterizada como uma absorção recíproca e constante de um pelo outro. Marx descobriu muito cedo que a sociedade civil podia reproduzir-se na forma de Estado, aí residindo a natureza capitalista do Estado; mas a sua confiança na concepção liberal do Estado como dispositivo artificial impediu-o de ver que, inversamente, o Estado também podia reproduzir-se na forma de sociedade civil. Só muito mais tarde este outro lado da absorção recíproca foi identificado pelo marxismo, no caso por Gramsci. Gramsci analisou este fenómeno partindo do seu conceito de hegemonia e, em particular, do conceito de sociedade política ou de Estado integral (*lo stato integrale*), a combinação de "sociedade civil" com "sociedade política" que englobava, segundo ele, a constelação política global das sociedades capitalistas (Gramsci, 1971).

A absorção recíproca implica, pois, dois processos diferentes: a reprodução da sociedade civil na forma de Estado e a reprodução do Estado na forma de sociedade civil. A meu ver, a expansão do Estado na forma de sociedade civil é a característica mais saliente do Estado capitalista nos países centrais, no período do capitalismo desorganizado. Assim se explica que a maior parte das recentes propostas para conferir poder à sociedade civil redunde em desarme social e político para a maioria dos cidadãos: o poder que aparentemente se retira ao Estado para o dar à sociedade civil continua a ser, de facto, exercido sob a tutela última do Estado, apenas substituindo, na execução directa, a administração pública pela administração privada e, consequentemente, dispensando o controlo democrático a que a administração pública está sujeita. A lógica privada, que é quase sempre a lógica do lucro, combinada com a ausência de controlo democrático, não pode deixar de agravar as desigualdades sociais e políticas.

Uma vez reduzido à dimensão jurídica do Estado, o direito ficou prisioneiro deste jogo de espelhos. Assim, para resolver os dilemas políticos que impedem que o direito moderno esteja inequivocamente ancorado na sociedade política (nacional, local ou transnacional), é imprescindível abandonar o dualismo Estado/sociedade civil e inventar novos instrumentos analíticos que nos permitam abordar a constelação política global das sociedades capitalistas contemporâneas sem subterfúgios, bem como desenvolver estratégias políticas mais eficazes do que as que resultaram do dualismo Estado/sociedade civil. É isso que será feito no Capítulo 5.

A utopia intelectual de des-pensar as ortodoxias conceptuais, enraízadas de forma tão profunda no nosso senso comum político, pode municiar-se com a história semântica do conceito de Estado. O conceito de Estado enquanto entidade abstracta, separada quer do governante quer do governado, é o resultado de um longo percurso conceptual que remonta à recepção do direito romano nos séculos XII e XIII (Q. Skinner, 1989). A palavra Estado, *status*, significava originalmente um estado de coisas, a situação em que se encontrava um reino ou uma comunidade. Conceitos de origem clássica, como *status reipublicae* ou *status civitatum*, foram usados em toda a Europa medieval nos manuais dos magistrados e na literatura destinada à educação de príncipes, a propósito do dever de manterem as suas cidades em bom ou próspero estado (o *optimus status reipublicae* de Cícero e Séneca). O Estado era, então, a comunidade como um todo, a vida política bem ordenada. No republicanismo renascentista das cidades-estado italianas, o Estado começou a ser identificado com a ideia de autogovernação, o *stato franco* de Dante, isto é, um estado ou uma situação de liberdade civil (Skinner, 1989: 106). A tradição republicana é particularmente relevante para os nossos propósitos, dado que os teorizadores da república, embora distingam o Estado daqueles que o controlam, não fazem qualquer distinção entre poder do Estado e poder dos cidadãos: cada um deles só existe na medida do outro.

Entre a utopia jurídica e o pragmatismo utópico

Quando o liberalismo oitocentista transformou a ideia moderna de progresso na ideia de uma contínua e infinita repetição da sociedade burguesa, criou aquilo a que poderia chamar-se o dilema do futuro: todos os futuros seriam possíveis desde que estivessem contidos num mesmo futuro capitalista. Tanto as ciências sociais como o direito foram chamados a resolver este dilema, e expressões como "ordem e progresso" e "mudança social normal" resumem a tendência geral das soluções encontradas. Às ciências sociais competiria descobrir as regularidades e as causas da mudança social, enquanto ao direito competiria transformar tais regularidades em regulações jurídicas eficazes. Dado que as ciências sociais ainda não estavam desenvolvidas, a sua prioridade lógica teve de dar lugar a uma subordinação pragmática aos imperativos inadiáveis da regulação social. A meio caminho entre o saber regulatório (ordem) e a ignorância regulatória (caos), o direito estatal disponibilizou-se para ser tanto o *ersatz* da ciência como a pré-compreensão do conhecimento científico ainda não desenvolvido. Esta dupla disponibilidade do direito estatal esteve na origem da sua transformação em utopia, uma utopia muito peculiar. Parafraseando Jacques Ellul (1965: 89), poderia dizer-se que o direito estatal, tal como a tecnologia, passou a ser "empurrado", incessantemente, oferecendo um grande número de soluções para problemas que não existiam.

Esta utopia jurídica foi o motor da mudança social normal, a ideia de que a mudança social é um processo contínuo de transformações fragmentárias e graduais, sancionadas pelo direito estatal que, por sua vez, vai também evoluindo contínua, gradual e legalmente. A credibilidade social da mudança social normal assentou em dois factores. Em primeiro lugar, a mudança social normal cobria uma ampla variedade de transformações de tal modo diversificadas e fragmentadas que era impossível descortinar-lhes uma tendência geral ou uma direcção global. Esta opacidade era o outro lado da plasticidade do direito estatal a que já aludimos. Em segundo lugar, a eficácia do direito podia ser de carácter instrumental e de carácter simbólico[57]. Uma lei pode ser promulgada para ser aplicada e produzir efeitos num dado domínio social (educação, saúde, fiscalidade, etc.), caso em que terá eficácia instrumental, ou apenas para produzir como efeito o facto de haver uma lei sobre um dado domínio social e esse facto ter impacto público independentemente de se saber se a lei é ou não aplicada, caso em que esta terá eficácia simbólica. Assim, eventuais deficiências da eficácia instrumental do direito poderiam ser compensadas, pelo menos em parte, pela sua eficácia simbólica.

Esta construção jurídica da mudança social normal teve duas grandes implicações políticas. A primeira foi que, devido à opacidade da direcção global, as mesmas políticas reformistas puderam ser razoavelmente defendidas por determinados grupos sociais como sendo políticas anticapitalistas e por outros como sendo políticas capitalistas. Esta duplicidade teve um efeito decisivo nos padrões de mobilização política, sobretudo nos países centrais do sistema mundial. O movimento sindical lutou, durante décadas, por reformas consideradas socialistas pelos sectores hegemónicos dentro do movimento, mas que o bloco do poder via como parte de um jogo de soma positiva cujo resultado final seria a expansão do capitalismo.

A segunda implicação foi que esta construção se ajustava ao sistema interestatal como um todo. A sua opacidade global e flexibilidade operacional equiparam-na para servir as mais diversas estratégias políticas, tanto no centro como na periferia e semiperiferia do sistema mundial. Puderam, assim, exportar-se instituições e normas jurídicas, ou até sistemas jurídicos completos, dos Estados centrais para os periféricos. Estes transplantes jurídicos eram resultado, nuns casos, de uma imposição colonial ou pós-colonial e, noutros, de uma adopção voluntária ou semivoluntária. Noutros casos ainda, o direito (ocidental) moderno compartilhou o campo jurídico oficial com outras tradições jurídicas locais, sendo apenas dominante nas

---

57. Sobre a distinção entre eficácia instrumental e eficácia simbólica, ver M. Edelman (1964); L. Friedman (1975).

áreas consideradas mais importantes pelas elites políticas: as interacções entre funcionários estatais e o mundo dos negócios.

A expansão deste modelo jurídico de mudança social normal em todo o sistema mundial foi um processo histórico e não-linear. Enquanto nos países centrais o reformismo (a forma política da transformação normal) se tornou hegemónico depois da Primeira Guerra Mundial, na periferia e na semiperiferia o reformismo disputou com a revolução social a hegemonia no terreno político ao longo de quase todo o século. Nos anos sessenta, o "movimento" "Direito e Desenvolvimento" ou "Direito e Modernização" (Trubek e Galanter, 1974; Gardner, 1980) — imposto ou "vivamente recomendado" aos Estados periféricos e semiperiféricos pelos Estados centrais — veio evidenciar a escala mundial desta disputa, uma luta histórica que só nos últimos anos, com o colapso da União Soviética, parece ter sido decidida — pelo menos por agora — a favor do reformismo.

Curiosamente, esta vitória final do reformismo em todo o sistema mundial parece ter ocorrido simultaneamente com a sua aparente crise final nos países centrais, como já demonstrei na análise do terceiro período do desenvolvimento capitalista, o período do capitalismo desorganizado. Este facto exige que analisemos em pormenor este modelo de mudança social normal assente numa utopia jurídica gerida pelo Estado. O Quadro 1 apresenta as principais características deste modelo. O Estado é entendido como desenvolvendo um conjunto de três estratégias: acumulação, hegemonia e confiança (as duas últimas, com três estratos). Cada uma delas abrange um campo social determinado, assente, para tal, numa forma específica de conhecimento, e dirige-se a um tipo preciso de subjectividade; nesse processo, mobilizam-se determinados campos jurídicos com o fim de fomentar valores sociais activando códigos dicotómicos determinados. Cada estratégia deve contribuir, a seu modo, para a mudança social normal, sendo esta concebida como um misto de repetição social e de melhoria social. Dada a clareza do quadro, não farei senão uns breves comentários.

Embora centrado nas actividades dos Estados nacionais, este padrão é, no fundo, um modelo transnacional que, a partir do século XIX, forneceu a lógica para a actuação do Estado no sistema inter-estatal, independentemente da forma "impura" ou selectiva como essa lógica possa ter funcionado. A actuação do Estado é um fluxo contínuo de acções e omissões, decisões e ausência de decisões, discursos e silêncios, e só num determinado grau de agregação é possível encontrar a combinação específica de estratégias que preside à actuação do Estado num determinado período. No sistema inter-estatal, a combinação varia de Estado para Estado e de período para período.

Na análise marxista do Estado, as estratégias de acumulação e as de hegemonia são, geralmente, as únicas referidas. Contudo, em minha opinião, as estratégias de confiança são igualmente importantes, e ouso afirmar que, hoje em dia, tendem a transformar-se nas estratégias mais autónomas de todas as estratégias de Estado, as que lhe permitem actuar credivelmente em nome de toda a sociedade e assumir a responsabilidade de preservar a integridade desta, apesar de ele ser apenas uma parte dessa sociedade[58]. A centralidade das estratégias de confiança reside também no facto de a sua correcta aplicação proporcionar os recursos institucionais dos quais dependem a eficácia e a credibilidade das estratégias de acumulação e de hegemonia. Visto que nenhuma atenção tem sido concedida às estratégias de confiança, impõe-se um breve comentário sobre elas.

Niklas Luhmann (1979, 1988a e 1988b) e Anthony Giddens (1991) têm vindo a chamar a atenção para a natureza e para o papel da confiança na modernidade. Segundo Giddens, o dinamismo da modernidade advém-lhe do facto de ter separado o tempo do espaço, alterando assim drasticamente as condições sob as quais o tempo e o espaço são organizados de modo a ligarem presença e ausência. A distanciação espácio-temporal provocou a desinserção dos sistemas sociais ou, nas palavras de Giddens, obrigou a "retirar as relações sociais dos contextos locais de interacção e a reestruturá-las em distâncias espácio-temporais indefinidas" (1991: 21). Dado que os mecanismos de desinserção se traduzem geralmente em sistemas abstractos, as consequências para o desenvolvimento das instituições modernas são decisivas. Desses sistemas abstractos, Giddens salienta os sistemas de peritos que são mecanismos de desinserção porque retiram as relações sociais do seu contexto imediato. Como a confiança se reporta sempre à ausência no tempo e no espaço, a modernidade alterou dramaticamente as condições de confiança e de fiabilidade. Giddens define confiança como

> a crença na fiabilidade de uma pessoa ou de um sistema, relativamente a um determinado conjunto de resultados ou acontecimentos, exprimindo essa confiança uma fé na probidade ou no amor de outrem, ou na correcção de princípios abstractos (conhecimento técnico) (Giddens, 1991: 34).

Como a modernidade substituiu o conceito de *fortuna* pelo conceito de risco, o contexto da confiança expandiu-se, enormemente: abrange todos os riscos e os perigos da acção humana, agora liberta da imposição divina e dotada de uma capacidade transformadora ampliadíssima. Giddens conclui que "a natureza das instituições modernas está profundamente ligada aos mecanismos da confiança nos sistemas abstractos, sobretudo confiança nos sistemas de peritos" (1991: 83).

Para mim, através do seu sistema jurídico, o Estado moderno tornou-se o principal garante da confiança em massa de que necessita a sociedade moderna. A confiança gerada pelo Estado vai, aliás, muito além dos sistemas de peritos, estendendo-se à infinita variedade de situações de gestão do risco que se vão desenvolvendo a partir das relações sociais entre estranhos (indivíduos, grupos, Estados es-

---

58. Sobre o paradoxo de o Estado actuar como se constituísse toda a sociedade, embora seja apenas parte dela, ver Jessop (1990: 360).

Quadro 1
MUDANÇA SOCIAL NORMAL
(estratégias do Estado no sistema inter-estatal)

Dimensões		Campo Social	Conhecimento	Subjectividade	Campo jurídico	Valor social	Mudança Social Normal	
	Estratégias						Repetição	Melhoria
Acumulação		Mercadorização competitiva da mão-de-obra, dos bens e dos serviços	ciência como força produtiva	classe social, sexo, etnia	direito civil (contratos, propriedade, etc.); direito económico; direito do trabalho; direito da imigração	liberalismo; código: pró-mercado/antimercado	Acumulação sustentada; desigualdade económica	crescimento económico
Hegemonia I		participação e representação política	ciência como discurso de verdade	cidadania	direito constitucional; direito administrativo; direito do sistema político	democracia; código: democrático/antidemocrático	estabilidade política	expansão dos direitos
	II	consumo social	ciência como discurso de bem-estar	cliente, consumidor, beneficiário	direito social, direito do consumo, direito do trabalho	bem estar social; consumismo; código: justo/injusto	paz social; desigualdade social	maior justiça social
	III	consumo cultural, informação, comunicação e educação de massa	ciência como discurso de lealdade	cliente, consumidor, aprendiz	direito da comunicação social; direito da educação; direito da informação	alfabetismo; lealdade; código: leal/desleal; qualificado/não qualificado	conformismo cultural; desigualdade cultural	mais difusão da informação e do conhecimento; mais qualificação; mais profissionalização
Confiança I		riscos nas relações internacionais: litígios, crimes, acidentes	ciência como recurso nacional	nacionalidade	direito internacional	nacionalismo; código: guerra/paz	segurança nacional; soberania	mais reconhecimento internacional; melhor posição no sistema inter-estatal
	II	riscos nas relações sociais: litígios, crimes, acidentes	ciência como recurso estatal e social	cidadania	direito penal; direito civil; administração da justiça	legalismo; códigos: legal/ilegal; justo/injusto relevante/irrelevante	segurança jurídica; ordem e direito	expansão e aperfeiçoamento da resolução de litígios; mais acesso ao direito
	III	riscos nas acções tecnológicas e ambientais: conflitos, crimes, acidentes	ciência como recurso estatal e social	nacionalidade cidadania	direito do ambiente; direito penal; direito civil	competência dos peritos; códigos: seguro/perigoso; previsível/imprevisível	segurança técnica e ambiental	perícia crescente; mais peritos; melhores peritos

trangeiros) ou entre conhecimentos, quer íntimos quer afastados. Quanto maior for o âmbito das relações geradoras de risco, tanto maior será a dependência na confiança do Estado e na sua gestão do risco. A confiança nos sistemas de peritos assenta na possibilidade de o Estado lhes fiscalizar as actividades e gerir os riscos decorrentes de eventuais falhas ou consequências imprevistas do seu funcionamento.

A actuação combinada das estratégias de acumulação, hegemonia e confiança assegura a reprodução da mudança social normal, que consiste num padrão de transformação social baseada na repetição e na melhoria. Estas duas dimensões estão inextricavelmente entrelaçadas, já que a sustentabilidade de uma depende da outra: não há repetição sem melhoria, nem melhoria sem repetição. O ritmo da mudança é ditado pelo desequilíbrio entre factores de repetição e factores de melhoria, mas, para que a transformação social seja normal, ela tem de comportar os dois tipos de factores. Nestas circunstâncias, a mudança social normal é um paradoxo: quando as condições prevalecentes de um qualquer domínio social são melhoradas, já não se repetem e vice-versa.

Este paradoxo, longe de de ser um factor de paralisação, é, pelo contrário, a fonte inesgotável da energia da própria ideia de mudança social normal. Em primeiro lugar, o facto de a mudança social normal ser simultaneamente fragmentada e desprovida de uma direcção global permite que o mesmo processo social individual seja considerado como repetição por alguns grupos sociais e como melhoria por outros. Em segundo lugar, o paradoxo da mudança social normal possibilita a coexistência de várias temporalidades num mesmo processo de transformação. Como a repetição não existe sem melhoria, e vice-versa, a natureza das temporalidades dominantes é totalmente indeterminada. A curto prazo, tanto as tendências da repetição como as da melhoria podem ser consideradas quer fenómenos de curto prazo, quer manifestações de curto prazo de tendências de longo prazo. Por outro lado, só a longo prazo e retrospectivamente é possível saber qual das duas hipóteses em conflito estava correcta e concluir se a tendência de longo prazo redundou em repetição ou, pelo contrário, em melhoria. Como o debate político, mesmo quando se ocupa das tendências de longo prazo, nunca ocorre a longo prazo, a indeterminabilidade das diferentes temporalidades reforça a inevitabilidade da mudança social normal, favorecendo, assim, a sua legitimidade.

Este padrão de mudança social normal assenta nos seguintes pressupostos. Em primeiro lugar, independentemente de quão diversa seja a sua aplicação de Estado para Estado, o padrão da mudança social normal corresponde à lógica política transnacional do sistema inter-estatal. Em segundo lugar, os mecanismos nacionais de comando criados e aplicados pelo Estado estão disponíveis e são eficazes em todo o território nacional, cujas fronteiras são também garantidas pelo Estado. Em terceiro lugar, a capacidade financeira do Estado para dar execução a todas as suas estratégias depende, acima de tudo, da sustentabilidade do crescimento económico e, consequentemente, do êxito das estratégias de acumulação. Em quarto lugar, as aspirações humanas e o bem-estar das populações podem ser concretizados ou assegurados por bens e serviços produzidos em massa, concebidos como mercadorias, mesmo que não entrem nos circuitos normais do mercado. Em quinto lugar, os riscos e os perigos, cuja gestão constitui o objecto das estratégias de confiança, ocorrem raramente e, sobretudo, em pequena ou média escala.

As análises desenvolvidas neste capítulo e no capítulo anterior mostram como estes pressupostos estão a ser postos radicalmente em causa no actual período de transição paradigmática. Perante a crescente e aparentemente irreversível polarização e desigualdade entre o Norte e o Sul, este padrão de mudança social normal já não capta nenhuma das transformações significativas que o sistema mundial está presentemente a sofrer. Tanto no centro como na periferia do sistema mundial, os mecanismos nacionais de comando estão a degradar-se devido à intensificação das transacções e interacções transnacionais. A impossibilidade de sustentar, à escala global, um bem-estar social mercadorizado, juntamente com o agravamento das desigualdades sociais, a transformação dos valores culturais numa direcção pós-materialista e a crescente visibilidade social de formas de opressão até agora ocultas (opressão das mulheres, das minorias culturais e étnicas, das crianças e da natureza), tudo isto contribui para questionar, a um nível fundamental, a qualidade e a quantidade de vida produzida pela transformação normal. Na verdade, cada vez mais se considera anormal a transição normal. Finalmente, devido à crescente discrepância entre a capacidade de acção e a capacidade de previsão, os riscos, sobretudo os das intervenções tecnológicas e ambientais, de consequências cada vez mais imprevisíveis, multiplicaram-se descontroladamente em termos de escala e de frequência.

Esta dimensão, sem precedentes, do risco e do perigo desgastou a credibilidade da confiança proporcionada pelo Estado. Por um lado, como alguns dos riscos e perigos foram globalizados, o seu controlo é agora uma tarefa que está muito para além das capacidades dos Estados individuais e o sistema inter-estatal não foi, de modo algum, concebido para compensar as deficiências de regulação dos Estados através de acções internacionais concertadas. Por outro lado, a crescente consciencialização dos riscos e dos perigos evidenciou as limitações estruturais dos mecanismos jurídicos usados pelos Estados para os gerir (critérios estreitos de legitimidade processual, responsabilidade, prova relevante, dano; sistemas judiciais lentos, frustrantes, selectivos, dispendiosos ou inacessíveis).

O efeito cumulativo destas deficiências de ajustamento sobre a "mecânica" da mudança social normal é enorme. Desgastam a dimensão de melhoria da transformação social, acabando por levar à ruptura a equação repetição-melhoria. Como a repetição não pode manter-se sem aperfeiçoamento, a mudança social normal converte-se em estagnação normal ou decadência normal. A tensão, já muito enfraquecida, entre regulação (repetição) e emancipação (melhoria) sofre um duplo colapso: quando o último vestígio de emancipação se desvanece, a regulação moderna torna-se insustentável. É, portanto, apenas por simples inércia que o modelo de transformação normal parece atingir hoje a completa hegemonia no sistema inter-estatal. Trata-se, por assim dizer, de uma hegemonia póstuma.

Nestas circunstâncias, torna-se necessário um novo paradigma de transformação social. Dado que a mudança social normal assentou na rejeição da revolução como modelo credível de transformação social, parece ser um bom ponto de partida (e nada mais do que isso) reexaminar as relações entre o direito moderno e a revolução. O apelo feito atrás a uma separação do direito relativamente ao Estado deve ser complementado pelo apelo a uma rearticulação do direito com a revolução. Na verdade, os dois procedimentos devem ser efectuados simultaneamente, se quisermos realizar a reconstrução do direito e da política nos termos de uma perspectiva pós-moderna de oposição.

É importante ter em conta que a separação entre direito e Estado tanto pode estar ao serviço de políticas reaccionárias como de políticas progressistas. Para aumentar as possibilidades destas últimas, deve começar-se por rearticular o direito com a revolução, o que, numa altura em que a revolução foi lançada para o caixote do lixo da História, pode parecer um pouco estranho. O meu argumento é que a revolução foi rejeitada não por se ter tornado desnecessária, mas porque as formas predominantes que assumiu desde o século XIX traíram, elas próprias, a necessidade de revolução. Basta passar os olhos pelas injustiças e opressões do sistema mundial para concluir que o projecto emancipatório da revolução é hoje mais necessário do que nunca. A rearticulação do direito com a revolução que eu proponho tem a ver com esse projecto e não com as diferentes formas políticas dos movimentos revolucionários do nosso século. Tal como aconteceu nos anteriores tópicos de discussão paradigmática do direito, também aqui é necessário proceder a algumas escavações arqueológicas para desenterrar as tradições da modernidade que foram reprimidas ou marginalizadas.

Estamos de tal forma habituados a considerar que direito e revolução são dois conceitos opostos e antagónicos que a ideia de os aproximar, e, pior ainda, de os rearticular, pode parecer uma monstruosidade. Em boa verdade, a polaridade direito/revolução é um fenómeno extraordinariamente recente. Harold Berman demonstrou, convincentemente, que a implicação recíproca do direito e da revolução esteve na origem da moderna tradição jurídica ocidental desde o século XII. Berman começa por corrigir aquilo a que chama "viés ideológico a favor da transformação gradual" (Berman, 1983: 15) que dominou o estudo das origens da tradição jurídica ocidental e que, segundo ele, nos impediu de ver a primeira revolução moderna. Berman sustenta que essa primeira revolução moderna ocorreu no seio da Igreja de Roma entre os séculos XI e XII, tendo dela surgido o primeiro corpo de leis do direito moderno, o direito canónico. De então para cá, a tradição histórica do direito foi profunda e periodicamente alterada por violentas revoluções que lhe conferiram novas orientações.

A razão por que este fenómeno nos escapou reside na própria natureza do direito. Com efeito, "uma transformação radical de um sistema jurídico é algo de paradoxal, já que um dos objectivos fundamentais do direito é proporcionar estabilidade e continuidade" (Berman, 1983: 16). Por isso, sempre que uma transformação jurídica revolucionária acontece, tomam-se, de imediato, medidas (jurídicas) para impedir que ela volte a repetir-se. A fim de que o novo direito possa ser firmemente estabelecido, considerar-se-á que ele se alterou não apenas em resposta a circunstâncias novas, mas também de acordo com algum padrão histórico. Isto explica porque é que o "mito de um retorno a um tempo primevo é, de facto, o cunho distintivo de todas as revoluções europeias" (Berman, 1983: 15). Depois de consolidado, o novo direito revolucionário tem de ser protegido contra o perigo de outra ruptura; futuras mudanças têm de limitar-se a transformações normais.

A tradição jurídica ocidental foi, portanto, marcada por revoluções recorrentes que deram origem a novos sistemas jurídicos, os quais, depois de consolidados, negavam ou minimizavam a ocorrência ou o impacto da revolução anterior. Por este processo, todas as grandes rupturas na tradição jurídica ocidental permanecem dentro desta mesma tradição. É ainda Berman quem afirma que o termo "revolução" designa não apenas a violenta subversão inicial que introduz o novo sistema, mas também todo o período necessário para que esse sistema ganhe raízes, um processo que pode durar mais do que uma geração. Berman distingue seis grandes revoluções, ou revoluções "totais", na História moderna: a Revolução Russa, a Revolução Francesa, a Revolução Americana, a Revolução Inglesa (1640-1688), a Reforma protestante (1517-1555) e a Revolução Papal (1075-1122). Em todas elas, as transformações fundamentais do direito estiveram interligadas com alterações profundas noutras esferas da vida social, mas também em todas elas o novo direito representou uma tentativa de superar a incapacidade do antigo direito para dar resposta adequada às transformações que estavam a acontecer na sociedade antes do surto revolucionário. Essa incapacidade para antecipar as transformações fundamentais e as incorporar a tempo deve-se a uma contradição inerente à natureza da tradição jurídica ocidental: a contradição entre os seus dois propósitos básicos — preservar a ordem e fazer justiça (Berman, 1983: 21).

Esta reconstituição da tradição jurídica moderna, em si mesma muito elucidativa, acaba por conduzir Berman a um diagnóstico sombrio, apocalíptico e bastante conservador dos nossos tempos. Segundo ele, temos vindo a passar, no século XX, por uma revolução de carácter diferente que rompe, de várias formas, com a tradição revolucionária do Ocidente. A espantosa transformação em todos os campos do direito — tanto no direito dos contratos e da propriedade como nas obrigações e no direito penal, no direito privado e no direito público — derrubou a relação complexa entre direito e revolução existente desde o século XI. Enquanto anteriormente as transformações revolucionárias do direito sempre se mantiveram no interior da tradição jurídica ocidental e foram, portanto, ultrapassadas dentro dessa mesma tradição, hoje acontece o contrário, à medida que o direito se subordina totalmente à revolução. Isto representa, segundo Berman, nada menos do que a derrocada final da tradição jurídica ocidental. Não é difícil perceber aqui uma variante dos recentes debates sobre a autonomia do direito e a autopoiese jurídica. Efectivamente, a autonomia do direito é o subtexto normativo da narrativa histórica de Berman, e também o é a noção de justiça transcendente ou direito natural devorados pelo insaciável instrumentalismo jurídico do nosso século.

O que devemos reter da análise de Berman é a sua ênfase na relação complexa, rica e contraditória entre direito e revolução enquanto característica fundadora do direito moderno. Nos termos da grelha conceptual por mim proposta, a investigação histórica de Berman prova a existência de uma tensão multi-secular entre regulação e emancipação que constitui a força impulsionadora do direito moderno. O que Berman não consegue ver é que essa tensão, que começou no século XII, colapsou ou foi drasticamente reduzida, não depois de 1914 como ele sugere, mas depois da Revolução Francesa, quando o Estado liberal desencadeou o processo histórico de redução da modernidade às dimensões e proporções do capitalismo. A Revolução Francesa foi, de facto, a última revolução levada a cabo conjuntamente pelo direito e pela revolução, porque foi conduzida em nome de um direito cujo enorme potencial regulatório só podia vir à luz em práticas sociais emancipatórias que transcendessem os limites estabelecidos. Nesta perspectiva, a Revolução Russa não se insere na linha de continuidade da longa tradição do direito moderno, como Berman afirma, mas simboliza antes o seu colapso. A Revolução Russa é a primeira revolução moderna levada a cabo contra o direito.

O modelo de mudança social normal desenvolvido pelo Estado pós-revolucionário do século XIX não é, a meu ver, apenas mais um exemplo da forma como o novo direito revolucionário tenta minimizar o impacto da revolução anterior e defender-se da seguinte; é, sim, o último exemplo. Os infinitos recursos organizacionais, políticos e culturais concentrados no Estado criam um mecanismo institucional inédito, capaz de separar, para sempre, o direito da revolução. No momento em que o direito é convertido em direito estatal, a revolução fica sem direito. Por meio das suas estratégias de hegemonia, o Estado liberal, que alega converter a mudança social normal no excitante começo da tradição jurídica moderna, acaba, na realidade, por lhe desferir o golpe final. Daqui para a frente, viveremos num período pós-revolucionário que, por declarar ser o derradeiro, se converte em contra-revolucionário. Daqui para a frente, é a revolução que fica totalmente submetida ao direito, e não o contrário, como afirma Berman. Isto explica porque é que a Revolução Russa, em vez de continuar a tradição da Revolução Francesa, é "forçada" a tentar um novo começo, um modelo de transformação social que subordina inteiramente o direito à revolução.

Se a teoria político-jurídica liberal baniu a revolução da constelação jurídica, o marxismo, sobretudo na versão marxista-leninista, baniu o direito da constelação revolucionária. E se esta oposição simétrica evidencia o nítido contraste entre o liberalismo e o marxismo, também trai a cumplicidade que os une. Quer no liberalismo, quer no marxismo, a relação dialéctica entre direito e revolução perde-se. No máximo, poderemos dizer que se mantém congelada num dos seus pólos pela ordem política. Quando Lenine e, mais tarde, Wyschinsky, dizem que "o direito é uma categoria da política", estão, na verdade, a levar a concepção liberal de direito até aos seus limites, já que para qualquer deles, tal como para a teoria liberal, a política (e, consequentemente, o direito) é o domínio do Estado. Não é a Revolução Russa, mas o Estado pós-revolucionário do século XIX que conduz a tradição jurídica ocidental a um colapso: a Revolução Russa é um sintoma ou uma consequência desse colapso, não a sua causa.

Esta escavação na modernidade jurídica mostra como é preciso cavar fundo (mais fundo do que o marxismo e o liberalismo) para desenterrar do meio dos resíduos os fragmentos da dialéctica moderna do direito e da revolução de que somos herdeiros.

CONCLUSÃO

Neste capítulo, defendi que a transição paradigmática, cujos fundamentos epistemológicos analisei no Capítulo 1, é um processo histórico muito vasto que se desenrola em múltiplas dimensões sociais, políticas e culturais. Embora seja mais visível no plano epistemológico — enquanto crise final da ciência moderna —, é como processo histórico que a transição paradigmática se torna um tópico da maior relevância sociológica. Afirmei ainda que o direito moderno oferece uma vantagem estratégica para a apreciação da sociologia da transição devido à sua estreita articulação com a ciência moderna em todo o processo de racionalização da vida social prometida pela modernidade. A tarefa de racionalização, concebida como um equilíbrio dinâmico e tenso entre regulação e emancipação, foi confiada à ciência. A solução dos problemas decorrentes da insuficiência do conhecimento científico, só superável a longo prazo, foi confiada ao direito. Como racionalizador de segunda ordem da vida social, o direito — na forma de direito estatal — entrou numa fase de crescimento ilimitado, semelhante ao pretendido para a ciência e para toda a transformação social.

Defendi também que a espectacular intensificação e acumulação de consequências negativas deste paradigma social nos fizeram concluir que há algo intrinsecamente errado na forma que a ciência e o direito adoptaram para maximizar a sua eficácia em fazer convergir a modernidade sócio-cultural com o capitalismo. Ao longo deste processo, a tensão original entre regulação e emancipação, constitutiva da ciência e do direito modernos, acabou por desaparecer, por vias diversas mas com o mesmo resultado global: a absorção da emancipação pela regulação. Neste capítulo, procurei mostrar como isso aconteceu no caso do direito moderno. Depois de passar sumariamente em revista as transformações jurídicas ocorridas nos três períodos do desenvolvimento capitalista (capitalismo liberal, organizado e desorganizado), analisei alguns dos mais recentes debates sobre a "crise do direito", acabando por concluir que todas foram incapazes de identificar as verdadeiras raízes do actual descontentamento com o direito.

Propus, então, como explicação alternativa, que a "crise do direito" se integra numa crise muito mais vasta e profunda do padrão hegemónico de transformação social observado desde o início do século XIX: o modelo da chamada mudança social normal. Depois de caracterizar este modelo e o papel determinante nele desempenhado pelo direito estatal como uma utopia jurídica, tentei mostrar como e por que razão esse modelo está a atravessar uma crise tão profunda que não pode ser resolvida recorrendo aos mecanismos de ajustamento disponíveis dentro dos parâmetros da transformação normal. Concluí, então, que estamos a entrar num período de transição paradigmática entre a sociabilidade moderna e uma nova sociabilidade pós-moderna cujo perfil é ainda quase imperscrutável e até imprevisível. Uma transição paradigmática é um longo processo caracterizado por um suspensão "anormal" das determinações sociais que dá origem a novos perigos, riscos e inseguranças, mas que também aumenta as oportunidades para a inovação, a criatividade e a opção moral.

Num período de transição paradigmática, o conhecimento antigo é um guia fraco que precisa de ser substituído por um novo conhecimento. Precisamos de uma ciência da turbulência, sensível às novas exigências intelectuais e políticas de utopias mais eficazes e realistas do que aquelas pelas quais vivemos no passado recente. A nova constelação de sentido não nasce do nada. Tem muito a lucrar se escavar o passado em busca de tradições intelectuais e políticas banidas ou marginalizadas, cuja autenticidade surge sob uma nova luz depois de se "desnaturalizar" ou até de provar a arbitrariedade desse banimento e marginalização. Acima de tudo, o novo conhecimento assenta num des-pensar do velho conhecimento ainda hegemónico, do conhecimento que não admite a existência de uma crise paradigmática porque se recusa a ver que todas as soluções progressistas e auspiciosas por ele pensadas foram rejeitadas ou tornaram-se inexequíveis.

Des-pensar é uma tarefa epistemologicamente complexa porque implica uma desconstrução total, mas não niilista, e uma reconstrução descontínua, mas não arbitrária. Além disso, por ser efectuada no encalço da ciência moderna, o momento destrutivo do processo de des-pensar tem de ser disciplinar (o direito e cada uma das ciências sociais), ao passo que o seu momento construtivo deve ser indisciplinar: o processo de des-pensar equivale a uma nova síntese cultural. Por último, nem todas as tarefas da reavaliação podem ser levadas a cabo a um nível paradigmático da análise. Algumas delas implicam uma análise empírica pormenorizada que deve ser levada a cabo em genuína, mas desleal, subordinação ao conhecimento antigo, ou seja, num nível subparadigmático: genuína, porque a investigação é efectuada de acordo com as regras teóricas e técnicas do velho conhecimento, mas simultaneamente desleal, porque é realizada como se nada de novo ou de inteligível pudesse conceber-se ou imaginar-se para além dele.

Neste capítulo, seleccionei três áreas em que o des-pensar do direito parece ser mais importante e urgente: Estado nacional *versus* sistema mundial, Estado-sociedade civil *versus* sociedade política, e utopia jurídica *versus* pragmatismo utópico. Estes três tópicos foram apresentados como dilemas porque, de facto, foram percebidos como tal no início do século XIX. O Estado constitucional considerava-se dotado de um poderoso recurso (um sistema jurídico exclusivo, unificado e universal) para enfrentar esses dilemas eficazmente, isto é, de tal maneira que se assegurasse a auto-reprodução do próprio Estado. O primeiro dilema foi confrontado pelo dualismo direito nacional/direito internacional, o segundo dilema foi confrontado pelo dualismo direito privado/direito público, e o terceiro dilema foi confrontado por um padrão de transformação normal baseado na infinita disponibilidade ou manuseabilidade do direito. Seguidamente, analisei as deficiências ou dissimulações estruturais destas três construções jurídicas. A primeira escamoteava o facto de que, devido à própria natureza do sistema inter-estatal, o direito internacional seria intrinsecamente de "qualidade jurídica" inferior à do direito nacional. A segunda descurava o facto de que o direito privado era tão público como o direito público e que, portanto, um coincidia com o outro, anulando o dualismo. Finalmente, a terceira construção jurídica esquecia o facto de que o direito, depois de separado da revolução, podia "normalizar" qualquer tipo de transformação numa qualquer direcção possível (incluindo a estagnação ou a decadência social).

Na tentativa de repensar o direito, sem estes dilemas e sem os impasses intelectuais e políticos a que eles conduziram, procedi a algumas escavações nos terrenos da tradição moderna em busca de memórias alternativas do futuro. Relativamente ao primeiro dilema, encontrei-as na cultura jurídica multi-secular, transnacional e local, da modernidade; relativamente ao segundo, encontrei-as em tradições conceptuais alternativas de Estado, especialmente no conceito de Estado da república renascentista, que o entendia como o bem-estar geral de uma sociedade autogovernada (*optimus status reipublicae*); por último, quanto ao terceiro dilema, descobri as memórias alternativas do futuro na articulação entre direito e revolução, uma longa tradição histórica da modernidade abruptamente interrompida depois da Revolução Francesa.

Estas escavações foram apenas o começo do processo de des-pensar o direito. Este processo irá continuar nos capítulos que se seguem, tanto no aspecto destrutivo como no construtivo. Nos próximos dois capítulos (Parte II) revisitarei, de uma perspectiva totalmente diferente da que dominou na Parte I, os limites dilemáticos da ciência e do direito modernos. Nos dois capítulos seguintes (Parte III) apresentarei uma alternativa conceptual às construções teóricas baseadas no dualismo Estado/sociedade civil (Capítulo 5) e formularei uma via utópica para imaginar subjectividades capazes de timonar a transição paradigmática numa direcção progressista constituída por novas constelações político-culturais em que o direito e a revolução não possam ser concebidos separadamente (Capítulo 6).

O objectivo global desta trajectória analítica é reinventar, para o direito e para a política, a tensão entre regulação e emancipação que, no Capítulo 1, tentei reinventar para a ciência.

PARTE II

As armadilhas da paisagem: para uma epistemologia do espaço-tempo

INTRODUÇÃO

Ao atrair o nosso olhar, as estátuas orientam-no e guardam-no. As estátuas são guardadores do olhar e, para o serem, o seu próprio olhar tem de ser fixo e opaco. No entanto, as estátuas também se cansam e, quando deixam de guardar eficazmente o nosso olhar, o seu próprio olhar adquire a vivacidade e a imprevisibilidade do olhar dos mortais.

Quando as estátuas olham para os pés, desequilibram-se. Ao procurar o equilíbrio, apoiam-se em muletas de que dispõem e lhes são constitutivas, tornando assim visível o que na vida normal das estátuas não se vê nem se imagina. Na Parte I, analisei duas das grandes estátuas da modernidade eurocêntrica: a ciência e o direito. São, por excelência, os guardadores do olhar moderno. Analisei-os quando cansados, a olhar os seus pés e a constatar que são de barro. Ao analisá-los em desequilíbrio, tornei possível a exteriorização e identificação das muletas que normalmente os sustentam. Desta tarefa se ocupa a Parte II.

Na Parte I, argumentei que os problemas e dilemas da racionalidade moderna ocidental decorrem do facto de ela ter confiado a gestão das suas potencialidades a uma forma de conhecimento, a ciência, que progressivamente se transformou na força produtiva, por excelência, do capitalismo, e a uma forma de normatividade, o direito moderno, que, de um golpe revolucionário, foi transformado em propriedade do Estado e, portanto, dos grupos sociais que controlam o Estado e que, por essa via, têm o privilégio de transformar os seus interesses em interesses nacionais.

A hegemonia da ciência e do direito modernos reside na prerrogativa por eles assumida de representarem a realidade no que ela tem de mais verdadeiro, importante e válido. A representação é sempre uma forma de olhar. Quanto maior o poder de representação, maior a profundidade e a transparência do olhar. Se é verdade, como quer Jay (1993), que a modernidade criou um novo "regime escópico", um novo sistema visual, o centro desse regime ou sistema é o olhar científico e o olhar jurídico. A alta potência destes olhares permitiu-lhes reivindicar uma profundidade e uma transparência até então nunca alcançadas. Como centros do sistema de representação, transformaram-se em árbitros das discriminações próprias de um tal sistema: a distinção entre o central e o periférico, o constitutivo e o contingente, o verosímil e o inverosímil, o relevante e o irrelevante, o legítimo e o ilegítimo.

Na Parte I, procurei mostrar os limites epistemológicos, teóricos, políticos e ideológico-culturais deste sistema de representação. A consciência desses limites é a consciência da ilusão da transparência. Trata-se de um conjunto bem urdido de discriminações radicais em que o lado errado do exercício (o periférico, o contingente, o inverosímil, o irrelevante, o ilegítimo) é varrido, segundo os casos, para o caixote do lixo epistemológico, teórico, político ou ideológico-cultural. O que se não vê não se vê porque não se pode ou quer ver, mas sim porque não existe. Os limites do olhar são, assim, exteriores ao olhar. Levado ao extremo, este sistema de representação é tanto mais transparente quanto mais vasta for a opacidade activamente produzida. Este dilema foi, de resto, eloquentemente antecipado por Shakespeare:

> *Hamlet: Do you see nothing there?*
> *Queen: Nothing at all, yet all that is I see*[1]

Os limites dos sistemas de representação protagonizados pela ciência e pelo direito não caracterizam apenas, pela negativa, este sistema. Apontam também para as suas virtualidades enquanto sistema de apresentação. Tanto a ciência como o direito moderno mostram de modo convincente as suas construções da realidade. Estes sistemas de apresentação transformam-se em sistema de representação na medida em que a ciência e o direito mostram sem se mostrarem. De facto, a ilusão da transparência só é credível através da eliminação ou neutralização do meio, veículo ou mediador da apresentação. A ciência e o direito modernos pretendem ser a placa de vidro na simulação de Leonardo da Vinci para demonstrar a teoria da imitação na arte. Segundo Leonardo, se se interpuser uma placa de vidro entre o artista e o motivo e se sobre ela se pintar o objecto que se vê através dela, o olho humano não poderá distinguir entre a percepção do objecto e a percepção do objecto copiado no vidro (Danto, 1981: 149).

Na Parte I, ao analisar os limites da representação científica e jurídica modernas, procurei tornar visíveis os mediadores dela e, portanto, transformar o sistema de representação num sistema de apresentação. Procurei, em suma, que a ciência

---

1. No espaço da cultura de língua portuguesa vem obrigatoriamente à memória o título do poema de Manoel de Barros, em a *Gramática Expositiva do Chão*: "retrato quase apagado em que se pode ver perfeitamente nada".

e o direito se mostrassem no seu trabalho de mostrar. A análise dos limites, no entanto, criou apenas a possibilidade de identificar os sistemas de apresentação, mas não o identificou. Para isso, é necessário investigar os dispositivos através dos quais este sistema opera. É esse o objectivo analítico da Parte II. Enquanto sistemas de apresentação, a ciência e o direito são expressivos, ou seja, significam um incremento em relação a algo que, por ser inerte, estranho ou demasiado óbvio, tem de ser construído como condição da sua própria inteligibilidade. A investigação da expressividade da ciência e do direito é uma tarefa complexa, dificultada, em particular, pelo facto de a ciência e o direito recusarem militantemente essa expressividade. Foi na luta contra a racionalidade estético-expressiva que se constituíram em guardas privilegiados do olhar arrogante, imperial, da modernidade eurocêntrica[2]. Essa investigação tem, pois, o seu quê de arqueológico e de analógico. Avança escavando o contexto epistemológico social e político das construções científica e jurídica na busca de procedimentos ocultos que subjazem aos procedimentos manifestos. Estes últimos são os garantes da operacionalidade da ciência e do direito e como tal são reconhecidos por estes. É a naturalidade destes procedimentos que os torna invisíveis. Pelo contrário, os procedimentos ocultos dão indicações sobre a artificialidade e a arbitrariedade dos procedimentos manifestos e, ao fazê-lo, tornam estes visíveis, na medida em que eles próprios, procedimentos ocultos, se mostram. Esta relação entre procedimentos ocultos que se manifestam e procedimentos manifestos levados a mostrar o que neles se oculta como condição de funcionalidade não é uma relação fácil de investigar. Como já sucedeu na Parte I, recorro ao conhecimento retórico e analógico, sob a forma de metáfora, para me aproximar desta relação.

Como também já referi, ao longo deste volume e deste livro privilegio as metáforas espaciais. Não o faço por desconhecer a relevância das metáforas temporais, do progresso à evolução, do desenvolvimento à modernização. Pelo contrário, para mim, todos os espaços são espaços-tempos tal como todos os tempos são tempos-espaços. Aliás, como referi na Parte I, as metáforas temporais têm dominado o pensamento moderno. Em décadas recentes, contudo, e em resultado das transformações sociais, económicas e culturais, a dimensão espacial do espaço-tempo tem vindo a adquirir maior visibilidade.

O desenvolvimento das tecnologias da produção, da informação e da comunicação fez com que se criassem simultaneidades temporais entre pontos cada vez mais distantes no espaço, e este facto teve um papel estruturante decisivo, tanto no plano da prática social como no da nossa experiência pessoal. A ponto de John

---

2. Como vimos na Parte I, sobreviveram sempre outros olhares, modestos, não imperiais. Estes olhares, igualmente expressivos a seu modo, tão pouco foram objecto de análise porque a ciência que os poderia analisar declarou-os irrelevantes, ilusórios ou triviais, em suma, inexistentes.

Berger afirmar que as pessoas não deviam fazer a sua história, mas antes a sua geografia[3].

O espaço parece, pois, transformar-se no modo privilegiado de pensar e agir o fim do século e o princípio do terceiro milénio. Assim sendo, é de pensar que as representações sociais do espaço adquiram cada vez mais importância e centralidade analíticas. Os nossos próprios tempos e temporalidades serão progressivamente mais espaciais. É comum identificar nas nossas trajectórias pessoais a sucessão do tempo da família, da escola e do trabalho. Foi em atenção a essa sucessão que se constituíram muitos dos ramos da sociologia e de outras ciências sociais: a sociologia da família e da infância, a sociologia da educação e da juventude, a sociologia do trabalho e da produção, a sociologia do lazer e da terceira idade. Começamos hoje a ver que cada um destes tempos é, simultaneamente, a convocação de um espaço específico que confere uma materialidade própria às relações sociais que nele têm lugar. A sucessão de tempos é também uma sucessão de espaços que percorremos e nos percorrem, deixando em nós as marcas que deixamos neles.

Quando hoje se fala de mobilidade, como forma de sensibilidade emergente (Thrift, 1996: 260), ou da compressão do tempo-espaço para expressar as alterações drásticas na ordenação dos espaços e dos tempos (Harvey, 1996: 242), os espaços são concebidos como estando simultaneamente à beira do colapso e na aurora da infinitude: só há mobilidade entre espaços e, por isso, só se acelera a primeira multiplicando os segundos; a necessidade da compressão do tempo-espaço é tanto maior quanto mais vasto é o espaço.

Por estas razões, privilegiarei nesta parte, e, de resto, também na seguinte, as metáforas espaciais. Nesta parte, ao contrário do que sucedeu na Parte I, começarei pelo direito, abordando de seguida a ciência. No Capítulo 3, socorro-me da cartografia para desenvolver uma concepção do direito enquanto mapa cognitivo dos espaços de ordem e desordem em que nos movemos quotidianamente. Designei esta concepção como cartografia simbólica do direito. No Capítulo 4, analiso em detalhe os procedimentos manifestos usados por aquelas disciplinas científicas ou géneros artísticos que mais intensamente têm experienciado o que designo por *ansiedade da representação*. A natureza dos seus objectos, porque estão demasiado longe no tempo (arqueologia) ou demasiado longe no espaço (astronomia) ou ainda porque a sua reprodução é inerentemente problemática (a pintura e a fotografia), levanta problemas especiais a uma representação ingénua. Por esta razão, penso ser mais fértil nestas ciências a busca dos procedimentos ocultos. Tal

---

3. A sua reflexão mais recente sobre o tema: "Estamos a viver actualmente uma nova situação histórica que pode ser descrita em termos geográficos" (Berger, 1987).

busca adquire um particular sentido epistemológico e sociológico na medida em que a análise dos procedimentos ocultos e manifestos das disciplinas menos ingénuas é aplicada às disciplinas mais ingénuas. De todas as ciências sociais, a economia convencional é, na minha opinião, a que, por razões nada ingénuas, se arroga a mais ingénua das representações científico-sociais da realidade. Por isso, a análise do Capítulo 4 centra-se nela.

CAPÍTULO

3

Uma cartografia simbólica das representações sociais: o caso do direito

Todos os conceitos com que representamos a realidade e à volta dos quais constituímos as diferentes ciências sociais e suas especializações, a sociedade e o Estado, o indivíduo e a comunidade, a cidade e o campo, as classes sociais e as trajectórias pessoais, a produção e a cultura, o direito e a violência, o regime político e os movimentos sociais, a identidade nacional e o sistema mundial, todos estes conceitos têm uma contextura espacial, física e simbólica, que nos tem escapado pelo facto de os nossos instrumentos analíticos estarem de costas viradas para ela mas que, vemos agora, é a chave da compreensão das relações sociais de que se tece cada um destes conceitos. Sendo assim, o modo como imaginamos o real espacial pode vir a tornar-se na matriz das referências com que imaginamos todos os demais aspectos da realidade.

Neste capítulo, proponho-me demonstrar as virtualidades analíticas e teóricas de uma abordagem sociológica que tome por matriz de referência a construção e a representação do espaço. Não é meu propósito reivindicar que tais virtualidades existem no mesmo grau ou com a mesma qualidade qualquer que seja o objecto de análise. Existem, certamente, no objecto que me proponho aqui analisar, e apenas suspeito que este tipo de abordagem compensará os esforços para a levar a cabo, com as necessárias adaptações, noutros objectos de análise. A abordagem aqui proposta pode ser designada como sociologia cartográfica ou como cartografia simbólica. Em termos epistemológicos, a cartografia é uma ciência muito complexa, pois combina "características" das ciências naturais e das ciências sociais. É muito provável que a transição paradigmática da ciência moderna para o conhecimento pós-moderno, analisada no Capítulo 1, se venha a repercutir bastante na cartografia, um domínio científico onde os progressos tecnológicos têm um impacto político e ético muito directo[1]. Recorro à cartografia neste capítulo pela virtuosidade dos seus instrumentos analíticos, mas também, e sobretudo, porque a cartografia é uma ciência em que o fundacionalismo epistemológico da ciência moderna e a sua correspondente teoria da verdade são particularmente inverosímeis.

São vários os modos de imaginar e representar o espaço. Dentre eles, selecciono os mapas e, nestes, os mapas cartográficos. Parto do direito, que, como defendi na Parte I, partilha com a ciência as tarefas de racionalização do Estado e da sociedade modernos. A análise cartográfica do direito permite identificar as estruturas profundas da representação jurídica da realidade social, quase sempre ausentes nos debates sobre os limites e a crise do direito passados em revista no Capítulo 2. A comparação proposta é, pois, entre mapas e direito. O direito, isto é, as leis, as normas, os costumes, as instituições jurídicas, é um conjunto de representações sociais, um modo específico de imaginar a realidade que, em meu entender, tem muitas semelhanças com os mapas. A análise de tais semelhanças pressupõe, num primeiro momento, que o direito seja concebido, metaforicamente, como mapa e, num segundo momento, que a metáfora seja tomada literalmente. Obviamente, o direito é mapa tão-só em sentido metafórico. Mas os tratados de retórica ensinam-nos que o uso repetido de uma metáfora durante um longo período de tempo transforma gradualmente a descrição metafórica numa descrição literal (Perelman e Olbrechts-Tyteca, 1969: 405). As normas jurídicas são hoje mapas em sentido metafórico. Amanhã, poderão eventualmente sê-lo em sentido literal. A estratégia analítica aqui proposta obriga-nos a um curto-circuito entre o hoje e o amanhã, uma suspensão do tempo que cria espaço para o espaço.

Os mapas são distorções reguladas da realidade, distorções organizadas de territórios que criam ilusões credíveis de correspondência. Imaginando a irrealidade de ilusões reais, convertemos correspondências ilusórias em orientação pragmática, confirmando a máxima de William James segundo a qual "o importante é ser-se guiado" (James, 1969). O direito, tal como os mapas, é uma distorção regulada de territórios sociais. Características que, aliás, partilha com os poemas. De acordo com a teoria da criação poética de Harold Bloom (1973), os poetas (os poemas), a fim de serem originais, têm de distorcer a tradição poética que lhes chegou através de gerações e gerações de poetas (e de poemas) que os antecederam. Os poetas sofrem da ansiedade da influência e a poesia é sempre o resultado da tentativa do poeta para a denegar. Os poetas superam a ansiedade da influência distorcendo a realidade poética.

O mapa, o poema e o direito, embora por diferentes razões, distorcem as realidades sociais, as tradições ou os territórios, e todos os fazem segundo certas regras. Os mapas distorcem a realidade para instituir a orientação: os poemas

---

1. Ver McHafie *et al.*, 1990; Monmonier, 1991a, 1991b; ver também Harley, 1989 e 1990.

distorcem a realidade para instituir a originalidade; e o direito distorce a realidade para instituir a exclusividade. No tocante ao direito, por exemplo, e independentemente da pluralidade de ordens normativas que circulam na sociedade, cada uma destas, considerada em separado, aspira a ser exclusiva, a deter o monopólio da regulação e o controlo da acção social dentro do seu território jurídico. De forma bem patente, este é o caso do direito estatal. Para funcionar adequadamente, uma determinada lei do trabalho, por exemplo, não só deve negar a existência de outras ordens normativas informais (tais como os regulamentos de fábricas, o direito da produção, etc.) que possam interferir no seu campo de aplicação, como também tem de revogar todas as leis estatais do trabalho que tenham regido anteriormente as mesmas relações laborais. Isto constitui, como sabemos, uma dupla distorção da realidade. Por um lado, há outras ordens normativas que funcionam e são eficazes no mesmo território jurídico. Por outro lado, visto que o direito e a sociedade são mutuamente constitutivos, as anteriores leis laborais, mesmo depois de revogadas, deixam, ainda assim, as suas marcas nas relações de trabalho que regiam. Apesar de revogadas, continuam presentes nas memórias das pessoas e das coisas: a revogação jurídica não significa erradicação social.

Esta distorção da realidade não é caótica. Dá-se através de mecanismos e de operações determinados e determináveis. Pretendo mostrar neste capítulo os isomorfismos entre as regras e os procedimentos da distorção cartográfica, por um lado, e as regras e os procedimentos da distorção jurídica, por outro. Em meu entender, as relações das diferentes juridicidades com a realidade social são muito semelhantes às que existem entre os mapas e a realidade espacial. De facto, as juridicidades são mapas; os direitos escritos são mapas cartográficos; os direitos consuetudinários (*customary*) e informais são mapas mentais. Esta é uma metáfora forte, e, como tal, será tomada literalmente. Daí que o subtítulo deste capítulo pudesse muito bem ser: "como tomar as metáforas em sentido literal".

Esta abordagem, que pode designar-se por *cartografia simbólica do direito*, tem, em meu entender, um duplo mérito. Por um lado, permite resolver alguns problemas da sociologia do direito até agora sem resolução[2]. Permite, por exemplo, desenvolver uma conceptualização sociológica do direito autónoma da que tem sido elaborada pelos juristas e pela ciência jurídica e com isso torna possível

---

2. Sobre a exaustão do paradigma tradicional dos estudos sócio-jurídicos, cfr. Santos (1987a: 279 e ss.) onde tal fenómeno é designado, a partir de Nietzsche, por processo de camelização da sociologia do direito (cfr. também Santos, 1986). Este processo decorre de uma concepção do direito e da sociedade em que ambos são considerados como entidades distintas e autónomas, cabendo à sociologia determinar o tipo ou o grau de justaposição ou correspondência entre elas. Sem esquecer os méritos dos objectos de investigação que derivam desta concepção, reconhece-se hoje que eles se limitam a dois grandes tipos de reflexões — o impacto do direito na sociedade e o impacto da sociedade no direito —, deixando na sombra muitas outras questões, mais interessantes e mais importantes. Cfr., no mesmo sentido, Nelken (1986).

superar um dos mais persistentes obstáculos epistemológicos à constituição de um objecto teórico próprio da sociologia do direito[3]. Por outro lado, a concepção do direito em sociedade para que aponta questiona radicalmente alguns dos postulados filosóficos e políticos da teoria liberal do Estado e do direito modernos e, por essa via, contribui para a construção de um pensamento jurídico próprio da transição paradigmática, ou seja, para a construção de uma concepção pós-moderna do direito.

COMPREENDER OS MAPAS

A cartografia simbólica do direito pressupõe o conhecimento prévio dos princípios e procedimentos que presidem à produção e ao uso dos mapas, para o que recorro à ciência (e à arte) que os estuda de modo sistemático, a cartografia. Discorrerei, pois, durante algum tempo sobre mapas. Além de reunir os instrumentos analíticos requeridos pela argumentação que me proponho, espero despertar o interesse pelo mundo fascinante dos mapas. Como diz Josef Konvitz, "é uma ironia suprema que os mapas, apesar de serem uma das metáforas culturais mais comuns, estejam ainda longe de ocupar o lugar que merecem na história das mentalidades" (1980: 314)[4]. Fernando Pessoa (Álvaro de Campos) expressa assim o seu fascínio pelos mapas:

> E o esplendor dos mapas, caminho abstracto para [a imaginação concreta,
> Letras e riscos irregulares abrindo para a maravilha
> (Pessoa, 1969: 386).

A principal característica estrutural dos mapas reside em que, para desempenharem adequadamente as suas funções, têm inevitavelmente de distorcer a realidade. Jorge Luís Borges conta-nos a história do imperador que encomendou um mapa exacto do seu império. Insistiu que o mapa devia ser fiel até ao mínimo detalhe. Os melhores cartógrafos da época empenharam-se a fundo neste importante projecto. Ao fim de muitos trabalhos, conseguiram terminá-lo. Produziram um mapa de exactidão insuperável, pois que concidia ponto por ponto com o império. Contudo, verificaram, com grande frustração, que o mapa não era muito prático, pois que era do tamanho do império (1974: 847).

Para ser prático, o mapa não pode coincidir ponto por ponto com a realidade[5]. No entanto, a distorção da realidade que isso implica não significa que a repre-

---

3. Cfr. também Richard Abel (1980).
4. Semelhantemente, A. Robinson e B. Petchnik consideram que os mapas são a analogia básica da nossa cultura (1976: 2).
5. Sobre as funções e limites dos mapas ver, por exemplo, Monmonier, 1991, 1993; Campbell, 1993; MacEachren, 1995.

sentação seja arbitrária, desde que os mecanismos de distorção da realidade sejam conhecidos e possam ser controlados. E, de facto, assim é. Os mapas distorcem a realidade através de três mecanismos principais: a *escala*, a *projecção* e a *simbolização*. São mecanismos autónomos que envolvem procedimentos distintos e exigem decisões específicas. Mas também são interdependentes, pois, como diz o cartógrafo Mark Monmonier, "a escala influencia a quantidade de detalhe que pode ser mostrado e determina se um dado símbolo é ou não visualmente eficaz" (1981: 1).

Os mapas devem ser fáceis de usar. Daqui resulta uma permanente tensão entre representação e orientação. Trata-se de duas exigências contraditórias, e os mapas são sempre compromissos instáveis entre elas. Como vimos no mapa de Borges, representação a mais pode impedir a orientação. Inversamente, uma representação muito rudimentar da realidade pode proporcionar uma orientação rigorosa. Quando somos convidados para uma festa numa casa cuja localização desconhecemos, o nosso anfitrião desenha-nos provavelmente um esboço que nos orienta eficazmente, apesar de não representar ou representar muito pobremente as características do caminho e do espaço envolvente que temos de percorrer até ao nosso destino. Ilustração semelhante pode ser retirada dos *portulanos*, os mapas medievais das costas e dos portos que, apesar de representarem muito imperfeitamente o globo terrestre, orientavam com segurança os navegadores[6]. Há mapas que resolvem a tensão entre representação e orientação privilegiando a representação. Designo-os, seguindo a cartografia, por mapas-imagem. Outros mapas resolvem a mesma tensão privilegiando a orientação. São os mapas instrumentais (Wahl, 1980: 42).

Escala

A *escala* é o primeiro grande mecanismo de representação/distorção da realidade. A escala é "a relação entre a distância no mapa e a correspondente distância no terreno" (Monmonier, 1981: 41) e, como tal, implica uma decisão sobre o grau de pormenorização da representação. Os mapas de grande escala têm um grau mais elevado de pormenorização que os mapas de pequena escala porque cobrem uma área inferior à que é coberta, no mesmo espaço de desenho, pelos

---

6. Cfr. A. G. Hodgkiss (1981: 103). No século XVI, Mercator, o notável geógrafo flamengo que desenvolveu um tipo de projecção a que posteriormente foi dado o seu nome, escreveu a seguinte advertência no seu famoso mapa de 1669: "Se quiserdes navegar de um porto para outro, aqui tendes o mapa e uma linha recta desenhada nele; se seguirdes cuidadosamente esta linha, chegareis com segurança ao porto de destino. Mas o comprimento da linha pode não estar correcto. Podereis chegar lá mais cedo ou mais tarde do que esperáveis, mas chegareis lá com certeza" (citado em W. W. Jervis (1936: 27). Sobre a história cartográfica, consultar, entre outros, Blakemore e Harley, 1980. Em Portugal, deve salientar-se o trabalho notável de Luis de Albuquerque (1994). Ver também a vasta obra de A. Pinheiro Marques (1987; 1991; 1997).

mapas de pequena escala. Os mapas são sempre "uma versão miniaturizada" (Keates, 1982: 73) da realidade e, por isso, envolvem sempre uma decisão sobre os detalhes mais significativos e suas características mais relevantes[7]. Como diz Muehrcke, "o que torna o mapa tão útil é o seu génio da omissão, é o reduzir da realidade à sua essência" (1986: 10). É fácil de ver que a decisão sobre a escala a adoptar condiciona a decisão sobre o tipo de uso do mapa e vice-versa. Por exemplo, "os mapas de pequena escala não permitem medir com exactidão a largura das estradas ou dos rios, mas permitem determinar com exactidão as posições relativas destes elementos, entre si e em relação aos demais acidentes do terreno" (Monmonier, 1981: 4).

A geografia, que partilha com a cartografia o interesse pelo espaço e pelas relações espaciais, tem contribuído muito para o estudo das escalas, quer das escalas de análise quer das escalas de acção. A respeito das primeiras, sabemos hoje que certos fenómenos, como, por exemplo, os climas, só são susceptíveis de ser representados em pequena escala, enquanto outros, como, por exemplo, a erosão, só são susceptíveis de ser representados em grande escala[8]. Daí que apesar de serem, na aparência, quantitativas, as diferenças de escala sejam, na realidade, qualitativas. Um dado fenómeno só pode ser representado numa dada escala. Mudar de escala implica mudar o fenómeno. Tal como na física nuclear, a escala cria o fenómeno. As teorias do caos referidas no Capítulo 1 vieram conferir às escalas uma nova centralidade, já que para elas, ao contrário do que era pressuposto pela física clássica, os objectos não são independentes das escalas escolhidas para os medir. Como nos ensina a geometria fractal, o comprimento da costa marítima, do perfil das montanhas ou das ramificações do sistema vascular aumenta com a diminuição (em sentido não cartográfico) da escala em que é medido (Hayles, 1990: 12). Muitas das correlações falaciosas, correntes na geografia, derivam da sobreposição de fenómenos criados e analisados em escalas diferentes. A escala é um "esquecimento coerente" que deve ser levado a cabo coerentemente (Racine et al., 1982: 126).

Porque medeia entre intenção e acção, o mecanismo da escala também se aplica à acção social. Os urbanistas e os chefes militares, tal como os administradores e os legisladores, definem as estratégias em pequena escala e decidem a actuação quotidiana em grande escala. O poder tende a representar a realidade social e física numa escala escolhida pela sua virtualidade para criar os fenómenos que maximizam as condições de reprodução do poder. A representação/distorção da realidade é um pressuposto do exercício do poder.

---

7. Em linguagem comum, a grande escala e a pequena escala são usadas num sentido inverso do que têm na cartografia. A grande escala sugere a cobertura de um território vasto ou de um acontecimento amplo, enquanto a pequena escala sugere o oposto. Neste capítulo usarei estes conceitos no seu sentido teórico, cartográfico.

8. Cfr., por exemplo, Y. Lacoste (1976; 1980: 17). No mesmo sentido, J. B. Racine et al. (1982).

Projecção

O segundo grande mecanismo da produção dos mapas é a *projecção*. Para serem úteis, os mapas têm de ser facilmente manuseados e armazenados. Os mapas planos podem ser facilmente enrolados ou dobrados. É precisamente através da projecção que as superfícies curvas da terra são transformadas em superfícies planas nos mapas. Esta transformação não pode ocorrer sem distorcer formas e distâncias. Não cabe aqui descrever os vários tipos de projecção e os tipos de graus de distorção característicos de cada um deles[9]. Limitar-me-ei a algumas observações particularmente relevantes para a argumentação aqui desenvolvida. Em primeiro lugar, os vários tipos de projecção não distorcem a realidade caoticamente. Cada tipo de projecção cria um campo de representação no qual as formas e os graus de distorção têm lugar segundo regras conhecidas e precisas. Por exemplo, algumas projecções distorcem mais as zonas polares, enquanto outras fazem o oposto. Por outro lado, as diferentes projecções distorcem diferentemente as várias características do espaço. Algumas projecções, as chamadas projecções conformais, representam correctamente as áreas, mas distorcem os ângulos, as formas e as direcções, enquanto outras, as chamadas projecções equivalentes, fazem o oposto. É, assim, impossível obter o mesmo grau de exactidão na representação dos diferentes atributos do espaço, e tudo o que fizermos para aumentar o grau de exactidão na representação de um dado atributo contribuirá, por certo, para aumentar o grau de erro na representação de um qualquer outro atributo. Funciona aqui algo de muito semelhante ao princípio da incerteza de Heisenberg na física quântica, nos termos do qual não podemos medir simultaneamente e com o mesmo grau de rigor a velocidade e a posição das partículas, e qualquer aumento do rigor na medição da velocidade acarreta a diminuição do rigor na medição da posição e vice-versa[10].

Nestes termos, cada tipo de projecção representa sempre um compromisso. A decisão sobre o tipo e o grau de distorção a privilegiar é condicionada por factores técnicos, mas não deixa de ser baseada na ideologia do cartógrafo e no uso específico a que o mapa se destina. Por exemplo, durante a guerra fria, os meios de comunicação ocidentais popularizaram a representação da União Soviética num mapa-mundo desenhado segundo a projecção cilíndrica de Mercator. É que como este tipo de projecção exagera a área das zonas em latitudes elevadas ou médias em detrimento da área das zonas em latitudes intertropicais, o tamanho da União Soviética era inflacionado e assim se dramatizava a medida da ameaça comunista[11].

---

9. Cfr., entre outros, M. Monmonier (1981: 15); J. S. Keates (1982: 72); P. Muehrcke (1986: 456); D. Muracciole (1980: 235); A. G. Hodgkiss (1981: 32).
10. Este tema foi desenvolvido no Capítulo 1.
11. Sobre o uso de mapas para fins de propaganda cfr. M. Monmonier (1981: 43); A. G. Hodgkiss (1981: 15); P. Muehrcke (1986: 395); J.-L. Rivière (1980: 351); H. Speier (1941: 310); L. Quam (1943: 21); S. W. Boggs (1947: 469); M. Sharkey (1984: 148); Burnett, 1985; e Reitan, 1986.

A segunda observação sobre a projecção é que todos os mapas têm um centro. Cada período histórico ou tradição cultural selecciona um ponto fixo que funciona como centro dos mapas em uso, um espaço físico ou simbólico a que é atribuída uma posição privilegiada e à volta do qual se dispersam organizadamente os restantes espaços. Por exemplo, os mapas medievais costumavam pôr um lugar sagrado no centro, Jerusalém nos mapas europeus, Meca nos mapas árabes[12]. A mesma relação centro-periferia pode ser observada nos mapas actuais, quer nos mapas cartográficos quer nos mapas mentais. A respeito destes últimos, que são, afinal, as imagens cognitivas visuais do mundo que nos rodeia, diz Muehrcke, com base em múltiplos estudos sobre a percepção cognitiva do espaço, que a maioria dos nossos mapas mentais salienta e privilegia a nossa vizinhança, o sítio que nos é mais familiar, atribuindo menos significado a tudo o que nos rodeia.

Simbolização

A *simbolização* é o terceiro grande mecanismo da representação/distorção cartográfica da realidade. Diz respeito aos símbolos gráficos usados para assinalar os elementos e as características da realidade espacial seleccionados. Sem sinais, o mapa é tão inútil quanto o mapa de Borges. É este o caso do mapa de Bellman na história de Lewis Carrol, o mapa que pretendia representar o mar sem vestígios de terra e que, como tal, era uma folha de papel absolutamente em branco[13].

---

12. A. G. Hodgkiss (1981: 29). Uma visão ligeiramente diferente, mostrando como o centro dos mapas foi evoluindo ao longo da Idade Média, em D. Woodward (1985: 510). Segundo A. Henrikson, a deslocação progressiva dos E.U.A. da periferia para o centro da cena mundial — uma deslocação completada na Segunda Grande Guerra — produziu mudanças no tipo de projecções cartográficas adoptadas ou privilegiadas: "A relação dos E.U.A. com os teatros de guerra mais importantes exigia uma nova imagem do mundo, um novo mapa estratégico global. As projecções cilíndricas, como, por exemplo, a de Mercator, centrada no Equador, não mostravam a continuidade, a unidade e a organização da 'worldwide arena', como Roosevelt lhe chamou. Daí que começassem a ser preferidas outras projecções, centradas no Pólo Norte. Nestas, os E.U.A. assumiam uma posição central" (1980: 83). Cfr. também A. Henrikson (1975: 19)

13. ... One could see he was wise,
the moment one looked in his face!

He had bought a large map representing the sea,
without the least vestige of land:
And the crew were much pleased when they found it to be.
A map they could all understand.

"What's the good of Mercator's North Poles and Equators,
Tropics, Zones and Meridian Lines?"
So the Bellman would cry: and the crew would reply.
"They are merely conventional signs!"

"Other maps are such shapes, with their islands and capes!
But we've got our brave Captain to thank"
(So the crew would protest) "that he's brought us the best —
A perfect and absolute blank!"

(L. Carrol, 1976: 757)

A linguagem cartográfica é um tema fascinante e a semiótica tem vindo a fornecer novos instrumentos analíticos para o seu estudo. Os sistemas de sinais têm evoluído ao longo dos tempos e ainda hoje os sistemas variam segundo o contexto do produtor do mapa ou segundo o uso específico a que este último se destina. Baseado na semiótica, J. S. Keates distingue entre sinais icónicos e sinais convencionais (1982: 66). Os sinais icónicos são sinais naturalísticos que estabelecem uma relação de semelhança com a realidade representada. Por exemplo, um conjunto de árvores para designar a floresta. Os sinais convencionais são mais arbitrários. Por exemplo, convencionou-se usar linhas para designar estradas e fronteiras e círculos de diferentes tamanhos para designar vilas e cidades (Monmonier, 1981: 6). Se relancearmos o olhar pela história dos mapas, verificamos que os sistemas de sinais começaram por ser predominantemente convencionais (Caron, 1980: 9). Mas ainda hoje e segundo múltiplas circunstâncias, os mapas podem ser mais figurativos ou mais abstractos, assentar em sinais emotivos ou expressivos ou, pelo contrário, em sinais referenciais ou cognitivos. Em suma, os mapas podem ser feitos para serem vistos ou serem lidos.

UMA CARTOGRAFIA SIMBÓLICA DO DIREITO

A digressão que acabo de fazer pela cartografia permitiu reunir alguns dos conceitos e demais instrumentos analíticos em que se funda a cartografia simbólica do direito que apresentarei a seguir. Parto da verificação — feita no Capítulo 2 e a desenvolver no Capítulo 5 deste volume e nos 2º e 3º volumes — de que, ao contrário do que pretende a filosofia política liberal e a ciência do direito que sobre ela se constituiu, circulam na sociedade, não uma, mas várias formas de direito ou modos de juridicidade. O direito oficial, estatal, que está nos códigos e é legislado pelo governo ou pelo parlamento, é apenas uma dessas formas, se bem que tendencialmente a mais importante. Essas diferentes formas variam quanto aos campos da acção social ou aos grupos sociais que regulam, quanto à sua durabilidade, que pode ir da longa duração da tradição imemorial até à efemeridade de um processo revolucionário, quanto ao modo como previnem os conflitos individuais ou sociais e os resolvem sempre que ocorram, quanto aos mecanismos de reprodução da legalidade, e distribuição ou sonegação do conhecimento jurídico. Parto, assim, da ideia da pluralidade das ordens jurídicas ou, de forma mais sintética e corrente, do pluralismo jurídico[14].

---

14. Sobre o pluralismo jurídico, cfr., entre muitos outros, F. Snyder (1981); P. Fitzpatrick (1983); B. Santos (1985b); J. Griffiths (1987); J.G. Belley (1988); S. Merry (1988; 1997); A. C. Wolkmer (1994); D. Nina and P.J. Schwikkard (1996); G. Teubner (1997); F. Benda-Beckmann (1997); R. A. MacDonald (1998); S. Roberts (1998); N. Rouland (1998). O tema da pluralidade sociológica de direitos em circulação nas sociedades é tratado em detalhe nos 2º e 3º volumes.

Procurarei mostrar que as várias formas de direito têm em comum o facto de serem mapas sociais e de, tal como os mapas cartográficos, recorrerem aos mecanismos da escala, da projecção e da simbolização para representar e distorcer a realidade. Mostrarei, também, que as diferenças entre elas se podem reconduzir a diferenças nos tipos de escala, de projecção e de simbolização utilizados por cada uma. Para ilustrar a minha argumentação, recorro a vários estudos de sociologia do direito e, particularmente, às investigações empíricas que neste domínio realizei no Brasil, em Portugal e em Cabo Verde[15]. A investigação no Brasil foi realizada, em 1970, no Rio de Janeiro e, em 1980, no Recife e trata das lutas sociais, jurídicas e políticas dos moradores das favelas contra o Estado e os proprietários privados do solo urbano no sentido de garantirem o direito à habitação nos terrenos por eles ocupados ilegalmente (Santos, 1977; 1982b; 1983). A investigação realizada em Portugal, em 1977 e 1978, estuda as contradições entre a chamada "legalidade democrática" e a chamada "legalidade revolucionária" durante a crise revolucionária de 1974-75 (Santos, 1979; 1982a; 1985a). Por último, a investigação em Cabo Verde, realizada em 1984-85, tem por objecto as estruturas e os modos de funcionamento dos tribunais de zona ou tribunais populares criados ou institucionalizados depois da independência (Santos, 1984). Trata-se de tribunais não profissionalizados compostos por cidadãos comuns, organizados nos diferentes locais de residência e com competência para julgar pequenos delitos e conflitos de pequena monta.

O direito e a escala

Uma das virtualidades mais interessantes da cartografia simbólica do direito consiste na análise do efeito da escala na estrutura e no uso do direito. O Estado moderno assenta no pressuposto de que o direito opera segundo uma única escala, a escala do Estado. Durante muito tempo, a sociologia do direito aceitou criticamente este pressuposto. Nas três últimas décadas, a investigação sobre o pluralismo jurídico chamou a nossa atenção para a existência de direitos locais nas zonas rurais, nos bairros urbanos marginais, nas igrejas, nas empresas, no desporto, nas organizações profissionais. Trata-se de formas de direito infra-estatal, informal, não oficial e mais ou menos costumeiro[16].

Mais recentemente, a investigação sobre as trocas económicas internacionais permitiu detectar a emergência de uma nova *lex mercatoria*, um espaço jurídico internacional em que operam diferentes tipos de agentes económicos cujo comportamento é regulado por novas regras internacionais e relações contratuais estabelecidas pelas empresas multinacionais, pelos bancos internacionais ou por

---

15. Estes estudos estão incluídos no 2º Volume.
16. Este tema é desenvolvido no 2º Volume.

associações internacionais dominadas por umas ou por outros (Kahn, 1982; Wallace, 1982). O capital transnacional criou, assim, um espaço jurídico transnacional, uma legalidade supra-estatal, um direito mundial. Este direito é, em geral, muito informal. Baseado nas práticas dominantes, ou seja, nas práticas dos agentes dominantes, não é um direito costumeiro no sentido tradicional do termo. Só poderá ser considerado costumeiro se admitirmos a possibilidade de práticas novas ou recentes darem origem ao que poderíamos designar quase paradoxalmente por *costumes instantâneos* como, por exemplo, quando uma empresa multinacional inventa um novo tipo de contrato e tem poder suficiente para o impor a outros agentes económicos. Tão-pouco faz sentido considerar este novo direito mundial como não oficial, uma vez que ele cria diferentes formas de imunidade, quer face ao direito nacional estatal, quer face ao direito internacional público e, neste sentido, constitui a sua própria oficialidade (Farjat, 1982: 47)[17].

Estes desenvolvimentos sócio-jurídicos revelam, pois, a existência de três espaços jurídicos diferentes a que correspondem três formas de direito: o direito local, o direito nacional e o direito global. É pouco satisfatório distinguir estas formas de direito com base no objecto de regulação pois, por vezes, regulam ou parecem regular o mesmo tipo de acção social. Em meu entender, o que distingue estas formas de direito é o tamanho da escala com que regulam a acção social. O direito local é uma legalidade de grande escala; o direito nacional estatal é uma legalidade de média escala; o direito mundial é uma legalidade de pequena escala.

Esta concepção tem muitas implicações. Em primeiro lugar, e uma vez que a escala cria o fenómeno, estas formas de direito criam diferentes objectos jurídicos a partir dos mesmos objectos sociais empíricos. Usam diferentes critérios para determinar os pormenores e as características relevantes da actividade social a ser regulada. Estabelecem diferentes redes de factos. Em suma, criam realidades jurídicas diferentes. Tomemos, como exemplo, o conflito de trabalho numa fábrica operando em regime de subcontratação para uma empresa multinacional de pronto-a-vestir. O código da fábrica, ou seja, o conjunto dos regulamentos internos que constituem o direito local da fábrica, regula com grande detalhe as relações na produção (as relações entre operários, entre operários e supervisores, entre estes e os directores, etc.) a fim de garantir a disciplina no espaço da produção, impedir a ocorrência de conflitos e tentar diminuir o seu âmbito sempre que ocorram[18]. O conflito de trabalho é o objecto nuclear do código da fábrica porque confirma, *a contrario*, a continuidade das relações na produção que é a sua razão de ser.

No contexto mais amplo do direito laboral estatal, o conflito de trabalho é tão-só uma das dimensões, se bem que importante, das relações de trabalho.

---

17. Este tema é desenvolvido no 3º Volume.
18. O direito local da fábrica é o direito da produção gerado no espaço estrutural da produção. Sobre este espaço e os restantes espaços estruturais, ver Capítulo 5.

É parte de uma rede mais ampla de factos económicos, políticos e sociais em que facilmente identificamos, entre outros, a estabilidade política, a taxa de inflação, a política de rendimentos, as relações de poder entre organizações sindicais e patronais. No contexto ainda mais amplo do direito global da subcontratação internacional[19], o conflito de trabalho transforma-se num pormenor minúsculo das relações económicas internacionais que não merece sequer ser assinalado.

As diferentes ordens jurídicas operam, assim, em escalas diferentes e, com isso, traduzem objectos empíricos eventualmente iguais em objectos jurídicos distintos. Acontece, porém, que na prática social as diferentes escalas jurídicas não existem isoladas e, pelo contrário, interagem de diferentes maneiras. Retomemos o exemplo do conflito de trabalho. Numa tal situação, os objectivos de regulação dos três direitos acima referidos convergem na mesma acção social, o conflito concreto. Isto pode criar a ilusão de que os três objectos jurídicos se sobrepõem e coincidem. De facto, assim não é; tão-pouco coincidem as imagens jurídicas de base, os universos simbólicos dos diferentes agentes económicos mobilizados no conflito.

Os operários e, por vezes, o patrão tendem a ter uma visão de grande escala do conflito, uma visão dramatizada, plena de detalhes e de discursos particularísticos, em suma, uma visão e uma concepção moldadas pelo direito local da produção. Os dirigentes sindicais e, por vezes, o patrão tendem a ver o conflito como uma crise, mais ou menos momentânea, no processo contínuo das relações de trabalho. É uma visão predominantemente moldada pelo direito estatal e as acções que dela decorrem procuram um compromisso entre o conflito concebido em grande escala no direito da produção e a sua concepção em média escala no direito estatal. Finalmente, para a empresa multinacional o conflito de trabalho é um pormenor ou acidente mínimo que, se não for prontamente resolvido, pode ser facilmente ultrapassado, transferindo a encomenda para a Malásia ou Taiwan.

Explicar estas discrepâncias e descoincidências exclusivamente em função das diferenças entre os interesses em conflito ou dos graus de consciência de classe torna-se pouco convincente, sabido que o direito tende a construir a realidade que se adequa à sua aplicação. Tal construção obedece a certas regras técnicas, uma das quais, como defendo aqui, é a regra da escala. Em boa verdade, só podemos comparar interesses sociais e graus de consciência de grupo dentro do mesmo espaço sócio-jurídico e, portanto, no interior da mesma forma de direito. A dificuldade de uma tal empresa reside em que, como já deixei dito acima, a vida sócio-jurídica é constituída, na prática, por diferentes espaços jurídicos que operam simultaneamente e em escalas diferentes. A interacção e a intersecção entre os diferentes espaços jurídicos é tão intensa que, ao nível da fenomenologia da vida

---

19. Uma análise aprofundada da natureza jurídica e económica da subcontratação em M. M. Marques (1986; 1987).

sócio-jurídica, não se pode falar de direito e de legalidade mas antes de *interdireito* e *interlegalidade*. A este nível, é menos importante analisar os diferentes espaços jurídicos do que identificar as complexas e dinâmicas relações entre eles. Mas, se, ao procedermos a tal identificação, descuidarmos a questão da escala, cairemos numa situação tão frustrante quanto a do turista que se esqueceu em casa do transformador que lhe permitiria usar a máquina de barbear no país estrangeiro.

Ao realizar a investigação sobre a justiça popular em Cabo Verde, deparei com um facto de algum modo intrigante. A filosofia subjacente à organização da justiça popular era a de envolver ao máximo as comunidades locais no exercício da justiça, incorporando nesta, sempre que possível, o direito local (costumes, práticas respeitáveis e respeitadas). Esta incorporação era facilitada pelo facto de os juízes dos tribunais de zona serem leigos, membros das comunidades locais, e também pelo facto de o direito escrito que regulava a actividade dos tribunais ser propositadamente vago e lacunoso. Detectei, no entanto, que, nalguns casos pelo menos, o processo de selecção dos juízes pelo Estado e pelo partido não facilitava a incorporação do direito local. Assim sucedia, por exemplo, quando eram seleccionadas pessoas jovens. Tal selecção, baseada na identificação activa com os objectivos gerais da acção política do Estado e do partido, provocava, por vezes, alguma tensão no seio das comunidades locais, para as quais o exercício da justiça devia ser deixado aos mais velhos, com maior sabedoria e prudência.

Uma reflexão mais aprofundada sobre esta discrepância permitiu-me concluir que estava perante uma situação de interlegalidade, ou seja, de uma relação complexa entre dois direitos, o direito estatal e o direito local, usando escalas diferentes. Para as comunidades locais, sobretudo rurais, os costumes locais eram um direito local, uma legalidade de grande escala, adaptada às exigências de prevenção e resolução de conflitos locais. Para o Estado, o direito local era parte integrante de uma rede mais ampla de factos sociais e políticos, entre os quais as exigências da consolidação do Estado e da criação da sociedade socialista, a unidade do sistema jurídico, a socialização política, etc., etc. A esta escala mais pequena, o direito local era parte integrante do direito estatal e, portanto, um instrumento específico de acção social e política[20] (Santos, 1984: 33).

A primeira implicação da identificação de diferentes escalas de juridicidade é, como acabamos de ver, o chamar da nossa atenção para o fenómeno da interlegalidade e para o seu complexo funcionamento. A segunda grande implicação tem a ver com os *padrões de regulação* associados com cada escala de legalidade. Mencionei já a tensão dialéctica entre representação e orientação. Em verdade, estamos perante dois modos antagónicos de imaginar e constituir a realidade, um adequado a identificar a posição e o outro adequado a identificar o movimento. A legalidade de grande escala é rica em detalhes, descreve pormenorizada

---

20. Este estudo está incluído no 3º Volume.

e vivamente os comportamentos e as atitudes, contextualiza-os no meio envolvente e é sensível às distinções (e relações complexas) entre familiar e estranho, superior e inferior, justo e injusto. Tais características estão presentes qualquer que seja o objecto de regulação jurídica, seja ele relações de família, ou de trabalho, actividades contratuais ou criminosas. Em suma, esta forma de legalidade cria um padrão de regulação baseado na representação e adequado a identificar posições.

Ao contrário, a legalidade de pequena escala é pobre em detalhes e reduz os comportamentos e as atitudes a tipos gerais e abstractos de acção. Mas, por outro lado, determina com rigor a relatividade das posições (os ângulos entre as pessoas e entre as pessoas e as coisas), fornece direcções e atalhos, e é sensível às distinções (e às complexas relações) entre parte e todo, passado e presente, funcional e disfuncional. Em suma, esta forma de legalidade cria um padrão de regulação baseado na orientação e adequado a identificar movimentos[21]. Quando, em 1970, estudei o direito interno e não oficial das favelas do Rio de Janeiro, tive ocasião de observar que este direito local, um direito de grande escala, representava adequadamente a realidade sócio-jurídica da marginalidade urbana e contribuía significativamente para manter o *status quo* das posições dos habitantes das favelas enquanto moradores precários de barracas e casas em terrenos invadidos (Santos, 1977)[22]. Quando, dez anos mais tarde, estudei as lutas sociais e jurídicas dos moradores das favelas do Recife com o objectivo de legalizarem a ocupação das terras por meio de expropriação, compra ou arrendamento, verifiquei que a forma de direito a que recorriam privilegiadamente era o direito oficial, estatal, um direito de menor escala, que só muito selectiva e abstractamente representava a posição sócio-jurídica dos moradores, mas definia muito claramente a relatividade das suas posições face ao Estado e aos proprietários fundiários urbanos, um direito que, nas condições sociais e políticas da época, oferecia o atalho mais curto para o movimento de uma posição precária para uma posição segura (Santos, 1982b; 1983)[23].

Para além de suscitarem diferentes padrões de regulação, as diferentes escalas de legalidade condicionam *redes de acções* diferentes e são condicionadas por

---

21. Como deixei dito acima, a cartografia simbólica é susceptível de aplicação a outras formas institucionalizadas de representações sociais, da religião à educação, da saúde à moda, das forças armadas ao movimento sindical. Por exemplo, o processo educativo de grande escala, que tem lugar de modo informal e quotidiano no seio da família, do grupo de referência ou da comunidade local, não coincide com o processo educativo de pequena escala no âmbito do sistema educativo formal, nacional (público ou privado), mesmo quando os dois processos incidem, na aparência, sobre os mesmos tópicos e sobre os mesmos alunos. A educação de grande escala suscita, em geral, um padrão de socialização que privilegia a representação dos espaços socialmente constituídos e a posição que nesses espaços ocupam os diversos sujeitos do processo educativo. Ao contrário, a educação de pequena escala suscita, em geral, um padrão de socialização que privilegia o movimento e a orientação entre diferentes espaços sociais, constituídos ou a constituir, mesmo quando esse movimento (a mobilidade social), a nível agregado, é ilusório e a ilusão de que ele existe na realidade é um dos factores da rigidez macro-social.
22. Este estudo e uma análise auto-reflexiva da investigação estão publicados no 2º Volume.
23. É de salientar, no entanto, que os moradores/invasores se apoiavam no direito local das favelas sempre que queriam mostrar as suas experiências de vida e posicioná-las na sociedade.

elas. Uma rede de acções é uma sequência interligada de acções estruturalmente determinadas por limites pré-definidos. Identifico dois tipos de limites: os limites definidos segundo o âmbito e os definidos segundo a ética das interacções. Segundo o âmbito, distingo dois tipos de redes de acções: *a rede de acções estratégicas* e a *rede de acções tácticas*. Segundo a ética, distingo igualmente dois tipos de redes de acções: a *rede de acções instrumentais* e a *rede de acções edificantes*. À luz dos exemplos apontados acima, sugiro que a legalidade de grande escala suscita (e é suscitada por) redes de acções tácticas e edificantes, enquanto a legalidade de pequena escala suscita (e é suscitada por) redes de acções estratégicas e instrumentais. Os diferentes grupos e classes sociais não são todos igualmente socializados nas diferentes redes de acções. Estas encontram-se desigualmente distribuídas na sociedade. Um dado grupo ou uma dada classe social socializados predominantemente num certo tipo de rede de acções tendem a ser especificamente competentes no tipo de legalidade que lhes está associado. Numa situação de interlegalidade, ou seja, numa situação em que a legalidade de pequena escala se entrecruza com a legalidade de grande escala, as acções associadas com a primeira tendem a ser agressivas, excepcionais, críticas, respeitantes a lutas ou conflitos de grande alcance, enquanto as acções associadas com a legalidade de grande escala tendem a ser defensivas, vulgares, respeitantes à interacção de rotina e às lutas e conflitos de pequeno alcance[24].

A terceira e última implicação da análise das escalas de regulação jurídica diz respeito ao que designo por *patamares de regulação*. Qualquer que seja o objecto social regulado e o objectivo da regulação, cada escala de legalidade tem um patamar de regulação próprio com que define o que pertence à esfera do direito e o que é dela excluído. Este patamar é o produto da operação combinada de três patamares: o patamar de detecção, o patamar de discriminação e o patamar de avaliação. O *patamar de detecção* diz respeito ao nível mínimo de pormenor da acção social que pode ser objecto de regulação. Este patamar permite distinguir entre o relevante e o irrelevante. O *patamar de discriminação* diz respeito às diferenças mínimas na descrição da acção social susceptíveis de justificar diferenças de regulação. Permite distinguir entre o mesmo (que deve ter tratamento igual) e o distinto (que deve ter tratamento diferente). Por último, o *patamar de avaliação* diz respeito às diferenças mínimas na qualidade ética da acção social susceptíveis de fazerem variar qualitativamente o sentido da regulação[25]. Permite distinguir entre o legal e o ilegal[26].

---

24. Sobre o conceito de lutas de diferente alcance, cfr. a distinção entre "molar struggles" e "molecular struggles" em G. A. Miller *et al.* (1972: 59).

25. Estes patamares assinalam, cada um a seu modo, diferentes limites da representação. Estes limites serão analisados em detalhe no próximo capítulo.

26. Continuando o exercício de expandir a estratégia analítica aqui desenvolvida numa aplicação ao direito, e à semelhança do que fiz com a educação (ver nota 21), pode dizer-se que, no domínio da saúde, outra grande representação social com vários graus de institucionalização, os patamares de regulação variam, por exemplo, entre a medicina popular e a medicina oficial. A primeira parece caracte-

Durante a crise revolucionária por que passou a sociedade portuguesa em 1974-1975, José Diogo, assalariado rural, foi acusado do homicídio do seu antigo patrão, um grande latifundiário alentejano. Em sua defesa, o réu invocou a provocação da vítima e um longo rol de acções prepotentes e violentas contra os trabalhadores cometidas pelo latifundiário durante o longo período da ditadura salazarista. Depois de muitas peripécias, devidas à atenção pública que o caso obteve e às manifestações de solidariedade para com o réu, este acabou por ser julgado e condenado. De uma das vezes em que o julgamento foi adiado, quando o processo fora transferido para o tribunal de Tomar, um tribunal popular constituído por operários da cintura de Lisboa e por assalariados rurais reuniu-se no exterior do tribunal da comarca e condenou postumamente o latifundiário ao mesmo tempo que absolveu o réu, apesar de reconhecer que a sua acção, sendo um acto de violência individual, não podia ser considerada revolucionária. A discrepância entre o tribunal estatal e o tribunal popular reside, entre outras coisas, nos diferentes patamares de regulação das formas do direito adoptadas por cada um dos tribunais. Para o direito estatal, então chamado "legalidade democrática", as duas acções, a acção do réu e as acções anteriores da vítima, tinham conteúdos éticos muito distintos. Para o direito aplicado pelo tribunal popular, a "legalidade revolucionária", como então se chamava, e em face do patamar de avaliação e de discriminação mais baixo por esta adoptado, os dois tipos de acção eram eticamente semelhantes. Se a acção do réu não podia ser considerada revolucionária, poderia pelo menos ser desculpada enquanto reacção compreensível contra as acções anteriores da vítima (Santos, 1982a: 272).

Os três patamares variam segundo a escala do direito, mas a mesma escala jurídica comporta diferenças internas no patamar da regulação. Por exemplo, pode ter um elevado patamar de detecção mas um baixo patamar de avaliação ou, ao contrário, as discrepâncias podem ocorrer entre diferentes áreas ou ramos da mesma escala de direito (por exemplo, o direito estatal do trabalho pode ter um patamar de regulação mais elevado que o direito criminal ou o direito social). Acresce que o patamar de regulação, longe de ser uma entidade fixa, pode mover-se dentro de certos limites. O movimento, no entanto, é sempre o produto dos movimentos combinados (e frequentemente desiguais) dos três patamares que constituem o patamar de regulação. No contexto político e social actual em que se apela estridentemente à desregulamentação da economia e da vida social, o patamar de regulação do direito estatal sobe em resultado da subida dos patamares de detecção e de discriminação. Contudo, como, na prática, a vida sócio-jurídica envolve sempre interlegalidade, a desregulamentação ao nível da escala do direito estatal pode

---

rizar-se por um patamar de regulação mais baixo que a segunda, quer enquanto patamar de detecção (a caracterização de sintomas que podem constituir uma questão de saúde), quer enquanto patamar de discriminação (a distinção e a localização dos sintomas), quer ainda enquanto patamar de avaliação (a discriminação entre o que é saúde e o que é doença).

ser neutralizada ou compensada pelo aumento de regulamentação ao nível de outras escalas de direito (o direito local da produção, ou o direito global das transacções internacionais). Obviamente, a "qualidade" política e social de uma regulação social dominada pelo direito estatal é diferente da de uma regulação social dominada pelo direito não estatal[27].

O direito e a projecção

As formas de direito distinguem-se também segundo o tipo de projecção da realidade social que adoptam. A projecção é o procedimento através do qual a ordem jurídica define as suas fronteiras e organiza o espaço jurídico no interior delas. Tal como a escala, e pelas mesmas razões, a projecção não é um procedimento neutro. Tipos diferentes de projecção criam objectos jurídicos diferentes e cada objecto jurídico favorece uma certa formulação de interesses e uma concepção própria dos conflitos e dos modos de os resolver. Cada ordem jurídica assenta num facto fundador, um *super-facto* ou uma *super-metáfora* que determina o tipo de projecção adoptado. As relações económicas privadas constituídas no mercado são o super-facto em que assenta o direito burguês moderno, do mesmo modo que a terra e a habitação concebidas como relações políticas e sociais são o super-facto subjacente ao direito não oficial das favelas do Rio de Janeiro.

Segundo o tipo de projecção adoptado, cada ordem jurídica tem um centro e uma periferia. Isto significa, em primeiro lugar, que, à semelhança do que se passa com o capital financeiro, o capital jurídico de uma dada forma de direito não se distribui igualmente pelo espaço jurídico desta. Tende a concentrar-se nas regiões centrais, pois é aí que é mais rentável e tem mais estabilidade. Nessas regiões, o espaço é cartografado com mais detalhe e absorve mais recursos institucionais, tais como tribunais e profissionais de direito, e mais recursos simbólicos, como sejam os tratados e os pareceres dos juristas e a ideologia e cultura jurídicas dominantes[28]. Inversamente, nas regiões jurídicas periféricas, o espaço jurídico é cartografado com traço muito grosso, absorve poucos recursos institucionais (justiça inacessível, assistência judiciária de baixa qualidade, advogados mal preparados, etc.) e igualmente poucos recursos simbólicos (práticas jurídicas menos prestigiadas, teorização jurídica menos sofisticada, etc.).

Prosseguindo com o exemplo acima dado, pode dizer-se que os contratos constituem o centro do direito das sociedades modernas capitalistas. Os conceitos, as teorias, os princípios gerais e as regras de interpretação desenvolvidos em torno

---

27. Este tema será retomado com mais detalhe no Capítulo 5.
28. A relação centro/periferia existe em todos os espaços sociais e, portanto, nas formas de capital social e simbólico que os constituem e accionam (o capital religioso, o capital educacional, o capital médico, o capital corporal, etc., etc.).

dos contratos têm ocupado um lugar central na legislação moderna, na formação dos juristas e na ideologia jurídica dominante. Além disso, a perspectiva contratual tem sido exportada para outros ramos do direito, para o direito constitucional, para o direito administrativo e mesmo para o direito criminal. Quando hoje se fala do fim dos contratos ou, invertendo a sequência proposta por Maine (1912), da passagem do contrato para o status, não deve esquecer-se que, apesar das transformações sócio-jurídicas das últimas décadas, os contratos continuam a ser a supermetáfora, não só do direito moderno, como também da sociedade moderna em geral[29]. Basta recordar, como simples ilustração, a re-emergência recente das teorias neo-contratualistas no domínio da filosofia política e do direito constitucional.

Semelhantemente, no direito informal dos bairros da lata do Rio de Janeiro, a terra e a habitação e os conflitos que a seu respeito se suscitam constituem o centro do espaço jurídico. Nos casos, raros, em que a associação de moradores se aventura, na sua qualidade de tribunal informal, a tratar de questões criminais, de família ou de ordem pública, procura sempre uma conexão entre estas e as questões da terra e da habitação e aplica ao tratamento das primeiras a competência jurídica e a tecnologia jurídica popular obtidas no tratamento das segundas.

O facto de cada tipo de projecção da realidade produzir um centro e uma periferia mostra que a cartografia jurídica da realidade social não tem sempre o mesmo grau de distorção. Tende a ser mais distorciva à medida que caminhamos do centro para a periferia do espaço jurídico. As regiões periféricas são também aquelas em que é mais densa a interpenetração entre as várias formas de direito que convergem na regulação da acção social.

O segundo efeito da projecção diz respeito ao tipo de características do objecto social que são privilegiadas pela regulação jurídica. A este respeito, há que distinguir dois tipos de projecção: a *projecção egocêntrica* e a *projecção geocêntrica*[30]. A projecção egocêntrica privilegia a representação das características subjectivas e particulares de acções sociais que, na aparência pelo menos, são de natureza predominantemente consensual ou voluntarista. A projecção geocêntrica privilegia a representação das características objectivas e gerais das acções sociais padronizadas que, na aparência pelo menos, são de natureza predominantemente conflitual. Segundo o tipo dominante de projecção adoptado, podem distinguir-se duas formas de direito: o *direito egocêntrico* e o *direito geocêntrico*.

Analisarei à luz destas categorias algumas transformações recentes na regulação jurídica da vida económica bem como alguns desenvolvimentos de longa duração histórica tal como foram estudados por Max Weber. Ao analisar,

---

29. A ideia do contrato social nas sociedade modernas foi analisada no Capítulo 2 e a sua crise será analisada em detalhe no 4º Volume.

30. Esta distinção é também usada por Muehrcke na análise dos mapas cognitivos, mas com um sentido ligeiramente diferente (1986: 4).

em *Economia e Sociedade*, as formas históricas da criação dos direitos, Max Weber chama a nossa atenção para o longo e sinuoso processo histórico através do qual o que designo por direito geocêntrico toma progressivamente o lugar do direito egocêntrico (1978: 695). No passado, diz Weber, o direito surgiu em resultado de decisões consensuais dos diferentes grupos de status. Tratava-se, pois, de um direito voluntariamente assumido, um direito particularístico porque próprio de um dado grupo social e só a ele aplicável. Havia, assim, diferentes comunidades jurídicas constituídas segundo o nascimento, a religião, a etnia ou a ocupação dos seus membros. Cada indivíduo ou grupo de indivíduos tinha uma qualidade jurídica própria, um direito pessoal ou *professio juris* que transportava consigo onde quer que fosse.

O *jus civile* era em Roma o direito pessoal dos cidadãos romanos e o *jus gentium* foi criado para regular a actividade dos não-cidadãos. A ideia da *lex terrae*, de um direito geral aplicável a todo o território independentemente das características pessoais dos seus habitantes, desenvolveu-se muito lentamente. Neste processo, que é o processo de desenvolvimento do que designo por direito geocêntrico, a extensão da economia de mercado e a burocratização progressiva dos grupos sociais e suas instituições desempenharam um papel deveras decisivo. Segundo Weber, este processo culminou na Revolução Francesa quando o Estado moderno se transformou numa instituição coerciva global e o seu direito passou a aplicar-se a todos os indivíduos e a regular de modo geral e abstracto todas as situações (Weber, 1978: 698 e 724). Max Weber reconhece que ainda hoje existem na sociedade moderna formas de direito pessoal ou particularístico mas que, ao contrário do que sucedia na sociedade antiga, essas formas fundam-se, exclusivamente, em razões técnicas ou económicas e só vigoram nos estritos limites que lhes são fixados pelo direito estatal (1978: 697).

Em meu entender, este confronto histórico entre direito egocêntrico e direito geocêntrico não pode ser considerado como definitivamente decidido a favor deste último. Alguns desenvolvimentos sócio-jurídicos recentes apontam para a emergência de novos particularismos jurídicos, de formas novas de direito egocêntrico que, ao criarem autênticos enclaves pessoais com estatutos jurídicos próprios, neutralizam ou iludem a aplicação do direito geral do país. Para ilustrar isto mesmo, retomo o exemplo do novo tipo de direito global de que falei acima ao discutir a escala do direito. A multiplicidade de contratos económicos transnacionais, cobrindo novas áreas de actividade económica e incluindo cláusulas até agora desconhecidas, e a proliferação de códigos deontológicos, códigos de conduta privada respeitantes às actividades das empresas multinacionais e das associações económicas ou profissionais internacionais em domínios tão diversos como transferências de tecnologia, mercados de capitais, publicidade, promoção de vendas, estudos de mercado, seguros, assistência técnica, contratos de chave na mão, etc., etc., todas estas novas formas de direito global criam um espaço jurídico transnacional que frequentemente colide com o espaço jurídico nacional[31].

Os conflitos têm origens diversas. Eis algumas delas a título de exemplo: a determinação da responsabilidade dos novos contratos não respeita as leis nacionais; os contratos incluem cláusulas gerais sobre o direito aplicável, tais como os princípios gerais do direito ou os usos comerciais, com o único propósito de fugir à aplicação do direito nacional; recorre-se ao sistema de arbitragem com o mesmo propósito; os parceiros comerciais subscrevem acordos de cavalheiros que violam abertamente as leis nacionais, sobretudo as que regulam a concorrência; a legislação nacional promulgada para policiar os contratos de transferência de tecnologia tem uma eficácia quase nula; e, finalmente, as empresas multinacionais mais poderosas chegam mesmo a impor as suas leis aos Estados nacionais. A violação do direito nacional assume tais proporções que o código deontológico para as empresas multinacionais proposto pelas Nações Unidas inclui esta norma surpreendente: "a empresa multinacional respeitará as leis nacionais do país onde opera" (Destanne de Bernis, *in* Farjat, 1982: 65)[32].

Todos estes conflitos, latentes ou manifestos, são sintomas de uma tensão crescente entre o direito geocêntrico dos Estados-nação e o novo direito egocêntrico dos agentes económicos transnacionais. Em minha opinião, estamos a assistir à emergência de novos particularismos estruturalmente semelhantes aos estatutos pessoais e corporativos da sociedade antiga e medieval descritos por Weber. Tal como os antigos grupos de status, as empresas multinacionais e as associações económicas internacionais têm um direito próprio que regula os seus negócios onde quer que eles tenham lugar e quaisquer que sejam as leis nacionais que aí vigorem. As novas formas de particularismo, corporativismo e personalismo caracterizam-se ainda pelo facto de este direito mundial ser talhado segundo os interesses das empresas ou bancos mais poderosos. Logo no início da década de sessenta, Bertold Goldman pôde verificar que muitos dos "contratos-tipo" são criados por uma única empresa multinacional suficientemente poderosa para os poder impor aos seus parceiros (1964: 180). Assim se explica como uma nova prática instituída por uma empresa influente pode transformar-se num costume instantâneo. Esta nova forma de privilégio de status pode também ser detectada nos códigos de conduta das associações económicas ou profissionais internacionais (por exemplo, no código deontológico da Associação Internacional de *Franchising*). Como nota Farjat, há uma estreita coincidência entre os agentes económicos poderosos e as autoridades profissionais que redigem os códigos deontológicos (1982: 57).

A análise do direito segundo os tipos de projecção permite-nos ainda ver a relatividade da distinção entre o direito e os factos, ou seja, entre a avaliação

---

31. Sobre estes conflitos, cfr. Kahn (1982); Farjat (1982); Wallace (1982); Marques, 1987.
32. As múltiplas formas de globalização do direito são o tema central do 3º Volume.

normativa e a descrição factual da realidade, uma distinção teorizada até à exaustão pela ciência jurídica. Com base em múltiplas investigações antropológicas, Clifford Geertz chama a nossa atenção para as diferenças nos modos como as várias culturas jurídicas constroem a distinção entre direito e facto (1983: 232). Por privilegiar, enquanto objectos de regulação, as características gerais e objectivas da realidade, o direito geocêntrico tende a radicalizar a distinção entre direito e facto e a ser mais exímio na fixação das normas do que na fixação dos factos. Dominado pelo medo dos factos, o direito geocêntrico reage, esterilizando-os, reduzindo-os a esqueletos. Os factos, quando nomeados pelas normas, são já meros diagramas da realidade, como diria Geertz (1983: 173). O direito geocêntrico produz uma justiça legalista para usar um termo de um outro antropólogo, Pospisil (1971: 23). Ao contrário, o direito egocêntrico tende a apagar a distinção entre direito e facto e a ser mais exímio na fixação dos factos do que na fixação das normas. Permite a explosão dos factos, como no caso, acima referido, da constituição de costumes instantâneos, e por essa razão pode dizer-se que produz uma justiça de factos, para utilizar ainda a expressão de Pospisil.

O direito e a simbolização

A simbolização é a face visível da representação da realidade. É o procedimento técnico mais complexo, pois que a sua execução é condicionada, tanto pelo tipo de escala, como pelo tipo de projecção adoptados. A semiótica, bem como a retórica e a antropologia cultural, têm dado contributos importantes para o estudo da simbolização jurídica da realidade. Do meu ponto de vista, é necessário juntar a estes contributos o contributo da crítica literária e é precisamente a partir desta última que distingo dois tipos-ideais de simbolização jurídica da realidade: *o estilo homérico* e *o estilo bíblico*. Estas designações metafóricas referem-se, como disse, a tipos-ideais, isto é, a construções teóricas extremas de que as ordens jurídicas vigentes na realidade social se aproximam em maior ou menor grau. As designações são retiradas da obra clássica de Erich Auerbach sobre as formas de representação da realidade na literatura ocidental (1968: 23). Auerbach identifica duas formas básicas de representação literária da realidade e ilustra a oposição entre elas com o contraste entre a *Odisseia* de Homero e a Bíblia. A *Odisseia* descreve a natureza trágica e sublime da vida heróica, uma descrição totalmente exteriorizada, uniformemente iluminada, com todos os acontecimentos ocupando o proscénio e a todos sendo atribuído um significado inequívoco, sem perspectiva psicológica nem lastro histórico. Ao contrário, a Bíblia representa o sublime e o trágico no contexto da vida comum, quotidiana, e a descrição é sensível à complexidade dos problemas humanos, salientando alguns aspectos e deixando outros na obscuridade, e caracteriza-se pelos não-ditos, pelos panos de fundo, pela ambiguidade dos sentidos e pela centralidade das interpretações à luz do devir histórico.

Em meu entender, este contraste na representação literária da realidade verifica-se também na representação jurídica da realidade. Daí a referência aos dois sistemas polares de sinais. Falo de um *estilo jurídico homérico* quando a simbolização jurídica da realidade apresenta as duas características seguintes: por um lado, a conversão do fluxo contínuo da acção social numa sucessão de momentos descontínuos mais ou menos ritualizados, como, por exemplo, a celebração e terminação de contratos, a instauração de acções judiciais e o seu julgamento, etc., etc.; e, por outro lado, a descrição formal e abstracta da acção social através de sinais convencionais, referenciais e cognitivos. Este estilo de simbolização cria uma forma de juridicidade que designo por juridicidade instrumental. Em contraste, o *estilo jurídico bíblico* cria uma juridicidade imagética e caracteriza-se pela preocupação em integrar as descontinuidades da interacção social e jurídica nos contextos complexos em que ocorrem e em descrevê-las em termos figurativos e concretos através de sinais icónicos, emotivos e expressivos.

Independentemente da precedência histórica de qualquer destes estilos de simbolização e do predomínio momentâneo que qualquer um deles obtenha sobre o outro, existe sempre, em cada período histórico, uma tensão dialéctica entre ambos. Assim, embora o direito do Estado moderno tenha um estilo predominantemente homérico, o estilo bíblico está presente, e com grande intensidade, noutras formas de direito que circulam na sociedade. Voltando ao exemplo do direito pessoal dos novos sujeitos jurídicos transnacionais, é notório que o direito global emergente é formulado num estilo bíblico de representação. Alguns especialistas têm chamado a atenção para a retórica moralista e para o uso de símbolos emotivos, expressivos e não-cognitivos nos códigos de conduta ou nos contratos-tipo elaborados pelas empresas multinacionais ou pelas associações internacionais cooptadas por elas, como se demonstra pelo uso recorrente de expressões como concertação, interesse comum, confiança recíproca, solidariedade, cooperação, assistência, lealdade, etc., etc.[33]

Mas o contraste entre os dois estilos de simbolização é ainda mais evidente nas situações de pluralismo jurídico em que a prática social obriga a uma circulação permanente através de ordens jurídicas com estilos diferentes de simbolização. De uma forma ou de outra, todas as investigações empíricas que realizei envolvem situações deste tipo. Começando pela investigação em Cabo Verde, é fácil concluir que a institucionalização da justiça popular depois da Independência visa realizar uma síntese ou fusão entre o direito costumeiro local e o direito nacional do novo Estado. No entanto, as tensões entre os dois estilos de simbolização da realidade são visíveis de muitos ângulos e nomeadamente no modo como os juízes julgam os conflitos que lhes são presentes. Alguns juízes, geralmente mais velhos, adoptam um imaginário jurídico local, característico do direito imagético que descreve o

---

33. Cfr., por exemplo, Farjat (1982: 65).

direito e os factos sem grandes distinções entre um e outros, recorrendo a expressões figurativas e informais e a sinais gestuais e verbais de tipo icónico, emotivo e expressivo. Outros juízes, geralmente mais jovens e com educação formal, procuram imitar os juízes profissionais ou mesmo os quadros políticos, para o que adoptam uma visão instrumental do direito, com distinções inequívocas entre direito e facto, descrevendo ambos em termos abstractos e formais mediante o recurso a sinais gestuais e verbais de tipo convencional, cognitivo ou referencial.

Mas o mesmo juiz pode, em situações diferentes, adoptar estilos de simbolização jurídica diferente. Por exemplo, Nha Bia, uma mulher notável e juiz presidente do tribunal popular de Lém Cachorro, nos arredores da cidade da Praia, adopta um estilo bíblico no julgamento dos casos que lhe são mais familiares e em que ela se sente com mais autonomia para "fazer justiça à sua maneira", como ela costuma dizer. É o caso, por exemplo, dos conflitos de água, protagonizados em geral pelas mulheres. Trata-se de disputas que ocorrem normalmente nas bichas de água junto aos fontenários públicos, sobre a ordem na bicha ou sobre a ração diária de água. Dada a seca prolongada, este tipo de conflitos é muito frequente. Ao contrário, Nha Bia tende a adoptar um estilo homérico no julgamento dos casos que lhe são menos familiares ou naqueles em que a sua competência ou jurisdição possam ser contestadas, como, por exemplo, nos casos com tonalidades políticas ou que envolvem moradores influentes na comunidade ou no aparelho do Estado ou do partido (Santos, 1984: 105).

A investigação sobre as lutas sociais e jurídicas no Recife revela que tanto os moradores das favelas como a Igreja Católica que os apoia buscam uma relação de complementaridade momentânea e instável entre o direito não oficial das favelas e o direito nacional estatal. A construção e imaginação da realidade nestas duas formas de direito segue sistemas de sinais divergentes, o bíblico e o homérico, respectivamente. Os líderes comunitários e os advogados contratados pela Igreja para defender os favelados são frequentemente forçados a mudar de estilo e de sistema de sinais de acordo com o auditório relevante perante quem têm de argumentar no momento. O estilo bíblico, usado nas assembleias no interior das favelas, tem de ser traduzido no estilo homérico quando se trata de argumentar no tribunal ou numa repartição administrativa. Mas também pode acontecer que, em determinados momentos, os dois estilos e sistemas de simbolização se sobreponham e interpenetrem, como, por exemplo, quando grupos de moradores das favelas vêm assistir, como "público", ao julgamento de um conflito de terra e, de repente, começam a gritar slogans e a cantar cantigas religiosas em plena sala de audiências (Santos, 1982b: 21).

Por último, da investigação sobre a crise revolucionária da sociedade portuguesa em 1974-75 resulta evidente que não há qualquer tentativa de complementaridade ou fusão, mas antes uma contradição aberta entre duas formas de direito, a legalidade democrática e a legalidade revolucionária. A legalidade democrática procura isolar a representação jurídica da realidade da vivência convulsa e quotidiana da crise revolucionária e para isso sublinha a distinção entre direito e factos e procede a uma descrição abstracta e formal da realidade em que domina o sistema de sinais próprio do estilo homérico de representação e simbolização. Ao contrário, a legalidade revolucionária procura integrar e até diluir a representação jurídica no contexto político e social em que tem lugar e para isso atenua ou apaga a distinção entre direito e factos e privilegia uma descrição figurativa e informal da realidade, em suma, um estilo bíblico de representação e simbolização (Santos, 1982a: 254).

PARA UMA CONCEPÇÃO PÓS-MODERNA DAS REPRESENTAÇÕES SOCIAIS

Os mapas são objectos vulgares, triviais. Fazem parte do nosso quotidiano ao mesmo tempo que nos orientam nele. Como diz Hodgkiss,

> é difícil não sermos confrontados na nossa rotina diária com pelo menos dois mapas. De manhã, ao passarmos os olhos pelo jornal a caminho do trabalho, é quase certo depararmos com um mapa a preto e branco para assinalar e localizar um qualquer acontecimento importante. Ao chegarmos, a casa, ao fim do dia, o noticiário da televisão também nos mostrará um mapa com o mesmo objectivo. Além disso, a previsão do tempo é-nos feita quotidianamente, tanto na imprensa, como na televisão, com a ajuda de fotografias de satélite e de mapas particularmente concebidos para facilitar a compreensão (1981: 11).

Ao usar como metáfora de base um objecto tão comum e vulgar como o mapa, a cartografia simbólica do direito pretende contribuir para vulgarizar e trivializar o direito de modo a abrir caminho para um *novo senso comum jurídico*. O tema central deste livro é a construção de um novo senso comum capaz de sustentar a inteligibilidade e as lutas emancipatórias na transição paradigmática. O novo senso comum jurídico proposto neste volume é parte constitutiva do novo senso comum para que deve orientar-se o conhecimento do paradigma emergente. Como referi no Capítulo 1, ele terá de estar suficientemente longe do senso comum existente para o poder criticar e eventualmente recusar, mas, por outro lado, tem de estar suficientemente próximo dele para manter presente que o único objectivo legítimo do conhecimento-emancipação é a constituição de um novo senso comum.

A cartografia simbólica do direito aqui traçada é uma das vias possíveis de acesso a uma concepção pós-moderna de direito. Ao longo da exposição, fui apresentando alguns dos componentes básicos desta concepção. Alguns deles foram já apresentados no Capítulo 2 e serão retomados no Capítulo 5, outros serão desenvolvidos no 2º e 3º volumes. O primeiro e talvez mais importante é o conceito de *pluralismo jurídico*. Não se trata do pluralismo jurídico estudado e teorizado pela antropologia jurídica, ou seja, da coexistência, no mesmo espaço geo-político, de duas ou mais ordens jurídicas autónomas e geograficamente segregadas. Trata-se, sim, da sobreposição, articulação e interpenetração de vários espaços jurídicos misturados, tanto nas nossas atitudes, como nos nossos comportamentos, quer em momentos de crise ou de transformação qualitativa nas trajectórias pessoais e sociais, quer na rotina morna do quotidiano sem história. Vivemos num tempo de porosidades e, portanto, também de porosidade ética e jurídica, de um direito poroso constituído por múltiplas redes de ordens jurídicas que nos forçam a constantes transições e transgressões. A vida sócio-jurídica do fim do século é constituída pela intersecção de diferentes linhas de fronteiras e o respeito de umas implica necessariamente a violação de outras. Somos, pois, transgressores compulsivos, o outro lado da liberdade multiplicada por si própria segundo o ideário da modernidade.

A intersecção de fronteiras éticas e jurídicas conduz-nos ao segundo conceito-chave de uma visão pós-moderna do direito, o conceito de *interlegalidade*. A interlegalidade é a dimensão fenomenológica do pluralismo jurídico. Trata-se de um processo altamente dinâmico porque os diferentes espaços jurídicos não são sincrónicos e por isso também as misturas de códigos de escala, de projecção ou de simbolização são sempre desiguais e instáveis. A mistura de códigos é visível em todos os processos sociais que investiguei. É também visível no modo como o direito global emergente, a que fiz referência, se apropria dos vernáculos jurídicos locais ou tradicionais. Penso ter mostrado que esse direito, enquanto juridicidade de pequena escala, mistura uma visão telescópica da realidade com uma retórica moralista típica da juridicidade local e de grande escala. Ao mesmo tempo que amplia o espaço jurídico até à escala planetária, cria particularismos e personalismos que ecoam os privilégios de status medievais ligados às diferentes *professiones juris*.

A mistura de códigos de representação e de simbolização é ainda visível nas imagens do direito na cultura de massas. Num estudo sobre este tópico e em que analisa muitas das séries da televisão americana, algumas das quais já passadas nos nossos écrans, Stewart Macauly mostra que os meios de comunicação de massa e, sobretudo, a televisão promovem uma visão inconsciente e fragmentada do direito, com mensagens sobrepostas e contraditórias, feitas de regras e de contra-regras que incitam tanto à obediência, como à desobediência, tanto à acção legal, como à acção ilegal (1987: 185).

Os conceitos de pluralismo jurídico e de interlegalidade aqui apresentados apontam para objectos teóricos cuja investigação empírica requer instrumentos analíticos complexos. Os que aqui desenhei mostram que a fragmentação da realidade e da legalidade pressuposta por aqueles conceitos não é caótica. É uma construção social segundo as regras da escala, da projecção e da simbolização. Aliás, num universo ético e jurídico policêntrico, como o aqui defendido, é importante reconhecer que o direito estatal continua a ser, no imaginário social, um direito central, um direito cuja centralidade, apesar de crescentemente abalada, é ainda um factor político decisivo. Tal centralidade é, de resto, reproduzida por múltiplos mecanismos de aculturação e socialização.

Tal como existe um cânone literário que define o que é literatura e o que não é, existe também um cânone jurídico que define o que é direito e o que não é. Porque é socializado nos tipos de escala, de projecção e de simbolização característicos do direito nacional estatal, o cidadão comum tende a não reconhecer como jurídicas as ordens normativas que usam escalas, projecções e simbolizações diferentes. Tais ordens estão aquém do patamar mínimo ou além do patamar máximo de cognição jurídica. Algumas (as várias formas de direito local) estão demasiado próximas da vida quotidiana para parecerem direito, enquanto outras (as várias formas de direito global) estão demasiado longe. A crítica destas percepções sociais e dos processos de inculcação em que assentam é feita pelos conceitos de pluralismo jurídico e de interlegalidade. A alternativa que a cartografia simbólica do direito oferece está resumida no conceito de novo senso comum jurídico.

Ao contrário do senso comum jurídico hoje dominante, o novo senso comum parte de uma concepção de direito autónoma da que é produzida pelas profissões e instituições jurídicas do Estado moderno e que está na base da ideologia jurídica dominante. Ao questionar esta ideologia enquanto forma de autoconhecimento que legitima e naturaliza o poder social dos profissionais e das classes sociais que eles servem com maior ou menor autonomia, o novo senso comum jurídico é um conhecimento vulgar mais crítico. Trivializar e vulgarizar o direito implica necessariamente, numa fase de transição ideológica, questionar e criticar o poder social dos que insistem na sacralização, ritualização e profissionalização do direito.

Disse acima que mereceria a pena testar as virtualidades teóricas e analíticas da cartografia simbólica no estudo de outras representações sociais para além do direito. Penso que merecerá particularmente a pena o caso das representações sociais que têm um conteúdo normativo explícito cuja reprodução alargada é assegurada por organizações formais servidas por conhecimentos e práticas profissionalizados. Assim será o caso da religião e da educação mas em verdade de todas as demais práticas e representações sociais cristalizadas em instituições formais, profissionalizadas, das forças armadas ao movimento sindical, do desporto à segurança social[34]. As virtualidades da cartografia simbólica, ou seja, de uma abordagem assente no estudo das escalas, das projecções e das simbolizações, são fundamentalmente três.

---

34. Cfr. notas 21 e 26 para algumas sugestões sobre a aplicação ampliada da cartografia simbólica.

Em primeiro lugar, é um modo de pensar e analisar as práticas institucionais dominantes sem depender das formas de auto-conhecimento produzidas pelos quadros profissionais que as servem. Esta dependência tem sido um dos obstáculos epistemológicos mais persistentes à construção do pensamento sociológico. Talvez para superar, sem êxito, em meu entender, este obstáculo, a sociologia refugiou-se no exterior das representações sociais institucionalizadas pela sociedade moderna e dedicou-se ao estudo do seu impacto social, quer para estabelecer a sua positividade, como no caso do funcionalismo, quer para estabelecer a sua negatividade, como no caso do marxismo. O estudo do impacto social, ou seja, do que está a jusante das instituições, foi complementado pelo estudo do que está a montante das instituições, ou seja, o estudo dos interesses sociais ou grupais, quer para estabelecer a universalidade dos interesses, como no caso do funcionalismo, quer para estabelecer a sua natureza classista, como no caso do marxismo. Este processo, que monopolizou o que de melhor se produziu na sociologia durante muitos anos, fez esquecer que entre os interesses e os impactos estavam as coisas instituídas, a sua materialidade própria, as suas formas de auto-organização onde se geram resistências e efeitos perversos, neutralizações e bloqueamentos, autonomia e criatividade. A atenção a esta materialidade e às regras específicas da sua eficácia constitui a segunda virtualidade da abordagem aqui proposta.

As regras da escala, da projecção e da simbolização são procedimentos que, sem serem neutros, têm uma dimensão técnica própria que preside às mediações e até às rupturas entre interesses e instituições, entre estas e o seu impacto. A abordagem cartográfica parte do postulado de que os interesses grupais ou de classe fazem acontecer tudo mas não explicam nada. E isto porque a explicação nunca explica o que acontece mas antes o como acontece, ou, por outras palavras, porque "o quê" do acontecer só é susceptível de explicação enquanto "como" do acontecer. As regras da escala, da projecção e da simbolização dirigem-se ao "como" do acontecer enquanto via única de acesso ao "quê" do acontecer. Uma abordagem deste tipo, atenta à mecânica terrestre das coisas, pode ser acusada de formalismo analítico. Julgo, no entanto, que o nosso século tem sido demasiadamente polarizado pela oposição formal/informal, tanto na acção social, como na análise científica, tanto na arte, como na literatura[35]. Agora que nos aproximamos do fim do século, é tempo de vermos o formal no informal e o informal no formal e não assumir posições dogmáticas a respeito da positividade ou negatividade de qualquer deles.

---

35. Sobre esta polarização do formal e do informal, cfr., entre outros, Umberto Cerroni (1986). Cfr. também a importante análise do informalismo no direito de P. Fitzpatrick (1988). O maior ou menor formalismo de uma dada representação social depende de muitos factores, entre eles a estrutura e a função da organização social que a suporta, o nível de profissionalização dos produtores da representação, o tipo e o grau de conhecimento que o público deve possuir para que a representação social seja eficaz, os limites éticos do conteúdo representado, as considerações orçamentais, etc., etc.. Cfr. H. Becker, 1986: sobretudo 121 e ss.

Em terceiro lugar e finalmente, as virtualidades de uma abordagem centrada em escalas, projecções e simbolizações, residem na combinação entre a análise estrutural e a análise fenomenológica. O divórcio entre estes dois tipos de análise constitui um dos calcanhares de Aquiles da sociologia moderna. Começámos por desacreditar dos indivíduos e do sentido que conferiam à sua vida e à vida dos outros. Durkheim ensinou-nos que a consciência individual era um cálice demasiado pequeno para nele caber o néctar do conhecimento científico. Em tempos mais recentes, aventurámo-nos no interior do cálice e a descoberta da subjectividade, da interacção simbólica e da criação interpessoal de sentido fez-nos imaginar a nadar no mar alto da intersubjectividade, esquecidos de que as ondas alterosas não transbordavam dos cálices em que tinhamos mergulhado. Hoje, é tão necessário saber imaginar o mar nos cálices, como saber imaginar os cálices no mar. Os mapas são talvez o objecto cujo desenho está mais estritamente vinculado ao uso que se lhes quer destinar. Por isso, as regras da escala, da projecção e da simbolização são os modos de estruturar no espaço desenhado uma resposta adequada à nossa subjectividade, à intenção prática com que dialogamos com o mapa. Assim, os mapas são um campo estruturado de intencionalidades, uma língua franca que permite a conversa sempre inacabada entre a representação do que somos e a orientação que buscamos. A incompletude estruturada dos mapas é a condição da criatividade com que nos movimentamos entre os seus pontos fixos. De nada valeria desenhar mapas se não houvesse viajantes para os percorrer.

CAPÍTULO

4

Para uma epistemologia da cegueira: por que razão é que as novas formas de "adequação cerimonial" não regulam nem emancipam?

INTRODUÇÃO

No seu famoso ensaio de 1898, Thorstein Veblen critica a economia clássica por promover uma relação circular, empobrecida e tautológica entre os factos e a teoria, uma relação que designa por "adequação cerimonial" (1898: 382). Uma vez formuladas as leis do que é normal e natural "conforme a preconcepção relativa aos fins para que tendem todas as coisas, na ordem natural das coisas" (1898: 382), ou os factos corroboram tal conceito de normalidade, bem como a propensão para fins predefinidos, e são considerados relevantes, ou não, e neste caso são postos de lado como anormais, marginais, irrelevantes. O desejo de Veblen era substituir esta adequação normativa e ilusória por uma adequação real, rejeitar uma "metafísica de normalidade e princípios controladores" em favor da observação do processo real da vida económica, constituído por acções económicas reais de agentes económicos reais.

Ao formular este desejo, Veblen lançou na economia um debate que continua a estar connosco em todas as ciências sociais, e mesmo na ciência em geral. O debate pode ser formulado nos seguintes termos: o que é que tem importância enquanto representação, se é que a representação tem alguma importância? Quais são as consequências de uma representação distorcida? As características mais intrigantes deste debate são, por um lado, o facto de ser muito mais fácil estabelecer os limites de uma dada representação do que formular uma representação geral e coerente dos limites; e, por outro lado, o facto de as consequências da representação distorcida tenderem a ser diferentes das previstas, confirmando desse modo, quanto mais não seja, a representação distorcida das consequências. Por outras palavras, tem sido muito mais fácil criticar a adequação cerimonial do que criar para ela uma alternativa credível. Veblen ilustra muito bem esta situação. No início do seu ensaio, menciona aprovadoramente e como um exemplo a seguir o "eminente antropólogo", M.G. de Lapouge, cuja obra apresenta como símbolo da revolução evolucionista a ocorrer nas outras ciências (1898: 373). Se, porém, formos ler o artigo de Lapouge e prestarmos atenção aos resultados científicos aceites por Veblen, somos confrontados com uma antropologia racial delirante, em que os tipos binários dos loiros dolicocéfalos e dos braquicéfalos explicam leis como a da distribuição da riqueza, das atitudes, dos índices urbanos, da emigração, dos casamentos, da concentração dos dolicóides, da eliminação urbana, da estratificação, das classes intelectuais e das épocas.

O dilema desta severa apreciação da ciência evolucionista de Lapouge reside, justamente, na sua quase auto-evidência. A cegueira dos outros, em especial dos outros do passado, é tão recorrente quanto fácil de identificar. Mas se é assim, seja o que for que dissermos hoje sobre a cegueira dos outros será provavelmente visto no futuro como sinal da nossa própria cegueira. Este dilema pode ser formulado desta forma: se somos cegos, porque vemos tão facilmente a cegueira dos outros e por que razão é tão difícil aceitar a nossa própria cegueira? Porque julgamos ver plenamente o que só vemos muito parcialmente? E se assim é, de que vale sequer ver?

Mantenho que a consciência da nossa cegueira, que somos forçados a exercer enquanto desvelamos a cegueira dos outros, deve estar no centro mesmo de uma nova atitude epistemológica, já anunciada no Capítulo 1, que convida a (1) uma movimentação prudente, uma vez que não pode garantir que todas as movimentações sejam na direcção pretendida; (2) uma pluralidade de conhecimentos e práticas, já que nenhum deles isoladamente garante orientação fiável; (3) uma aplicação da ciência edificante e socialmente responsável, em vez de técnica, já que as consequências das acções científicas tendem a ser menos científicas que as acções em si.

Esta nova postura epistemológica exige do cientista que a adopta uma adequada atitude vivencial quanto ao seu trabalho concreto e ao impacto dele, uma atitude que designo por *optimismo trágico*. Este optimismo trágico é a característica central da subjectividade do cientista preocupado em transformar a ciência num novo senso comum, menos mistificador e mais emancipatório. Considero o optimismo trágico uma alternativa realista ao pessimismo que, certamente por boas razões, assolou Einstein no final da sua vida. Em declaração ao *The Reporter*, de 18 de Novembro de 1954, afirmava a respeito da situação dos cientistas nos Estados Unidos da América:

> *Se eu fosse hoje um jovem e tivesse de decidir como ganhar a vida, não tentaria ser cientista, intelectual ou professor. Escolheria antes ser canalizador ou vendedor*

ambulante na esperança de encontrar o modesto grau de independência ainda disponível nas actuais circunstâncias (Easlea, 1973: 347).

Insultado pela imprensa, desabafava, três meses antes de morrer (17.4.1955), em carta a Max Born: "O que eu quis dizer foi apenas isto: nas actuais circunstâncias, a profissão que eu escolheria seria aquela em que ganhar a vida não tivesse nada a ver com a busca de conhecimento" (Easlea, 1973: 347). O pessimismo de Einstein é totalmente justificado se não se reconhece nenhuma alternativa viável ao conhecimento institucionalizado da ciência moderna. É a ideia dessa alternativa — o conhecimento-emancipação como semente de um novo senso comum —, defendida neste livro, que sustenta a atitude do optimismo trágico.[1]

É meu propósito debruçar-me, neste capítulo, sobre a questão da persistência da cerimonialidade na gestão científica dominante da adequação da representação. Por isso me concentrarei nas duas vertentes mais íngremes do debate: a questão da representação dos limites e a questão da representação distorcida das consequências. Defendo, no que respeita à primeira questão — a representação dos limites —, que a dificuldade mais intratável consiste em não haver de facto, para a modernidade e a ciência moderna, limites inultrapassáveis. A representação dos limites é, pois, tão provisória como os limites que representa. Relativamente à segunda questão — a representação distorcida das consequências — retomo a análise, feita na Parte I, das vicissitudes por que passou nos últimos duzentos anos a tensão dialéctica entre regulação social (ordem, experiência) e emancipação social (progresso, expectativas) que subjaz ao paradigma da modernidade. Defendi que a ciência moderna, uma vez transformada em força produtiva do capitalismo, contribuiu decisivamente para a descaracterização desta tensão por via do modo como facilitou e até promoveu a absorção da emancipação pela regulação. Salientei então o impacto deste processo nas lutas sociais emancipatórias as quais, uma vez prisioneiras da racionalidade científica moderna, acabaram por perder de vista os seus objectivos e transformar-se perversamente em novas formas de regulação social.

Neste capítulo, pretendo analisar o impacto da cooptação da emancipação pela regulação na própria regulação social e, por consequência, no conhecimento científico que lhe preside. Pretendo mostrar que, uma vez privada da tensão com a emancipação, a regulação social moderna deixa de poder auto-sustentar-se. Esta

---

1. Como se verá no Capítulo 6, esta mesma atitude de optimismo trágico é a que deverá ser adoptada, no campo das práticas e das lutas sociais, pelos indivíduos e grupos sociais interessados em maximizar as possibilidades de emancipação social na transição paradigmática. A este nível, a atitude é designada como optimismo trágico porque alia, a uma aguda consciência das dificuldades e dos limites da luta por formas de emancipação que não sejam facilmente cooptáveis pela regulação social dominante, uma inabalável confiança na capacidade humana para superar dificuldades e criar horizontes potencialmente infinitos dentro dos limites assumidos como inultrapassáveis.

degradação repercute-se no agravamento da falta de controle sobre as consequências das acções e práticas sociais cientificamente fundadas. De todas as ciências sociais, a economia é a ciência que mais tem reivindicado o privilégio de regular cientificamente a sociedade. É, por isso, particularmente pertinente analisar nela a questão da representação distorcida das consequências.

Antes de me debruçar sobre as duas questões — a representação dos limites e a representação distorcida das consequências —, é importante ter em mente que as situo na paisagem epistemológica mais vasta desenhada na Parte I, em especial no Capítulo 1. Neste último capítulo, indiquei que a tensão entre regulação e emancipação foi traduzida epistemologicamente na dualidade entre duas formas de conhecimento, ambas ancoradas nas fundações do paradigma da modernidade: o conhecimento-emancipação e o conhecimento-regulação. O conhecimento-emancipação implica uma trajectória entre um estado de ignorância, a que chamo *colonialismo*, e um estado de conhecimento, a que chamo *solidariedade*. O conhecimento-regulação implica uma trajectória entre um estado de ignorância, a que chamo *caos*, e um estado de conhecimento, a que chamo *ordem*. Enquanto a primeira forma de conhecimento avança do colonialismo para a solidariedade, a segunda avança do caos para a ordem. Em função do paradigma, o compromisso mútuo entre o pilar da regulação e o pilar da emancipação significa que estas duas formas de conhecimento se equilibram de modo dinâmico. O que isto quer dizer é que o poder-saber da ordem contribui para o poder-saber da solidariedade, e vice-versa. O conhecimento-emancipação retira a sua dinâmica dos excessos e deficiências da ordem, ao passo que o conhecimento-regulação retira a sua dinâmica dos excessos e deficiências da solidariedade.

A canibalização da emancipação social pela regulação social, ou seja, o processo histórico em que de *o outro* da regulação social, a emancipação social passou a ser o duplo da regulação social, traduziu-se, no plano epistemológico, pela primazia absoluta do conhecimento-regulação sobre o conhecimento-emancipação: a ordem passou a ser a forma hegemónica de saber e o caos passou a ser a forma hegemónica de ignorância. Como referi no Capítulo 1, um tal desequilíbrio em favor do conhecimento-regulação permitiu a este recodificar o conhecimento-emancipação nos seus próprios termos. Assim, o saber do conhecimento-emancipação passou a ser a ignorância do conhecimento-regulação (a solidariedade recodificada como caos), e, inversamente, a ignorância do conhecimento-emancipação passou a ser o saber do conhecimento-regulação (o colonialismo recodificado como ordem). No presente capítulo, procuro mostrar que a persistência da adequação cerimonial e seus problemas, tanto no que diz respeito à representação de limites como no que diz respeito à representação distorcida de consequências, tem tudo a ver com a conversão da ordem em saber colonialista, e com a concomitante conversão da solidariedade em ignorância caótica. Em meu entender, o meio de sair deste impasse num contexto de transição paradigmática consiste em reavaliar o conhecimento-emancipação, dando-lhe a primazia sobre o conhecimento-regulação. Tal implica, por um lado, que a solidariedade se transforme na forma hegemónica de saber, e, por outro, que a positividade do caos seja reconhecida enquanto parte integrante da ordem solidária.

A REPRESENTAÇÃO DOS LIMITES

No estudo da representação dos limites, na economia e nas ciências sociais em geral, terá utilidade considerar o caso das ciências que mais vivamente se têm defrontado com questões, tanto de representação como de limites, seja por via da natureza dos objectos de que se ocupam, seja por via do tipo das capacidades técnicas que desenvolveram. Tenho em mente a arqueologia, que se ocupa do estudo de objectos muito distantes no tempo; a astronomia, que se ocupa do estudo de objectos muito distantes no espaço; a cartografia, preocupada com a representação de espaços por meio de mapas; e a fotografia, que se ocupa da representação enquanto "reprodução". Valerá ainda a pena ponderar uma actividade artística — a pintura — que pelo menos desde a Renascença tem sido dominada pela questão da representação.

Baseando-me livremente nos procedimentos e estratégias que estes conhecimentos e práticas conceberam para superar os dilemas e as falácias da representação, mostrarei, em primeiro lugar, que tais procedimentos, estratégias, dilemas e falácias se encontram no cerne mesmo do conhecimento científico moderno em geral e, em segundo lugar, que, no âmbito das alternativas que tais procedimentos e estratégias tornaram possíveis, as ciências sociais, em geral, e a economia convencional, em particular, escolheram as alternativas menos adequadas para promover a solidariedade como forma de saber. Subjacente a esta minha tese, está a ideia de que tais procedimentos e estratégias são as meta-tecnologias que autorizam os cientistas a produzir conhecimento aceitável e convincente, e que tais meta-tecnologias, internas ao processo científico, são tão parciais e opacas quanto as intervenções tecnológicas da ciência na vida social. Os conceitos-chave da minha análise são os seguintes: escala, perspectiva, resolução e assinatura. Todos eles foram desenvolvidos pelas disciplinas mencionadas acima, no seu confronto muito estreito com os limites da representação e os dilemas deles emergentes. Analisarei quatro limites de representação: a determinação da relevância e dos graus de relevância; a determinação da identificação; a impossibilidade da duração; a determinação da interpretação e da avaliação.

A determinação da relevância

O primeiro limite da representação diz respeito à questão seguinte: o que é que é relevante? A questão da relevância consiste em que a relevância de um dado objecto de análise não reside no objecto em si, mas nos objectivos da análise. Objectivos diferentes produzem diferentes critérios de relevância. Se submetêssemos a escolha de objectivos à discussão científica aberta e potencialmente infinita que caracteriza a análise de objectos científicos, jamais seríamos capazes de estabelecer um critério de relevância coerente e levar a bom termo qualquer trabalho científico inteligível. Enquanto discutirmos os objectivos, não conseguiremos concordar acerca dos objectos. Dado que a discussão é potencialmente infinita, a única maneira de tornar possível a ciência é postular a equivalência ou fungibilidade de objectivos alternativos. É, pois, negando ou ocultando a hierarquia da relevância dos objectivos que a ciência moderna estabelece a hierarquia da relevância dos objectos. A relevância estabelecida é sociológica, ou antes, é o produto de um *fiat* de economia política disfarçado de evidência epistemológica. A invisibilidade do disfarce assenta na credibilidade da distorção e vice-versa. A distorção é tornada credível pela criação sistemática de ilusões de correspondência com o que quer que se pretenda analisar. Há dois processos para produzir essas ilusões: a *escala* e a *perspectiva*.

A escala foi já analisada no capítulo anterior. Muito resumidamente a minha argumentação foi a seguinte. Não observamos fenómenos. Observamos as escalas dos fenómenos. Embora as escalas sejam importantes em todas as disciplinas em que me baseio, é na cartografia que são verdadeiramente centrais. Com efeito, a principal característica estrutural dos mapas é que, a fim de cumprirem a sua função de representação e orientação, distorcem inevitavelmente a realidade. Mas a distorção da realidade que o mapa produz não será considerada imprecisão se os mecanismos que levam à distorção forem conhecidos e controlados — como, em regra, acontece. Os mapas distorcem a realidade mediante três mecanismos específicos que, sendo usados sistematicamente, passam a ser atributos intrínsecos ou estruturais de todos os mapas. São os seguintes esses mecanismos: *escala*, *projecção* e *simbolização*. No que respeita à escala, é importante, para os objectivos analíticos deste capítulo, distinguir entre escalas de análise e escalas de acção. No que diz respeito às primeiras, fenómenos há, como o clima, que só podem ser representados em pequena escala, ao passo que outros, como, por exemplo, a erosão, só podem ser representados em grande escala. Quer isto dizer que as diferenças de escala não são só quantitativas, mas também qualitativas. Um dado fenómeno só pode ser representado numa dada escala. Mudar de escala implica mudar de fenómeno. Cada escala revela um fenómeno e distorce ou esconde outros[2]. Muitos dos debates nas ciências sociais resultam da sobreposição de fenómenos criados e analisados em diferentes escalas. A escala é "um esquecer coerente" que

---

2. No entender de Monmonier, "porventura o problema mais enigmático em cartografia é ter de generalizar, a uma escala muito menor, dados temáticos, como o uso da terra, cartografados numa escala maior" (Monmonier, 1985: 111).

tem de ser levado a cabo coerentemente. Como mediação entre a intenção e a acção, a escala aplica-se também à acção social. Tanto os urbanistas como os chefes militares, administradores, executivos e homens de negócios, legisladores, juízes e advogados, definem estratégias em pequena escala e decidem tácticas diárias em grande escala. O poder representa a realidade física e social numa escala escolhida pela sua capacidade de criar fenómenos que maximizem as condições da reprodução do poder. A distorção e a ocultação da realidade é, por isso, um pressuposto do exercício do poder.

Vimos também no capítulo anterior como diferentes escalas de análise criam diferentes padrões de regulação e promovem diferentes redes de acções. Pelo que diz respeito aos *padrões de regulação*, deverá ter-se em mente que a representação e a orientação são dois modos antagónicos de imaginar e constituir a realidade, um destinado a identificar a posição, outro destinado a identificar o movimento. A regulação em grande escala suscita um padrão de regulação baseado na representação e na posição, que aliás promove. Ao contrário, a regulação em pequena escala favorece um padrão de regulação baseado na orientação e no movimento, que também promove. No que respeita às redes de acções, distingui no capítulo anterior quatro tipos-ideais: redes de acções tácticas, redes de acções estratégicas, redes de acções edificantes, redes de acções instrumentais. Sugeri também que a análise e a regulação em grande escala encorajam redes de acções tácticas e edificantes, ao passo que a análise e a regulação em pequena escala encorajam redes de acções estratégicas e instrumentais. Os grupos sociais e as classes, que são predominantemente socializados em uma destas duas formas de análise e representação, tendem a ser especificamente competentes no tipo de redes de acções com ela associadas. Numa situação em que se dá a intersecção da análise e regulação em grande e em pequena escala, as redes de acções em grande escala tendem a ser defensivas e a regular interacções normais ou de rotina, ou, quando muito, micro-lutas, ao passo que as redes de acções em pequena escala tendem a ser agressivas e a regular situações críticas excepcionais, provocadas por macro-lutas. Estas tendências poderão manter-se independentemente da classe dos grupos sociais envolvidos nas redes de acções em causa.

De entre as ciências sociais, a economia convencional tem sido aquela que mais se tem concentrado na orientação, e que mais tem promovido uma intervenção científica na vida social. Por essa razão, tem sido favorável à análise em pequena escala, de que são ilustração mais característica os modelos matemáticos. Com efeito, a análise em pequena escala tem prevalecido tanto na macro-economia como na micro-economia. Tal como acontece com os mapas, a análise em pequena escala privilegia um padrão de regulação virado para a orientação e o movimento, e uma rede de acções baseada em acções estratégicas e instrumentais. A eficácia da orientação assenta no carácter vago da representação, ou seja, depende da ausência de pormenores e contrastes, da sua opacidade a práticas e sentidos submersos, do nivelamento de durações diferentes, tanto de qualidades em declínio como de qualidades emergentes. Neste modo de representação, a incerteza da posição é tornada irrelevante pela dinâmica do movimento. Assente neste tipo de representação, a eficácia da orientação depende de uma condição: tem de ser sustentada por forças políticas extracientíficas suficientemente poderosas para promover um movimento que compense os custos sociais da negligência da posição.

Quer isto dizer que a preferência pela pequena escala, e por isso pela orientação em vez da representação, é uma decisão epistemológica que, em vez de se sustentar a si própria, se funda num *fiat* sociológico e de economia política. A definição das características relevantes de um determinado curso de acção é determinada pelos objectivos da regulação, e não ao contrário. Objectivos diferentes e, por isso, interesses diferentes criam factos relevantes diferentes. O exemplo, referido no capítulo anterior, do conflito de trabalho na fábrica de pronto-a-vestir subcontratada por uma empresa multinacional e as diferentes escalas em que pode ser concebido ilustra bem a interpretação entre objectos e objectivos da análise.

Como observei na análise deste exemplo, as empresas transnacionais privilegiam a perspectiva do conflito em pequena escala, porque é essa a escala em que operam à escala mundial. Juntamente com as instituições financeiras multilaterais, elas são os actores em pequena escala por excelência, cobrindo vastas regiões do globo e reduzindo drasticamente a quantidade de pormenores ou contrastes como condição de eficácia operativa. A economia convencional tende também a favorecer uma visão do conflito em pequena escala. O facto de esta maneira de ver convergir com a das empresas transnacionais é, em termos epistemológicos, uma coincidência e, em termos políticos, o encobrimento de uma combinação de interesses. A economia convencional cria a realidade que maximiza a eficácia da regulação que propõe.

A determinação dos graus de relevância

Uma vez estabelecida a relevância, uma nova pergunta se impõe: quão relevante? Na modernidade ocidental e na ciência moderna, os graus de relevância são estabelecidos por um outro procedimento que opera juntamente com a escala: a *perspectiva*. Leon Battista Alberti é considerado o fundador da perspectiva de um só ponto na pintura da Renascença embora as leis matemáticas da perspectiva tenham sido descobertas pelo arquitecto florentino Filippo Brunelleschi (1377-1446). No seu tratado *De Pictura*, de 1435, Alberti compara o quadro pintado a uma janela aberta: "um quadro, em seu entender, deveria parecer uma vidraça transparente através da qual pudéssemos olhar um espaço imaginário estendendo-se em profundidade" (Andrews, 1995: 1). A fim de obter esse resultado, Alberti concebe um método para desenhar uma representação matematicamente correcta do espaço, em que o tamanho relativo dos objectos a diferentes distâncias e a convergência aparente de linhas paralelas seja tão convincente ao olhar, na arte, como o é na natureza (Gilman, 1978: 17). Como diz Gilman, "[n]o século XV e no início do século XVI a perspectiva tem origem numa certeza, a que dá também expressão, acerca do lugar do homem no mundo e da sua capacidade para entender esse mundo" (Gilman, 1978: 29). O sistema de proporções entre os objectos a serem pintados e as suas imagens, e entre a distância do olhar do observador e o quadro, cria um mundo inteligível, organizado à volta do ponto de vista do observador. A credibilidade desta arte "ilusionista" (Gilman, 1978: 23) reside na precisão matemática do ponto de vista do indivíduo. A perspectiva renascentista é tanto uma mostra de confiança no conhecimento humano como o contraponto artístico do individualismo.

Contudo, esta precisão e esta confiança acarretam um custo muito elevado: a imobilidade absoluta do olhar. A ilusão é real na condição de o quadro ser visto de um ponto de vista pré-determinado e rigidamente fixo[3]. Se o espectador mudar de lugar, a ilusão de realidade desaparece. Gilman tem, pois, razão quando diz que "[a] própria plenitude e definição do espaço de perspectiva implica a incompletude radical da nossa visão, e [que] o ponto de vista se transforma numa limitação drástica, num par de antolhos, bem como num privilégio epistemológico" (Gilman, 1978: 31).

A estrutura imaginativa da perspectiva subjaz, como disse já, tanto à arte moderna como à ciência moderna. É também mediante a perspectiva que os graus e as proporções da relevância científica podem estabelecer-se. Há, no entanto, uma diferença importante no modo de operar da perspectiva, em arte ou em ciência. Na arte moderna, o pintor concebe o espectador como o seu outro radical. O pintor pinta *para* o espectador ideal. O pintor imagina o olhar do espectador a fim de o iludir eficazmente. O pintor é o único que tem acesso à realidade, e tanto ele como o seu espectador sabem disso. A ilusão da realidade desenvolve-se em conjunto com a realidade da ilusão. Ao contrário, o cientista moderno vê-se a si próprio como o espectador ideal; coloca-se no centro mesmo do ponto de vista privilegiado para observar a realidade que se revela inteira ao seu olhar. Mesmo que faça outras coisas para além de ser mero espectador — senão não realizaria o trabalho científico — essas outras coisas, para além de terem o espectador em mente, são o produto da mente do espectador. Por outras palavras, essas outras coisas são o espectador a trabalhar. Tal como o criador é absorvido pelo espectador, a realidade da ilusão é canibalizada pela ilusão da realidade e, em consequência, a ilusão da realidade passa a ser a realidade da realidade. Quer isto

---

3. John Ruskin (s.d.: 328): "a perspectiva só pode, pois, estar certa quando é calculada para uma posição fixa do olhar do observador, e tão-pouco parecerá *enganosamente* certa a não ser quando vista precisamente do ponto de vista para o qual foi calculada".

dizer que o cientista moderno acredita muito mais nas ilusões que cria do que o pintor. Nem o cientista se sentiria tão confortável com o epíteto de "ciência ilusionista" para caracterizar o seu trabalho como o pintor da Renascença se sente com o de "arte ilusionista" para caracterizar o seu.

Esta sobreposição de criador e espectador na ciência moderna tem uma consequência de crucial importância. Porque sempre deixou o espectador do lado de fora, o pintor soube fazer a distinção entre o espectador ideal, o olhar de quem vê, e o *espectador significativo*, o seu patrono ou mecenas. Ao contrário, o cientista não foi capaz de fazer tal distinção, visto que tanto o espectador ideal como o espectador significativo se identificaram consigo próprio. Esta circunstância tornou impossível perguntar pelo espectador para quem o cientista, como criador, trabalha. As consequências negativas desta impossibilidade aumentaram com a conversão da ciência numa força produtiva e, ainda, com o crescente impacto, ou mesmo interferência, do espectador significativo no trabalho do cientista.

Entre todas as ciências sociais, a economia convencional foi aquela em que a escolha entre espectadores significativos alternativos ficou mais drasticamente reduzida a um único espectador, o empresário capitalista. À medida que o impacto deste no trabalho científico foi aumentando, a invisibilidade da realidade da ilusão fez com que a ilusão da realidade se tornasse na realidade do empresário. As preferências e limitações do empresário, em vez de serem antolhos, tornaram-se privilégios epistemológicos. Consequência disto foi que o *fiat* da economia política pôde credivelmente passar a fazer parte das reivindicações epistemológicas do cientista. A eficácia da orientação tornada possível pela análise em pequena escala foi reforçada pela apropriação monopolista da perspectiva significativa.

A determinação da identificação

Debrucei-me até este momento sobre o primeiro limite da representação, ou seja, sobre a determinação da relevância. O segundo limite da representação diz respeito à pergunta seguinte: como identificar o que é relevante? Uma vez estabelecido o nível de observação e análise, é necessário identificar os fenómenos relevantes. A identificação consiste em duas *démarches* principais: *detecção* e *reconhecimento*. A detecção diz respeito à definição dos traços ou características de um dado fenómeno. O reconhecimento consiste na definição dos parâmetros segundo os quais os fenómenos detectados serão classificados como elementos distintos de um sistema de explicação ou de um sistema de interpretação. O procedimento que subjaz tanto à detecção como ao reconhecimento é a *resolução*.

A resolução refere a qualidade e pormenores da identificação de um dado fenómeno, seja ele um comportamento social ou uma imagem. A resolução é central tanto à fotografia como às tecnologias de detecção remota e à arqueologia. Em fotografia, a resolução, ou poder de resolução, é a capacidade de projectar em imagem o pormenor espacial. Esta capacidade pode ser entendida com referência à película ou à lente. A resolução da película é determinada pela distribuição dos seus grãos prateados de halite (quanto maiores os grãos, pior a resolução). A resolução da lente é determinada pelo seu tamanho e propriedades ópticas. O número de pares de linhas por milímetro define o grau de resolução (Avery e Berlin, 1992: 36). Nas tecnologias de detecção remota, o mais importante tipo de resolução para os meus objectivos neste trabalho é a resolução espacial: "é a medida do mais pequeno dos objectos ou área no solo que pode ser resolvida pelo sensor representada por cada *pixel*[4]. Quanto mais fina a resolução, menor a medida" (ERDAS, 1997: 15)[5]. Em arqueologia, a resolução diz respeito à homogeneidade dos eventos e comportamentos, bem como à sua relação com o registo arqueológico (Gamble, 1989: 23).

Há vários graus de resolução, que se resumem normalmente a dois: resolução de grão grosseiro e resolução de grão fino. Por exemplo, na fotografia os rolos de alta velocidade funcionam com condições mínimas de luz mas só incorporam grãos de grande diâmetro, e, por esse motivo, têm uma resolução mais fraca do que os rolos de baixa velocidade (Avery e Berlin, 1992: 38). Em arqueologia, fala-se de uma colecção de grão grosseiro quando num determinado local é fraca a correspondência entre um evento e o seu registo arqueológico; inversamente, fala-se de colecção de grão fino quando o material depositado reflecte com mais precisão as actividades que ocorreram nos locais respectivos e em relação com o meio ambiente (Gamble, 1989: 23, 24). A este respeito, importa observar que, sempre que um sistema de resolução é constituído por mais do que um componente, o grau de resolução do sistema é determinado pelo componente com mais fraca resolução. Por exemplo, em fotografia o sistema de resolução é constituído por dois componentes, a película e a lente. Se estes componentes não tiverem o mesmo grau de resolução, o grau de resolução da fotografia será determinado pelo componente de menor grau (Avery e Berlin, 1992: 37).

Em meu entender, a resolução, tal como a escala e a perspectiva, é um conceito essencial à ciência moderna, e funciona a dois níveis diferentes: ao nível da metodologia e ao nível da teoria. Tanto o método como a teoria estão presentes na identificação científica dos objectos a analisar, mas os métodos predominam no processo de detecção, ao passo que as teorias predominam no processo de reco-

---

4. *Pixel*, abreviatura de *picture element*, é a unidade básica da representação visual de um dado.

5. Sobre o uso de sensores remotos em cartografia, veja-se Monmonier (1985: 89-100). Tal como sucede com a escala e a perspectiva, a determinação do tipo e grau de resolução é tanto um problema técnico como um problema político. Enquanto problema político, tenha-se em mente os sistemas de resolução de sensibilidade remota que são capazes de recolher dados ambientais sensíveis, que os poluidores gostariam de poder manter fora do alcance de um público atento e apreensivo (Monmonier, 1985: 185).

nhecimento. A qualidade da identificação científica é, pois, determinada por um sistema de resolução que compreende dois componentes: os métodos e as teorias. É comum referir que o desenvolvimento dos métodos de pesquisa ultrapassou o desenvolvimento das teorias, em particular nas ciências sociais. Não é por isso de estranhar que ainda se regresse aos fundadores, no século XIX e início do século XX (Comte, Marx, Durkheim, Weber, Simmel), em busca de orientação teórica, enquanto os métodos de pesquisa e as técnicas de recolha de dados que hoje usamos são muito mais sofisticados do que os que estavam disponíveis no século XIX. Quer isto dizer que o grau de resolução dos nossos métodos é mais elevado do que o grau de resolução das nossas teorias e, por conseguinte, que, enquanto a qualidade da detecção científica tende a ser de grão fino, a qualidade do reconhecimento científico tende a ser de grão grosseiro. Por outras palavras, as nossas capacidades de detecção excedem largamente as nossas capacidades de reconhecimento.

Embora esta discrepância seja inerente a todas as ciências sociais, por razões que precisam ainda de ser explicadas, é na economia convencional que o fosso entre o grau de resolução da detecção e o grau de resolução do reconhecimento se apresenta maior. E, decerto pelas mesmas razões, a economia é a ciência em que a própria existência do fosso tem sido mais acerrimamente negada. Consequentemente, uma vez que o grau de resolução da identificação é determinado pelo componente de mais fraca resolução, ou seja, pela teoria e, portanto, pela resolução do reconhecimento, a economia convencional funciona e intervém na vida social de um modo que é de grão grosseiro, mas consegue legitimar o seu funcionamento e a sua intervenção como se eles tivessem uma qualidade de resolução de grão fino.

As consequências das intervenções da economia na sociedade não podem senão denunciar o excesso desta pretensão. A mais negativa de entre essas consequências poderá designar-se pela *falácia da exogenia*. Esta falácia consiste em definir como relações entre entidades exógenas a transformação interna que essas entidades sofrem à medida que a sua endogenia mútua se desenvolve. Sam Bowles expôs recentemente esta falácia na análise que fez das preferências de mercado (Bowles, 1998). No entender de Bowles, a economia convencional tem acarinhado, como um dos seus axiomas fundamentais, o axioma das preferências exógenas, a famosa concepção minimalista de um *homo economicus* sub-socializado, um actor individual com preferências exclusivamente auto-centradas e baseadas no rendimento (Bowles, 1998: 103). A esta visão contrapõe Bowles, convincentemente, o carácter endógeno das preferências, ou seja, a forma como os mercados afectam as preferências que supostamente os determinam como forças exteriores. Bowles detém-se em particular num grupo de preferências a que chama "traços simpáticos" (*nice traits*) — "comportamentos que, nas interacções sociais, conferem benefícios a outros" (Bowles, 1998: 92) — e demonstra como os mercados podem bloquear ou desencorajar o desenvolvimento de tais traços.

A meu ver, não é surpreendente que a falácia da exogenia ocorra muito especialmente nos mercados. Os contactos nos mercados são efémeros e impessoais. Dada a alta resolução dos métodos, a economia convencional é capaz de detectar como individuais e separados entidades ou factores que mantêm distâncias mínimas entre si. O significado destas distâncias, ou seja, a compreensão daquilo que os pode separar ou, ao contrário, unir só pode ser fornecido pela teoria e pela resolução do reconhecimento; ora, uma vez que a resolução do reconhecimento é de grão grosseiro, é-lhe impossível distinguir contextos, redes, interpenetrações, enraizamentos. Assim se explica por que razão a endogenia das preferências se apresenta pouco nítida e é, por isso, facilmente posta de lado.

A impossibilidade da duração

O terceiro limite de representação a barrar o caminho a uma adequação não cerimonial é o limite do tempo e a percepção do tempo. Uma vez determinada a relevância e identificado o objecto, é necessário determinar a sua localização temporal. Todos os objectos existem em espaços-tempos, pelo que nem a sua relevância nem a sua identificação podem ser consideradas devidamente determinadas enquanto não forem determinados os seus espaços-tempos. Esta identificação é extremamente difícil porque, enquanto, no que se refere a escalas, resolução e perspectiva, a distinção entre sujeito e objecto funciona sem problemas, na determinação do espaço-tempo, tanto o sujeito como o objecto existem no espaço-tempo.

Para superar esta dificuldade, a ciência moderna tem procurado neutralizar as diferenças, hipostasiando o enquadramento mais ilusório: o *hic et nunc*, o aqui e agora, a presença e a simultaneidade. A perspectiva moderna tornou possível esta simultaneidade entre sujeito e objecto, entre o pintor e o espectador. Mediante a perspectiva, a simultaneidade é alcançada cientificamente, pois que, uma vez imobilizada pela lógica do sistema a pessoa que vê, o espaço surge perfeitamente unificado. A simultaneidade na percepção do quadro "exige também a sincronização daquilo que é representado; ao captar o quadro espacialmente como uma unidade, partimos também do princípio de que os eventos pintados são simultâneos" (Andrews, 1998: 35). O nivelamento de tempos diferentes é, pois, condição de confiança analítica. Por mais operacionais que sejam, esta insistência no presente e esta simultaneidade são totalmente arbitrárias e vulneráveis à *falácia da contemporaneidade*. Esta falácia consiste em partir do princípio de que a contemporaneidade de um dado evento ou comportamento se distribui de modo igual entre todos os participantes numa intervenção simultânea. Quando os funcionários do Banco Mundial se avistam com camponeses africanos, parte-se do princípio de que a contemporaneidade de ambos os grupos é gerada pela simultaneidade do encontro. O facto de a realidade presente dos camponeses ser por eles vista como um passado presente, e pelo Banco Mundial como um presente passado, sendo embora de crucial importância, perde nitidez e deixa de ser considerado. Num contexto destes, não há lugar ao reconhecimento da não contemporaneidade do simultâneo.

De todas as ciências sociais, a economia convencional, pelas suas características quanto à determinação da relevância e da identificação, é a mais predisposta a navegar na falácia da contemporaneidade. Começando pela relevância, privilegiar a análise em pequena escala significa privilegiar também a orientação e o movimento, em detrimento da representação e da posição. A compressão do tempo é, neste caso, particularmente drástica; a duração deixa de poder ser captada e o residual torna-se indistinto das qualidades emergentes. Na medida em que é ainda possível distinguir o residual do emergente, o viés de orientação da pequena escala tende a exagerar na identificação dos obstáculos aos movimentos — considerar como obstáculo o que é apenas condição, contexto, duração — e, consequentemente, a exagerar na identificação das características observadas como meramente residuais — considerar como residuais características emergentes que vão numa direcção diferente ou têm um movimento diferente dos adoptados pela ciência dominante. Enquanto a arqueologia é perita em identificar resíduos a fim de explicar a evolução de padrões de comportamento, a economia convencional é perita em identificá-los para os rejeitar como lixo. Não deixa de ser irónico que aquilo que os arqueólogos do século XXI vierem a descobrir a nosso respeito será revelado pelo lixo que deixamos (Deagan, 1989), uma circunstância que devia alertar-nos para o carácter situacional dos nossos resultados científicos, bem como para a relevância que lhes atribuímos. Não é tão fácil rejeitar a epistemologia do lixo como o próprio lixo.

Considerando agora a determinação dos graus de relevância, passo a mostrar como o uso da perspectiva na economia convencional impede a identificação de durações, ritmos, sequências e relações entre sincronias e dessincronias. Como disse acima, o que a este respeito é característico da economia convencional é a apropriação monopolística do espectador significativo pelo empresário capitalista. A consequente intensificação dramática do outro significativo, que se pretende assim fazer passar pelo eu, tem duas consequências principais: a *hiper-espacialização do tempo passado e as intervenções de alta velocidade*.

As lições da arqueologia são particularmente pertinentes a este respeito. A construção temporal dos registos arqueológicos pode ocorrer de dois modos. O primeiro, extremamente raro, pode designar-se por *modo de Pompeia*, e ocorre sempre que é possível determinar com rigor as datas em que diferentes eventos e objectos entram simultaneamente no registo arqueológico. Hiroshima será a Pompeia dos arqueólogos do futuro. O segundo modo de construção temporal dos registos arqueológicos pode designar-se por *modo do palimpsesto*, e descreve situações em que as mesmas camadas arqueológicas compreendem objectos e resíduos de períodos e tempos muito diferentes e não susceptíveis de datação rigorosa.

A *hiper-espacialização do tempo passado* na economia convencional decorre do seu viés pelo modo de Pompeia, o qual, dada a sua extrema raridade (por exemplo, um choque do petróleo de proporções globais; uma guerra mundial; uma crise financeira global, etc.), implica a representação distorcida de palimpsestos como sendo Pompeias sociais. Este viés deriva da pressão exercida pelo espectador significativo para privilegiar achados simultâneos, claramente delimitados e altamente homogéneos.

A segunda consequência é a *intervenção de alta velocidade*. Campos sociais simultâneos e altamente espacializados requerem intervenções de alta velocidade, que são aquelas que maximizam as preferências da pequena escala pela orientação e o movimento. As intervenções de alta velocidade, tal como os rolos de filme de alta velocidade, exigem muito pouca exposição e podem operar praticamente em qualquer situação; mas também, tal como eles, têm um grau de resolução muito baixo — são intervenções de grão grosseiro. Tanto a velocidade como a resolução grosseira tornam estas intervenções altamente intrusivas, altamente falíveis e altamente destrutivas. As Avaliações Rurais Rápidas (*Rapid Rural Appraisals*) feitas pelo Banco Mundial no Terceiro Mundo constituem um bom exemplo de intervenções de alta velocidade[6].

Este tipo de intervenções, as quais, independentemente do nome que ostentam, são de facto muito mais vulgares do que pode pensar-se, simbolizam o lado destrutivo da investigação científica. A ciência moderna assumiu desde o seu início uma postura que Schumpeter haveria mais tarde de atribuir ao capitalismo: a capacidade de destruição criativa. Em termos epistemológicos, tal postura consiste na própria ideia de revolução científica como uma quebra radical com todos os conhecimentos anteriores. Bachelard (1972) formulou-a melhor do que ninguém no conceito de ruptura epistemológica que analisei no Capítulo 1. Ao rejeitar todos os conhecimentos alternativos, a ciência moderna revelou-se como uma produtora de lixo, condição que todos nós, — uns, poucos, privilegiados habitantes da sociedade de consumo e outros, a esmagadora maioria, habitantes da sociedade da ideologia do consumo —, de igual modo partilhamos. Esta é, por sinal, uma dimensão mais da referida epistemologia do lixo, e mesmo de uma economia política simbólica de produção de resíduos na ciência moderna. Duas interrogações se impõem a este respeito: quanto lixo é preciso fazer para produzir consequências científicas? Quem sofre mais com a poluição daí resultante?

De todas as ciências sociais, a economia convencional é aquela que mais se tem envolvido em intervenções de alta velocidade. Por isso, é também aquela que

---

6. Sobre os problemas criados pelas *Rapid Rural Appraisals*, ver Chambers (1992), Richards (1995), e Sapsford e Singer (1998).

mais directamente tem de se defrontar com aquilo que designo por *dilema da escavação*. A escavação é o procedimento principal da investigação arqueológica. O local de escavação é uma área bem delimitada, onde ocorre a busca sistemática dos resíduos depositados debaixo do solo, uma busca que, a ser bem sucedida, é a única forma de identificar padrões de comportamento e estratégias de adaptação no nosso passado mais remoto. O dilema, porém, consiste em que, uma vez realizada a escavação e coligidos os resíduos, a acção arqueológica destrói para sempre a estação arqueológica, tornando impossível um novo recomeço: uma vez retirados das formações de depósitos em que estavam integrados, os objectos coligidos não podem voltar a ser lá colocados. O dilema consiste, pois, em que um eventual avanço do conhecimento necessariamente acarreta uma destruição definitiva e irreversível: a destruição das relações entre os objectos e, com ela, a eliminação de qualquer conhecimento alternativo sobre eles.

O dilema é bem conhecido dos arqueólogos e tem inspirado estratégias diversas para o tornear. Por exemplo, segundo Sharer e Ashmore,

dado que o próprio processo de escavação destrói uma estação arqueológica, a escavação deve circunscrever-se, sempre que possível, às situações em que se dispõe de tempo, dinheiro e planeamento adequado para garantir a obtenção do máximo conhecimento útil sobre o passado (Sharer e Ashmore, 1987: 564).

De modo semelhante, Robert Dunnell reconhece que a escavação

é cara e prejudicial ao registo e, quando muito, obtém-se através dela grande pormenor a respeito de uns poucos lugares de escavação muito distanciados uns dos outros [...]. Outrora o timbre da arqueologia, [nos próximos cinquenta anos] a escavação só será utilizada quando estiverem esgotados todos os outros meios de recolha de dados (Dunnell, 1989: 65)[7].

Ao contrário, na economia convencional, este dilema nunca foi reconhecido, embora esteja dramaticamente presente na maioria das intervenções científicas, em especial nas intervenções de alta velocidade. Por isso mesmo, e contrariamente ao que acontece na arqueologia, em economia não foram concebidas quaisquer estratégias alternativas. A cegueira em face deste dilema aumenta a possibilidade de a destruição criativa da economia convencional passar a ser, tão-só, destruição destrutiva.

A determinação da interpretação e da avaliação

O último limite da representação diz respeito à interpretação e à avaliação. É mediante a interpretação e a avaliação que os nossos objectos de pesquisa são

---

7. Para um tratamento recente e sofisticado desta questão, ver Meneses (1999).

integrados nos contextos mais amplos da política e da cultura, em que ocorrem as transformações sociais caucionadas pela ciência. Tal integração é possibilitada pelo estabelecimento de elos de ligação entre a acção social e os padrões de formação política e cultural. Dada a natureza do seu objecto científico, a arqueologia é talvez a ciência em que o estabelecimento de tais elos de ligação é a tarefa mais importante. O termo usado por alguns arqueólogos para designar esses elos de ligação é *assinatura*. A meu ver, este conceito tem um potencial heurístico que em muito ultrapassa a arqueologia. Em arqueologia, a assinatura descreve o elo de ligação entre o comportamento, por um lado, e os diferentes padrões de formação de resíduos, por outro (Gamble, 1989: 22). A assinatura diz, assim, respeito à autoria, à inteligibilidade e aos objectivos do comportamento. Quer isto dizer que a interpretação e a avaliação dependem do conhecimento dos agentes em questão (autoria), das práticas do seu conhecimento (inteligibilidade) e dos seus projectos (objectivos).

É este um domínio em que os limites da representação já tratados convergem para tornar extremamente deficiente a assinatura da realidade nas ciências sociais, em geral, e na economia convencional, em especial. Pelo que diz respeito aos agentes, quanto menor a escala de análise, maior a ênfase na orientação e no movimento. A representação dos agentes tende a privilegiar os que se movem e necessitam de orientação, ou seja, aquilo a chamo *corpos dóceis*. Quanto menor a escala, maior a docilidade dos corpos. A perspectiva de um só ponto acentua este efeito. A imobilidade do olhar do espectador, que é particularmente notória na economia convencional, só pode garantir a ilusão da realidade na medida em que sejam estritamente mantidas as proporções matemáticas. Os corpos representados têm de ser mantidos em gaiolas, sejam elas de ferro ou borracha. Fora das gaiolas não há agentes, sejam eles amigos ou inimigos. Quando muito, há *corpos estranhos*, indiferentes. Os corpos dóceis e os corpos estranhos são as duas únicas categorias possíveis de agentes — uma resolução de acção social que dificilmente se poderá considerar de grão fino.

O impacto da perspectiva na representação de práticas de conhecimento cria igualmente constrangimentos. Como nos lembra Gilman, a inteligibilidade do mundo tornada possível pela perspectiva renascentista foi conseguida a um preço muito elevado: a imobilidade do olhar e os antolhos necessários à criação de uma visão única (Gilman, 1978:31). Esta visão única é o que melhor caracteriza a ciência moderna e a sua ruptura epistemológica, tanto com o senso comum, como com todos os outros conhecimentos alternativos. O reverso da força da visão única é a sua incapacidade para reconhecer visões alternativas. As práticas sociais são práticas de conhecimento, mas só podem ser reconhecidas como tal na medida em que são o espelho do conhecimento científico. Seja qual for o conhecimento que se não adeque à imagem reflectida no espelho, é rejeitado como uma forma de ignorância. A visão única, longe de ser um fenómeno natural, é o produto consubstancial, o produto/produtor original, da destruição criativa da ciência moderna.

O privilégio epistemológico que a ciência moderna se concede a si própria é, pois, o resultado da destruição de todos os conhecimentos alternativos que poderiam vir a pôr em causa esse privilégio. Por outras palavas, o privilégio epistemológico da ciência moderna é produto de um *epistemicídio*. A destruição de conhecimento não é um artefacto epistemológico sem consequências, antes implica a destruição de práticas sociais e a desqualificação de agentes sociais que operam de acordo com o conhecimento em causa. No que respeita à economia convencional, a ênfase especial dada ao espectador significativo impôs uma visão única particularmente arrogante, daí resultando que o epistemicídio fosse ainda de maiores proporções.

Finalmente, o objectivo da acção social, ou seja, o conjunto dos projectos dos agentes, constitui o domínio em que a assinatura científica da realidade é mais deficiente. Os projectos são uma antecipação da realidade e, como tal, implicam distância da experiência em curso. Uma tal antecipação e distância encerram uma temporalidade específica, a temporalidade de uma ponte feita de aspiração e desejo entre cursos de acção não contemporâneos. A falácia da contemporaneidade analisada acima transforma essa ponte num artifício inútil, transformando assim a aspiração em conformismo e o desejo, em desejo de conformismo. Além disso, o tipo de identificação de grão grosseiro característico da ciência moderna cria, como mostrei já, um viés em favor da proliferação de resíduos em detrimento de qualidades emergentes, circunstância que tem como consequência a desqualificação de todas as qualidades emergentes que se não adequam às qualidades do projecto legitimado pela ciência, como se de qualidades retrospectivas se tratasse. Quanto mais estreito é o projecto, mais vasta é a invenção da retrospectiva.

Os limites da assinatura, seja de autoria, inteligibilidade ou objectivo, são assim, drásticos, e, por conseguinte, as possibilidades de interpretação e avaliação não podem excedê-los. O resultado é uma estrutura imaginativa constituída por corpos dóceis e estranhos, vítimas de sucessivos epistemicídios, vogando num mar de resíduos e arrastados para o futuro que outros lhes destinaram, como os temporalmente pobres descritos por Rifkin (1987: 166).

Uma tal assinatura da prática social é altamente selectiva e, por isso, o elo de relação que estabelece entre os agentes e os padrões de comportamento é, quando muito, especulativo. Como referi já, em cada estádio do processo de assinatura são deixadas de lado muitas alternativas: tipos alternativos de agentes, outros que não os corpos dóceis e os corpos estranhos; conhecimentos alternativos, outros que não o conhecimento científico; projectos alternativos, outros que não o projecto do espectador significativo. Lidar com alternativas rejeitadas é o mesmo que lidar com entidades inexistentes. Há, pelo menos, duas formas de ocorrerem entidades inexistentes e, por isso, duas formas de lançar alternativas no lixo. Em primeiro lugar, há alternativas que não chegaram a ocorrer porque foram impedidas de surgir. Em segundo lugar, há alternativas que de facto ocorreram mas que não foram como tal reconhecidas, ou foram tidas por meros resíduos, pelo tipo de escala, perspectiva, resolução, compressão temporal e assinatura utilizados pela ciência. Só uma *sociologia das ausências* nos poderá elucidar sobre os limites da representação em cada caso. Enquanto no primeiro caso, o das alternativas que não chegaram a ocorrer, lidamos com silêncios e aspirações impronunciáveis, no segundo caso, o das alternativas que aconteceram de facto, lidamos com silenciamentos, epistemicídios e campanhas de demonização, trivialização, marginalização, em suma, campanhas de produção de lixo.

Em termos epistemológicos, as alternativas possíveis são os elos que faltam, os registos imcompletos, os buracos negros, os vazios. A ciência moderna sofre de *horror vacui* e, sempre que possível, desfaz-se de alternativas a fim de eliminar perturbações epistemológicas. A objectividade e o rigor do conhecimento científico é, com efeito, um subproduto do *horror vacui*. Ora, a economia convencional é de entre todas as ciências sociais, aquela que mais se deixa assombrar pelo horror ao vazio. O modo específico como a economia convencional lida com os limites da relevância — a identificação, a duração, a interpretação e a avaliação — faz com que o *horror vacui* pareça no seu caso particularmente ameaçador e desestabilizador. No pólo oposto do espectro, poderíamos colocar a arqueologia, uma vez que a arqueologia, se bem que partilhando com todas as outras ciências sociais o mesmo *horror vacui*, tem em relação a ele uma atitude muito mais descontraída, tratando de o domesticar em vez de o eliminar. Stone, por exemplo, fala de prova negativa nos seguintes termos:

> a *prova negativa constitui uma espécie de dados. Consideram-se "dados" as observações dos fenómenos arqueológicos, e não os fenómenos em si [...]. A prova negativa diz respeito a falhas na observação de um determinado fenómeno (ou lacunas em conjuntos de dados)* (Stone 1981:42).

Daqui avança Stone para a proposta de que a interpretação de tais ausências constitui uma parte integrante da análise arqueológica.

A sociologia das ausências é uma tarefa gigantesca, pois requer, como veremos, uma epistemologia das ausências. Sem ela, porém, a interpretação e a avaliação assentam em assinaturas da vida social muito pouco nítidas e de grão muito grosseiro. Com efeito, em vez de assinaturas, são antes nomes à deriva em busca de corpos dóceis e de corpos estranhos.

DA EPISTEMOLOGIA DA CEGUEIRA À EPISTEMOLOGIA DA VISÃO: A REPRESENTAÇÃO DISTORCIDA DAS CONSEQUÊNCIAS

Identificar as consequências da epistemologia da cegueira não implica, por si só, estar de posse da epistemologia da visão. Começarei, pois, por me deter nas consequências da epistemologia da cegueira, para avançar depois para a epistemologia da visão.

Mantenho que, tal como as tradições poéticas e artísticas da Renascença partilham as mesmas estruturas imaginativas, as diferentes disciplinas da ciência moderna de igual modo partilham os mesmos limites da representação. São estes limites que procurei destrinçar mediante uma epistemologia da cegueira. A epistemologia da cegueira aplica-se a diferentes ciências em graus diferentes. Pelas razões já expostas, o grau é particularmente elevado no caso da economia convencional.

As consequências da cegueira manifestam-se na representação distorcida das consequências. A representação distorcida tem de ser analisada a dois níveis: a capacidade de regular e a capacidade de emancipar. Em geral, e muito especialmente no caso da economia convencional, a ciência moderna tem representado os fenómenos segundo formas que se adequam à sua imaginação reguladora. A construção social de agentes, como corpos dóceis ou como corpos estranhos, que é específica da economia convencional, destina-se, com efeito, a tornar a regulação social particularmente fácil. Os corpos dóceis e os estranhos são, sem dúvida, os alvos mais fáceis da regulação social. Pode mesmo dizer-se que o sub-socializado *homo economicus* parece um herói, quando comparado com corpos dóceis ou com corpos estranhos, as duas versões do sobre-socializado *homo sociologicus*. No entanto, como penso ter mostrado, o *homo sociologicus* sobre-socializado não é o oposto do *homo economicus* sub-socializado, é antes o seu duplo. O *homo sociologicus* é o *homo economicus* em acção.

A facilidade da regulação é meramente aparente pelas duas razões seguintes, uma delas relacionada com os agentes, a outra com as acções. Em primeiro lugar, defendi já que a tensão controlada existente entre a experiência e as expectativas é uma das características mais distintivas do paradigma da modernidade. Os agentes construídos pelas ciências sociais convencionais, e em especial pela economia convencional, são incapazes de sobreviver a essa tensão. Os corpos dóceis têm experiências mas não expectativas ou, o que é o mesmo, as suas expectativas são o espelho fiel das suas experiências. Por outro lado, os corpos estranhos são indiferentes tanto às experiências como às expectativas, sendo capazes de viver umas e outras em separado sem qualquer tensão. Em qualquer dos casos, não há lugar para a tensão entre a experiência e as expectativas. Quando tal acontece, a ordem, que é a forma do saber para o conhecimento-regulação, funde-se com o colonialismo, que é a forma da ignorância para o conhecimento-emancipação. Por outras palavras, a ordem passa a ser a ordem colonialista, o grau zero da emancipação social. Contudo, no grau zero da emancipação, a regulação moderna não pode sustentar-se, pois que é a tensão entre a regulação e a emancipação que as mantém vivas e credíveis às duas.

A facilidade da regulação é só aparente ainda por outra razão, que tem a ver com os tipos de acções sociais contruídos pela ciência. Se assenta na tensão entre a experiência e as expectativas, o modelo da regulação moderna assenta de igual modo na simetria entre a acção e as consequências. À ciência moderna foi confiada a tarefa de produzir e reproduzir esta simetria. Na verdade, o que faz com que uma determinada acção seja científica é o controle que exerce sobre as consequências que dela decorrem.

Como mostrei no Capítulo 1, esta simetria é ilusória. A nossa experiência comum é antes a de uma assimetria crescente entre a capacidade científica para agir, que aumentou exponencialmente, e a capacidade científica para prever consequências, que, na melhor das hipóteses, estagnou. Assim, as consequências concretas de uma dada acção científica tendem a ser muito menos científicas do que a acção em si.

A ideia de que as consequências são, portanto, excessivas em relação à acção científica é, provavelmente, a manifestação de uma outra falácia da exogenia, a exogenia entre as acções e as consequências. Se tivermos em mente a minha análise anterior dos limites da representação, em particular no que diz respeito à economia convencional, concluiremos que a imagem da acção científica que emerge é uma imagem construída (1) pela determinação da relevância em muito pequena escala, combinada com uma perspectiva de visão única, em que o espectador significativo tem uma importância exagerada; (2) por uma resolução grosseira da identificação, baseada num desequilíbrio entre os métodos de detecção e as teorias de reconhecimento; (3) por uma distorção grosseira das sequências e das temporalidades, ao impor premissas de Pompeia a palimpsestos sociais, bem como uma falsa contemporaneidade entre camadas sociais; (4) por uma fraca capacidade para decifrar as assinaturas das práticas sociais, seja no que diz respeito aos agentes, seja no que diz respeito às práticas e projectos do conhecimento. A acção científica deste modo construída traz consigo a marca das consequências que a falácia da exogenia então atribui a causas externas não científicas. O carácter "menos-do-que-científico" das consequências inscreve-se no carácter "altamente científico" das acções de que derivam. Uma forma científica de regulação social que não questiona a sua capacidade de controlar as consequências da sua operação não pode, seja por que critério for, ser considerada uma forma de regulação razoável e fiável.

A ciência moderna transformou-se na forma privilegiada do conhecimento-regulação, se bem que, como acabo de mostrar, a regulação social por ele caucionada nem seja fiável nem sustentável. Por outro lado, a ciência moderna abandonou totalmente a outra possibilidade de conhecimento inscrita no paradigma da modernidade: o conhecimento-emancipação. A economia convencional é, também a este respeito, a versão extrema da síndrome que afecta a ciência moderna no seu todo. A solução que a economia convencional encontrou para os problemas dos limites da representação convergiu, como vimos já, numa visão da realidade social adequada a ser regulada por um tipo de ordem próxima do colonialismo, ou seja, um tipo de ordem que transforma o outro num objeto manipulável e fungível. É este, como sugeri já, o grau zero, o momento de ignorância, do conhecimento-emancipação. Nesta última forma de conhecimento, como sabemos já, o momento do saber é a solidariedade, o reconhecimento do outro como igual e igualmente produtor de conhecimento. A forma de regulação que acabou por prevalecer torna a solidariedade impensável, desnecessária e mesmo perigosa. Afinal de contas, os corpos dóceis não precisam de solidariedade e os corpos estranhos não a merecem. Também aqui o *horror vacui* impera: se não há outros tipos de agentes relevantes, a solidariedade, em vez de ser um elo de ligação que falta, não tem qualquer lugar no discurso científico.

PARA UMA EPISTEMOLOGIA DA VISÃO

Em período de auto-reflexividade, poderia perguntar-se se entender a epistemologia da cegueira não será afinal um entendimento cego. Não necessariamente, seria a minha resposta. O potencial para uma epistemologia da visão reside na tensão já atrás mencionada, uma tensão que é intrínseca à modernidade, entre o conhecimento-regulação e o conhecimento-emancipação. Como sublinhei já, o conhecimento-emancipação foi completamente marginalizado pela ciência moderna, mas não desapareceu como alternativa virtual. Na verdade, é a sua presença enquanto ausência que torna possível a epistemologia da cegueira.

Epistemologia da visão é a que pergunta pela validade de uma forma de conhecimento cujo momento e forma de ignorância é o colonialismo e cujo momento e forma de saber é a solidariedade. Enquanto, pela forma hegemónica de conhecimento, conhecemos criando ordem, a epistemologia da visão levanta a questão sobre se é possível conhecer criando solidariedade. A solidariedade como forma de conhecimento é o reconhecimento do outro como igual, sempre que a diferença lhe acarrete inferioridade, e como diferente, sempre que a igualdade lhe ponha em risco a identidade. Tendo sido sobre-socializados por uma forma de conhecimento que conhece impondo ordem, tanto na natureza como na sociedade, é-nos difícil pôr em prática, ou sequer imaginar, uma forma de conhecimento que conhece criando solidariedade, tanto na natureza como na sociedade. Para superar estas dificuldades, proponho, como prolegómenos para esta nova forma de conhecimento, três *démarches* epistemológicas: a epistemologia dos conhecimentos ausentes; a epistemologia dos agentes ausentes; a revisitação da representação e dos seus limites.

A epistemologia dos conhecimentos ausentes

Quando acima analisei os limites da interpretação e da avaliação na ciência moderna, sublinhei que a sociologia das ausências é uma *démarche* crucial para identificar os antolhos que limitam a interpretação e a avaliação. Mas uma tal sociologia não é possível se não for fundada numa *epistemologia das ausências*. Para identificar o que falta e por que razão falta, temos de recorrer a uma forma de conhecimento que não reduza a realidade àquilo que existe. Quero eu dizer, uma forma de conhecimento que aspire a uma concepção alargada de realismo, que inclua realidades suprimidas, silenciadas ou marginalizadas, bem como realidades emergentes ou imaginadas. De novo nos pode ocorrer perguntar, num gesto autoreflexivo, se o conhecimento que identifica as ausências não é afinal o mesmo que antes legitimara as condições que levaram à supressão da possibilidade de realidades alternativas, agora identificadas como ausências. A minha resposta é dupla. Em primeiro lugar, não o saberemos enquanto as consequências deste conhecimento não forem avaliadas de acordo com o capital de solidariedade que consigam criar. Em segundo lugar, haverá sempre ausências que não serão notadas. São estas que constituem o vazio que, em vez de ser estigmatizado pelo nosso *horror vacui*, deveria ser encarado com a nossa inteira benevolência.

A epistemologia dos conhecimentos ausentes parte da premissa de que as práticas sociais são práticas de conhecimento. As práticas que não assentam na ciência não são práticas ignorantes, são antes práticas de conhecimentos rivais, alternativos. Não há nenhuma razão apriorística para privilegiar uma forma de conhecimento sobre qualquer outra. Além disso, nenhuma delas, por si só, poderá garantir a emergência e desenvolvimento da solidariedade. O objectivo será antes a formação de constelações de conhecimentos orientados para a criação de uma mais valia de solidariedade. É esta mais uma via de acesso à construção de um novo senso comum, o tema central deste volume.

No Capítulo 1, mostrei como a ciência moderna se construiu contra o senso comum, que considerou superficial, ilusório e falso. Senso comum foi o nome dado a todas as formas de conhecimento que não correspondessem aos critérios epistemológicos estabelecidos pela ciência para si própria. A distinção entre ciência e senso comum só foi possível graças àquilo a que chamo a primeira ruptura epistemológica, a qual distinguiu duas formas de conhecimento: o conhecimento verdadeiro e o conhecimento falso. Por muito opostas que sejam, estas duas entidades epistémicas implicam-se uma à outra, pois que uma não existe sem a outra. Com efeito, ambas são parte de uma mesma constelação cultural, que hoje começa a dar sinais de fechamento e exaustão. Ou, por outras palavras, o senso comum é tão moderno como a própria ciência moderna. A distinção entre a ciência e o senso comum é, pois, feita tanto pela ciência como pelo senso comum, mas tem significados diferentes num ou noutro caso. Quando é feita pela ciência, a distinção é vista como uma distinção entre o conhecimento objectivo e a mera opinião ou preconceito. Quando é feita pelo senso comum, significa a distinção entre um conhecimento incompreensível e prodigioso (a ciência) e um conhecimento óbvio e obviamente útil. Não se trata, pois, de uma distinção simétrica. Muito pelo contrário, quando feita do ponto de vista da ciência, a distinção tem um poder excessivo relativamente ao conhecimento que a torna possível. Como todo o conhecimento especializado e institucionalizado, a ciência tem o poder de definir situações para além do que sabe acerca delas. É por isso que a ciência pode impor, como ausência de preconceito, o preconceito de pretender não ter qualquer preconceito.

Como saída deste impasse, propus no Capítulo 1 a *dupla ruptura epistemológica*: uma vez realizada a primeira ruptura epistemológica (permitindo desse modo que a ciência se distinga do senso comum), há um outro importante acto epistemológico a realizar, que consiste, por sua vez, em romper com a primeira ruptura epistemológica, a fim de transformar o conhecimento científico num novo senso comum. Por outras palavras, a nova constelação de conhecimentos tem de romper com o senso comum conservador, mistificado e mistificador, não para criar uma forma separada, isolada, de conhecimento superior, mas antes para se transformar num novo senso comum emancipatório. O conhecimento-emancipação tem, assim, de se transformar ele próprio num senso-comum emancipatório: um conhecimento prudente para uma vida decente, que supere, tanto o preconceito conservador, como o prodígio incompreensível. A epistemologia dos conhecimentos ausentes procura reabilitar o senso comum, porque reconhece nesta forma de conhecimento alguma capacidade para enriquecer a nossa relação com o mundo. É certo que o conhecimento do senso comum tem tendência para ser mistificado e mistificador, mas, apesar disso, e apesar do seu inegável conservadorismo, o conhecimento do senso comum não deixa de ter uma dimensão utópica e libertadora pela sua capacidade para incorporar outros tipos de conhecimentos.

Abandonado a si próprio, o senso comum é conservador. Porém, uma vez transformado pelo conhecimento-emancipação, pode bem estar na origem de uma nova racionalidade — uma racionalidade composta de muitas racionalidades. Para que esta nova configuração de conhecimentos ocorra, é necessário duplicar a ruptura epistemológica. Na ciência moderna, a ruptura epistemológica simboliza o salto qualitativo do conhecimento do senso comum para o conhecimento científico; no conhecimento-emancipação, o salto mais importante é o que leva do conhecimento científico ao conhecimento de senso comum. A ciência moderna ensinou-nos a afastar-nos do senso comum conservador — um movimento inerentemente positivo, mas insuficiente. O conhecimento-emancipação, ao tornar-se senso comum, ensinar-nos-á a construir um senso comum novo e emancipatório. Ao tornar-se senso comum, o conhecimento-emancipação não enjeita o conhecimento que produz a tecnologia, mas acredita que, tal como o conhecimento deve traduzir-se em auto-conhecimento, assim o desenvolvimento tecnológico deve traduzir-se em sabedoria de vida. A sabedoria aponta à nossa aventura científica os sinais da prudência, ou seja, o reconhecimento e controlo da insegurança. O senso comum emancipatório é um senso comum que discrimina (ou que é desigualmente comum, se se quiser), pois que é construído de modo a ser apropriado de forma privilegiada pelos grupos sociais hoje mais atingidos pelo colapso da relação entre experiências e expectativas e, portanto, mais vulneráveis aos riscos decorrentes do aumento da insegurança, ou seja, os grupos oprimidos, marginalizados ou excluídos. São estes os grupos que se sentirão particularmente revigorados nessa prática emancipatória.

E assim chego à minha segunda *démarche* para uma epistemologia da visão.

A epistemologia dos agentes ausentes

Como vimos atrás, as ciências sociais convencionais, e em especial a economia convencional, reduziram a variedade e a riqueza da acção social a dois tipos de indivíduos — corpos dóceis e corpos estranhos —, nenhum dos quais competente para sustentar uma prática social baseada no conhecimento-emancipação. O monopólio da subjectividade que as ciências sociais convencionais conquistaram explica por que razão, no final do século XX, a crise da regulação social, em vez de estimular a oportunidade para um novo surto de ideias, forças e energias emancipatórias, se alimenta da crise simétrica da emancipação social.

Consequentemente, a invenção de um novo senso comum emancipatório, assente numa constelação de conhecimentos orientados para a solidariedade, tem de ser complementada pela invenção de subjectividades individuais e colectivas, capazes e desejosas de fazerem depender a sua prática social dessa mesma constelação de conhecimentos. A não ser assim, por mais cuidadosamente elaborados que sejam, os conhecimentos emancipatórios transformar-se-ão gradual e insidiosamente, tal como os desenhos de Escher, em conhecimentos reguladores.

A epistemologia dos agentes ausentes é, por conseguinte, uma demanda de subjectividades desestabilizadoras, subjectividades que se rebelem contra práticas sociais conformistas, rotinizadas e repetitivas, e se deixem estimular por experiências de limiar, ou seja, por formas de sociabilidade excêntricas ou marginais (Santos, 1998)[8]. Contra uma economia política de representação que faz proliferar resíduos, a epistemologia da visão faz proliferar qualidades emergentes, fundadas em diferentes práticas sociais, e deixa-as competir nos campos sociais, que assim converte em campos de experimentação social. A epistemologia da cegueira promove a construção de uma prática social baseada na distinção entre estrutura e acção. A aparente equação entre os dois termos da distinção é usada para transformar a estrutura numa determinação mais ou menos férrea da acção. O resultado é a mediocridade tanto dos corpos dóceis como dos corpos estranhos. A

---

8. A construção de subjectividades com capacidade e vontade para lutar pela reinvenção da emancipação social é o tema principal do último capítulo.

epistemologia da visão, pelo contrário, promoverá a construção de uma prática social baseada na distinção entre a acção conformista e a acção rebelde, ou melhor, entre a acção conformista e a acção com *clinamen*, com nítida preferência por esta última[9].

O descentramento do conformismo e dos correspondentes corpos dóceis mediante uma acção rebelde tem de ser complementado pelo descentramento da indiferença e dos corpos estranhos que esta produz. Embora o que se segue possa ser controverso por evocar a teoria política de Carl Schmitt, penso que, para lutar contra a indiferença em que assenta o liberalismo político, é necessário fazer reviver a dicotomia amigo-inimigo. É bem possível que a dificuldade mais dilemática que hoje confronta a teoria crítica resida no esbatimento da distinção entre amigo e inimigo. A teoria crítica tem sempre tido como pressuposto seu a pergunta "de que lado estamos nós?" e a respectiva resposta. Não surpreende nada que neopositivistas de orientações várias tenham conseguido deslegitimar esta pergunta, tratando como lixo as reivindicações normativas que lhe subjazem. Mas, tal como referi na Introdução Geral, já surpreende um pouco observar a situação de todos aqueles que, sobretudo entre a geração mais jovem de cientistas sociais, gostariam de responder à pergunta e tomar partido, mas sentem, muitas vezes com angústia, dificuldade em identificar posições alternativas, em relação às quais seria imperioso tomar partido. Esta dificuldade pode ser explicada sociologicamente pela crescente opacidade do inimigo. Sem inimigos, não há necessidade de amigos. Se não há amigos, não se justifica o exercício da solidariedade. Nas suas raízes mais profundas, a crise do Estado-Providência assenta menos numa crise fiscal largamente manipulada, do que na inculcação ideológica do desaparecimento dos amigos e da sua substituição por um mar de corpos estranhos, indiferentes na melhor das hipóteses, perigosos na pior. Não há nada de autoritário ou anti-democrático na dicotomia entre amigos e inimigos, desde que a dicotomia seja estabelecida por meios democráticos e não autoritários.

Revisitando os limites da representação

Os limites da representação, que, como vimos, são particularmente drásticos na economia convencional, fazem derivar a sua credibilidade das acções científicas que tornam possíveis. Quando a epistemologia das ausências confronta estas acções e as suas consequências sociais, apelando para conhecimentos e práticas alternativos que possam gerar outras acções e produzir consequências alternativas, os limites da representação da ciência convencional perdem o seu monopólio de representação e são forçados à competição com outros conhecimentos e outras

---

9. Sobre *acção com clinamen*, concebida como a acção rebelde a partir do conceito de *clinamen* em Demócrito e Epicuro, ver Santos (1998). Voltarei a este tema no 4º Volume.

formas alternativas de representação. Sempre que a competição eclode, o poder convincente dos argumentos não pode derivar de princípios lógicos, mas antes de considerações pragmáticas, ou seja, do ponto de vista das consequências humanas de cursos de acção alternativos. A competição não é, porém, acerca das consequências. É antes acerca das ligações entre as consequências e a economia política dos procedimentos analíticos capazes de os sustentar na vida real. Neste capítulo, tenho-me referido aos procedimentos analíticos em si mesmos, mas é evidente que a sua viabilidade e credibilidade residem na economia política da sua relação com as consequências na vida social.

A epistemologia das ausências, tanto de conhecimentos ausentes como de agentes ausentes, permite-nos revisitar os limites da representação nas ciências sociais convencionais: os limites da representação da relevância, da identificação, da duração e da interpretação/avaliação. Do ponto de vista da constelação dos conhecimentos emancipatórios aqui proposta, estes limites perdem o seu carácter dilemático. Indicarei apenas brevemente alguns dos possíveis modos de os superar.

Relativamente aos limites da relevância, proponho duas *démarches*: a *trans-escala* e a *perspectiva curiosa*. Uma vez que diferentes conhecimentos privilegiam diferentes escalas de fenómenos, a constelação de conhecimentos que aqui proponho sugere que aprendamos a traduzir entre as diferentes escalas. Os limites da representação numa dada escala tornam-se mais visíveis quando comparamos essa representação com a representação numa escala diferente. As diferenças entre fenómenos, antes amalgamados em unidades aparentemente homogéneas, tornam-se evidentes. Recorrer à trans-escala é, assim, uma *démarche* que nos permite estabelecer um contraste entre os limites da representação com o objectivo de elucidar o que está em causa na escolha entre critérios de relevância alternativos.

A trans-escala pressupõe uma certa desaprendizagem dos actuais critérios de determinação da relevância. Convida-nos a perscrutar a realidade social através de diferentes mapas cognitivos a operar em diferentes escalas. O processo de aprendizagem consiste em aprofundarmos a nossa consciência dos limites — fazendo contrastar a representação com a orientação, a posição com o movimento — sem nos deixarmos paralisar. Uma consciência mais aguda dos limites é condição do tipo de conhecimento prudente que aqui proponho, uma forma de conhecimento que nos ensina a manter as consequências sob controle, e sem perder de vista as acções que as causam.

Por perspectiva curiosa entendo a busca de um ângulo diferente a partir do qual as proporções e as hierarquias estabelecidas pela perspectiva normal possam ser desestabilizadas, e, consequentemente, ver subvertida a sua pretensão de uma representação da realidade natural, ordenada e fiel. No século XVII, os artistas e os mestres de arte começaram a criticar a perspectiva própria convencional de Alberti, por ser inteiramente manifesta e compreensível. Começaram a explorar a possibilidade de "as regras da perspectiva aumentarem ou diminuirem, multiplicarem ou distorcerem a imagem" (Gilman, 1978: 34). A ideia era que a ilusão da realidade não era coisa para se encarar com muita seriedade, antes com a ligeireza de quem brinca com um brinquedo. Segundo Gilman, "o mundo implícito nos escritos de perspectivistas mais tardios é um mundo móvel, multifacetado e ambíguo" (Gilman, 1978: 34).

Em meu entender, esta perspectiva curiosa, simultaneamente lúdica e desestabilizadora, tem de ser invocada para a determinação dos graus de relevância científica. Os critérios de relevância baseados numa perspectiva estabelecida com rigidez matemática tendem a deixar-se reificar pelo seu uso recorrente e não problemático. A reificação significa, neste contexto, a conversão da ilusão da realidade numa reprodução concentrada e fiel da realidade. Ao contrário, a perspectiva curiosa reconstitui os processos criativos centrais às ciências modernas, uma produção de ilusões que, ao invés de imitar a sociedade, a reinventa.

No respeitante aos limites da identificação, a epistemologia da visão convida-nos a alterar as nossas prioridades: de um enfoque excessivo sobre aquilo que já sabemos demasiado bem, ou seja, a detecção baseada nos métodos, devemos passar para um enfoque sobre aquilo de que sabemos menos, e cada vez menos, ou seja, o reconhecimento baseado na teoria. Dado que esta discrepância é exclusiva da ciência moderna, o recurso a conhecimentos alternativos desestabilizará os níveis de resolução a que estamos habituados. É necessário aumentar o nosso grau de exigência de uma resolução cada vez mais fina, só possível num contexto de constelações de conhecimentos.

Outro procedimento a ter em vista é a *resolução de múltiplo contraste*. No caso da fotografia de detecção remota, a resolução depende largamente do contraste do alvo. "Um alvo de grande contraste é um alvo em que há uma diferença de alta intensidade entre zonas claras e zonas escuras" (Avery e Berlin, 1992: 37). A melhoria do nível de resolução na nossa análise da sociedade pode bem requerer a invenção de práticas sociais de contraste elevado, mesmo quando a superfície de tais práticas, como a própria terra, tem um contraste enganosamente baixo. A obtenção da resolução de contraste elevado e múltiplo torna-se possível mediante a trans-escala e a perspectiva curiosa, que são características dos processos cognitivos no seio de constelações de conhecimento. No domínio da prática sociológica, o contraste entre acção conformista e acção rebelde é muito mais elevado que o contraste entre estrutura e acção.

Quanto aos limites da representação da duração, proponho a *intertemporalidade*. Os procedimentos já indicados ajudarão a ver que a realidade social é um terreno mais ou menos sedimentado, um constructo geológico constituindo diferentes camadas, todas elas em acção ao mesmo tempo mas não uniformemente, antes numa convergência momentânea de diferentes projecções temporais. O conceito, avançado por Koselleck (1985) e inspirado em Heidegger e Gadamer, da "contemporaneidade do não contemporâneo", pode bem servir para capturar a complexidade e irregularidade da co-presença social, política, jurídica ou epistemológica. No contexto de uma constelação de conhecimentos, o potencial analítico deste conceito é maximizado, porque passa a ser auto-reflexivo, complexo, irregular e aberto à própria variação sociológica. Embora, em geral, todas as ciências sociais reúnam num determinado espaço-tempo diferentes temporalidades e espacialidades, algumas ciências sociais — a que poderemos chamar performativas — insistem na contemporaneidade, quer dizer, na singularidade do encontro, enquanto outras — a que poderemos chamar auto-reflexivas — insistem nas raízes não contemporâneas do que se reúne. De todas as ciências sociais, a economia convencional é a mais performativa, pois que reproduz as formas de poder e conhecimento que melhor se adequam aos seus horizontes de expectativas. O que quer que seja convocado ao campo analítico (questões, temas, grupos sociais, mapas cognitivos, normas) é como que arrancado pelas raízes, de modo a ficar coevo de tudo o resto que porventura seja também convocado para análise. A suspensão momentânea e pragmática da não contemporaneidade parece privilegiar a eliminação de hierarquias entre temporalidades sociais, aumentando assim a possibilidade de uma temporalidade absorver outras temporalidades concorrentes.

Tal como a trans-escala, a perspectiva curiosa e a resolução de contraste múltiplo, a intertemporalidade, tornada visível pela contemporaneidade do não contemporâneo, transforma a questão da duração numas das questões mais complexas. Decerto por isso mesmo é que esta questão é aquela que a economia convencional mais tem caricaturado, mediante a condensação do tempo e o nivelamento das sequências, que são seu apanágio.

Finalmente, no que concerne os limites da interpretação e avaliação, tanto a epistemologia do conhecimento ausente como a epistemologia dos agentes ausentes fornece a chave para transcender alguns limites, ao agudizar a consciência da sua existência e persistência. Quanto mais amplos os parâmetros que definem a autoria, a inteligibilidade e os objectivos, tanto maior a necessidade de submeter aplicações tecnológicas do conhecimento, definidas de forma tacanha, a contestações políticas e éticas. Este processo levar-nos-á de um paradigma de aplicação técnica da ciência a um paradigma de aplicação edificante de conhecimentos prudentes, capazes de transformar os objectos de investigação em sujeitos solidários e de incitar as acções assentes no conhecimento a navegar, prudentemente e na medida do possível, à vista das consequências.

À luz tanto da epistemologia da cegueira como da epistemologia da visão, é possível conceber a emergência de um conhecimento prudente para uma vida decente, um conhecimento que, aprendendo na trajectória que vai da ignorância colonialista ao saber solidário, reconhece a ordem que encerra as experiências e as expectativas, as acções e as as consequências, excepto quando a ordem é ela própria uma forma de colonialismo. A aspiração última é demasiado humana, uma aspiração que designo por *normalidade avançada*: a aspiração de viver em tempos normais, ou seja, tempos cuja normalidade não derive, como acontece agora, da naturalização da anormalidade.

PARTE III

Os horizontes são
humanos:
da regulação
à emancipação

INTRODUÇÃO

A transição paradigmática é um período histórico e uma mentalidade. É um período histórico que não se sabe bem quando começa e muito menos quando acaba. É uma mentalidade fracturada entre lealdades inconsistentes e aspirações desproporcionadas entre saudosismos anacrónicos e voluntarismos excessivos. Se, por um lado, as raízes ainda pesam, mas já não sustentam, por outro, as opções parecem simultaneamente infinitas e nulas. A transição paradigmática é, assim, um ambiente de incerteza, de complexidade e de caos que se repercute nas estruturas e nas práticas sociais, nas instituições e nas ideologias, nas representações sociais e nas inteligibilidades, na vida vivida e na personalidade. E repercute-se muito particularmente, tanto nos dispositivos da regulação social, como nos dispositivos da emancipação social. Daí que, uma vez transpostos os umbrais da transição paradigmática, seja necessário reconstruir teoricamente uns e outros. É essa reconstrução que me proponho levar a cabo nesta parte.

A reconstrução teórica da regulação e da emancipação deve ser feita em conformidade com as análises epistemológicas e históricas efectuadas na Parte I. Tentei aí mostrar as cumplicidades íntimas entre a ciência moderna e o direito estatal moderno na construção da modernidade capitalista. Promovida a racionalizador de primeira ordem da vida social, a ciência moderna assumiu o extraordinário privilégio epistemológico de ser a única forma de conhecimento válido. Do mesmo modo, promovido a racionalizador de segunda ordem da vida social — colmatando as lacunas temporárias da racionalização científica —, o direito estatal moderno assumiu igualmente o extraordinário privilégio jurídico de ser a única forma de direito válido. Ao reduzir as ricas tradições epistemológicas do primeiro período do Renascimento à ciência moderna e as ricas tradições jurídicas desde a recepção do direito romano ao direito estatal, o Estado liberal oitocentista teve um papel fundamental, e concedeu a si próprio um extraordinário privilégio político enquanto forma exclusiva de poder. Esta tripla redução do conhecimento à ciência, do direito ao direito estatal e dos poderes sociais à política liberal — por muito arbitrária que tenha sido nas suas origens — atingiu uma certa dose de verdade à medida que se foi inserindo na prática social, acabando por se tornar uma ortodoxia conceptual.

A crítica desta ortodoxia conceptual, feita na Parte I, concluiu a favor de uma reconstrução teórica que realçasse a pluralidade de formas de conhecimento, de direito e de poder presentes na vida social, bem como as interacções entre elas. Em vez de equiparar poder e conhecimento (omitindo ou negligenciando o direito), como Foucault, defendi a identificação de diferentes tipos de conhecimento, de poder e de direito, que considero mutuamente inteligíveis através de uma pluralidade de isomorfismos, ancorados em diferentes práticas sociais e mantendo relações específicas entre si. Nesta parte, apresentarei um esboço dessa reconstrução teórica. Trata-se de uma reconstrução que procura abranger de modo coerente a produção de regulação social num período de transição paradigmática (Capítulo 5) e as possibilidades de emancipação que nele se abrem (Capítulo 6). Esta tarefa não contém quaisquer pretensões fundacionalistas. Visa apenas um conhecimento retórico e metafórico no processo de se identificar conhecimentos, poderes e direitos, um estilo de análise que, como decorre do Capítulo 4, assume seriamente as metáforas em busca de novas perspectivas e de horizontes analíticos mais vastos.

A perspectiva epistemológica que avancei na Parte I permite uma ampla variedade de estratégias analíticas, desde que tomem como ponto de partida a tensão dialéctica entre regulação e emancipação. A ênfase colocada na orientação da acção assenta na ideia de que os conhecimentos, os poderes e o direito são socialmente construídos. Trata-se, contudo, de uma ênfase com reservas, na medida em que pressupõe a necessidade de uma observação que transcenda essa acção e que analise a não-acção, ou seja, os processos sociais que suprimem formas de acção declarando-as impossíveis ou impróprias, imorais ou ilegais, utópicas ou loucas. Na prática social, a dialéctica da regulação e da emancipação é exercida em núcleos de acção e não-acção, conflitos relativos à possibilidade, à propriedade, à moralidade, à legalidade, ao realismo ou à normalidade. Dada a infinita variedade de relações sociais, o dilema de ancorar nelas formas de conhecimento, de poder e de direito reside no facto de que a acentuação dessas formas acarreta a sua própria trivialização: se os conhecimentos, os poderes e os direitos estiverem em todo o lado, não estão em lado nenhum. O mesmo pode ser dito relativamente à regulação e à emancipação: para se escapar ao dilema de as trivializar ao afirmar a sua proliferação enquanto processos sociais, é necessário centrar a análise na tensão dialéctica entre ambas. O Capítulo 5 mostra até que ponto é possível estabelecer o equilíbrio entre estrutura e acção na análise da produção de regulação social na transição paradigmática. O Capítulo 6 estende esse mesmo objectivo ao levantamento das possibilidades de emancipação social.

As metáforas espaciais estão no centro do trabalho teórico desta Parte: espaços, mapas, fronteiras, o Sul e o Norte. As estruturas são concebidas em termos retóricos, como lugares metafóricos e domínios tópicos. Perelman mostrou que, enquanto o pensamento clássico estava dominado por metáforas espaciais, o pensamento moderno está dominado por metáforas temporais, como o progresso, a evolução e o desenvolvimento. A minha sugestão é que a transição paradigmática comporta uma reavaliação dessas metáforas — não das velhas metáforas de base local, mas das novas metáforas locais-nacionais-transnacionais. As estruturas são domínios tópicos ou domínios de *topoi*. Constituem, ao mesmo tempo, relações sociais de poder e de direito, e relações sociais de conhecimento que geram sensos comuns circunscritos e regionais, por meio dos quais o exercício do poder e o exercício do direito são «naturalizados» como discursos da verdade e práticas necessárias, ou seja, como linhas de acção (e de não-acção) sem alternativas razoáveis. É no seio dessas relações que nasce a resistência contra a naturalização do que existe, só porque existe, e se formulam utopicamente alternativas de autoridade partilhada contra os poderes, de direitos democráticos contra os direitos despóticos e de sensos comuns emancipatórios contra os sensos comuns regulatórios. São esses os caminhos da emancipação na transição paradigmática traçados no Capítulo 6.

Não há um domínio tópico único, mas sim seis domínios tópicos, o que significa que a regulação social não é monolítica e que, por isso, o seu exercício é sempre mais ou menos compósito. O mesmo deve dizer-se das lutas emancipatórias. A proliferação controlada de centros de poder, de direito e de conhecimento envolve também a proliferação controlada de margens e de fronteiras a policiar e a transpor. Esta dupla proliferação é, porém, assimétrica: a proliferação do centro enfraquece o centro, ao passo que a proliferação das margens expande as possibilidades de resistência. Assim se explicita a inclinação emancipatória da estratégia analítica do Capítulo 5, abrindo o espaço para as propostas utópicas apresentadas no Capítulo 6.

CAPÍTULO 5

Os modos de produção do poder, do direito e do senso comum

INTRODUÇÃO

Neste capítulo, o meu objectivo principal é propor um enquadramento teórico para a nossa compreensão do relacionamento entre direito, poder e conhecimento — os três fios condutores da minha linha de argumentação neste livro. Basear-me-ei na crítica dos paradigmas dominantes apresentada no Capítulo 1, em relação à ciência e ao senso comum, e no Capítulo 2, em relação ao direito e ao poder estatais. A amplitude dessa crítica torna o trabalho de construção de alternativas tão difícil quanto urgente, mas este capítulo não pretende ser mais do que um primeiro passo na direcção correcta. Ele abordará as seguintes questões.

A primeira questão é a do reconhecimento de que, na sociedade, há uma pluralidade de ordens jurídicas, de formas de poder e de formas de conhecimento. É o resultado mais importante da minha crítica, quer ao paradigma positivista moderno do direito e do poder, centrado no Estado, quer ao paradigma positivista moderno do conhecimento, centrado na ciência. No entanto, reconhecer apenas a existência de uma pluralidade de ordens jurídicas, sem a fundamentar teoricamente, acarreta uma tripla falácia: a falácia do descritivismo (tanto quanto se pode admitir, a lista das pluralidades está completa, mas podia ser indefinidamente aumentada sem qualquer perda de coerência); a falácia da trivialidade (quanto mais completa for a lista, maior será a probabilidade de falhar enquanto descrição da realidade: se o direito, o poder e o conhecimento estão em toda a parte, não estão em parte alguma); e, finalmente, se me é permitido usar a expressão de Sartre (1976), a falácia da serialidade (a lista é prático-inerte, não sendo a relação entre os seus elementos — independentemente do número — mais complexa do que a relação entre as pessoas que se encontram numa fila à espera do autocarro). Para evitar estas falácias, é preciso reconstruir teoricamente o reconhecimento das pluralidades de ordens jurídicas, de poderes e de conhecimentos — uma reconstrução que deve ser também auto-reflexiva. Enquanto alternativa aos paradigmas dominantes, o trabalho teórico a fazer deve estar particularmente ciente do risco provável de que o desenvolvimento dos seus princípios possa trair os princípios do seu desenvolvimento. A meu ver, dois desses princípios merecem igual atenção: em primeiro lugar, a pluralidade das formas de direito, de poder ou de conhecimento, longe de ser caótica ou infinita, é, pelo contrário, estruturada e relacional; em segundo lugar, o reconhecimento dessas pluralidades, longe de colidir com a ideia da centralidade do direito estatal, do poder estatal e do conhecimento científico nas sociedades contemporâneas, confirma-a e, ao mesmo tempo, relativiza-a, ao integrar essas formas hegemónicas em novas e mais vastas constelações de ordens jurídicas, de poderes e de conhecimentos.

A segunda questão principal a ser tratada neste capítulo é a da orientação da acção transformativa e dos obstáculos que ela enfrenta. Tradicionalmente, a teoria crítica tem-se mostrado vulnerável a dois riscos opostos: o voluntarismo (a justificação *ad hoc* para qualquer linha de acção possível) e o conformismo (a discrepância entre a escala da acção humana e a escala da transformação visada por uma determinada linha de acção é de tal modo grande que esta acaba por perder toda a credibilidade). A linha que separa estes dois riscos é muito ténue. De entre as muitas teorias disponíveis que foram concebidas para nos manter no caminho certo, a teoria da prática, de Bourdieu (1980), e a teoria da estruturação, de Giddens (1979, 1984), parecem-me as mais úteis. Antes de apresentar a minha própria alternativa, farei, assim, alguns comentários breves sobre as propostas destes autores.

A minha primeira observação é que uma proliferação de estruturas, teoricamente controlada, é bastante apropriada para fundamentar a acção transformativa. Como as estruturas nada mais são do que sedimentações provisórias de linhas de acção eficazmente reiteradas, a proliferação de estruturas alarga o contexto onde se exercem as determinações e as contingências, os constrangimentos e as oportunidades, facilitando assim a formação de múltiplas coligações.

A segunda observação é que não devemos enfatizar demasiado nem a distinção entre estrutura e acção, nem a distinção entre fenómenos subjacentes e fenómenos de superfície. Para usar uma metáfora física, diria que as estruturas são momentos ou marcos sólidos na corrente fluida da prática, e que o seu grau de solidez só pode ser determinado em situações concretas, estando condenado a modificar-se à medida que as situações se desenrolam. Além disso, um fenómeno de profundidade não é forçosamente um elemento inconsciente, ou inexplicado, da prática situacional. Poderá sê-lo por ter sido obrigado a permanecer submerso através do silenciamento ou do esquecimento, mediante diversos meios de supressão do conhecimento e da acção. Em alguns casos, como as situações revolucionárias ou, mais frequentemente, as de emergência, as estruturas profundas são escavadas pela acção colectiva e tornam-se, elas mesmas, a superfície da prática.

Uma terceira observação é que as estruturas não são incompatíveis com uma concepção retórica do conhecimento. De facto, mais à frente irei designar as estruturas por *lugares estruturais*. Sem serem necessariamente lugares comuns, as estruturas são locais de produção de lugares comuns (*topoi*) e de senso comum. Uma vez reconstruídas retoricamente, as estruturas tanto podem constituir premissas de argumentação, zonas de forte consenso sobre possibilidades de acção, como argumentos sobre a solidez e a resistência na prática social (sobre grandes obstáculos que, depois de ultrapassados, dão lugar a grandes transformações).

A minha quarta e última observação, relacionada com a anterior, é que as estruturas são lugares não apenas em termos retóricos, mas também em termos sócio-espaciais. Cada lugar estrutural é constitutivo de uma espacialidade específica, e as interacções sociais que ele exige e possibilita têm uma referência locacional inscrita no que, através delas, é feito ou pensado. Nas duas últimas décadas, a geografia provou, não só que os espaços são socialmente constituídos, mas também que as relações sociais são espacialmente constituídas (Massey, 1984; Gregory e Urry (orgs.), 1985; Peet e Thrift (orgs.), 1989; Thrift, 1996). Tal é tido por assente neste capítulo. O duplo sentido em que as estruturas constituem lugares (em sentido retórico e em sentido sócio-espacial) sugere uma cumplicidade insuspeitada entre a geografia e a retórica que, no entanto, ainda não despertou a atenção nem de geógrafos, nem de retóricos.

A terceira questão importante a ser tratada neste capítulo prende-se com as relações entre as sociedades nacionais, o sistema inter-estatal e a economia mundial. A erosão do poder estatal — analisada em detalhe nos próximos volumes — não torna a forma do Estado menos fundamental para as funções políticas exigidas pelo sistema mundial, quanto mais não seja porque a erosão do poder estatal é, quase sempre, fruto da acção do próprio Estado. Por outro lado, a riqueza da paisagem jurídica, abrangendo, para além do campo jurídico estatal, campos jurídicos locais e transnacionais, não deve ser entendida como algo que minimize a centralidade do direito estatal nas sociedades nacionais, ou a centralidade do direito internacional no sistema inter-estatal. Dir-se-ia, pois, que a teoria a desenvolver deveria ser capaz de relacionar as sociedades e o sistema mundial, não como partes de uma totalidade englobante, mas como um sistema de totalidades parciais, sendo as sociedades nacionais, nalguns aspectos, mais parciais do que o sistema mundial e sendo este, noutros aspectos, mais parcial do que as sociedades nacionais. Tal abordagem permitirá descrições analíticas convincentes, *quer* das sociedades nacionais, *quer* do sistema mundial, ultrapassando assim um dos dilemas mais recorrentes da actual teoria social.

No que se segue, a minha argumentação irá desenrolar-se como um diálogo, implícito ou explícito, com o marxismo, com Foucault e com a teoria feminista. Contudo, antes de me aventurar a propor uma alternativa teórica, apresentarei uma crítica da ortodoxia conceptual que, em grande parte, é partilhada pelo liberalismo clássico e pelo marxismo. Dado, porém, que nos capítulos anteriores me demorei mais no direito e no conhecimento do que no poder, impõe-se que comece aqui pelo poder e os seus modos de produção.

PODER, POTENCIAR E DESPOTENCIAR

A relativa separação entre direito e Estado que tenho vindo a defender torna ainda mais central a articulação do direito com o poder social. Neste ponto, parece apropriado um diálogo preliminar com Foucault. Os notáveis méritos da análise foucaultiana do poder têm duas vertentes (Foucault, 1976, 1977, 1980). Em primeiro lugar, partindo de uma tradição partilhada pelo pensamento político radical (Nietzsche) e conservador (Burke, a escola histórica), Foucault desloca o poder do seu nicho liberal: o Estado. Foucault afirma que, desde o século XVIII, a forma mais importante de poder que circula na sociedade é produzida pela própria sociedade, e não pelo Estado, segundo regras, princípios e mecanismos totalmente autónomos do Estado. É isto que designa por poder disciplinar da ciência moderna, distinguindo-o do poder jurídico do Estado moderno. Em segundo lugar, baseando-se, uma vez mais, numa tradição com um lado radical (Gramsci) e um lado conservador (Parsons), Foucault considera que o poder disciplinar existe em total contraste com o poder jurídico do Estado: o poder disciplinar não é um poder de soma zero, não é exercido do topo para a base nem do centro para a periferia, não assenta na distinção entre governante e governado ou entre amo e servo, não se baseia na negação, na proibição ou na coerção. É uma forma de poder sem centro, exercida horizontalmente através dos seus próprios sujeitos (a começar pelo corpo humano); os sujeitos desse poder só podem desejar ou conhecer os desejos ou o conhecimento das instituições disciplinares — públicas e privadas, escolas e hospitais, quartéis e prisões, famílias e fábricas — e são constituídos por elas como sujeitos (e não como objectos) da sua própria sujeição.

Como já afirmei na Introdução à Parte I, embora Foucault seja muito confuso quanto às relações entre estas duas formas de poder, é, no entanto, claro que, em seu entender, elas são incompatíveis e que o poder científico e normalizador das disciplinas se tornou a forma de poder mais difundida nas sociedades contemporâneas. Como também já referi, Foucault vai demasiado longe ao exagerar a incompatibilidade mútua entre as duas formas de poder, ignorando assim as complexas circulações de sentido e as possíveis cumplicidades, articulações e interpenetrações entre ambas. O poder nunca é exercido numa forma pura e exclusiva, mas sim como uma formação de poderes, isto é, como uma constelação de diferentes formas de poder combinadas de maneiras específicas. Gostaria ainda de acrescentar duas outras críticas a Foucault que são especialmente relevantes para as teses deste capítulo.

Em primeiro lugar, embora Foucault tenha razão em salientar a existência de formas de poder fora do Estado e considerá-las de natureza tão política quanto a do poder estatal, também vai demasiado longe na afirmação da dispersão, do acentrismo e da fragmentação delas. Segundo Foucault, os poderes disciplinares estão em todo o lado e funcionam da mesma maneira em todo o lado. Só num sentido trivial é que a escola difere do hospital ou o hospital da fábrica. Todos funcionam através da criação de corpos dóceis e de sujeitos activamente desejantes e ávidos de conhecimento. Deste modo, Foucault associa uma concepção extremamente fragmentada de poder disciplinar com uma outra totalmente monolítica. Como afirmei atrás, se o poder está em todo o lado, não está em lado algum. Se não houver um princípio de estruturação e de hierarquização, não há um enquadramento estratégico para a emancipação. Na verdade, a concepção foucaultiana de poder presta-se, quer ao voluntarismo cego, quer à passividade hiperlúcida. A meu ver, Foucault é forçado a conceber a resistência ao poder, fora da sua concepção global do poder e das relações de poder, como uma espécie de consideração *ad hoc*. Segundo ele, a resistência ao poder é a forma suprema de exercício do poder. Conceder poder às pessoas é sempre uma forma de intensificar a sua participação nos mecanismos de subjectividade-sujeição que as subjugam. Assim, para Foucault, dar poder significa, em última análise, desarmar. Aplicado ao meu quadro analítico, isto significa pressupor que toda a luta pela emancipação não é mais que uma afirmação de vontade de regulação.

A minha segunda crítica a Foucault prende-se com o facto de que a sua concepção do poder jurídico do Estado é tão monolítica como a sua concepção do poder disciplinar. Nos capítulos anteriores, creio ter chegado a duas conclusões que questionam esta concepção de duas maneiras fundamentais. Por um lado, é errado, e, na verdade, equivale a cair na armadilha liberal, identificar o jurídico com o *étatique*. Circulam na sociedade vários poderes jurídicos não estatais que mostram melhor do que o poder jurídico estatal as interpenetrações subtis entre poder jurídico e poder disciplinar. Por outro lado, o poder jurídico estatal, longe de ser monolítico, é altamente heterogéneo e internamente diferenciado, sendo a sua plasticidade o sintoma e a medida da sua articulação com outras formas de poder que se disseminam na prática social e que a constituem.

Não obstante estas críticas, o contributo de Foucault para a compreensão do poder nas sociedades contemporâneas foi inestimável. Nos últimos trinta anos, o impacto do seu pensamento tem continuado a repercutir-se, especialmente nas teorias feministas[1]. De facto, a ideia de que as relações de poder estão disseminadas na sociedade, manifestadas em formas não dualistas e exercidas, sobretudo, através da naturalização de representações e identidades hegemónicas, ajustou-se à revisão radical da teoria social e política (do liberalismo e do marxismo, do funcionalismo e do positivismo) efectuada pelo feminismo nas suas múltiplas facetas e correntes. Mas o feminismo, por sua vez, expandiu e enriqueceu a concepção foucaultiana do poder de muitas maneiras, duas delas particularmente importantes para a perspectiva teórica desenvolvida neste capítulo[2].

Em primeiro lugar, ao centrar-se no poder sexista ou em formas sexistas de poder e na articulação destas com outras formas de poder (classe, raça, idade, nacionalidade), a teoria feminista chamou a nossa atenção para a diferenciação interna do poder disciplinar, que o mesmo é dizer, de acordo com Iris Young, para as múltiplas "faces da opressão" (Young, 1990: 39 e ss.). Essa teoria apelou, portanto, para a necessidade de interfaces mais ricas e mais abertas entre estrutura e acção, e para um sentido de direccionalidade que faltava às estratégias de poder-saber de Foucault. Em segundo lugar, o feminismo mostrou que uma forma geral de poder, como o poder sexista, podia ser exercida de maneiras muito diferentes e interligadas, algumas delas emanações directas do poder estatal, através da acção e da inacção, através de decisões e da ausência de decisões, através do exercício da violência ou da tolerância perante a violência, através da repartição de recursos (um Estado-Providência sexista) ou através da preponderância geral do Estado sobre o que Adorno chamou "mundo administrado" e Habermas reconstruiu como "colonização do mundo da vida". Além disso, o feminismo mostrou que algumas formações de poder misturavam formas de poder estatal e não estatal até umas e outras se tornarem indistintas. De modo geral, podemos dizer que a expansão e o enriquecimento que o feminismo trouxe às ideias de Foucault foram mais significativos quando as teorias feministas se envolveram com o marxismo do que quando o descartaram por completo.

O que é então o poder? A um nível muito geral, o poder é qualquer relação social regulada por uma troca desigual. É uma relação social porque a sua persistência reside na capacidade que ela tem de reproduzir desigualdade mais através da troca interna do que por determinação externa. As trocas podem abranger virtualmente todas as condições que determinam a acção e a vida, os projectos e as

---

1. A influência de Foucault está bem presente no pensamento feminista. Disso são exemplo Young (1990); Fraser e Nicholson (1990); Cocks (1989); Connell (1987). Em Buttler e Scott (1992), Foucault partilha com Derrida e Freud o maior número de referências e o mesmo acontece (se excluirmos as referências às teóricas feministas) em Hirsch e Keller (1990).

2. Um terceiro enriquecimento e expansão do pensamento de Foucault por parte do feminismo, e que foi já mencionado no Capítulo 1, é de natureza epistemológica: a crítica dos múltiplos vectores do sexismo da ciência moderna mina o fundacionalismo desta última e mostra a que ponto a verdade científica não passa de um discurso da verdade.

trajectórias pessoais e sociais, tais como bens, serviços, meios, recursos, símbolos, valores, identidades, capacidades, oportunidades, aptidões e interesses. No relativo às relações de poder, o que é mais característico das nossas sociedades é o facto de a desigualdade material estar profundamente entrelaçada com a desigualdade não material, sobretudo com a educação desigual, a desigualdade das capacidades representacionais/comunicativas e expressivas e ainda a desigualdade de oportunidades e de capacidades para organizar interesses e para participar autonomamente em processos de tomada de decisões significativas[3].

Medir a desigualdade de uma troca desigual e avaliar até que ponto ela é determinante na forma como afecta as condições de vida e as trajectórias das pessoas ou dos grupos envolvidos não é tarefa fácil, sobretudo porque as relações de poder não ocorrem isoladas, mas em cadeias, em sequências ou em constelações. Numa determinada situação de exercício de poder, pode dar-se uma convergência entre elos da cadeia de desigualdade tão diversos como raça, sexo, classe, idade, nacionalidade, recursos educativos, etc., e, embora a situação seja quase sempre organizada e enquadrada discursivamente pelo elo mais próximo ou por aquele que funciona no modo de alta tensão (voltaremos a esta questão mais adiante), o elo mais próximo pode não ser necessariamente o mais desigual ou o mais determinante no conjunto de desigualdades que constituem a trajectória de vida e as oportunidades de uma dada pessoa ou de um grupo social. Pela mesma razão, aquilo que interaccionalmente surge como determinação externa de uma dada relação de poder é quase sempre uma manifestação da mesma constelação de poder num dos seus elos anteriores e mais remotos. É por isso que as pessoas frequentemente aceitam como sendo troca igual aquilo que, de facto, é uma troca desigual. É evidente que a máscara de igualdade que o poder assume é uma ilusão, mas, por ser necessária enquanto ilusão, tem o seu "quê" de verdade.

Isto mesmo pode observar-se em dois processos distintos, mas convergentes. O primeiro mostra que o poder é intrinsecamente distributivo, mas que, como é exercido em constelações de relações de poder que se reforçam ou se neutralizam entre si, a troca desigual é, geralmente, o resultado final de uma distribuição desigual de trocas iguais (ou aproximadamente iguais). As relações entre um casal de trabalhadores, um do sexo masculino e outro do sexo feminino, pertencentes à mesma minoria étnica, são iguais (ou mais iguais) enquanto membros da mesma minoria étnica e enquanto trabalhadores; mas são desiguais (ou menos iguais) na medida em que pertencem a sexos diferentes. Contudo, essa combinação de igualdade/desigualdade transforma-se numa nova combinação sempre que eles se relacionem com trabalhadores do sexo masculino ou do sexo feminino pertencentes à maioria étnica ou a outra minoria étnica. A relação desigual sexista no interior do

---

3. Discordo da concepção restrita que Young (1990) tem de distribuição (limitada à distribuição de bens materiais) pelas razões apontadas a seguir.

casal atenua-se ante a vivência da relação desigual de base étnica que ambos vivenciam. Além disso, ambas as combinações podem alterar-se novamente quando se sobrepõem a uma terceira combinação resultante das relações entre todos os trabalhadores (qualquer que seja a sua etnia ou o seu sexo) e os seus patrões que, por seu turno, podem pertencer à maioria étnica ou à mesma ou outra minoria étnica, ao sexo masculino ou ao sexo feminino. Na verdade, a identidade étnica ou sexual dos patrões pode acabar por ter um peso muito menor na terceira combinação do que a identidade étnica ou sexual dos trabalhadores nas duas primeiras combinações. Acresce ainda que as desigualdades entre trabalhadores são experienciadas por estes como sendo independentes das suas relações desiguais com os patrões, ainda que, de um ponto de vista estrutural, as relações entre os trabalhadores, enquanto trabalhadores, decorram delas. Como sugiro adiante, as desigualdades que se reforçam ou se neutralizam mutuamente criam um padrão de distribuição desigual difícil de combater, precisamente porque, interaccionalmente, as desigualdades são muitas vezes feitas de igualdades desigualmente relevantes.

O segundo processo prende-se com o facto de que as constelações de poder, sendo sempre distributivas, tanto fixam fronteiras como abrem novos caminhos. Enquanto fixadoras de fronteiras, são inibidoras, e, enquanto indutoras de novos caminhos, são permissoras. Todos os dualismos ancorados em relações de poder revelam este duplo carácter nos seus pólos: pensável/impensável, cognoscível/incognoscível, possível/impossível, permitido/ /proibido, desejado/rejeitado, legítimo/ilegítimo, incluído/excluído, etc. O primeiro pólo de qualquer um destes dualismos é permissor e abre novos caminhos, enquanto o segundo pólo é inibidor e fixa fronteiras.

Todas as relações de poder funcionam, quer abrindo novos caminhos (modo *abertura-de-novos-caminhos*), quer fixando fronteiras (modo *fixação-de-fronteiras*), mas não funcionam sempre nos dois regimes em simultâneo ou com a mesma intensidade relativa. Por serem exercidas quando integradas em constelações de poderes, e nunca se sobreporem completamente, as relações de poder investem a mesma situação de exercício de poder com uma mistura assimétrica de características inibidoras e permissoras. Um trabalhador que luta por um melhor salário, mas considera absurdo que uma mulher possa auferir um salário igual, está, desse modo, a exercer o poder de classe (que também está a ser exercido sobre ele) no modo *abertura-de-novos-caminhos*, e o poder sexista no modo *fixação-de-fronteiras*. Inversamente, a trabalhadora que luta pela igualdade salarial, mas considera absurdo ou impossível unir-se aos homens na luta por interesses comuns contra o capital, está, desse modo, a exercer o poder sexista (que também está a ser exercido sobre ela) no modo *abertura-de-novos-caminhos*, e o poder de classe no modo *fixação-de-fronteiras*. Portanto, a mesma constelação de poder permite múltiplas situações e contextos em que o exercício capacitante se combina com o exercício inibidor. A invalidação ou afastamento dos constrangimentos só poderá ocorrer quando, numa determinada situação, as diferentes relações de poder se exercerem simultânea e convergentemente no modo abertura-de-novos caminhos. Esta convergência é conseguida quando se questiona com êxito aquilo que faz com que uma dada linha de acção pareça impossível, impensável, excluída, etc.

Tendo em conta o carácter intricado e a complexidade das constelações de poder nas nossas sociedades, é difícil pensar a emancipação em termos emancipatórios: trocas mais iguais parecem acompanhar e até confirmar trocas desiguais; práticas mais capacitantes parecem só ser possíveis se se aceitarem e até se se reiterarem as inibições ou os constrangimentos. Em tudo isto, porém, nada é mecânico, impecavelmente funcional ou totalmente determinado. As constelações de poder são conjuntos de relações entre pessoas e entre grupos sociais. Mais do que mecanismos, são como rios que, conforme a estação do ano ou o percurso, ora são perigosos, ora são tranquilos, ora navegáveis, ora não, ora rápidos, ora lentos, umas vezes enchem, outras vazam, e às vezes mudam até o seu curso. São, porém, irreversíveis, nunca regressando à nascente. Em suma, são como nós: nem vagueiam ao acaso, nem são totalmente previsíveis.

O que faz de uma relação social um exercício de poder é o grau com que são desigualmente tratados os interesses das partes na relação ou, em termos mais simples, o grau com que A afecta B de uma maneira contrária aos interesses de B. Depois de ter dado esta definição de poder, Lukes conclui que "qualquer noção de poder assenta numa determinada concepção normativa de interesses" (1974: 34), sendo esta, também segundo ele, a razão pela qual o conceito de poder é um dos "conceitos essencialmente contestados" (1974: 26). Contudo, numa teoria crítica, o conceito de poder deve assentar numa ideia de emancipação relativamente às relações de poder. A emancipação é tão relacional como o poder contra o qual se insurge. Não há emancipação em si, mas antes relações emancipatórias, relações que criam um número cada vez maior de relações cada vez mais iguais. As relações emancipatórias desenvolvem-se, portanto, no interior das relações de poder, não como o resultado automático de uma qualquer contradição essencial, mas como resultados criados e criativos de contradições criadas e criativas. Só através do exercício cumulativo das permissões ou capacitações tornadas possíveis pelas relações de poder (o modo *abertura-de-novos-caminhos*) se torna viável deslocar as restrições e alterar as distribuições, ou seja, transformar as capacidades que reproduzem o poder em capacidades que o destroem. Assim, uma dada relação emancipatória, para ser eficaz e não conduzir à frustração, tem de se integrar numa constelação de práticas e de relações emancipatórias.

A articulação entre diferentes relações emancipatórias não é tarefa fácil, sobretudo porque a capacitação que elas visam envolve o incremento da igualdade nalgumas relações e o incremento da diferença noutras. Para dar um exemplo, na África do Sul de hoje, os negros africanos vêem a sua libertação no direito e na capacidade de decidir em que aspectos querem ser iguais aos brancos, mulatos e indianos africanos e em que aspectos querem ser ou permanecer diferentes. Há, por conseguinte, diferenças capacitantes e diferenças incapacitantes, tal como existem igualdades capacitantes e igualdades incapacitantes, e o critério para as distinguir tende a ser, na prática, extremamente contestado, senão opaco[4].

Há uma inevitável assimetria entre diferenças e igualdades no que respeita ao modo como se relacionam com a emancipação: é mais fácil identificar uma troca igual de igualdades do que uma troca igual de diferenças. Além disso, dado que as relações emancipatórias, da mesma forma que as relações de poder, funcionam em constelações, as pessoas envolvidas em lutas emancipatórias concretas podem ter de enfrentar a tarefa — uma tarefa, geralmente, muito contestada — de estabelecer hierarquias entre conjuntos ou cadeias, discrepantes ou até antagónicos, de igualdades e de diferenças capacitantes. Como sempre acontece, essa tarefa é muito mais simples de formular em teoria do que de realizar na prática. É necessário um princípio geral de igualdade (igualdade que não seja apenas processual) que possibilite a capacitação, não apenas através da igualdade, mas *igualmente* através da diferença. Refiro-me a um princípio de distribuição no sentido mais lato, em conformidade com a concepção, bastante ampla, de troca desigual que apresentei atrás.

Embora concorde com Young quando afirma que a emancipação é justiça capacitante, discordo da sua crítica a uma concepção alargada de distribuição. Ela critica a "lógica da distribuição" porque esta "trata bens não materiais como coisas ou conjuntos identificáveis que são distribuídos segundo um padrão estático por indivíduos separados e identificáveis", afirmando que "o conceito de repartição devia limitar-se aos bens materiais", sem se estender a "outros aspectos importantes da justiça, que incluem processos de decisão, divisão social do trabalho e cultura" (Young, 1990: 8). A meu ver, o risco de reificação e de individualismo é muito maior se confinarmos a distribuição aos bens materiais, sobretudo numa época em que o sistema mundial parece ter atingido a mercadorização total da vida social. Mesmo sem se subscrever as posições extremas de Baudrillard (1981), é cada vez mais problemático estabelecer uma distinção entre bens materiais e não materiais, e, se essa distinção tiver de ser mantida — como eu penso que deve —, é teoricamente inseguro e politicamente arriscado extrair daí critérios ou exigências fundamentalmente diferentes.

Leslie Sklair (1991) mostrou, de forma convincente, que a cultura-ideologia do consumismo está hoje profundamente enraizada em grupos sociais e em sociedades que carecem de capacidade económica para se envolverem na prática do consumo. A verdade é que o mesmo princípio básico da troca desigual que preside à distribuição desigual dos bens materiais na sociedade e no sistema mundial

---

4. Este tema será tratado em detalhe no 4º Volume.

também preside à distribuição desigual das dimensões materiais e não materiais dos bens em geral, o que tem como resultado que vastos grupos sociais estejam confinados apenas ao consumo das dimensões não materiais dos bens, ou seja, à cultura do consumismo. No fundo, trata-se da ideologia do consumismo sem a prática do consumismo — de um consumo *in absentia*, um consumo de que se consome activamente a sua ausência.

Distribuição e capacitação constituem, assim, as duas faces da emancipação: sem mudanças na distribuição, não haverá mudanças na capacitação, e vice-versa[5]. Definida desta forma ampla, a emancipação corre o mesmo risco de trivialização que o conceito de poder: se a emancipação está em todo o lado, não está em lado algum. Quer isto dizer que a necessidade de especificação, hierarquização e estruturação se aplica tanto às relações de poder como às relações emancipatórias. Numa tentativa de dar resposta a esta necessidade, apresentarei mais adiante um modelo teórico, um mapa de estrutura-acção das sociedades capitalistas contemporâneas. Neste modelo, identifico seis conjuntos estruturais de relações sociais dentro dos quais, nas sociedades capitalistas, se produzem seis formas de poder, de direito e de conhecimento de senso comum. Esses espaços estruturais são ortotopias, no sentido em que constituem os lugares centrais da produção e reprodução de trocas desiguais nas sociedades capitalistas. Mas também são susceptíveis de ser convertidos, através da prática social transformativa, em heterotopias, ou seja, lugares centrais de relações emancipatórias.

Este modelo visa substituir o dualismo Estado/sociedade civil e todos os seus corolários, como a distinção entre esfera pública e esfera privada, a concepção da política como uma dimensão ou sector especializado da vida social, identificado com o Estado, a redução do direito ao direito estatal e a concomitante separação entre direito e política. Esse dualismo e seus corolários, que estão no centro do pensamento político liberal e que, numa versão modificada, foram aceites pelo marxismo clássico, são o que designo por "ortodoxia conceptual" para assinalar que a sua predominância no pensamento político contemporâneo é compatível com a sua falência teórica. Em trabalho anterior, procedi à crítica dessa ortodoxia

---

5. A distribuição e a capacitação são também os dois lados do direito. Neste contexto, convém chamar a atenção para as raízes jurídicas do conceito de emancipação, e aqui a história semântica pode ser útil. No direito romano clássico, a *emancipatio* era o acto jurídico pelo qual a criança era libertada do poder paternal (*patria potestas*). Mais tarde, passou a significar a libertação dos escravos e, num sentido ainda mais amplo, o levantamento de restrições legais sobre determinados grupos sociais, no sentido em que, por exemplo, falamos da emancipação dos judeus na Europa dos séculos XVIII e XIX, ou dos servos na Rússia do século XIX, ou dos católicos na Inglaterra do início do século XIX, ou ainda das mulheres, pelo menos no início e na primeira vaga dos movimentos feministas, para quem o conceito de emancipação era central nas suas campanhas pela igualdade de direitos. Sobre o direito romano, ver, entre outros, Berger (1953: 451). Sobre os movimentos feministas, ver Humm (1990: 61) e Smith-Rosenberg (1985).

conceptual (Santos, 1994: 105-110), iniciando aí também o esforço de reconstrução teórica que é agora desenvolvido no presente capítulo. Concebo essa reconstrução como um primeiro passo na criação de um novo senso comum político, jurídico e epistemológico.

UM MAPA DE ESTRUTURA-ACÇÃO DAS SOCIEDADES CAPITALISTAS NO SISTEMA MUNDIAL

A minha tese principal, nesta secção, é, em primeiro lugar, que as sociedades capitalistas são formações ou constelações *políticas*, constituídas por seis modos básicos de produção de poder que se articulam de maneiras específicas. Esses modos de produção geram seis formas básicas de poder que, embora inter-relacionadas, são estruturalmente autónomas. Em segundo lugar, as sociedades capitalistas são formações ou constelações *jurídicas*, constituídas por seis modos básicos de produção do direito que se articulam de maneiras específicas. Estes modos de produção geram seis formas básicas de direito que, embora inter-relacionadas, são estruturalmente autónomas. Em terceiro lugar, as sociedades capitalistas são formações ou constelações *epistemológicas*, constituídas por seis modos básicos de produção de conhecimento que se articulam de maneiras específicas. Estes modos de produção geram seis formas básicas de conhecimento que, embora inter-relacionadas, são estruturalmente autónomas.

Subjacente a esta tese está a ideia de que a natureza política do poder não é o atributo exclusivo de uma determinada forma de poder, mas sim o efeito global de uma combinação de diferentes formas de poder e dos seus respectivos modos de produção. Da mesma forma, a natureza jurídica da regulação social não é o atributo exclusivo de uma determinada forma de direito, mas sim o efeito global de uma combinação de diferentes formas de direito e dos seus respectivos modos de produção. Por último, a natureza epistemológica das práticas de conhecimento não é o atributo exclusivo de uma determinada forma epistemológica, mas sim o efeito global de uma combinação de diferentes formas epistemológicas e dos seus respectivos modos de produção.

O Quadro 2 mostra, de forma sinóptica, o mapa de estrutura-acção das sociedades capitalistas que integram o sistema mundial. Distingo seis espaços estruturais: o espaço doméstico, o espaço da produção, o espaço do mercado, o espaço da comunidade, o espaço da cidadania e o espaço mundial. Estes espaços são os conjuntos mais elementares e mais sedimentados de relações sociais nas sociedades capitalistas contemporâneas. A distinção e a autonomia estrutural dos seis espaços estruturais são resultado de um longo processo histórico, e ainda hoje eles se apresentam de forma diferente no centro, na periferia e na semiperiferia do

QUADRO 2
MAPA DE ESTRUTURA-ACÇÃO DAS SOCIEDADES CAPITALISTAS NO SISTEMA MUNDIAL

DIMENSÕES ESPAÇOS ESTRUTURAIS	UNIDADE DE PRÁTICA SOCIAL	INSTITUIÇÕES	DINÂMICA DE DESENVOLVIMENTO	FORMA DE PODER	FORMA DE DIREITO	FORMA EPISTEMOLÓGICA
ESPAÇO DOMÉSTICO	Diferença sexual e geracional	Casamento, família e parentesco	Maximização da afectividade	Patriarcado	Direito doméstico	Familismo, cultura familiar
ESPAÇO DA PRODUÇÃO	Classe e natureza enquanto "natureza capitalista"	Fábrica e empresa	Maximização do lucro e maximização da degradação da natureza	Exploração e "natureza capitalista"	Direito da produção	Produtivismo, tecnologismo, formação profissional e cultura empresarial
ESPAÇO DE MERCADO	Cliente-consumidor	Mercado	Maximização da utilidade e maximização da mercadorização das necessidades	Fetichismo das mercadorias	Direito da troca	Consumismo e cultura de massas
ESPAÇO DA COMUNIDADE	Etnicidade, raça, nação, povo e religião	Comunidade, vizinhança, região, organizações populares de base, Igrejas	Maximização de identidade	Diferenciação desigual	Direito da comunidade	Conhecimento local, cultura da comunidade e tradição
ESPAÇO DA CIDADANIA	Cidadania	Estado	Maximização da lealdade	Dominação	Direito territorial (estatal)	Nacionalismo educacional e cultural, cultura cívica
ESPAÇO MUNDIAL	Estado-Nação	Sistema inter-estatal, organismos e associações internacionais, tratados internacionais	Maximização da eficácia	Troca desigual	Direito sistémico	Ciência, progresso universalístico, cultural global

sistema mundial, devido, em grande medida, às diferentes trajectórias históricas em direcção à modernidade ocidental[6].

A identificação e a caracterização dos espaços estruturais são guiadas por algumas orientações teóricas que convém referir neste ponto. A primeira é a ênfase analítica nas questões do poder, do direito e do conhecimento. Impõe-se salientar os contextos sociais destes fenómenos, a sua diferenciação interna e as articulações entre eles. A teoria sociológica crítica raramente tentou analisar em conjunto, e dentro da mesma grelha teórica de análise, estes três mega-fenómenos do nosso tempo. Foucault foi, sem dúvida, o teórico social que empreendeu o esforço mais consistente na direcção correcta, mas mesmo ele decidiu deixar de fora o direito ou, pelo menos, descurá-lo. A sua concepção limitada de direito como direito estatal levou-o a considerá-lo um fenómeno anacrónico, um resíduo de formas de dominação passadas. A grelha analítica apresentada neste capítulo é uma tentativa de abordagem mais abrangente, uma abordagem que inclui o poder, o direito e o conhecimento em pé de igualdade, sem os fundir em totalidades redutoras — como aconteceu em tanta teoria social crítica —, mas, pelo contrário, alargando o âmbito da diferenciação e da fragmentação, salientando os fios que os articulam em rede.

A segunda orientação teórica é a caracterização dos espaços estruturais como matriz das múltiplas dimensões de desigualdade e de opressão nas sociedades capitalistas contemporâneas e no sistema mundial como um todo, e, consequentemente, como matriz das lutas emancipatórias mais relevantes. Como o poder é sempre exercido em constelações de poderes, os lugares privilegiados de produção de desigualdade e de opressão, tomados isoladamente, são instáveis e incompletos, já que nenhum deles dispensa o concurso dos demais para ser eficaz.

Intimamente ligada à orientação anterior, a terceira orientação aponta para o facto de que a centralidade do poder do Estado, do direito estatal e da ciência moderna não pode ser nem negligenciada nem sobrestimada. Os três estão espalhados em todas as constelações de poder, de direito e de conhecimento que

---

6. Como é sabido, a separação do espaço da produção relativamente ao espaço doméstico foi um resultado directo do desenvolvimento capitalista. Nas fases iniciais, o espaço da produção fundia-se parcialmente com o "espaço da cidadania" (antes do aparecimento do Estado liberal, não há espaço da cidadania no sentido moderno). No século XVI, em Milão, os operários da indústria têxtil trabalhavam sob o juramento, sancionado pelo Estado, de que não abandonariam a cidade, e Colbert, em 1682, condenou à morte os operários que abandonavam a França para trabalhar no estrangeiro (Adler, s.d.: 72-73). Este complexo entrelaçamento do aparelho coercivo do Estado com o da produção levou Adler (s.d.) e, mais tarde, Rusche e Kirchheimer (1968), a sustentarem que, na origem, a prisão e a fábrica desempenhavam funções idênticas. A mesma tese foi desenvolvida mais recentemente por Melossi e Pavarini (1981). Na periferia colonial do sistema mundial, essa interpenetração funcional continuou bem presente no século XX.

emergem nos campos sociais concretos, mas funcionam sempre em articulação com outras formas de poder e de direito não estatais e com várias formas de conhecimento não científico.

A última orientação teórica é que a grelha analítica deve ser o menos centrocêntrica ou ocidental-cêntrica possível a fim de permitir comparações genuínas no seio de todo o sistema mundial.

A teoria marxista e, em geral, a teoria social crítica estiveram, ao longo de muitas décadas, centradas nas sociedades capitalistas do centro, tendo criado um impressionante corpo de conhecimentos sobre aquilo que, na minha grelha analítica, é designado por espaço da produção e espaço da cidadania. Como hoje sabemos, a exclusiva concentração sobre esses dois conjuntos de relações sociais — sem dúvida fundamentais para se compreender as sociedades capitalistas — deixou de fora do âmbito analítico outros aspectos igualmente importantes da produção e da reprodução social. Há que reconhecer o mérito da teoria crítica feminista em ter tomado o espaço doméstico em consideração e em ter fornecido uma revisão radical, quer do espaço da produção, quer do espaço da cidadania. Esta significativa expansão analítica tem, porém, ficado grandemente circunscrita à análise das sociedades nacionais, quase sempre sociedades capitalistas centrais.

A teoria da dependência, primeiro, e a teoria do sistema mundial, depois, romperam com este *status quo* quando chamaram a nossa atenção para as sociedades periféricas e para a sua respectiva integração num sistema mundial composto por sociedades periféricas, centrais e semiperiférias, ordenadas segundo um grande princípio de hierarquização: a divisão internacional do trabalho. Dada a sua ênfase nas interacções e hierarquias globais, a teoria do sistema mundial tendeu, contudo, a fornecer análises relativamente grosseiras e reducionistas das diferentes sociedades nacionais ou dos processos sociais de base local ou nacional. Numa tentativa de contrariar esta tendência, apresenta-se aqui o sistema mundial, sob a forma de espaço mundial, ou seja, como uma estrutura interna das sociedades nacionais. O espaço mundial é o conjunto das relações sociais locais ou nacionais em que o sistema mundial se inscreve através de efeitos pertinentes[7]. Esta "internalização" do sistema mundial permite, segundo creio, um diálogo mais produtivo entre as perspectivas teóricas e as intuições analíticas desenvolvidas pela teoria do sistema mundial e as que são tradicionalmente desenvolvidas pelas teorias sociais que se ocupam especificamente dos outros espaços estruturais.

Além disso, a grelha analítica aqui proposta não foi concebida apenas para explicar as múltiplas desigualdades do sistema mundial, tal como hoje se revelam, mas também as diferentes e desiguais trajectórias históricas em direcção à modernidade. Isto explica a identificação do espaço da comunidade como um dos

---

7. Este tema será abordado em detalhe no 3º Volume.

espaços estruturais. Pode ser surpreendente considerar hoje o espaço da comunidade, que se baseia na ideia de território físico ou simbólico, como um espaço estrutural autónomo. É consensual a ideia de que o Estado moderno — uma entidade hiperterritorial — ao reivindicar o controle exclusivo sobre um determinado território produziu a fusão do espaço da comunidade com o espaço da cidadania. Tendo em conta especificamente os processos históricos de formação do Estado na maioria das sociedades periféricas e semiperiféricas, sustento, em alternativa, que o espaço da comunidade se manteve, em todo o sistema mundial, como um lugar autónomo de relações sociais, irredutível às relações sociais aglomeradas em torno do espaço da cidadania. Isto é particularmente evidente no caso dos Estados multinacionais surgidos do colonialismo europeu, mas é, em geral, visível no sistema mundial. Até nas sociedades centrais do Ocidente, o espaço da comunidade permaneceu como subtexto do espaço da cidadania, reemergindo à superfície em períodos de crise do Estado. Nos Estados islâmicos, organizados segundo a lei islâmica, a Shari'a, pode até afirmar-se que, em oposição à experiência ocidental, foi o espaço da comunidade que absorveu o espaço da cidadania[8]. Em todo o sistema mundial, o espaço da comunidade mantém relações complexas com todos os outros espaços estruturais. Por exemplo, nas sociedades em que o hinduísmo ou o confucionismo constituem os princípios organizadores do espaço da comunidade, este encontra-se profundamente entrelaçado com o espaço doméstico (cuidar do santuário doméstico)[9].

Como atrás sugeri, enquanto a concepção do espaço da comunidade como espaço estrutural tem sobretudo presentes as realidades históricas e sociais da periferia do sistema mundial, a concepção do espaço do mercado como espaço estrutural tem sobretudo presentes as realidades históricas e sociais do centro do sistema mundial. As várias teorias que descrevem as grandes transformações das sociedades capitalistas centrais nas três últimas décadas a partir dos conceitos de pós-capitalismo, pós-industrialismo, pós-modernismo ou sociedade de consumo tiveram o mérito de chamar a atenção para a expansão ideológica do fetichismo das mercadorias como forma de poder nuclear de uma nova forma de hegemonia. Segundo estas teorias, esta nova hegemonia inverteu, de algum modo, a lógica da acumulação capitalista ao converter as mercadorias em algo-mais-do-que-mercadorias por meio de mais-valias ideológicas produzidas pela prática compulsiva da mercadorização das necessidades e da sua satisfação. Em meu entender, a produção social, relativamente autónoma, do consumo e do consumismo não alterou

---

8. Ver Ghai (1993), para uma excelente panorâmica das tensões e dos conflitos contínuos entre o espaço da cidadania (domínio estatal) e o espaço da comunidade (etnicidade), na Ásia.

9. Um detalhado relato do papel das mulheres na vida ritual é-nos dado por Kendall (1985). Ver, também, Bynum, Harrell e Richman (1986).

estruturalmente as sociedades capitalistas, mas tornou-as mais complexas. O consumo deixou de ser apenas um epifenómeno para se converter num lugar estrutural e autónomo de relações sociais, uma forma nova de poder, de direito e de conhecimento. Esta característica estrutural, por muito enraizada que esteja nas práticas sociais das sociedades centrais, está também presente, de forma selectiva, nas sociedades periféricas e semiperiféricas: a cultura-ideologia do consumismo está já muito mais amplamente distribuída no sistema mundial do que a prática do consumo, e, na verdade, parece continuar a expandir-se mesmo quando a segunda se retrai.

UMA LEITURA DO MAPA DE ESTRUTURA-ACÇÃO

A interacção social nas sociedades capitalistas desenvolve-se à volta de seis modos de produção de prática social: os seis espaços estruturais. Ao nível mais abstracto, um modo de produção de prática social é um conjunto de relações sociais cujas contradições internas lhe conferem uma dinâmica endógena específica. Trata-se, portanto, de um campo de interacções complexas que assenta em seis dimensões: unidade de prática social, instituições, dinâmica interaccional e de desenvolvimento, forma de poder, forma de direito e forma epistemológica. A especificidade de cada um dos espaços estruturais reside no tipo de troca desigual que marca as relações sociais que nele se estabelecem. À medida que se desenvolve, essa desigualdade relacional produz uma forma específica de capital cuja reprodução investe o campo social de um estilo de interacção e de uma direccionalidade próprios. Esta lógica, embora específica e endógena, não está, porém, enclausurada em si mesma, já que as relações sociais são tão determinadas pela sua localização estrutural como pelas suas articulações (combinações, interferências mútuas, interfaces e interpenetrações) com relações sociais noutras localizações estruturais. Em termos fenomenológicos, a lógica de desenvolvimento de um espaço estrutural não é senão uma forma sustentada de hibridação. Uma hibridação que não é nem arbitrária nem infinita, porque os espaços estruturais são limitados em número e particulares quanto à especificação interna. Antes de prosseguir a análise do problema da determinação estrutural, irei descrever com algum pormenor a natureza das relações sociais constitutivas de cada um dos espaços estruturais.

Os espaços estruturais e as suas dimensões

O *espaço doméstico* é o conjunto de relações sociais de produção e reprodução da domesticidade e do parentesco, entre marido e mulher (ou quaisquer parceiros em relações de conjugalidade), entre cada um deles e os filhos e entre uns e outros e os parentes[10]. O *espaço da produção* é o conjunto de relações sociais desenvolvidas em torno da produção de valores de troca económicos e de processos de trabalho, de relações de produção em sentido amplo (entre os produtores directos e os que se apropriam da mais-valia, e entre ambos e a natureza) e de relações *na* produção (entre trabalhadores e gestores, e entre os próprios trabalhadores). O *espaço do mercado* é o conjunto de relações sociais de distribuição e consumo de valores de troca através das quais se produz e reproduz a mercadorização das necessidades e dos meios de as satisfazer. O *espaço da comunidade*[11] é constituído pelas relações sociais desenvolvidas em torno da produção e da reprodução de territórios físicos e simbólicos e de identidades e identificações com referência a origens ou destinos comuns. O *espaço da cidadania* é o conjunto de relações sociais que constituem a "esfera pública" e, em particular, as relações de produção da obrigação política vertical entre os cidadãos e o Estado. Quando, no Capítulo 2, analisei o padrão de transformação social, descrevi detalhadamente o espaço da cidadania através do funcionamento e das estratégias da sua forma institucional: o Estado. Por último, o *espaço mundial* é a soma total dos efeitos pertinentes internos das relações sociais por meio das quais se produz e reproduz uma divisão global do trabalho. A conceptualização do espaço mundial como estrutura interna de uma dada sociedade (nacional ou local) pretende compatibilizar teoricamente as interacções entre as dinâmicas globais do sistema mundial, por um lado, e as condições, extremamente diversas e específicas, das sociedades nacionais ou subnacionais que o integram, por outro. O espaço mundial é, por conseguinte, a matriz organizadora dos efeitos pertinentes das condições e das hierarquias mundiais sobre os espaços doméstico, da produção, do mercado, da comunidade e da cidadania de uma determinada sociedade.

Cada um destes espaços estruturais é complexo, sendo constituído por seis dimensões. Visto que, em cada campo social concreto, os espaços estruturais operam sempre em constelações, cada dimensão de cada um dos espaços estruturais está presente em qualquer outra das dimensões correspondentes de qualquer um dos outros espaços estruturais. Por exemplo, a forma privilegiada de prática social no espaço doméstico é a diferença sexual e geracional, mas isto não significa — como as teorias feministas mostraram convincentemente — que o sexo e a gera-

---

10. Este espaço estrutural está definido mais em termos de agregado doméstico, do que em termos de família, de maneira a acentuar os múltiplos relacionamentos de partilha (nomeadamente, as práticas de combinação dos rendimentos). Como a reprodução institucional e ideológica do agregado doméstico se processa sobretudo através da família, refiro-me a esta para definir a forma institucional e epistemológica do espaço doméstico. Com propósitos similares, Michele Barrett fala de "agregados familiares" e de "ideologia familiar" "como expressões que evitam parte do naturalismo e da mistificação engendrados pelo termo família" (1980: 199). Ver também Donzelot (1977).

11. Em trabalho anterior (1994: 272), previ a necessidade de criar o espaço estrutural da comunidade. Entretanto, revelou-se igualmente necessário criar o espaço do mercado.

ção estejam confinados ao espaço doméstico. Pelo contrário, e para tomar o exemplo da diferença sexual, o sexo combina-se especificamente com a classe no espaço da produção, com o cliente-consumidor no espaço do mercado, com a raça, a etnicidade ou a religião no espaço da comunidade, com a cidadania no espaço da cidadania e com a nação e as práticas do Estado-nação no espaço mundial. O mesmo pode ser dito de qualquer das outras dimensões.

Embora o Estado seja a forma institucional privilegiada do espaço da cidadania, está também presente, de várias formas, em todas as outras instituições estruturais, sejam elas a família, a empresa, o mercado, a comunidade ou o sistema inter-estatal. E o mesmo é verdade de qualquer uma destas instituições relativamente ao Estado. Alguns Estados são governados como famílias alargadas, sobretudo em países onde prevalecem o *coronelismo* ou o *caudilhismo* e outras formas de privatização do Estado (nomeadamente, nos regimes dinásticos do Médio Oriente). Quando, por exemplo, num país central se efectuam reformas no sistema nacional de saúde que criam mercados internos dentro da burocracia estatal (como acontece hoje no Reino Unido e, de forma distinta, nos Estados Unidos), as novas instituições públicas são um misto de mercado e de Estado. Por sua vez, nos países da periferia do sistema mundial onde o auxílio estrangeiro constitui hoje uma percentagem desproporcionada do rendimento nacional, o Estado é, do ponto de vista sócio-político, um híbrido institucional de Estado e de organismos internacionais. A título de exemplo, no caso de Moçambique e segundo dados do PNUD referidos por Abrahamson e Nilsson (1994: 137-138), os donativos internacionais ascenderam em 1989 a 950 milhões de dólares. Corresponderam, então, a 75% do PNB, oito vezes superiores às exportações do país e quase quatro vezes superiores às outras receitas do Estado. Segundo a mesma organização, em 1996, a ajuda pública internacional ao desenvolvimento ascendeu a 72,2% do PNB de 1995[12].

No que se segue, farei uma breve descrição geral das diferentes dimensões dos espaços estruturais, prestando especial atenção àquelas cuja identificação se afigura menos evidente. As que maior interesse analítico apresentam para este capítulo, isto é, as formas de poder, de direito e de conhecimento, serão destacadas mais adiante.

A *unidade de prática social* é a dimensão activa do espaço estrutural, o princípio organizador da acção colectiva e individual, o principal critério de identidade

---

12. Agradeço esta informação ao meu colega da Universidade Eduardo Mondlane, Prof. António Francisco. Segundo ele, estes números devem ser usados com alguma reserva, não só porque as diferentes organizações internacionais divergem nos números, como estes são, em geral, muito mais elevados que os fornecidos pelo governo moçambicano. Em São Tomé e Príncipe, a participação da cooperação internacional ascende a 90% do PNB, segundo informação, que aqui agradeço, do Dr. Manuel Vaz Fernandes, antigo ministro daquele país.

e identificação dos indivíduos e grupos sociais envolvidos em relações sociais agregadas em torno de cada espaço estrutural particular. Pode parecer surpreendente identificar a unidade de prática social do espaço da produção simultaneamente como classe e "natureza capitalista". No Capítulo 1, desenvolvi uma crítica epistemológica da ciência moderna e da sua concepção de natureza como *res extensa*, sem subjectividade nem dignidade, regida por leis mecânicas, um recurso infinito para ser explorado e manipulado ao sabor da vontade humana. Sublinhei também que, a partir do momento em que a ciência moderna se converteu em principal força produtiva do capitalismo, essa concepção da natureza tornou-se uma legitimação ideológica da transformação da natureza numa condição de produção, quer sob a forma dos "recursos naturais", quer enquanto "ambiente natural". Há que complementar agora essa crítica epistemológica com uma alternativa teórica.

Embora a "espoliação" da natureza fosse considerada por Marx uma das condições da riqueza capitalista, sendo a outra a exploração do trabalho, e embora a destruição do ambiente tenha sido, de há muito, reconhecida como consequência inevitável da acumulação capitalista e da expansão do mercado,[13] os marxistas prestaram, até há bem pouco tempo, uma atenção escassa à arrogância ecológica do capitalismo. Em todo o caso, consideraram difícil de conceber a integração deste tema na economia política do capitalismo. Esta omissão ou dificuldade não é contingente ou fortuita. Está enraizada na ideologia do produtivismo, do cientificismo e do progresso, caucionadora da expansão económica infinita, ideologia que dominou quer o marxismo clássico, quer o liberalismo clássico. Nas duas últimas décadas, porém, fizeram-se alguns esforços para integrar a exploração do trabalho e a destruição da natureza na mesma dinâmica contraditória de desenvolvimento do capitalismo.

Um dos esforços mais perseverantes foi o de O'Connor (1988, 1991a, 1991b). Seguindo uma abordagem que ele próprio designa por "polanyista-marxista" (1991b: 2), O'Connor pretende desenvolver um "marxismo ecológico" como método para teorizar os novos movimentos sociais num amplo enquadramento marxista. Segundo ele, o capitalismo, enquanto modo de produção, desenvolve-se por meio de duas contradições. A primeira contradição é simbolizada pela taxa de exploração e exprime o poder social e político do capital sobre o trabalho, bem como a tendência intrínseca do capital para uma crise de sobre-produção. A segunda contradição centra-se na categoria de "condições de produção", designando com isso "tudo o que é tratado como se fosse mercadoria apesar de não ter sido produzido como mercadoria segundo a lei do valor ou a lei do mercado" (O'Connor, 1991b: 1). Uma definição tão ampla permite a O'Connor discutir a força de trabalho, a terra, a natureza e o espaço urbano sob a mesma categoria geral.

---

13. Karl Polanyi (1944) chamou insistentemente a atenção para os aspectos destrutivos do desenvolvimento capitalista (destruição, quer do ambiente social, quer do natural).

A segunda contradição, que se exprime como uma crise de subprodução, reside na tendência do capital para fragilizar ou destruir as suas próprias condições de produção, na medida em que as constantes crises provocadas pelo aumento dos custos conduzem sempre a novas tentativas de reestruturação das condições de produção para reduzir os custos:

> quando os capitais individuais baixam os custos, isto é, externalizam os custos para a natureza (ou para o trabalho ou para o espaço urbano), no intuito de manter ou de restabelecer os lucros, o efeito perverso é o aumento de custos de outros capitais (no limite, do capital como um todo) e a diminuição dos lucros (O'Connor, 1991b: 4).

O capitalismo tem, portanto, uma tendência para usar a força de trabalho, o espaço, o meio ambiente e a natureza de uma forma destrutiva. A segunda contradição, embora exija uma teorização autónoma, depende da primeira:

> se considerarmos que as taxas de destruição e de poluição da natureza dependem da taxa de acumulação e da taxa de lucro, quaisquer aumentos da taxa de exploração do trabalho farão aumentar as taxas de lucro e de acumulação e, consequentemente, as taxas de destruição e de poluição. Quanto mais o capital explorar o trabalho, mais explorará a natureza, e vice-versa (O'Connor, 1991b: 9).

Esta tentativa de reconstrução feita por O'Connor levanta vários problemas (a segunda contradição será verdadeiramente uma contradição? Não serão as duas contradições apenas dois aspectos da mesma contradição?, etc.), mas as suas linhas gerais e a direcção para que aponta são basicamente consistentes[14]. Essa tentativa exige uma compreensão mais profunda das lutas emancipatórias anticapitalistas em que a "subjectivação do trabalho" só se pode obter com a "subjectivação da natureza" e vice-versa. Assim, para se possibilitar uma compreensão mais complexa do capitalismo e do anticapitalismo, concebo a unidade de prática social do espaço da produção como classe e "natureza capitalista", isto é, relações de classe e relações capitalistas de (e sobre) valores de uso naturais.

A *dimensão institucional* dos espaços estruturais refere-se à organização da repetição na sociedade, isto é, a formas, padrões, procedimentos, aparatos ou esquemas que organizam o constante fluxo de relações sociais em sequências repetitivas, rotinizadas e normalizadas, por meio das quais os padrões de interacção

---

14. A emergência das chamadas "indústrias não poluentes" veio colocar novas questões: a menor taxa de destruição da natureza nestas indústrias é real ou apenas aparente? Com elas põe-se fim à simetria entre taxa de exploração e taxa de destruição? Ou, pelo contrário, a simetria mantém-se na medida em que a taxas mais baixas de destruição correspondem taxas mais baixas de exploração? Ou, ainda, estaremos perante uma "nova" divisão global do trabalho no sistema mundial que inclui a divisão global da destruição da natureza e da poluição (altos níveis na periferia do sistema, relativamente baixos níveis no centro)?

são desenvolvidos e "naturalizados" como normais, necessários, insubstituíveis e de senso comum. As instituições são instrumentos de controle do risco e da imprevisibilidade; é através delas que as sociedades estabilizam as expectativas dos indivíduos e dos grupos sociais. Diferentes tipos de risco e de imprevisibilidade conduzem a diferentes tipos de instituições e nem todos os tipos de risco e de imprevisibilidade permitem o mesmo nível de controle institucional. Por outro lado, como as instituições não são igualmente acessíveis a indivíduos e grupos sociais de sexo, classe, etnia e idade diferentes, nem processam do mesmo modo as suas reivindicações, resulta que diferenças de poder social se traduzem, em geral, em diferenças de níveis de estabilização de expectativas. As diferentes instituições enumeradas no Quadro 2 são relativamente evidentes e não exigem explicações adicionais.

A *dinâmica de desenvolvimento* refere-se à direccionalidade da acção social, o princípio local de racionalidade que define e gradua a pertença de relações sociais a um espaço estrutural particular e a mudança social normal que nelas ocorre. A dinâmica de desenvolvimento do espaço doméstico é, de entre as orientações emocionalmente investidas, uma das mais centrais na sociedade. A reprodução das relações entre sexos e entre gerações processa-se pela concentração da energia emocional (maximização do afecto) em ideias e estereótipos de vida familiar e de relações familiares de que se alimenta o poder patriarcal. Pelo contrário, a dinâmica de desenvolvimento do espaço da produção parece ser a menos investida emocionalmente, uma vez que a lógica da acumulação de capital se centra na maximização das mais-valias extraídas da força de trabalho e da natureza enquanto condição de produção. Deve, no entanto, ter-se em conta que a expansão dos serviços e do consumo na economia global tem vindo a traduzir-se na emergência de uma nova forma de trabalho, o trabalho emocional, bem patente nas cadeias mundiais de supermercados e de restaurantes (MacDonalds, Pizza Hut, etc.). O *trabalho emocional* é uma forma de trabalho em cuja especificação dominam as exigências de boa aparência física, sorriso permanente, delicadeza nos gestos e nas palavras, solicitude e atenção ante as exigências dos clientes, etc. Enquanto no espaço doméstico as energias emocionais são parte integrante da reprodução do poder patriarcal, no espaço da produção as energias emocionais são parte integrante da exploração.

No espaço do mercado, a incomensurabilidade entre as necessidades e os meios de satisfação é eliminada através da mercadorização potencialmente infinita de ambos, ainda que sempre regulada pela redução da procura à procura solvente. Esta lógica de desenvolvimento é também investida de energias emocionais que operam através da transformação das coisas em personalidades sucedâneas ou vicariantes que se convertem, então, em objectos de investimento emocional. A esteticização do consumo — tanto dos objectos de consumo como dos consumidores, os dois lados da mesma moeda — visa maximizar esse investimento.

A dinâmica de desenvolvimento do espaço da comunidade partilha com a do espaço doméstico uma forte dimensão de investimento emocional, e, de facto, nalgumas sociedades essas duas dinâmicas mal se distinguem. Assenta numa escavação, potencialmente interminável, de raízes primordiais e de origens ou destinos comuns, na base dos quais se formulam as reivindicações radicais de inclusão (ou, inversamente, de exclusão). A dinâmica de desenvolvimento do espaço da cidadania partilha algumas características com a do espaço da comunidade e a competição entre ambas subjaz às tensões mais intratáveis do sistema inter-estatal. Ambas as dinâmicas funcionam através da definição de pertença, desenhando círculos de reciprocidade em territórios físicos ou simbólicos delimitados. Mas, enquanto a dinâmica do espaço da cidadania é organizada pela obrigação política vertical (relação Estado/cidadão), a dinâmica do espaço da comunidade organiza-se quase sempre a partir de obrigações políticas horizontais (relação cidadão/cidadão, família/família, clã/clã, crente/crente).

O espaço da cidadania, embora assente no poder coercitivo do Estado, maximiza o seu desenvolvimento potencial através da legitimação e da hegemonia, ao passo que o espaço da comunidade afirma-se como dotado de legitimidade original, mas recorre frequentemente à coerção para maximizar o seu desenvolvimento potencial. Enquanto o investimento emocional da maximização da identidade tende a ser forte, o investimento emocional da maximização da lealdade tende a ser fraco e tem de ser constantemente reproduzido pelo Estado simbólico (cultura cívica nacionalista, bandeira e hino nacionais, feriados nacionais, transfusões subliminares ou explícitas de maximização da identidade na maximização da lealdade).

Por último, a dinâmica de desenvolvimento do espaço mundial e do espaço da produção são simbióticas e recíprocas. Uma pressupõe a outra. Na verdade, elas são dois aspectos relativamente autónomos da mesma lógica de acumulação do capital: as hierarquias estabelecidas no espaço da produção por meio da extracção de mais-valias estão desigualmente distribuídas por todo o sistema mundial graças à divisão global do trabalho. Assim, elas também se convertem em hierarquias entre países, sociedades, regiões e povos. A autonomia relativa destes dois aspectos decorre da forma política específica do sistema mundial, um sistema inter-estatal de Estados soberanos, no qual os Estados não podem extrair mais-valias de outros Estados. A autoridade e a efectividade política permitem o funcionamento regular da divisão global do trabalho e as trocas desiguais que perpetuam as hierarquias do sistema mundial.

Como os espaços estruturais só funcionam em constelações, as acções sociais são muitas vezes informadas por lógicas diferentes e mutuamente incompatíveis, o que significa que cada dinâmica de desenvolvimento, considerada isoladamente, é sempre parcial. Cada uma destas dinâmicas assenta numa contradição específica, numa relação entre entidades que tendem a negar-se entre si, e cujo desenvolvimento gera, por essa razão, assimetrias e desigualdades inescapáveis: entre sexos e entre gerações; entre patrões e trabalhadores e entre ambos e a natureza; entre a mercadorização das necessidades e a solvência; entre a inclusão na comunidade e no círculo de reciprocidade e a exclusão de ambos; entre interesses privados e públicos; entre individualidade e lealdade de massa; entre o interesse nacional de um determinado Estado e o interesse nacional de outro Estado (entre Estados credores e devedores, entre Estados amigos e Estados inimigos, entre Estados centrais e periféricos).

As contradições parciais constituem campos sociais concretos que se constelam de diferentes maneiras, normalmente à volta de uma contradição particular, mas envolvendo, ao mesmo tempo, todas as outras. O grau de isomorfismo entre as diversas contradições varia no tempo e no espaço. Conforme o país ou época, as lógicas de desenvolvimento do espaço da comunidade e do espaço da cidadania podem ora convergir, ora divergir; as lógicas do espaço doméstico e do espaço da produção podem estar mais ou menos interligadas; a lógica do espaço da cidadania pode apoiar, complementar ou contradizer a lógica de qualquer um dos outros espaços estruturais. Abstraindo do seu cientificismo populista, Engels não deixava de ter alguma razão quando, no *Anti-Dühring*, sugeria (tratava-se de uma mera sugestão e não de uma "lei geral") que os opostos se interpenetram e que, por isso, cada entidade é constituída por uma união instável de contradições (Engels, 1966).

Passo agora a analisar, com maior detalhe, de que modo as contradições parciais se exprimem em formas de poder, de direito e de conhecimento.

Formas de poder

Todas as formas de poder são trocas desiguais. Formas diferentes de troca desigual dão origem a formas diferentes de poder. Distingo seis formas de poder que circulam nas sociedades capitalistas. Todas elas tendem a estar presentes, de um ou de outro modo, em todos os campos sociais, mas cada uma tem um nicho privilegiado num dos seis espaços estruturais.

O *patriarcado* é a forma de poder privilegiada no espaço doméstico. Quer isto dizer que, embora sejam sempre constelações de poderes, as relações sociais agregadas à volta do espaço doméstico (trabalho doméstico, reprodução, cuidados mútuos, gestão dos bens do agregado doméstico, educação dos filhos, lazer, prazer, etc.) são geralmente organizadas pelo patriarcado enquanto sistema de controle dos homens sobre a reprodução social das mulheres. Mas isto não implica que o espaço doméstico seja necessariamente o lugar mais importante de opressão da mulher nas sociedades capitalistas. Poderá sê-lo ou não; poderá sê-lo nalgumas sociedades ou em certos períodos, mas não noutras sociedades ou noutros períodos.

Embora seja a forma privilegiada de poder no espaço doméstico, o patriarcado está também presente nas constelações de poder das relações sociais agregadas no espaço da produção, no espaço do mercado, no espaço da comunidade, no espaço da cidadania e no espaço mundial, e o seu impacto mais forte nas experiências de vida dos membros do agregado doméstico pode ocorrer, conforme as circunstâncias específicas, em qualquer um destes espaços estruturais. Para as mulheres da Arábia Saudita pode situar-se no espaço doméstico, para as mulheres dos Estados Unidos, no espaço da produção[15] e no espaço do mercado, para as mulheres suíças, no espaço da cidadania, para as mulheres africanas e indianas, no espaço da comunidade[16].

A *exploração*, tal como Marx a definiu, é a forma de poder privilegiada no espaço da produção. Contudo, para assinalar a dupla contradição na produção capitalista (exploração do trabalho e degradação da natureza), acrescento à exploração a "natureza capitalista", ou seja, a natureza como construção histórica e social "produzida", conjuntamente, pela ciência moderna e pelo capitalismo. A articulação entre esta e outras formas de poder, nomeadamente o patriarcado (Vogel, 1983) e a dominação, a forma de poder do espaço da cidadania, é hoje um dos debates centrais da teoria social. Em geral, o que acabou de ser dito das constelações de poder a propósito do patriarcado aplica-se também à exploração, mas o problema da determinação estrutural exigirá um esclarecimento adicional mais adiante.

A fim de ilustrar as virtualidades de uma concepção alargada de exploração que inclua a natureza capitalista, gostaria de chamar a atenção para o aparecimento de novas ligações entre a degradação da natureza e a degradação da vida das mulheres, isto é, entre a exploração (alargada) e o patriarcado. Os estudos sobre a exploração das mulheres pobres e tribais nas sociedades não ocidentais (Rao, 1991; Tickner, 1991: 204-205) e, em geral, os estudos sobre eco-feminismo demonstraram, de forma convincente, que a natureza capitalista, sob a forma da quimicalização da agricultura, da desflorestação, da construção de barragens, da privatização e escassez dos recursos hídricos, etc., vitima e exclui a mulher de forma particular-

---

15. Segundo Tickner, "mesmo nos Estados Unidos, onde se fizeram consideráveis avanços relativamente à posição económica da mulher, as mulheres que trabalhavam a tempo inteiro, em 1987, ganhavam, em média, 71% do que ganhavam os homens que trabalhavam também a tempo inteiro [...]. As mulheres vivem frequentemente o assédio e a intimidação no local de trabalho, para além de poderem perder oportunidades de promoção devido ao facto de gozarem licenças de parto ou outras licenças para cuidar dos filhos" (1991: 200).

16. Connell (1987) mostra que o pensamento feminista, que, por volta de 1970, identificava geralmente a família como o local estratégico, a chave para se compreender a opressão da mulher, deslocou-se posteriormente para a acentuação de outros lugares de opressão. A autora comenta: "Se há alguma diferença a apontar é que o pêndulo se moveu demasiado para o lado oposto" (p. 110). Sobre as mulheres não ocidentais e o espaço mundial, ver Rao (1991). Ver também Boserup (1970); Benaria e Sen (1981).

mente intensa (Kuletz, 1992; Mellor, 1992)[17]. Além disso, a construção social da mulher como natureza ou como próxima da natureza (corporalidade, sensualidade) permite um isomorfismo insidioso entre a dominação da natureza e a dominação da mulher (Kuletz, 1992: 64 e ss.).

O *fetichismo das mercadorias* é a forma de poder do espaço do mercado. O sentido em que aqui utilizo a expressão é semelhante ao de Marx. À medida que adquirem qualidades e significados autónomos que vão para além da estrita esfera económica, as mercadorias tendem a negar os consumidores que, enquanto trabalhadores, são também os seus criadores. Dado que a autonomia das mercadorias é obtida à custa da autonomia do consumidor enquanto actor social (como criador das mercadorias e como consumidor livre), o consumidor transforma-se, através do fetichismo das mercadorias, de sujeito de consumo, em objecto de consumo, de criador, em criatura. Como Marx escreveu:

> O consumidor não é mais livre que o produtor. A sua opinião repousa sobre os seus meios e as suas necessidades. Uns e outros são determinados pela sua situação social, que depende ela própria da organização social no seu conjunto (1991: 40).

Numa sociedade produtora de mercadorias, essa organização social engendra a "coisificação das pessoas" (a força de trabalho como mercadoria) e a "personificação das coisas". Desse modo, segundo Marx, o fetichismo das mercadorias está intimamente ligado à exploração, e o tipo de alienação a que dá origem pode ser encarado simplesmente como o "aspecto qualitativo" da exploração. A meu ver, no entanto, o fetichismo das mercadorias deve ser considerado uma forma autónoma de poder. Por um lado, mediante a sua transformação cultural, o fetichismo das mercadorias vai muito para além da exploração. Convertido num sistema semiótico globalmente difundido pelo imperialismo cultural, o fetichismo das mercadorias é, com frequência, um posto avançado da expansão capitalista, o mensageiro da exploração que se avizinha. Por outro lado, e em parte por essa razão, o processo de consumo é hoje demasiado complexo para ser apreendido nos termos da dicotomia de Marx: consumo individual/consumo produtivo. Por último, a crescente estetização do consumo converte as mercadorias numa configuração de mensagens expressivas que fomentam uma concepção materialista da vida no mesmo processo em que desmaterializam os produtos. A marca, o logotipo, o mapa de cores, o traço do estilo, multiplicam os valores de uso e, com isso, prolongam a eficácia dos produtos para além daquela que pode decorrer do trabalho produtivo.

O momento da produção é, por assim dizer, cada vez mais incompleto e o momento do consumo é cada vez mais parte dele apesar de a sua lógica lhe ser

---

17. Ver também Diamond e Orenstein (orgs.) (1990).

cada vez mais estranha. Por isso, o mais glamoroso objecto de vestuário pode ser produzido na mais infernal *sweat shop* sem que isso possa ser motivo de dissonância cognitiva. Este processo de mútua interpenetração e de mútua dissociação entre produção e consumo foi sempre próprio do objecto de arte, uma vez que este só se completa no acto do consumo, na recepção, na performance. Hoje, a esteticização do consumo, tanto altera o consumo, como a arte. Por estas razões, a relativa autonomia das relações de consumo exige uma atenção analítica crescente.

A *diferenciação desigual* é a forma de poder privilegiada no espaço da comunidade e, provavelmente, a mais complexa e ambígua de todas. Opera mediante a criação da alteridade, da agregação da identidade e do exercício da diferença na base de critérios mais ou menos deterministas. Para esta forma de poder, é essencial o dualismo da inclusão (daquilo que pertence) e exclusão (daquilo que é estranho) e, por isso, o seu exercício é como a face de Janus: um poder de borracha (poder flexível, partilhado, quase não-poder) relativamente aos que pertencem; um poder de ferro (poder nu e cru, terror) relativamente aos estranhos. Esta forma de poder centra-se em torno do privilégio de definir o Outro. Ora, como Edward Said (1985) mostrou eloquentemente, os que são definidos como o Outro são também definidos como incapazes de se definirem e representarem a si próprios. Para os que são supostamente incapazes de se definirem a si próprios, a questão da identidade é, portanto, uma questão de resistência cultural, de fazer com que o subalterno fale[18]. Daí que esta forma de poder se manifeste através das lutas entre definições imperialistas de identidade e definições subalternas de identidade. Na sua forma mais difundida, a diferenciação desigual envolve a atribuição de significado social a padrões particulares de diferença étnica e a avaliação negativa de características reais ou imputadas, que são deterministicamente conferidas aos grupos definidos como diferentes e estranhos. Esta forma de poder é racismo no sentido mais lato e é exercida na sociedade de variadíssimas formas, como discriminação, etnocentrismo, preconceito, xenofobia, estereotipização, a invenção de bodes expiatórios, etc.

A relação entre esta forma de poder e as outras formas estruturais de poder é muito complexa e é objecto de um debate contínuo, particularmente no que respeita à sua relação com o patriarcado e a exploração. As dificuldades analíticas decorrem das interpenetrações — em constante mudança — entre elas, mas devem-se também ao carácter incipiente dos nossos instrumentos de análise, a uma acumulação de negligência teórica sobre uma forma de poder durante décadas considerada anacrónica, residual, pré-capitalista, em suma, condenada pela história. Actualmente, porém, a reestruturação da acumulação de capital à escala mundial está a obrigar-nos a refinar os nossos instrumentos analíticos e a reinventar a

---

18. Este tema é desenvolvido no capítulo seguinte.

história moderna, a fim de compreendermos as novas (e velhas) constelações de poder, tais como: a reetnicização da força de trabalho como meio de a desvalorizar para patamares inferiores aos níveis capitalistas "normais"; a sobre-exploração dos trabalhadores migrantes clandestinos; a distribuição social de grupos minoritários por mercados de trabalho especialmente degradados (trabalho sazonal, trabalho precário, trabalho remunerado abaixo do salário mínimo); critérios e decisões, etnicamente enviesados, respeitantes aos refugiados; a mercadorização dos recursos naturais dos povos indígenas promovida pelas empresas multinacionais que exploram a biodiversidade.

A *dominação* é a forma de poder privilegiada no espaço da cidadania. É a única forma de poder que tanto a teoria política liberal como a teoria marxista clássica consideram poder político, isto é, poder gerado no sistema político e centrado no Estado. É aqui entendida de acordo com a tradição crítica, mas considerada apenas uma das várias formas de poder que circulam na sociedade. Há, porém, uma peculiaridade notória da dominação que deve ser aqui mencionada. De todas as formas de poder, a dominação é a mais institucionalizada, a mais auto-reflexiva — "vê-se a si mesma" como forma de poder — e também a mais amplamente difundida, pelo menos nas sociedades do centro do sistema mundial. Nessas condições, tende a ser a forma de poder mais espalhada pelas múltiplas constelações de poder geradas na sociedade, ainda que a qualidade e o grau da sua presença variem bastante. Esta peculiaridade revela um contraste profundo entre a dominação e todas as outras formas de poder.

Distingo entre dominação, como *poder cósmico*, e todas as outras formas de poder, como *poder caósmico*. Por poder cósmico entendo o poder centralizado, exercido a partir de um centro de alta voltagem (o Estado) e dentro de limites formalmente estabelecidos através de sequências e cadeias institucionalizadas de intermediação burocrática. Em contrapartida, o poder caósmico é o poder descentralizado e informal, exercido por múltiplos microcentros de poder em sequências caóticas sem limites pré-definidos. Todas as constelações de poder combinam uma componente cósmica com uma pluralidade de componentes caósmicas. A heterogeneidade entre componentes cósmicas e cáosmicas é responsável pela opacidade fenomenológica das relações de poder na sociedade: enquanto experiências vividas, as constelações de poder tendem a ser reduzidas ou às suas componentes cósmicas ou às suas componentes caósmicas, o que afecta negativamente a eficácia das lutas de resistência contra o poder, dado que este é sempre simultaneamente cósmico e caósmico.

Em redor da *troca desigual*, a forma de poder do espaço mundial, existe igualmente uma longa tradição analítica, marcada, nomeadamente, pelas teorias do imperialismo, da dependência e do sistema mundial. Ainda que, na concepção adoptada neste livro, todas as formas de poder envolvam uma troca desigual, esta última expressão é aqui usada em sentido estrito, como uma forma específica de poder, e com referência ao trabalho de A. Emmanuel (1972).

Segundo Emmanuel, a hierarquia centro-periferia do sistema mundial resulta de uma troca desigual, um mecanismo de imperialismo comercial mediante o qual a mais-valia produzida é transferida da periferia para o centro. Isso acontece não só porque a produção do centro tem, em média, uma composição orgânica mais elevada (uma maior incorporação de capital do que de trabalho no processo produtivo), mas também, e acima de tudo, porque os trabalhadores da periferia recebem, em média, salários inferiores aos do centro por trabalhos do mesmo tipo. Um carpinteiro, nos Estados Unidos, pode ganhar dez vezes mais do que um carpinteiro no México, apesar de usarem uma tecnologia de trabalho semelhante (Chase-Dunn, 1991: 231). As diferenças salariais ultrapassam de longe as diferenças de produtividade, e, desse modo, por ocultarem uma transferência de mais-valias da periferia, com salários baixos, para o centro, com salários elevados, as transacções comerciais são descritas como "trocas desiguais entre iguais". Outras trocas económicas desiguais relativamente à composição das transacções comerciais — tradicionalmente, matérias-primas da periferia para o centro, produtos manufacturados do centro para a periferia, uma tradição hoje muito subvertida — assumiram, na última década, um novo relevo e um escandaloso agravamento. De acordo com Maizels, no período de 1980 a 1988, as exportações de matérias-primas da periferia aumentaram quase 100%, mas o rendimento total obtido foi, em 1988, 30% inferior ao de 1980 (Maizels, 1992).

Não cabe aqui discutir os pormenores da teoria de Emmanuel, embora me pareça que seria necessário uma concepção de troca desigual mais ampla, de modo a explicar as múltiplas desigualdades entre o centro, a periferia e a semiperiferia do sistema mundial, não só relativamente às trocas económicas, mas também às trocas políticas e culturais. A virtude da concepção de Emmanuel é, no entanto, a de salientar que os mecanismos que reproduzem essas hierarquias são inerentes às próprias relações entre o centro e a periferia: a troca desigual enquanto fonte do desenvolvimento desigual[19].

Como já afirmei, a troca desigual constela-se com outras formas de poder, designadamente com a exploração e o fetichismo das mercadorias. Mas também se constela decisivamente com a dominação, como resulta evidente das relações entre a transnacionalização da economia e os Estados-nação. Para os Estados periféricos e semiperiféricos, uma das dimensões mais cruciais desta constelação resi-

---

19. Depois de resumir a grande variedade de teorias que foram elaboradas para explicar a hierarquia entre o centro e a periferia do sistema mundial, Chase-Dunn aponta na direcção correcta ao identificar uma série de factores económicos, sociais e políticos — formação do bloco de poder, formação do Estado, troca desigual e luta de classes — cuja interacção produz e reproduz a hierarquia centro/periferia (Chase-Dunn, 1991: 238 e ss.).

de na maneira como esses Estados impõem aos cidadãos as políticas de ajustamento estrutural impostas pelo Banco Mundial e pelo FMI, as instituições do espaço mundial que estão sob o controle dos Estados centrais. A troca desigual também se constela com a diferenciação desigual quando, por exemplo, as empresas multinacionais extraem matérias-primas nos territórios ancestrais dos povos indígenas mediante contratos directamente firmados com os povos indígenas, ou mediante contratos firmados com os Estados-nação (caso em que a constelação de poder envolve também a dominação).

Por último, a troca desigual também se constela com o patriarcado de múltiplas formas entrecruzadas. A interacção entre a troca desigual e o patriarcado parece ser comandada por dois grandes mecanismos cujo desenvolvimento pode ser convergente ou divergente. Por um lado, a expansão da acumulação de capital no sistema mundial depende profundamente do trabalho não assalariado, sobretudo daquele que é exercido no espaço doméstico sob a égide do poder patriarcal, uma dependência que se acentua à medida que nos deslocamos do centro para a periferia. Por outro lado, o capitalismo mundial é impelido por uma tendência para multiplicar a mercadorização das necessidades humanas e da vida quotidiana de um modo tal que força as famílias a funcionarem como fundos comuns de rendimentos[20], alterando assim, de maneira significativa, as condições de exercício do patriarcado[21]. Essas transformações tornam-se mais dramáticas à medida que nos deslocamos das famílias do centro para as da periferia. Esta constelação é extremamente complexa, na medida em que mistura troca desigual, exploração, patriarcado e fetichismo das mercadorias. No caso das famílias indígenas ou tribais — as periferias das periferias —, a diferenciação desigual também entra, de maneira significativa, nesta constelação de poder.

Formas de direito

Adopto aqui uma concepção ampla de direito: o direito é um corpo de procedimentos regularizados e de padrões normativos, considerados justificáveis num dado grupo social, que contribui para a criação e prevenção de litígios, e para a sua resolução através de um discurso argumentativo, articulado com a ameaça de força. Dizem-se justificáveis os procedimentos e os padrões normativos com base nos quais se fundamentam pretensões contraditórias e se geram litígios susceptíveis de serem resolvidos por terceiras partes não directamente envolvidas neles (juízes, árbitros, mediadores, negociadores, facilitadores, etc.)[22]. Tendo em vista, uma vez

---

20. Ver, no mesmo sentido, Wallerstein, in Balibar e Wallerstein (1991: 112).

21. À medida que aumenta a exploração da mulher (trabalho pago na fábrica e trabalho não pago em casa), o patriarcado, aparentemente pelo menos, entra em declínio ou perde algumas das suas mais tradicionais formas de exercício.

22. Esta concepção de direito será desenvolvida no 2º Volume.

mais, que uma concepção de direito tão ampla como esta pode redundar na trivialização total do direito — se o direito está em toda a parte, não está em parte alguma —, defendo que, de entre a enorme variedade de ordens jurídicas circulando na sociedade, seis são particularmente relevantes por, estando ancoradas nos seis conjuntos estruturais de relações sociais, serem, ao mesmo tempo, constituídas por eles e constitutivas deles.

Da mesma forma que cada espaço estrutural gera (e é gerado por) uma forma de poder específica e uma forma epistemológica específica, gera também (e é gerado por) uma forma específica de direito. Embora as formas de poder, de direito e de conhecimento funcionem geralmente ou como meio ou como condição de exercício umas das outras, o modo como o fazem pode ser mais ou menos compatível, e, portanto, mais ou menos funcional, em relação à lógica de desenvolvimento dos diversos espaços estruturais. Na verdade, esta é uma das principais razões por que a reprodução dos espaços estruturais é intrinsecamente problemática e exige um constante ajustamento estrutural, quer "horizontalmente", entre as suas diferentes dimensões, quer "verticalmente", entre cada uma das dimensões dos seis espaços estruturais.

Como sucede com todas as outras dimensões, em campos sociais concretos as formas de direito operam em constelações de juridicidade (ou melhor, de juridicidades): formas de direito diferentes, combinando-se de modo diferente de acordo com o campo social específico a que fornecem a ordenação normativa. Há, contudo, algumas particularidades na constituição das constelações de juridicidade e na forma como funcionam em conjunto com as outras dimensões dos espaços estruturais. Em primeiro lugar, ao contrário das formas de poder e das formas epistemológicas, cujo funcionamento tende a ser mais difuso e flutuante, as formas de direito funcionam quase sempre dentro dos limites das instituições centrais de um determinado espaço estrutural. Em segundo lugar, a forma de direito é um terreno duplamente contestado porque, ao mesmo tempo que enquadra os litígios surgidos das relações sociais, é também reenquadrado por eles através de interpretações rivais do que está em litígio. Em terceiro lugar, embora todas as formas de direito integrem constelações de juridicidades, o direito territorial do Estado, isto é, a forma de direito do espaço da cidadania, revela uma peculiaridade que é, de facto, bastante simétrica da que atrás referi a respeito da dominação, a forma de poder do espaço da cidadania. Por um lado, tende a estar mais difundida nos diferentes campos sociais do que qualquer outra forma de direito, pese embora o facto de a sua presença nas constelações concretas de juridicidades ser muito irregular. Por outro lado, visto ser a única forma auto-reflexiva de direito, ou seja, a única forma de direito que se vê a si mesma como direito, o direito territorial do Estado tende a considerar o campo jurídico como exclusivamente seu, recusando-se a reconhecer que o seu funcionamento se integra em constelações de direitos mais vastas. Esta tendência acentua-se à medida que nos deslocamos da periferia para o centro do sistema mundial.

O *direito doméstico* é o direito do espaço doméstico, o conjunto de regras, de padrões normativos e de mecanismos de resolução de litígios que resultam da, e na, sedimentação das relações sociais do agregado doméstico. O direito doméstico é, em geral, muito informal, não escrito e tão profundamente enraizado nas relações familiares que dificilmente se pode conceber como uma dimensão autónoma delas. É um direito intersticial. É também um direito desigual, dado que assenta em desigualdades de base patriarcal entre os diferentes membros do agregado doméstico. Dentro do sistema mundial, varia amplamente ao longo do tempo e do espaço, em conformidade com a classe, a raça, a cultura, a religião, etc. A sua variação, conjugada com o seu carácter esquivo, levanta enormes obstáculos à análise sociológica. O que se segue são algumas hipóteses para uma análise comparativa contextualizada, centradas nas três características estruturais do direito tal como o concebo: retórica, violência e burocracia[23].

Apesar da sua extrema variação, o direito doméstico tem, em geral, um perfil estrutural em que a burocracia está quase totalmente ausente, e a retórica e a violência são dominantes e se interpenetram mutuamente. A retórica jurídica doméstica pode basear-se numa maior ou menor polarização entre o orador e o auditório relevante[24]. Na família patriarcal, a polarização é grande e o discurso argumentativo é dominado pelo marido/pai. A polarização e a desigualdade que ela reflecte e reproduz exprimem-se na assimetria dos argumentos e, consequentemente, na desigualdade das trocas discursivas. A desigualdade — nos antípodas da "situação ideal de discurso" de que fala Habermas — transforma frequentemente a retórica jurídica doméstica em manipulação, em exercício de violência simbólica, o que constitui uma das formas mais correntes de interpenetração entre retórica e violência.

Esta interpenetração ocorre em muitos contextos, como nas decisões unilaterais sobre o âmbito do campo argumentativo, nas ocasiões em que pode efectivamente haver argumentação, na sequência e na ordenação dos argumentos e dos oradores, e, acima de tudo, nas imposições unilaterais dos silêncios e das falas. Esta mistura de retórica e violência pode ser formulada e exercida através de procedimentos altamente formalizados a que poderíamos chamar burocracia ritualista. Não obstante estas hipóteses gerais, as misturas de retórica, violência e burocracia podem ser dominadas por qualquer um dos elementos estruturais do direito. Os maus tratos infligidos às mulheres e o abuso de menores são as expressões mais comuns de combinações do direito doméstico dominadas pela violência.

Como todas as outras dimensões dos espaços estruturais, o direito doméstico opera, nos campos sociais concretos, em constelações com outras formas de direi-

---

23. No 2º Volume analiso em detalhe os três componentes estruturais do direito.
24. No Capítulo 1, analisei as características gerais da retórica. No 2º Volume, procederei a uma análise empírica detalhada da retórica jurídica.

to. Nos campos sociais que se constituem à volta do espaço doméstico, a constelação de juridicidades é quase sempre dominada pelo direito doméstico e pelo direito territorial do Estado, combinados em diferentes formas e graus. Inspirado pelo trabalho pioneiro de Foucault, Donzelot (1977), entre outros, mostrou como o Estado moderno, particularmente no centro do sistema mundial, tem gradualmente "policiado as famílias" através de toda uma série de intervenções jurídicas e institucionais. A soma total dessas intervenções, sedimentadas em diversos estratos ao longo dos últimos duzentos anos, é aquilo que conhecemos por direito da família e, em grande medida, também por direito social. O alcance dessas intervenções, associado à identificação positivista do direito com o direito estatal, conduziu à ideia de que o direito estatal da família é o único direito do espaço doméstico.

Partindo da ideia de que muitos campos do direito estatal, habitualmente não considerados como direito da família (por exemplo, o direito do consumo, o direito hipotecário, o direito do sistema de saúde, etc.), funcionam no espaço doméstico, a minha tese central neste capítulo é que as relações do espaço doméstico são juridicamente constituídas por combinações do direito doméstico e do direito territorial. Longe de ser a *tabula rasa* sobre a qual o Estado grava a sua juridicidade, o espaço doméstico é um campo social complexo onde o direito do Estado e o direito doméstico se envolvem num constante processo de interacção, negociação, compromisso, conflito, reforço e neutralização mútuos.

O facto de esta articulação permanecer socialmente invisível, sobretudo no centro ocidental do sistema mundial, deve-se a dois factores convergentes. Em primeiro lugar, trata-se da região do sistema mundial onde a redução positivista do direito ao direito estatal foi mais longe, quer no que respeita à ciência do direito (convertida numa ortodoxia erudita), quer no que toca a práticas sociais comuns (convertidas num senso comum jurídico). Em segundo lugar, essa é a região em que os Estados mais fortes impregnaram de tal modo o espaço doméstico, e por períodos tão longos, que as regras e os princípios do direito doméstico foram significativamente alteradas de acordo com as regras e os princípios do direito territorial. Neste caso, a invisibilidade do direito doméstico é resultado do seu isomorfismo com o direito estatal da família. Mais recentemente, contudo, no seguimento da crise do Estado-Providência, as manifestações de uma constelação de juridicidades subjacente ao espaço doméstico puderam ressurgir, devido à atenuação das pretensões de monopólio, por parte do direito estatal, sobre o carácter jurídico das relações inerentes a esse espaço.

A redução e a degradação dos serviços e das prestações sociais levaram, correlativamente, a retrair o alcance e a intensidade da penetração jurídica do Estado no espaço doméstico. Parece, assim, ter surgido um vazio jurídico, como se a rasura das inscrições do Estado-Providência tivesse realmente criado uma *tabula rasa*, desta vez pronta para receber as novas inscrições do pós-Estado-Providência. No entanto, dentro do enquadramento alternativo aqui proposto, podemos ver que o que está a mudar são as fronteiras e a combinação entre o direito estatal do agregado familiar e o direito doméstico. O que parece ser uma desjuridicização ou desregulamentação do espaço doméstico é, na realidade, uma substituição do direito estatal pelo direito doméstico, a emergência de uma nova constelação de juridicidades em que o direito doméstico assume um papel mais forte do que anteriormente.

Na periferia e na semiperiferia do sistema mundial, a intervenção jurídica do Estado no agregado doméstico foi sempre mais fraca e menos diversificada, e a absorção do direito doméstico pelo direito estatal da família foi, consequentemente, menos credível. Além disso, a juridicização estatal do espaço doméstico, para além de ser menos invasiva, foi também, muitas vezes, menos isomórfica em relação ao direito doméstico. Daí resultaram conflitos recorrentes entre o direito estatal da família e o direito doméstico. Esses conflitos foram particularmente intensos em períodos de transformação revolucionária do Estado, nos quais o não-isomorfismo entre essas duas formas de direito atingiu níveis extremos. Por exemplo, as leis bolcheviques da família colidiram tão violentamente com a ordem jurídica doméstica das famílias camponesas de Tashkent, moldadas pela religião islâmica, que os conflitos sociais daí resultantes e os consequentes efeitos perversos ou contraproducentes das leis revolucionárias forçaram os bolcheviques a adoptar uma posição mais transigente e gradualista (Massell, 1968). Menos extremo é o caso das alterações introduzidas no direito da família português, a seguir ao 25 de Abril, que se desviavam do direito doméstico tradicional das famílias portuguesas, particularmente nas zonas rurais. Como consequência dos choques entre o novo direito da família e o direito doméstico, o cumprimento da nova legalidade estatal continuou, até hoje, a ser muito selectivo, ao mesmo tempo que o direito doméstico sofreu também alterações significativas (Santos, 1993). Neste caso, como quase sempre em todas as situações de reduzido isomorfismo entre as duas ordens jurídicas, o que, à superfície, aparece como um problema de discrepância entre o direito dos livros e o direito em acção é, na realidade, um contínuo processo de luta e de negociação entre o direito estatal da família e o direito doméstico[25].

Esta abordagem alternativa da construção jurídica do espaço doméstico é menos centrocêntrica e ocidental-cêntrica do que a abordagem convencional, sendo, por isso, mais adequada para um estudo comparativo crítico, ou seja, para uma estratégia comparativa que evite a armadilha de caracterizar as sociedades não centrais e não ocidentais com base no que nelas falta. A noção de constelações de direitos permite-nos partir da hipótese de articulação e hibridação das

---

25. Dahl e Snare (1978) utilizam o conceito de "coerção da privacidade" para realçar a persistência da subordinação da mulher, apesar da legislação destinada a eliminar algumas formas de discriminação sexual. Uma argumentação vigorosa sobre a construção social das vítimas de discriminação sexual pode ser lida em Bumiller (1988). Na minha concepção, a coerção da privacidade é o domínio do direito doméstico.

ordens jurídicas, para depois investigar as formas específicas que assumem: por exemplo, se algumas combinações podem ser mais complexas ou mais equilibradas do que outras, se uma sociedade a que falta um certo tipo de direito pode possuir outros em abundância, etc.

Além disso, esta abordagem permite uma melhor análise dos agregados domésticos centrais ou ocidentais, sobretudo tendo em conta o contexto da chamada crise do Estado-Providência e a possível transição para uma juridicidade do pós-Estado-Providência. Neste contexto, será importante, analítica e politicamente, reconstruir as transformações jurídicas do espaço doméstico de uma maneira que nos permita avaliar até que ponto a retracção da juridicidade (concebivelmente mais progressista) do Estado-Providência coexiste com a expansão da juridicidade doméstica (concebivelmente mais retrógrada) — por exemplo, novos deveres de cuidado dos membros vulneráveis da família impostos às mulheres —, ou até que ponto um direito estatal mais autoritário engendra um novo isomorfismo com o direito doméstico, estimulando os seus traços ou raízes mais autoritários.

O *direito da produção* é o direito da fábrica ou da empresa, o conjunto de regulamentos e padrões normativos que organizam o quotidiano das relações do trabalho assalariado (relações de produção e relações na produção): códigos de fábrica, regulamentos das linhas de produção, códigos de conduta dos empregados, etc. O direito da produção pode ser imposto unilateralmente pelo patrão ou pela administração, e também pode resultar de negociações com os sindicatos ou outros representantes dos trabalhadores. Em qualquer dos casos, porém, é marcado pelas prerrogativas de poder inerentes a quem detém a propriedade dos meios de produção. Esta forma de direito varia consideravelmente, quer no centro, quer na periferia e na semiperiferia do sistema mundial, de acordo com o sector produtivo, a dimensão da empresa, o ciclo económico, o ambiente político, a força das organizações dos trabalhadores, a cultura empresarial, etc.

Geralmente, o direito da produção estabelece as rotinas no interior da empresa e as sanções pela sua violação, exerce um controle apertado e detalhado sobre a vida dos trabalhadores e dos gestores durante o dia de trabalho e, por vezes, mesmo para além dele. Pode incluir a disciplinarização dos movimentos e ritmos humanos, das interacções e das conversas, das aparências de cada um, das maneiras de vestir e de falar, da expressão corporal, etc. A maior parte dos regulamentos limita-se ao espaço da produção, mas alguns podem estender-se à vida familiar, aos tempos livres, à interacção pública e até às actividades políticas. Pode ainda impor restrições à liberdade de expressão (manter silêncio, guardar segredos, distorcer a informação, repetir as fórmulas das relações públicas, etc.).

O direito da produção pode ou não ser escrito e pode ser formal ou informal, mas, ao contrário do direito doméstico, a sua artificialidade, arbitrariedade e imposição externa são, geralmente, reconhecidas como tal nas experiências quotidianas de vida dos que são regulados por ele. Em termos estruturais, o direito da produção é camaleónico e, consequentemente, a sua caracterização é uma tarefa bastante difícil. As combinações entre a retórica, a violência e a burocracia são complexas e se, nalguns casos, estão sedimentadas e estabilizadas — enraizadas no estilo normativo e na cultura de uma dada empresa —, noutros casos mudam rapidamente e são tão voláteis que é impossível descrevê-las. Como hipótese geral, a retórica tende a desempenhar no direito da produção um papel menor relativamente ao da burocracia ou da violência. O direito da produção é um direito de comando, com algumas características semelhantes às do direito militar[26]. Assim, a retórica tende a ficar cristalizada em hierarquias claramente definidas e em regras de obediência rígidas. O discurso argumentativo tem um ritmo próprio que é incompatível com o ritmo da produção e com os mapas cognitivos produtivistas que orientam a interacção no interior da empresa. Por outro lado, a violência e a burocracia variam muito, como atesta a extensa bibliografia sobre o controle do processo de trabalho (tema a que voltarei mais adiante).

Em termos fenomenológicos, enquanto experiência jurídica vivida, o direito da produção é uma construção social muito complexa. Apesar de se inscrever nas relações de produção, a sua artificialidade e imposição externa revelam-se vivamente (e, por vezes, brutalmente) nas experiências de vida dos trabalhadores. O seu despotismo torna-o excessivo como direito: é demasiado despótico para ser vivido como direito. O direito doméstico é vivido, muitas vezes, como demasiado fraco para ser direito (faltando-lhe burocracia e, muitas vezes, uma violência manifesta): "o bem da família", "os valores familiares", "alguém tem de mandar", "é tudo por amor", "a mãe é mãe nem que seja uma silva". Ao contrário, o direito da produção é vivido como demasiado forte para ser direito (demasiado violento e, muitas vezes, "sadicamente" burorático): "são as regras do jogo", "patrão é patrão", "quem vende o trabalho vende a liberdade"). Nas vidas dos trabalhadores assalariados, estas duas imagens, em lugar de serem independentes, alimentam-se uma da outra. Por um lado, o direito doméstico pode parecer mais benévolo, em parte pelo facto de o direito da produção regular tão despoticamente a vida no espaço da produção. Mas, por outro lado, o despotismo do direito da produção pode também afectar os agregados domésticos da classe trabalhadora, sempre que o trabalhador, que é, evidentemente, regido pelo direito da produção no espaço da produção, usa os seus privilégios de regulação sobre o direito doméstico para impor nas relações do agregado familiar imperativos semelhantes aos da produção.

---

26. Segundo Weber (1948) e Hobsbawm (1975), dada a incapacidade de as indústrias familiares pré-capitalistas estabelecerem o modelo organizativo para as grandes empresas que surgiram no século XVIII, procurou-se esse modelo na organização militar e na burocracia estatal então emergente, uma transposição particularmente evidente no caso dos caminhos de ferro.

Os agregados domésticos dos trabalhadores tendem, por isso, a ser regidos por complexas combinações de direito doméstico, direito da produção, direito estatal da família e da segurança social, com grandes variações dentro do sistema mundial. Na periferia, e em particular nas áreas rurais, o direito doméstico e o direito da produção estão entrelaçados tão profundamente na vida quotidiana, sobretudo das comunidades camponesas, que pode ser difícil e até inadequado destrinçá-los. Sempre que a produção e a reprodução social ocorrem no mesmo campo social, as constelações de direitos têm de ser reconstruídas de maneira a captarem transições extremamente flexíveis e sequências muito subtis entre aspectos ou momentos da mesma prática social. Curiosamente, a expansão de sistemas de produção flexíveis e pós-fordistas no centro do sistema mundial está a criar novas constelações de juridicidades entre o direito doméstico e o direito da produção que também tendem a envolver uma interligação muito mais profunda das duas formas de direito. Os novos sistemas de *putting out*, isto é, a difusão do trabalho feito à peça em casa e o tele-trabalho, estão a esbater a distinção entre espaço doméstico e espaço da produção que desde o começo caracterizou o modo de produção capitalista. À medida que o trabalho capitalista não assalariado (trabalho doméstico) se combina, no mesmo campo social (o agregado doméstico), com o trabalho capitalista assalariado, as interfaces entre o direito doméstico e o direito da produção alargam-se consideravelmente, e o mesmo acontece com os vectores de interpenetração e contaminação recíprocas. Dado o facto de grande parte do trabalho pago realizado em casa não estar protegido pelo direito estatal do trabalho, a intensificação das articulações entre estas duas formas de direito acompanha, a par e passo, a sua relativa separação face ao direito estatal.

A constelação do direito da produção com o direito territorial do Estado (por exemplo, o direito do trabalho e o direito económico) é, provavelmente, a constelação de juridicidades mais crucial nas sociedades capitalistas. Parte do que afirmei sobre a constelação do direito doméstico com o direito estatal também se aplica aqui, já que, em ambos os casos, a constelação de direitos aumentou a sua complexidade à medida que os Estados dos países centrais foram passando de uma forma de Estado liberal para uma forma de Estado-Providência. Mais recentemente, o relativo enfraquecimento do direito estatal (a crise do Estado regulador) conjuga-se com um relativo fortalecimento dos direitos dos espaços estruturais, especialmente do direito da produção e do direito doméstico. Tal como no caso do espaço doméstico, a "desregulamentação" do espaço da produção é a face visível de uma transferência da regulação do direito estatal para o direito da produção. Apesar destas semelhanças, há muitas diferenças entre as constelações de direitos em torno do direito doméstico e do direito da produção, muitas delas fruto das diferenças históricas e políticas do processo de "penetração" do Estado no espaço doméstico e no espaço da produção.

O *direito da troca* é o direito do espaço do mercado, os costumes do comércio, as regras e padrões normativos que regulam as trocas comerciais entre produtores, entre produtores e comerciantes, entre comerciantes, e também entre produtores e comerciantes, por um lado, e consumidores, por outro. Por ter sido o primeiro campo jurídico a romper com a juridicidade estatal medieval e a desenvolver-se autonomamente, esta forma de direito foi pioneira na emergência da juridicidade moderna[27]. Na esteira desta tradição, a *lex mercatoria* está hoje bem florescente na economia mundial, regulando as trocas comerciais com grande autonomia relativamente aos Estados-nação. A existência de um direito da troca, informal e não oficial, de há muito que fora estabelecida pela sociologia do direito, como se pode ver no estudo pioneiro de Stewart Macaulay (1963). O direito da troca é, em geral, muito informal, muito flexível e está perfeitamente sintonizado com os interesses e necessidades dos intervenientes e com as relações de poder entre eles. Pode funcionar no modo de jaula-de-borracha ou no modo de jaula-de-ferro, conforme as partes tenham mais ou menos o mesmo poder ou, pelo contrário, tenham um poder muito desigual. Enquanto direito informal, tem geralmente um baixo grau de burocracia e um elevado grau de retórica e de violência. Sempre que as assimetrias de poder entre as partes sejam especialmente grandes, a retórica e a violência podem convergir a ponto de se tornarem indistinguíveis[28].

Esta forma de direito constela-se com todas as outras formas, em particular com o direito estatal (direito dos contratos, direito do consumidor). Enquanto as constelações jurídicas do espaço do mercado apresentam grandes variações dentro do sistema mundial, os graus de isomorfismo entre o direito estatal das trocas comerciais e o direito da troca têm um interesse comparativo próprio. À medida que se alarga a mercadorização das necessidades, pode esperar-se uma certa convergência internacional das constelações de juridicidade constituídas à volta do espaço do mercado, o que, aliás, tem vindo a ocorrer nas áreas cobertas pela *lex mercatoria*. Dado que o funcionamento do direito da troca está intimamente sintonizado com as diferenças de poder entre as partes, sempre que essas diferenças sejam estruturais (como as que existem entre produtores e consumidores), o direito da troca funciona quase tão despoticamente como o direito da produção e o direito doméstico.

O *direito da comunidade*, como sucede com o próprio espaço da comunidade, é uma das formas de direito mais complexas, na medida em que cobre situações extremamente diversas. Pode ser invocado tanto pelos grupos hegemónicos como pelos grupos oprimidos, pode legitimar e reforçar identidades imperiais agressivas ou, pelo contrário, identidades defensivas subalternas, pode surgir de assimetrias de poder fixas e irreconciliáveis ou, pelo contrário, regular campos sociais em que essas assimetrias quase não existem ou são meramente circunstanciais. As conste-

---

27. No Capítulo 2, descrevi o processo histórico do desenvolvimento do direito moderno a partir da tensão entre regulação e emancipação.

28. O direito das transacções económicas internacionais é analisado no 3.º Volume.

lações de direito para as quais ele contribui são, por isso, muito diversificadas. As que envolvem o direito estatal têm, geralmente, um grande impacto na vida das pessoas, sobretudo nas que pertencem a grupos de excluídos. Nalgumas sociedades — muitas vezes (mas nem sempre) sociedades periféricas saídas da dominação colonial —, os grupos de identidade hegemónica conseguiram converter o direito da sua comunidade em direito nacional estatal. Os Estados islâmicos são um exemplo evidente desse processo. Noutras sociedades, como na Índia, as articulações entre direito da comunidade e direito estatal são muito mais contraditórias (Galanter, 1991).

No que respeita aos grupos com identidade subalterna, será feita no 2º Volume uma análise, entre outras, do direito das favelas do Rio de Janeiro, no caso, o direito de Pasárgada, e, no 3º Volume, uma análise do direito dos povos indígenas. Como veremos, apesar das flagrantes diferenças entre estes dois exemplos de direito da comunidade, eles têm em comum o facto de a construção social de uma juridicidade alternativa nascer de uma diferenciação desigual que os definiu como grupos de excluídos. Acrescente-se que, em ambos os casos, o direito alternativo, como parte de um processo social e político mais vasto, visa reduzir essa exclusão, criando ou recriando uma identidade alternativa, mesmo que subalterna. Os diferentes perfis sociológicos dos dois casos, as diferentes raízes históricas das identidades sociais a eles subjacentes, e os diferentes processos políticos que sustentam as lutas em ambas as situações, explicam as diferentes constelações de juridicidade com o direito estatal num e noutro caso. Enquanto, em Pasárgada, o exercício precário de auto-governo é um produto da exclusão jurídica oficial e depende da manutenção dessa situação, no caso dos povos indígenas, a luta pela autodeterminação é uma luta por um reconhecimento jurídico oficial por parte do direito constitucional do Estado (plurinacional) e do direito internacional.

O *direito territorial* ou *direito estatal* é o direito do espaço da cidadania e, nas sociedades modernas, é o direito central na maioria das constelações de ordens jurídicas. Ao longo dos últimos duzentos anos, ele foi construído pelo liberalismo político e pela ciência jurídica como a única forma de direito existente na sociedade. Apesar do seu carácter arbitrário inicial, esta concepção, com o decorrer do tempo, foi invadindo o conhecimento de senso comum e instalou-se nos costumes jurídicos dos indivíduos e dos grupos sociais. Concebido nestes termos, o direito estatal é auto-reflexivo: é, por outras palavras, a única forma de direito que "se vê a si mesma" como direito. Por este motivo, a concepção de diferentes modos de produção de direito e de diferentes constelações de direitos que aqui tenho vindo a propor, embora seja, segundo creio, sociologicamente mais adequada e politicamente mais progressista (voltarei a esta questão), pode parecer contrária ao senso comum, carregando, assim, um pesado ónus da prova. O que está em jogo é precisamente a construção de um novo senso comum jurídico.

O valor estratégico do direito territorial estatal nas constelações de juridicidade nas sociedades capitalistas modernas reside no facto de a sua presença se encontrar disseminada pelos diferentes espaços estruturais, ainda que o alcance e a natureza dessa presença possam variar bastante entre os diferentes campos sociais e no interior do sistema mundial. Essa disseminação é em si mesma importante, já que permite que o direito estatal conceba os vários espaços estruturais com um todo integrado. Nas sociedades capitalistas modernas, o direito estatal é a única forma de direito capaz de pensar o campo jurídico como uma totalidade, mesmo que se trate de uma totalidade ilusória.

O valor estratégico do direito estatal reside também no poder do Estado que o sustenta. Em contraste com as outras formas de poder, a dominação é um poder cósmico, um poder altamente organizado e especializado, movido por uma pretensão de monopólio e comandando vastos recursos em todos os componentes estruturais do direito (violência, burocracia e retórica). Embora firmemente enraizado nas relações sociais concentradas à volta do espaço da cidadania, funciona, ao contrário de outras formas de poder, como se estivesse desincorporado de qualquer contexto específico, com uma mobilidade potencialmente infinita e uma enorme capacidade de disseminação nos mais diversos campos sociais. Apoiado por uma forma de poder com tais características, o direito estatal tende a sobrestimar as suas capacidades regulatórias e a prometer mais do que aquilo que pode oferecer. Mas, por outro lado, e pela mesma razão, tem também assegurada uma prioridade organizativa nas constelações de direitos, dado que todas as outras formas de direito tendem a tomar a sua presença por garantida e a organizarem e maximizarem a sua própria intervenção e eficácia regulatória em redor dos limites, falhas e fraquezas do direito estatal. Como a dominação é uma forma cósmica de poder, o direito estatal é um direito cósmico: funciona cosmicamente, formando constelações com todos os direitos caósmicos.

Por último, o *direito sistémico* é a forma de direito do espaço mundial, o conjunto das regras e padrões normativos que organizam a hierarquia centro/periferia e as relações entre os Estados-nação no sistema inter-estatal. Falei atrás do debate sobre o papel da integração normativa como argamassa que dá coesão ao sistema mundial. Mesmo que admitamos, como Chase-Dunn, que esse papel é relativamente secundário em comparação com a interdependência dos mercados e com o poder político-militar, o facto é que, enquanto relações sociais, estes últimos geram a sua própria normatividade, conjuntos de regras e padrões normativos que fundam a distinção entre expectativas legítimas e ilegítimas e, assim, disciplinam os comportamentos. Essas regras e esses princípios normativos são invocados e aplicados para reforçar ou estabilizar a sempre problemática coerência do sistema mundial, por mais unilateral que seja a forma como são impostos por Estados imperialistas, parceiros dominantes ou organizações internacionais controladas pelos países centrais. Por essa razão, apelido-os de direito sistémico. Os "regimes internacionais", formulados pela teoria das relações internacionais, são direito sistémico.

O direito sistémico tende a ser forte em retórica e em violência, e fraco em burocracia. A *lex mercatoria* opera, em geral, ou como um misto de direito da troca e direito da produção ou como um misto de direito da troca e direito sistémico. Tal como as outras formas estruturais de direito (à excepção do direito estatal), o direito sistémico não é socialmente construído como direito pelas partes envolvidas ou afectadas pelas suas exigências normativas. Conforme a posição ou localização das partes, é construído como *realpolitik* e como "businness as usual", ou como "imperialismo" ou "abuso de poder". O direito sistémico está para o direito internacional como o direito doméstico, o direito da produção, o direito da troca e o direito da comunidade estão para o direito territorial do Estado: existe no reverso da juridicidade oficial que governa as relações entre Estados-nação, umas vezes complementando-a, outras, contradizendo-a e minando-a. As lutas emancipatórias transnacionais pelos direitos dos grupos sociais oprimidos de todo o mundo — analisadas no 3.º Volume enquanto formas de direito cosmopolita — tendem a desafiar a forma de poder que sustenta o direito sistémico (a troca desigual em sentido estrito). Nesta medida, o direito cosmopolita é um direito anti-sistémico.

Uma última observação sobre as constelações de direito. Devido ao seu carácter cósmico, que depende do activismo jurídico e do poder sancionatório do Estado, o direito territorial é um campo jurídico extremamente diversificado. Abrange uma multiplicidade de subcampos, uma variedade de tipos de juridicidade, cada qual com um carácter próprio e uma específica trajectória histórica, do direito dos contratos ao direito criminal, do direito do trabalho ao direito do consumidor, do direito das obrigações ao direito do ambiente. Quando, no Capítulo 2, analisei as estratégias estatais no sistema mundial, descrevi com algum pormenor o padrão de mudança social normal assente na disponibilidade, potencialmente infinita, do direito territorial para levar a cabo uma transformação societal através da repetição e da melhoria. Essa utopia jurídica, como então lhe chamei, envolve uma distribuição complexa dos recursos jurídicos pelas três grandes estratégias do Estado: acumulação, hegemonia e confiança. Reside aí a complexidade e heterogeneidade da juridicidade estatal.

Cada um dos subcampos do direito territorial estatal tem um modo específico de se constelar com as várias formas caósmicas de direito. Por exemplo, o modo como o direito estatal da família se constela com o direito doméstico difere do modo como o direito do trabalho ou o direito comercial se constelam com o direito da produção; e o direito da segurança social forma constelações diferentes com o direito doméstico, o direito da produção ou o direito da comunidade. As constelações do direito criminal estatal com os outros direitos estruturais são particularmente notórias, devido ao seu impacto social e político. Por exemplo, aquilo que é ou não considerado crime pelo direito criminal do Estado resulta de negociações complexas, de confrontações, cumplicidades ou compromissos do direito estatal no processo de negociação com os outros direitos estruturais. Nesta perspectiva, as acções criminosas, declaradas como tal pelo direito criminal estatal, são uma selecção de um conjunto muito mais amplo de acções com o mesmo recorte estrutural. Visto que cada espaço estrutural tem uma forma própria de poder, concebida como uma troca desigual específica, o crime será qualquer linha de acção em que a desigualdade da troca atinge um nível considerado particularmente elevado pelo direito estatal. O nível de desigualdade é sempre o resultado de negociações de sentido que, por sua vez, reflectem as relações de poder prevalecentes entre os grupos sociais que têm poder para mobilizar o direito estatal e os grupos sociais dominantes em qualquer dos outros campos jurídicos estruturais. Como Henry e Milovanovic afirmam,

> os crimes nada mais são do que momentos na expressão do poder em que aqueles que estão sujeitos a essas expressões vêem negado o seu próprio contributo para o encontro e, frequentemente, para futuros encontros. O crime é, portanto, o poder de negar os outros (1993: 2).

As constelações jurídicas à volta do crime variam imenso. Na medida em que as formas de direito caósmicas forem mais despóticas do que o direito territorial do Estado, os seus limiares de detecção e de regulação são mais elevados dos que os do direito estatal[29], podendo assim considerar legal e até obrigatória uma determinada linha de acção que o direito estatal considere criminosa. Por exemplo, os maus tratos infligidos à mulher e o abuso de menores são frequentemente considerados legais pelo direito doméstico, apesar de serem considerados crime pelo direito criminal do Estado. Uma incidência particularmente elevada de crimes não detectados ou não declarados é normalmente sintoma de uma constelação jurídica particularmente tensa e instável entre o direito estatal e em qualquer outro direito estrutural. A tensão e a instabilidade manifestam-se no modo altamente selectivo como o direito criminal do Estado é cumprido.

A situação inversa pode também ocorrer: quando qualquer um dos direitos estruturais considera como criminosa uma actividade que o direito criminal estatal considera legal ou até obrigatória. Recorrendo de novo ao exemplo do direito doméstico, certas formas, particularmente veementes, de contestação do poder patriarcal por parte da mulher ou dos filhos podem ser consideradas crime pelo direito doméstico (entendidas como actos que reduzem o detentor do poder à impotência) e serem legais do ponto de vista do direito estatal. Neste caso, a constelação assume várias formas: pode manifestar-se no modo como o direito estatal define a sua jurisdição de maneira a não colidir com o direito doméstico; e, não

---

29. Sobre os limiares de detecção e regulação, ver Capítulo 3.

sendo possível evitar a colisão, pode manifestar-se num cumprimento altamente selectivo do direito estatal, como acontece no primeiro tipo de constelação.

Nos dois tipos de constelação, existe uma incompatibilidade ou um conflito entre a juridicidade cósmica e a juridicidade caósmica que podem ser geridos de vários modos, desde o confronto à mútua acomodação. No entanto, as situações de longe mais comuns, e muitas vezes com maiores consequências sociais e políticas, são aquelas em que há compatibilidade ou cumplicidade entre a juridicidade cósmica e a juridicidade caósmica. As constelações de direito assumem aqui duas formas básicas: uma, quando tanto o direito estatal como qualquer outro direito estrutural consideram crime aquilo que, do ponto de vista da parte mais fraca na relação de poder, é resistência ao crime institucionalizado; a outra, quando tanto o direito estatal como qualquer outro direito estrutural consideram legal, ou fora da sua respectiva jurisdição, um acto que, do ponto de vista da parte mais fraca na relação de poder, é criminoso. Nos dois casos, a cumplicidade ou o isomorfismo entre direito cósmico e direito caósmico colocam a parte mais fraca na relação de poder, isto é, a parte com maior probabilidade de ser vítima, numa posição particularmente vulnerável.

Reconhecer a existência de constelações de direitos que aprofundam a vulnerabilização de certos grupos sociais é de extrema importância, quer sociológica, quer politicamente, pois assinala a necessidade de a resistência contra exercícios de poder duplamente legitimados dever exercer-se contra todas as ordens jurídicas envolvidas. Uma mera alteração do direito estatal pode não alterar grande coisa se as outras ordens jurídicas se mantiverem e conseguirem restabelecer as suas articulações com o direito estatal noutros moldes. Além disso, o reconhecimento das constelações de direitos equivale a reconhecer que as práticas e as lutas emancipatórias têm também de se articular em rede e de se constelar se quiserem ser bem sucedidas. Caso contrário, uma luta isolada contra uma dada forma de regulação pode, involuntariamente, reforçar uma outra forma de regulação.

Formas de conhecimento

Como referi no Capítulo 1, considero que os seis espaços estruturais são campos tópicos, círculos argumentativos e auditórios unidos por conjuntos de *topoi* locais. Cada espaço estrutural é um conjunto de argumentos, contra-argumentos e premissas de argumentação amplamente partilhadas, através dos quais as linhas de acção e as interacções definem a sua pertença e a sua adequação dentro de um determinado campo tópico. A coerência, a sequência e a articulação reticular dos argumentos, de par com as polaridades específicas entre oradores e auditórios, configuram uma retórica local, um estilo próprio de raciocínio, de persuasão e de convencimento.

Cada espaço estrutural constitui, por isso, um senso comum específico, uma hegemonia local[30]. Toda a interacção social é uma interacção epistemológica, uma troca de conhecimentos. O que há de distintivo nos espaços estruturais é que eles são localizações epistemológicas privilegiadas, campos simbólicos especialmente poderosos e partilhados, mapas de significação amplamente utilizados. A sua marca sobre as práticas de conhecimento é, em geral, muito intensa e difundida, embora experiências e trajectórias de vida diferentes gerem diferentes exposições às várias formas de conhecimento de senso comum e diferentes competências em cada uma delas.

O núcleo da estrutura epistemológica que aqui apresento é que não há apenas um senso comum único, mas sim seis grandes sensos comuns circulando na sociedade, seis modos de produção de conhecimento-regulação, através dos quais os indivíduos e os grupos sabem o que fazem e o que dizem, fazendo e dizendo de acordo com o que é suposto ser conhecido nesse tipo específico de acção e de comunicação. Cada forma de conhecimento estabelece limites de razoabilidade, demarcações simbólicas para uma acção e uma comunicação ordenadas. As exigências cognitivas estão, pois, profundamente entrelaçadas com as exigências normativas (assunto a que voltarei mais à frente). No Quadro 2, identifiquei essas seis formas epistemológicas estruturais, recorrendo, como as designações escolhidas o indicam, a trabalhos de sociologia da cultura e a estudos culturais em geral. Neste momento, limitar-me-ei a comentar apenas alguns dos aspectos mais problemáticos desta estrutura analítica.

Em primeiro lugar, uma observação conceptual. Na teoria que aqui apresento, ocupa um lugar central a ideia de que todas as formas de conhecimento são parciais e locais; são contextualizadas e, consequentemente, limitadas pelos conjuntos de relações sociais de que elas são a "consciência" epistemológica. Não há, portanto, qualquer razão epistemológica especial para designar por conhecimento local o senso comum do espaço da comunidade. Uso essa designação para relacionar o conceito desta forma de conhecimento com os trabalhos de Geertz sobre os "conhecimentos locais" de base comunitária (Geertz, 1983).

A "localização" da ciência no espaço mundial pode ser discutível. De facto, se nos lembrarmos de que, desde meados do século XVII, e sobretudo a partir da segunda metade do século XIX, a ciência moderna consolidou a sua hegemonia por beneficiar de uma crescente protecção do Estado, ao ponto de se ter transformado no conhecimento oficial ensinado no sistema educativo público e desenvolvido nas instituições de investigação criadas ou financiadas pelo Estado, seria legítimo pensar que a ciência é a forma epistemológica do espaço da cidadania. Efectivamente, na minha análise das estratégias do Estado no sistema inter-estatal

---

30. Embora em sentido diferente, Hunt usa também o conceito de hegemonia local (1993: 227-248).

(o padrão de mudança social normal), que apresentei no Capítulo 2, considerei que a ciência é a forma privilegiada de conhecimento da acção estatal: como uma força produtiva nas estratégias de acumulação; como um discurso da verdade, do bem-estar e da lealdade nas estratégias de hegemonia; e como um recurso nacional (social e estatal) nas estratégias de confiança. Mas, por outro lado, poderia contrapor-se a isto que, desde a Revolução Industrial, a ciência moderna tem sido gradualmente transformada numa força produtiva ao ponto de hoje ser a força produtiva por excelência, e que, sendo assim, deveria ser concebida como forma epistemológica do espaço da produção[31].

Não pondo em causa os factos que fundamentam estes argumentos, prefiro conceber a ciência moderna como a forma epistemológica do espaço mundial, a fim de sublinhar o facto de que ela é um dos primeiros, e, de longe, o mais bem sucedido, dos localismos globalizados[32] da modernidade ocidental, e que o seu êxito reside, até certo ponto, em não se deixar reduzir nem a uma força produtiva, nem a um saber oficial. O universalismo do *ethos* científico, tal como foi conceptualizado por Merton (1968), embora mistificador, tem, mesmo assim, algo de verdadeiro. É claro que, como sugeri no Capítulo 1, a ciência moderna é um artefacto cultural do Ocidente cuja difusão "universal" no sistema mundial tem sido desigual e tem reproduzido assimetrias e hierarquias, tanto no centro, como na periferia e na semiperiferia. Há, contudo, uma certa verdade no "universalismo" da ciência: o conhecimento científico é actualmente um auditório argumentativo de âmbito mundial, um auditório, decerto, profundamente estratificado, com uma grande polarização entre oradores (concentrados nos países do centro) e não oradores, mas, mesmo assim, um auditório que se estende muito para além das fronteiras nacionais, dotado de um elevado grau de inteligibilidade transnacional (a "comunidade científica").

Esta concepção da ciência moderna como forma epistemológica do espaço mundial permite-nos apreender, quer a extensão do seu auditório, quer os processos que utiliza para reproduzir e reforçar as hierarquias do sistema mundial. Na verdade, a ciência moderna, em constelação com a forma epistemológica do espaço da produção (produtivismo, tecnologismo, formação profissional e cultura empresarial), é actualmente o factor-chave da divisão internacional do trabalho, contribuindo decisivamente para acentuar as trocas desiguais no sistema mundial.

Enquanto senso comum dos cientistas ou *idéologie des savants*, a ciência moderna é a forma hegemónica de conhecimento nas sociedades contemporâ-

---

31. Com o taylorismo, o espaço da produção converteu-se, ele mesmo, num esforço científico sob a forma da gestão científica. Citando o próprio Taylor: "a gestão perfeita é uma verdadeira ciência que assenta em leis, regras e princípios claramente definidos" (1911: 1, in Clegg e Dunkerley, 1980: 87).

32. O conceito de localismo globalizado, um dos quatro modos de produção da globalização, é analisado no 3º Volume.

neas, constelando-se com os outros sensos comuns produzidos na sociedade através de poderosos meios de difusão. Daí que seja uma forma de conhecimento extremamente disseminada, uma forma cósmica de conhecimento. Contudo, ao contrário da forma cósmica de poder (a dominação) e da forma cósmica de direito (o direito estatal), a ciência não depende exclusivamente de uma instituição nacional, centralizada e burocrática (o Estado), para exercer o seu funcionamento cósmico. Embora o Estado seja um facilitador essencial, através de políticas de investigação científica e desenvolvimento, a ciência funciona cosmicamente por ser um conhecimento organizado, especializado e profissonalizado, susceptível de ser produzido ad infinitum em ambientes aparentemente alheios ao contexto, de acordo com metodologias formalizadas e reproduzíveis. Trata-se de uma forma de conhecimento capaz de intervenções poderosas e drásticas na natureza e na sociedade, mediante as quais a sua operacionalidade instrumental é, por seu turno, reforçada e dramatizada.

Apesar do seu carácter cósmico, e de modo muito semelhante à dominação e ao direito estatal, a ciência moderna só funciona em constelação com outras formas caósmicas de conhecimento. Duas das constelações de maior importância estratégica para a reprodução das sociedades capitalistas foram já mencionadas: a ciência com o conhecimento próprio do espaço da cidadania (a ciência como conhecimento oficial e bitola do progresso nacional) e a ciência com o conhecimento próprio do espaço da produção (a ciência como força produtiva). Mas a ciência também se constela com todos os outros sensos comuns estruturais, quer em relações conflituais, quer em relações complementares. Por exemplo, a constelação da ciência com o conhecimento próprio do espaço da comunidade é uma constelação tensa. Por um lado, na sua pulsão hegemónica, a ciência aspira a rejeitar e a substituir inteiramente os conhecimentos locais; a própria ideia de uma "comunidade científica" sugere que a ciência se considera o único valor identitário moderno sobre a base do qual podem florescer os ideais comunitários. Por outro lado, sempre que a ciência opera em campos sociais concretos (que não sejam a comunidade científica), recorre a outros conhecimentos locais para superar os conflitos, facilitar as intervenções, diminuir os custos, etc. Quando essa complementaridade não chega a acontecer, a constelação torna-se conflitual e o conhecimento científico pode ser confrontado, obstruído ou subvertido pelo conhecimento próprio do espaço da comunidade. Estas articulações são particularmente visíveis, e, por vezes, tornam-se mesmo dramáticas, à medida que nos deslocamos do centro para a periferia do sistema mundial, habitada por formas de conhecimentos não ocidental-cêntricos muito disseminados e respeitados.

As constelações da ciência com o familismo e a cultura familiar são igualmente complexas. Nos países centrais, a partir de meados do século XIX, o Estado promoveu muitas transformações nas relações do agregado doméstico em nome da ciência e do progresso da nação. Estas transformações representaram formações complexas de conhecimento, compostas por cultura familiar, cultura cívica e ciência. Hoje em dia, as campanhas para a vacinação de crianças ou para a esterilização de mulheres em toda a periferia são constelações desse tipo. Quando a ciência se constela com outros conhecimentos, é também transformada por eles. Através da interpenetração ou da contaminação, ela assume algumas características de outros conhecimentos. Não estou a referir-me às manipulações grosseiras da ciência para a submeter a outros conhecimentos, como aconteceu no caso Lyssenko, quando a ciência teve de ceder ao nacionalismo cultural (Lecourt, 1976). Refiro-me a processos espontâneos, intersticiais e relativamente caóticos, mediante os quais a ciência se deixa penetrar pela cultura de massas, enquanto forma epistemológica do espaço do mercado (veja-se, por exemplo, a ciência popular, a ficção científica, etc.), ou pela forma epistemológica do espaço da comunidade (por exemplo, o sentimento de comunidade entre grupos de cientistas, a criação de tradições e identidades científicas).

Em todas as formações de conhecimento, a ciência é a componente dos contextos culturais cega ao contexto, residindo aí as raízes mais profundas do seu funcionamento cósmico. No entanto, como essa cegueira em relação ao contexto só se pode afirmar credivelmente em contextos culturais específicos, é, ela própria, necessariamente contextualizada pelos conhecimentos caósmicos com que a ciência se constela.

A contextualização da cegueira da ciência em relação ao contexto está bem patente nas articulações entre as exigências cognitivas e normativas. Todas as formas epistemológicas combinam, embora de maneira muito diferente, estes dois tipos de exigências. Cada forma de conhecimento é também um código moral, no sentido de Wuthnow: "um conjunto de elementos culturais que define a natureza do compromisso com uma determinada linha de comportamento" (1987: 69). A cultura familiar está profundamente entrelaçada com valores familiares; a cultura empresarial, com valores de sucesso e disciplina; o consumismo e a cultura de massas estão entrelaçados com o individualismo e com o que Wuthnow designa por "moralidade do mercado" (1987: cap. 3); o conhecimento local está entrelaçado com a primazia das identidades primordiais e das raízes; a cultura cívica, com a identidade nacional e os valores cívicos. O que há de específico na ciência é o facto de ela negar a possibilidade de exigências cognitivas e normativas coexistirem na mesma forma epistemológica: ela vê-se a si própria como fazendo apenas exigências cognitivas (o discurso da verdade). À luz da crítica epistemológica desenvolvida no Capítulo 1, e tendo em conta que a ciência funciona sempre em constelações de conhecimentos, deverá ser, neste momento, claro que a exigência normativa específica da ciência é a pretensão de não fazer exigências normativas. Pelas mesmas razões, fica claro que a sua verdade não é mais do que um discurso da verdade.

No caso das formas de poder e de direito, concentrei a análise nas formas hegemónicas de senso comum das sociedades capitalistas, ou seja, no conhecimento-regulação. Mas se os espaços estruturais são, de facto, conjuntos de relações sociais, são também conjuntos de relações de conhecimento. Na medida em que são terrenos de lutas sociais, são também terrenos de lutas entre conhecimentos. Assim, na prática social concreta, as retóricas regulatórias confrontam-se, muitas vezes, com retóricas emancipatórias. A tarefa da teoria crítica pós-moderna, tal como a concebi na Introdução Geral do livro e no Capítulo 1, é promover em cada um dos seis conjuntos de relações sociais, através da retórica dialógica, a emergência de *topoi* e de argumentos emancipatórios ou de sensos comuns contra-hegemónicos, que irão expandir-se a par dos auditórios argumentativos criados à sua volta, para se tornarem mais tarde conhecimentos-emancipação hegemónicos. Estas lutas de conhecimento devem ser travadas em todos os seis conjuntos de relações sociais. Tal como o conhecimento-regulação, o conhecimento-emancipação também só funciona em constelações de conhecimentos. Negligenciar este facto equivale a correr o risco de a retórica emancipatória, conquistada numa das formas epistemológicas, se constelar "ingenuamente" com a retórica regulatória de outra forma epistemológica. Retomarei esta questão no último capítulo.

SOBRE A DETERMINAÇÃO ESTRUTURAL: ASSIMETRIAS E BIFURCAÇÕES

Aquilo que caracteriza as sociedades não é tanto a estrutura de determinação, mas o horizonte de determinação, ou seja, as fronteiras externas da limitação estrutural. Segundo Wright, a limitação estrutural é um padrão de determinação em que uma dada estrutura social estabelece os limites no interior dos quais outra estrutura ou outro processo pode variar, e determina as probabilidades de ocorrência de estruturas ou processos possíveis dentro desses limites (Wright, 1978: 15). Contrariamente a Wright, não creio que só algumas das estruturas relevantes estabeleçam a limitação estrutural, nem que seja possível estabelecer, em geral, qualquer forma de determinação estrutural. Em abstracto, nenhum espaço estrutural estabelece, em separado, mais limites ou limites mais importantes do que qualquer outro. Os seis espaços estruturais, tomados em conjunto como constelações de acções sociais, estabelecem o horizonte de determinação, os limites estruturais externos da vida social nas sociedades capitalistas.

Dentro dos limites estruturais, há um oceano de contingência. As diferentes formas estruturais de poder social, de direito e de conhecimento desenvolvem-se segundo dois modos contrastantes que já identifiquei: *fixação-de-fronteiras* e *abertura-de-novos-caminhos*. Enquanto fixação-de-fronteiras, estabelecem limites, e, enquanto abertura-de-novos-caminhos, criam contingência e podem deslocar os limites. Na medida em que são habitados por contradições parciais (a produção sistemática de uma certa forma de desigualdade), os espaços estruturais desenvolvem-se também de uma maneira contraditória. Daí que a sua reprodução funcional não possa ser garantida a priori ou para sempre. Pelo contrário, ela é intrinsecamente problemática.

Acresce ainda que, para além de se desenvolverem como abertura-de-novos-caminhos ou como fixação-de-fronteiras (dimensão qualitativa), as formas estruturais de poder também se desenvolvem num modo de *alta-tensão* ou num modo de *baixa-tensão* (dimensão quantitativa). Quando se desenvolve num modo de alta-tensão, a forma de poder fornece a matriz para a organização do campo social concreto; quando se desenvolve num modo de baixa-tensão, a forma de poder facilita ou dificulta, consolida ou fragiliza, expande ou contrai, suplementa ou subverte esse processo de organização.

Os espaços estruturais são localizações sedimentadas de unidades de acção (sexo e geração; classe e "natureza capitalista"; sociedade de consumo; cidadania; comunidade e etnicidade; Estado-nação). Em concreto, a prática social é sempre uma constelação de algumas ou de todas as diferentes formas de acção. Como é impossível avaliar, em abstracto, quais as constelações de prática social mais disseminadas e mais determinantes, proponho, como exercício, simular casos concretos. Tomemos, a título de exemplo, o caso das relações sociais entre um casal de trabalhadores em que o homem e a mulher têm identidades étnicas diferentes. Em "tempos normais", as relações sociais do casal tendem a organizar-se à volta do espaço doméstico, isto é, de acordo com as relações entre os sexos. O facto de ambos serem trabalhadores e cidadãos do mesmo país e, simultaneamente, membros de grupos étnicos diferentes pode ora facilitar e consolidar, ora perturbar e dificultar o padrão dominante das relações. Em "tempos difíceis", porém, quando, por exemplo, um ou os dois tenham perdido o emprego, as relações entre ambos serão drasticamente reorganizadas pelo espaço da produção, enquanto as relações entre os sexos ou as relações étnicas poderão ou atenuar ou agravar ainda mais os custos dessa reorganização. Noutros "tempos difíceis", quando, por exemplo, se registe um surto de violência étnica na vizinhança ou no país, as relações sociais do casal podem ser drasticamente reorganizadas pelo espaço da comunidade, sobretudo no que respeita às relações com os filhos e à educação dos mesmos (que língua irão aprender como primeira língua, que escola irão frequentar, que religião irão seguir, de que forma se irão vestir, etc.). E, de novo, as restantes unidades de prática social (diferença sexual, classe, cidadania) podem suplementar ou subverter, facilitar ou obstruir essa reorganização.

Se passarmos do micro-nível das interacções para o macro-nível das sociedades nacionais no sistema mundial, o fundamentalismo neoliberal do comércio livre e as exigências hegemónicas de ajustamento estrutural, de estabilização económica e de pagamento da dívida externa indicam muito claramente que o espaço mundial das sociedades periféricas está a reorganizar drasticamente todos os outros espaços estruturais, ainda que o alcance e a profundidade da reorganização possam variar bastante nos diferentes espaços. Assim, parece razoável formular a hipótese de que o espaço mundial terá um impacto mais determinante nas relações sociais do espaço da produção, do espaço do mercado e até do espaço da cidadania, do que nas relações sociais do espaço doméstico ou do espaço da comunidade.

Como é possível explicar, no plano metateórico, uma limitação estrutural constituída por uma pluralidade de estruturas parciais, dentro de cujas fronteiras, nunca fixas nem estáveis, os campos sociais são mobilizados através de relações sociais contingentes, e, por conseguinte, insusceptíveis de serem explicadas por primazias causais abstractas? Para responder a esta pergunta, talvez seja interessante confrontar a concepção aqui adoptada com as de dois autores que, recentemente, reformularam as suas teorias estruturais, em ambos os casos atenuando, de certo modo, as pretensões determinísticas que até aí haviam defendido. Estou a referir-me a Erik O. Wright (em colaboração com Levine e Sober), bem conhecido pelo seu modelo de determinação estrutural baseado na primazia causal da estrutura de classes (Wright, 1978), e a Immanuel Wallerstein, igualmente muito conhecido pela sua teoria do sistema mundial, segundo a qual a primazia causal cabe às trocas económicas desiguais inerentes à divisão global do trabalho (Wallerstein, 1974). Ambos apresentaram recentemente propostas metateóricas — no caso de Wright, Levine e Sober (1992), uma reconstrução plenamente desenvolvida, no de Wallerstein, algumas sugestões inovadoras (Wallerstein, 1991a: 228 e ss.; Wallerstein *in* Balibar e Wallerstein, 1991) — que merecem atenção e ajudam a delinear a proposta que eu próprio apresento neste capítulo. Ambas as propostas são metateóricas, uma na tradição da filosofia da ciência (a de Wright, Levine e Sober) e a outra com traços kuhnianos e prigoginianos (a de Wallerstein).

A reconstrução desenvolvida pelos primeiros nasceu da necessidade de "reconstruir o marxismo" em diálogo com outras reconstruções influentes e profundamente revisionistas da década anterior, nomeadamente a de Giddens (1981) e a de Habermas (1978), bem como com trabalhos teóricos importantes (por exemplo, o de G. A. Cohen (1978) e o de J. Elster (1985)) e com obras de carácter histórico da autoria de marxistas, neo-marxistas e pós-marxistas (sobretudo Skocpol (1979, 1985)). Wright, Levine e Sober propõem um "materialismo histórico fraco" e uma reavaliação pragmática da "especificidade metodológica" do marxismo. Começam por reconhecer que muitos debates das ciências sociais giram em torno de questões sobre primazia causal e assimetria causal:

> *Os defensores de posições conflituantes aceitam, frequentemente, que certas causas são relevantes para explicar alguns fenómenos, mas divergem na avaliação que fazem da importância relativa dessas causas (assimetria quantitativa) ou na compreensão em relação às formas qualitativamente diferentes com que as causas entram em processos causais particulares (assimetria qualitativa)* (1992: 129).

Os debates a que Wright, Levine e Sober se referem são basicamente os que, dentro e fora do marxismo, recorrem à relativa importância explicativa da classe, do sexo e do Estado, para procederem a uma especificação, cuidadosa e detalhada, das diferentes formas de assimetria causal. Algumas das conclusões a que aqueles autores chegam têm particular interesse para a argumentação deste capítulo. Em primeiro lugar, muitas das divergências explicativas não o são efectivamente, porque, ainda que abordem o mesmo tópico, não têm em vista o mesmo *explanandum*, o fenómeno a explicar: uma coisa é explicar por que é que a segurança social foi introduzida na Grã-Bretanha em 1904, no Canadá em 1922 e nos Estados Unidos em 1933, outra coisa é explicar por que é que nenhum país capitalista central tinha um sistema de segurança social em 1850 e todos o tinham por volta de 1950 (Wright, Levine e Sober, 1991: 150). Mudanças de *explananda* são particularmente evidentes nas discussões sobre a relação entre classe e sexo, e entre classe e Estado.

A segunda conclusão dos autores é que é difícil sustentar com precisão reivindicações de primazia causal, as quais, no fundo, não são mais que afirmações de um ou outro tipo de assimetria quantitativa. A relação entre a importância explicativa e a assimetria é, todavia, problemática. Um bom exemplo dessas dificuldades é fornecido pela distinção entre causas sistémicas dinâmicas e não dinâmicas. Numa análise sincrónica ("estática") das sociedades capitalistas, é impossível sustentar, em geral, uma primazia causal entre Estado, classe e sexo, dado que cada um dos três impõe limites estruturais a qualquer um dos outros. Pelo contrário, segundo Wright, Levine e Sober, numa análise dinâmica, isto é, numa análise da dinâmica interna de desenvolvimento das sociedades capitalistas, é possível estabelecer uma assimetria causal entre Estado, classe e sexo, dado que, dos três, só a classe tem uma dinâmica interna:

> a trajectória de desenvolvimento do Estado [e também do sexo] e da economia seriam conduzidas por causas dinâmicas operando na economia, mas não por causas dinâmicas endógenas do Estado [ou do sexo] (Wright, Levine e Sober, 1992: 170).

Seja como for, esta assimetria não pode ser considerada base suficiente para uma reivindicação de supremacia causal:

> não há qualquer razão para considerarmos os processos dinâmicos endógenos mais importantes do que causas contingentes ou causas sistémicas sincrónicas apenas por serem dinâmicos e endógenos (1992: 172).

Mais uma vez, a primazia causal só pode ser estabelecida à luz de uma caracterização precisa do *explanandum*. Assim, a conclusão final de Wright, Levine e Sober acaba por apontar para uma versão consideravelmente fraca da determinação estrutural. Embora assumam que existem assimetrias entre causas, incluindo as assimetrias que justificam as reivindicações de primazia causal, "não há qualquer princípio que autorize a conclusão de que as considerações de classe incluem sempre os determinantes primários dos fenómenos sociais" e, por essa razão, "são insustentáveis as reivindicações, radicais e globais, de uma primazia causal típicas de boa parte da tradição marxista" (1992: 174). Segundo os autores, é muito mais importante que a classe esteja presente como causa em muitos processos sociais do que seja a causa primacial de poucos[33].

A preocupação de Wright, Levine e Sober com a descrição precisa dos *explananda* é o aspecto mais inovador e promissor da reconstrução metateórica do marxismo por eles empreendida. O problema desta reconstrução é que, sendo formulada dentro da tradição do realismo epistemológico, parte do princípio de que é possível uma descrição precisa do *explanandum* sem se recorrer à teoria que depois o explica como uma espécie de pré-conhecimento (*Vorverständigung*). À luz da argumentação epistemológica por mim apresentada no Capítulo 1, isto é altamente problemático[34]. À medida que o colapso da epistemologia realista se torna cada vez mais evidente, a relação entre factos e teorias torna-se também cada vez mais complexa. Os factos e as teorias representam simplesmente diferentes perspectivas e diferentes graus de visão dentro do mesmo campo epistemológico[35]. Uma ênfase exclusiva na análise causal é, por isso, basicamente desajustada, e uma descrição precisa do *explanandum*, em vez de permitir decidir entre teorias rivais "a partir do exterior", por assim dizer, consegue apenas assinalar preferências teóricas de uma forma inteligível. Por outras palavras, a preocupação com o *explanandum* não resolve o problema metateórico, apenas o desloca.

Na concepção que aqui proponho, vai-se ainda mais longe no enfraquecimento da determinação estrutural. Visto que nem mesmo no caso das "causas importantes" são sustentáveis determinações da sua importância relativa, o foco analítico volta-se para a identificação e enumeração dos factores importantes (os seis espaços estruturais) e não para a sua hierarquização, ou seja, centra-se nos horizontes de determinação e não nos mapas da determinação. Dentro de um tal horizonte, a contingência e a criatividade são, simultaneamente, experiências vividas e condições de inteligibilidade do que acontece às pessoas e do que elas fazem acontecer.

---

33. Num estudo sobre a relação empírica entre a posição dos agregados familiares na estrutura de classes e as desigualdades sexuais no desempenho das tarefas domésticas, Wright *et al.* concluíram que a posição de classe não constitui uma determinante poderosa ou sistemática das variações na divisão do trabalho doméstico entre os sexos (1992).

34. Wright, Levine e Sober (1992) também pressupõem que as análises sincrónicas e dinâmicas podem dar origem a assimetrias causais e a reivindicações de primazia causal distintas e sem qualquer relação lógica.

35. Esta concepção é também mais compatível com a reconstrução retórica do conhecimento científico para a qual os factos e as verdades (teóricas) são argumentos diferentes dentro do mesmo discurso.

Cabe, neste contexto, referir a segunda reconstrução metateórica, a de Wallerstein. O determinismo económico é um dos princípios básicos da teoria do sistema mundial. A sua formulação mais recente e articulada encontra-se na concepção, avançada por Chase-Dunn, do sistema mundial enquanto sistema social cuja especificidade histórica reside, em grande parte, no facto de se manter coeso e integrado através de uma divisão de trabalho, ou seja, através da "interdependência criada por uma rede de diferenciação económica mediada pelo mercado", e não por meio da integração cultural e normativa (Chase-Dunn, 1991: 94). Consequentemente, para a teoria do sistema mundial, a integração cultural e a integração normativa desempenham apenas papéis secundários na reprodução da ordem mundial contemporânea (Chase-Dunn, 1991: 88).

O carácter epifenoménico da cultura, e até da política, na teoria do sistema mundial foi amplamente criticado. A partir de meados dos anos oitenta, o próprio Wallerstein sentiu necessidade de acentuar as dimensões política (1984) e cultural (1991b) do sistema mundial. De facto, em resposta à crítica do seu determinismo feita por Balibar (Balibar e Wallerstein, 1991), Wallerstein sugeriu recentemente que a própria determinação estrutural é uma variável dependente que deve ser avaliada em conjunção com a multiplicidade dos tempos sociais referida por Braudel:

> [Quando] um sistema histórico — qualquer que ele seja e, portanto, incluindo a economia-mundo capitalista — funciona normalmente, parece-me que, quase por definição, ele funciona sobretudo como algo que é determinado. [...] Mas todo o sistema histórico acaba por caminhar para o seu fim movido pela lógica das suas contradições. Nesse momento, o sistema desemboca numa "crise", entra num período de "transição" que conduz ao que Prigogine chama uma "bifurcação", ou seja, uma situação altamente flutuante na qual um ligeiro empurrão pode levar a um desvio bastante grande. Por outras palavras, é uma situação em que o livre arbítrio prevalece. É exactamente por essa razão que é quase impossível prever o resultado das transformações (Balibar e Wallerstein, 1991: 231).

Por outras palavras, no segundo tipo de situação, há que reduzir as pretensões de determinação e, embora seja possível continuar a falar de mecanismos, estruturas, restrições e limites, a transformação social deve ser concebida mais em termos de "utopismos" (Wallerstein, 1991a: 270) do que em termos de acção de causas primordiais:

> Estamos a chegar ao fim do sistema, esse longo momento em que, segundo creio, já entrámos e que nos obriga a pensar sobre os saltos possíveis que podemos empreender e sobre as utopias que são hoje, pelo menos, concebíveis (Balibar e Wallerstein, 1991: 232)[36].

---

36. Ver também Wallerstein, 1991a: 254.

Tenho vindo a defender que estamos numa época de transição paradigmática, epistemológica e, embora menos visível ou mais embrionária, de transição também sócio-cultural e política. Associo-me, pois, a Wallerstein no seu apelo a uma redução das pretensões deterministas e até a uma superação dos limites da teoria do sistema mundial tal como ela actualmente se apresenta. Em vez de me basear numa só macro-estrutura, a divisão mundial do trabalho económico, proponho uma constelação de seis espaços estruturais, dos quais essa macro-estrutura é apenas um (o espaço mundial). Entre esses espaços, não há assimetrias, hierarquias ou primados que possam ser estabelecidos em geral, o que equivale a dizer que não há uma constelação "natural" ou "normal" de espaços estruturais. O desenvolvimento das sociedades capitalistas e o sistema mundial capitalista, como um todo, estão alicerçados em tais constelações, e não em qualquer dos espaços estruturais tomados individualmente.

De modo inverso, o êxito das lutas anti-capitalistas e anti-sistémicas depende da capacidade que tenham de se organizar em constelações de práticas sociais emancipatórias, isto é, em constelações de trocas iguais contra constelações de poder, em constelações de juridicidades democráticas radicais contra constelações de juridicidades autoritárias, em constelações de conhecimentos emancipatórios contra constelações de conhecimentos regulatórios. Para fazer jus a tal programa, as reconstruções teóricas devem ser muito mais exigentes e inovadoras, e a prática social a que fazem apelo deverá ser muito mais criativa e complexa (tão consciente dos limites como das possibilidades), menos dogmática, dada a natureza parcial de todas as formas relevantes de acção, predisposta a alianças para superar a incompletude e, por último, epistemologicamente mais tolerante face aos vários conhecimentos parciais e locais e aos vários sensos comuns nela investidos.

EXPANDIR O JURÍDICO E O POLÍTICO

A tese apresentada neste capítulo tem duas faces. Uma é que, enquanto formações de poder, as sociedades capitalistas são constituídas por seis formas de poder e, enquanto formações jurídicas, por seis formas de direito. A outra face é que apenas uma das seis formas de direito é oficialmente reconhecida como direito (direito estatal) e só uma das seis formas de poder é reconhecida como poder político (a dominação). Estas duas faces da argumentação deverão ser sempre consideradas em conjunto.

A análise que desenvolvi sugere que, das seis formas de poder, a dominação é, nas sociedades democráticas liberais, a menos despótica pelo facto de ser uma forma de poder cujo exercício se encontra limitado por certas regras e controles democráticos, e de permitir um certo grau de participação dos cidadãos à luz dos direitos cívicos, políticos e sócio-económicos garantidos pela Constituição Política do Estado. Também sugere que, das seis formas de direito, o direito estatal, nas sociedades democráticas liberais, é o menos despótico, já que é promulgado por processos democráticos, e exercido no quadro do Estado de direito. O princípio do primado do direito permite proteger a parte mais fraca contra decisões arbitrárias, sendo as normas que dele decorrem aplicadas por agentes profissionalizados, preparados para separar o que é político do que é jurídico e decidir com imparcialidade. No entanto, como vimos, as exigências, bastante amplas, do poder democrático e do Estado de direito reclamadas pela modernidade ocidental foram drasticamente reduzidas a partir da segunda metade do século XIX. À medida que o capitalismo se converteu no modelo exclusivo de desenvolvimento das sociedades modernas, muitas das relações sociais não podiam, de modo algum, ser reguladas de acordo com as exigências democráticas radicais da modernidade. Aliás, nalguns campos sociais, como, por exemplo, o espaço da produção, o capitalismo teria necessariamente de gerar relações sociais despóticas, na verdade, mais despóticas do que nunca.

Para resolver esta antinomia, sem com isso destruir a credibilidade do projecto liberal, o carácter universal das exigências democráticas foi preservado mediante a transformação de um campo de relações sociais relativamente restrito — o espaço da cidadania — no universo de aplicação dessas exigências. Isso teve como consequência que só as regras e os padrões normativos emanados do Estado e exercidos por ele fossem considerados como direito. De forma idêntica, só o poder exercido pelo Estado ou centrado nele pôde ser considerado político. Para além disto, nem o direito nem o poder político seriam reconhecidos como tais.

Este reducionismo arbitrário originou duas ocultações, ambas fundamentais para a legitimação do capitalismo enquanto relação social global. Em primeiro lugar, ocultou o facto de que o poder relativamente democrático do Estado só podia funcionar em constelação com outras formas de poder, geralmente mais despóticas do que ele. Em segundo lugar, ocultou o facto de que o Estado de direito democrático só podia funcionar em constelação com outras formas de direito, geralmente mais despóticas do que ele. Depois de esta dupla ocultação ter sido inculcada, com êxito, em toda a sociedade, através de um amplo leque de estratégias hegemónicas (desde a ciência jurídica até aos meios de comunicação social e ao sistema educativo), não houve interesse em alargar os princípios jurídicos e políticos da modernidade, para além do espaço da cidadania, às restantes cinco formas de poder e de direito, apesar de estas, em conjunto, constituírem um corpo de direito e de poder muito maior, governando um domínio muito mais vasto da vida individual e social. Daí que o despotismo destas formas de direito e de poder tenha permanecido invisível enquanto despotismo jurídico e político e que, consequentemente, não tenha podido ser comparado ou confrontado com o carácter relativamente democrático do direito e do poder do espaço da cidadania.

Para ilustrar este processo, irei rever sumariamente a análise por Marx do aparecimento das leis do trabalho (*factory acts*) na Inglaterra do século XIX (*O Capital*, vol. I, cap. 10) e proporei uma reinterpretação das conclusões de Marx à luz da estrutura analítica aqui apresentada[37]. O motivo que me leva a escolher Marx, sem dúvida o crítico mais radical e lúcido do projecto capitalista liberal, é o facto de também ele ter cedido ao senso comum jurídico e político promovido por este projecto, o que, em si mesmo, revela bem a força e a penetração desse senso comum. O exemplo histórico da legislação sobre o horário de trabalho, tal como é descrito por Marx, não permite observar a interacção entre os seis espaços estruturais, mas, pelo menos, a interacção entre o espaço da produção e o espaço da cidadania é bem evidente, e podemos também "pressentir", embora muito vagamente (devido às opções analíticas de Marx), a presença do espaço doméstico, do espaço do mercado, do espaço da comunidade e do espaço mundial.

O papel crucial do Estado e da legislação estatal na criação da força de trabalho exigida pelo modo de produção capitalista, então emergente, está actualmente bem documentado. Trata-se de um longo processo histórico que, em Inglaterra, durou do século XV ao século XVIII. Como Marx escreve nos *Grundrisse*,

> nos anais da legislação inglesa estão escritas a sangue as medidas coercivas utilizadas para transformar a grande maioria da população, depois de espoliada e libertada, em assalariados livres (1973: 769).

Em *O Capital*, Marx analisa a "legislação sangrenta contra a vagabundagem" nos finais do século XV e durante o século XVI em toda a Europa (1983: 126). Foram estas leis que criaram a força de trabalho e que constituíram um factor essencial para a chamada acumulação primitiva.

Terminada essa fase e criada a força de trabalho, poderia pensar-se que as relações de produção capitalistas se desenvolveriam por si. No capitalismo, "sobretrabalho e trabalho necessário perdem-se um dentro do outro" (Marx, 1990: 268) e, como resultado, "a compulsão surda das relações económicas" (Marx, 1983: 130) actua por si, tornando supérflua qualquer intervenção directa do Estado na apropriação do sobretrabalho pelo capital. Na verdade, este é apenas um dos lados da história, como Marx também reconhece, em primeiro lugar porque a "a compulsão surda das relações económicas" foi, de facto, constituída desde o início pelo direito estatal de propriedade e pelo direito dos contratos; em

---

[37]. No limiar do século XXI, pode parecer surpreendente e até errado que se dê tanta atenção ao pensamento de Marx e à tradição do marxismo ocidental. Como já tive ocasião de defender (Santos, 1994: 25 e ss.), o marxismo, apesar de pouco nos ajudar a pensar e a desejar a sociedade do futuro, continua a ser um instrumento muito poderoso de análise das sociedades capitalistas, e talvez hoje mais do que nunca. Atrevo-me a pensar que a prática do capitalismo global desde o colapso da União Soviética tem vindo a proporcionar ao marxismo uma confirmação empírica muito mais sólida e ampla do que a que teve durante a vigência do bloco soviético e da "ameaça comunista".

segundo lugar, porque, sempre que a compulsão económica falhou (como nos casos de destruição de máquinas ou das greves), o seu funcionamento só foi restabelecido por meio de uma intervenção coerciva do Estado; e, em terceiro lugar, porque a intervenção do Estado na reprodução da força de trabalho foi muito além de medidas coercivas contra os trabalhadores em situações excepcionais, sendo a legislação sobre o dia de trabalho um bom exemplo dessa intervenção[38]. Marx insiste em que, dado "o impulso do capital para o prolongamento sem medida e sem consideração do dia de trabalho" (1990: 341), a legislação fabril foi a "primeira retroacção planificada e consciente da sociedade sobre a figura natural do seu processo de produção" (Marx, 1992: 549). Será que essas leis iam contra os interesses do capital? "Não", responde Marx, porque a "livre devastação de homens" (1992: 543-544), resultante do "prolongamento anti-natural do dia de trabalho" (1990: 302), acabaria por paralisar o mecanismo da exploração. Mas a verdade é que os capitalistas lutaram o mais que puderam contra a promulgação das *Factory Acts* e recorreram aos mais variados subterfúgios para evitar a sua aplicação depois de terem sido aprovadas[39]. Em contrapartida, os trabalhadores lutaram por essas leis e Marx concluiu que "a fixação de um dia de trabalho normal é o resultado de uma luta de muitas centenas de anos entre capitalista e operário" (Marx, 1990: 308), "o produto de uma guerra civil de longa duração" (1990: 342).

A análise que Marx faz das *Factory Acts* enferma de uma certa ambiguidade. Se estas leis favoreciam os interesses do capital, porque é que os capitalistas as combateram? Porque é que os trabalhadores se bateram por elas? E se elas eram a favor dos interesses do capital, seriam necessariamente prejudiciais aos interesses dos trabalhadores? Estas questões não foram adequadamente respondidas por Marx, nem o estão a ser nos actuais debates sobre a ascensão e queda do Estado-Providência ou do Estado regulatório. A meu ver, as *Factory Acts* simbolizam um ponto de viragem histórico na articulação entre o espaço da cidadania e o espaço da produção. As *Factory Acts* representaram um ganho absoluto para os trabalhadores ao nível do espaço da cidadania. A correspondente perda absoluta para o capital a esse nível foi, porém, compensada pelos ganhos que ele obteve ao nível do espaço da produção, dentro dos novos parâmetros estabelecidos pelas leis.

Marx e os historiadores sociais desse período acentuam o facto de as *Factory Acts* terem contribuído decisivamente para a reestruturação do capital: aceleraram

---

38. Em 1949, Kahn-Freund podia afirmar que "a regulamentação das horas de trabalho, através de legislação ou de acordos colectivos, foi a primeira e continua a ser a mais notável restrição ao poder de comando que é o correlato da propriedade dos meios de produção" (*in* Renner, 1976: 161).

39. Marx descreve, com grande pormenor, as diferentes formas de resistência às leis: a violação frontal; o sistema de turnos, que tornava difícil que os inspectores das fábricas detectassem as violações; as restrições ao acesso dos inspectores às fábricas; os cortes salariais; as alterações no conceito legal de "criança" (aquilo a que Marx chama "antropologia capitalista" (1990: 319); o recurso à "crise económica" como justificação para não aplicar as leis; a negação de responsabilidade; a negociação da amplitude e do grau de violação. Ver também Carson (1979). As estratégias não mudaram muito até hoje.

a transição do sistema de manufactura para o sistema fabril e alteraram as condições de concorrência a favor das fábricas e indústrias mais produtivas e tecnicamente mais avançadas. Os ganhos para o capital traduziram-se, assim, num aumento do controle sobre as relações sociais no espaço da produção através da intensificação do processo de trabalho (aceleração do ritmo de trabalho, introdução do salário à peça, mecanização, etc.). Estes ganhos não puderam generalizar-se a todo o capital e a todos os capitalistas: foram distribuídos por aqueles que podiam converter as perdas no espaço da cidadania em ganhos no espaço da produção. Todos os outros foram forçados a desaparecer e a serem proletarizados. Para os capitalistas que conseguiram subsistir, a perda no espaço da cidadania foi compensada ou neutralizada pelo ganho no espaço da produção. Para os trabalhadores, deu-se o inverso.

Mas a característica mais importante desta transacção foi o facto de, devido à autonomia dos espaços estruturais, ela ter permanecido invisível, ter permanecido abaixo do limiar da consciência social. Este jogo de perdas e ganhos foi socialmente construído não como um jogo de soma positiva entre o espaço da produção e o espaço da cidadania, mas como dois jogos separados de soma nula — um no espaço da produção, outro no espaço da cidadania — cujos resultados não podiam ser medidos comparativamente: ganhos para os trabalhadores e perdas para o capital no espaço da cidadania; ganhos para o capital e perdas para os trabalhadores no espaço da produção. Quer isto dizer que os ganhos e as perdas não foram compensadas no mesmo nível estrutural, nem foram entendidos como resultados de desenvolvimentos recíprocos, e, assim, a sua combinação estrutural continuou oculta. A perda de poder político sofrida pelo capital no espaço da cidadania não pôde ser avaliada em comparação com o que ele ganhou em poder político no espaço da produção. Por outras palavras, a sua perda de controle sobre o direito estatal não pôde ser avaliada em comparação com o que ganhou no controle sobre o direito da produção.

A incomensurabilidade de ganhos e perdas foi crucial para a consolidação e legitimação das relações sociais capitalistas, pois reforçou as diferenças entre o espaço da produção e o espaço da cidadania. Mostrou claramente que a distribuição de poder social e de competência jurídica aos trabalhadores no espaço da cidadania nunca poderia estender-se ao espaço da produção da mesma forma ou pelo mesmo processo, e que este facto não seria concebido como o resultado de uma decisão política, mas antes como a consequência natural e necessária da autonomia estrutural dos dois espaços. Por outras palavras, o trabalhador, submetido às relações sociais capitalistas, seria sempre menos um cidadão ou uma cidadã da sua fábrica do que do seu país. E essa discrepância seria considerada não só inevitável, como também natural.

O facto de os ganhos do trabalhador terem sido obtidos no espaço da cidadania foi, em si mesmo, importante. Eles foram traduzidos para o direito estatal, uma forma de juridicidade baseada em direitos gerais e universais. Dada a sua separação institucional do espaço da produção, os direitos são prerrogativas relativamente estáveis, que não estão estritamente ligadas às flutuações do ciclo económico. Esta falta de reciprocidade com a produção reforçou a dinâmica de desenvolvimento e a racionalidade do espaço da cidadania (a maximização da lealdade), e, do mesmo modo, estabilizou a sua forma de poder (a dominação). Contudo, esta estabilidade relativa foi conseguida por um processo que, simultaneamente, obteve o consentimento dos trabalhadores para serem submetidos, no espaço da produção, ao direito da produção, uma forma de juridicidade baseada, não em direitos universais, mas em interesses de produção. E, dado que os interesses são definidos pela racionalidade da maximização do lucro, são prerrogativas precárias, estritamente ligadas às flutuações da produção e tão instáveis como ela própria. Por outras palavras, as *Factory Acts* legitimaram o Estado perante os trabalhadores-enquanto-cidadãos e, pelo mesmo processo, legitimaram a fábrica perante os trabalhadores-enquanto-classe-de-assalariados. Isto lançou as bases estruturais para o tipo de compromissos de classe que, mais tarde, foram conseguidos, de forma mais notável, pela social-democracia nos países centrais.

Defendo, assim, que a "falsa consciência" do direito nas sociedades capitalistas não reside tanto na discrepância entre o direito legislado e o direito aplicado, como geralmente se pensa, mas antes numa construção social bem urdida que converte o direito estatal na única forma de direito, supondo assim que suprime o direito doméstico, o direito da produção, o direito da troca, o direito da comunidade e o direito sistémico, sem os quais, de facto, o direito territorial não funcionaria como funciona nas nossas sociedades. A sociologia jurídica, por muito crítica que seja, nada mais fez, desde o século XIX, do que consolidar e legitimar essa supressão das dimensões da formação do direito. Neste sentido, as sociedades capitalistas são menos do que democráticas, não porque o direito da cidadania seja menos que democrático, mas porque essa forma de direito, por muito democrática que seja, tem de coexistir com cinco outras formas de direito mais despóticas e de funcionar em constelação com elas. Isto explica por que motivo todas as tentativas para criar uma cidadania industrial, nas condições da apropriação capitalista dos meios de produção, estão votadas ao fracasso sempre que entram em conflito com a lógica da maximização do lucro[40].

Marx tinha uma consciência aguda das transformações da regulação do trabalho que se esboçavam na sua época e, de facto, forneceu a base para a articulação entre diferentes formas políticas e jurídicas ao distinguir entre a divisão de trabalho na sociedade em geral e a divisão de trabalho na manufactura, relacionando uma com a outra:

---

40. A história deste fracasso está bem documentada, pelo menos desde os conselhos de trabalhadores de Gramsci em 1919, na cidade de Turim. Para uma visão geral deste processo histórico, ver Clegg e Dunkerly (1980: 512).

> A divisão manufactureira do trabalho supõe a concentração dos meios de produção na mão de um capitalista; a divisão social do trabalho supõe a fragmentação dos meios de produção entre muitos produtores de mercadorias independentes entre si. [...] A anarquia da divisão social do trabalho e o despotismo da divisão manufactureira do trabalho condicionam-se mutuamente na sociedade do modo de produção capitalista [...]. (Marx, 1992: 407-408 e 409).

Marx, porém, não conseguiu ver nessas transformações a dinâmica da articulação entre as formas políticas e jurídicas e as instituições na sociedade. Quando utiliza os termos "político" e "jurídico", no contexto do espaço da produção, fá-lo em sentido analógico ou metafórico: "o mando do capitalista no campo da produção torna-se agora tão indispensável como o mando do general no campo de batalha" (1992: 379). Contudo, esse poder de comando não é uma mera função técnica, é antes, e ao mesmo tempo, uma "função da exploração de um processo de trabalho social" (1992: 380). A analogia política é levada ao extremo quando Marx afirma que:

> Este poder dos reis asiáticos e egípcios ou dos teocratas etruscos, etc., passou, na sociedade moderna, para o capitalista, quer ele se apresente como capitalista isolado ou, como nas sociedades por acções, como capitalista combinado [kombiniert] (1992: 383).

Quanto à analogia ou metáfora jurídica, o código fabril é concebido como uma "caricatura", um código

> no qual o capital formula, como um legislador privado, a sua autocracia sobre os seus operários — sem a divisão dos poderes tão querida da burguesia noutras ocasiões e o sistema representativo ainda mais querido [...] (1992: 485).

O que pretendo, fundamentalmente, demonstrar é que o poder de comando no espaço da produção não é um poder político em sentido metafórico. É tão político como o poder do espaço da cidadania, o poder do espaço doméstico, o poder do espaço mundial ou o poder de qualquer outro espaço estrutural. São campos políticos diferentes porque derivam de diferentes modos de produção do poder social (exploração, dominação, patriarcado, troca desigual, fetichismo das mercadorias e diferenciação desigual), mas é-lhes comum terem natureza política. Aliás, essa natureza não é um atributo específico de qualquer deles em separado, mas é antes o efeito conjunto das articulações entre todos. De modo semelhante, o código fabril não é direito em sentido metafórico. É direito, tal como o direito estatal. Além disso, o facto de não ser entravado pelo sistema representativo do espaço da cidadania não faz dele uma caricatura. O direito despótico da produção é uma condição necessária do direito estatal democrático.

A ideia de conceber a regulação do trabalho na fábrica como uma forma de direito foi inicialmente sugerida pelos marxistas austríacos, especialmente por Max

Adler (1924) e Karl Renner (1976). Adler preocupou-se principalmente com as relações funcionais e estruturais entre a prisão e a fábrica, inaugurando assim uma linha de investigação mais tarde continuada pela Escola de Frankfurt, com Rusche e Kirchheimer (1968), e, mais recentemente, por Foucault (1977) e por Melossi e Pavarini (1981)[41].

A concepção política e jurídica da organização da produção apresentada por Renner é a que está mais próxima das minhas preocupações. K. Renner é sobretudo conhecido pela sua teoria da propriedade. Segundo ele, o direito de propriedade, que o direito romano entendia como "um poder jurídico absoluto do indivíduo sobre um objecto concreto" (1976: 81), alterou completamente a sua função social na transição do feudalismo para o capitalismo, quando os meios de produção se tornaram objecto de apropriação privada. Enquanto, anteriormente os direitos de propriedade apenas concediam ao proprietário um controle sobre as coisas, com a emergência do capitalismo e com a apropriação privada dos meios de produção, o controle sobre as coisas transformou-se subrepticiamente, por assim dizer, num controle sobre as pessoas, ou seja, sobre os trabalhadores que utilizavam os meios de produção de acordo com o contrato de trabalho:

> Aos olhos da lei, a propriedade-sujeito relaciona-se unicamente com o objecto, controlando apenas a matéria. Mas o que, no direito, é controle de propriedade converte-se, na prática, em controle do homem sobre seres humanos, os assalariados, assim que a propriedade se torna capital. O indivíduo chamado proprietário estabelece as tarefas dos outros, submete-os a ordens e, no mínimo, nas etapas iniciais do desenvolvimento capitalista, fiscaliza a execução das suas ordens. O proprietário de uma res impõe a sua vontade às personæ, a autonomia converte-se em heteronomia da vontade (Renner, 1976: 106).

Segundo Renner, o aspecto mais relevante desta transformação é o facto de o direito de propriedade assumir uma nova função social sem qualquer alteração da própria norma. Como a formulação literal da norma não muda, a alteração da

---

41. Embora M. Adler seja um dos pensadores marxistas mais inovadores, ninguém, que eu saiba, reconheceu a sua contribuição original para a análise da articulação entre produção económica e punição criminal. A análise mais influente continua a ser a de Rusche e Kirchheimer, e tem sido criticamente avaliada e alargada em várias direcções (Foucault, 1977; Jankovic, 1977; Melossi, 1978; Ignatieff, 1978; Melossi e Pavarini, 1981). De modo geral, o pendor funcionalista e economicista da análise de Rusche foi ultrapassado por uma acentuação das correspondências estruturais ou homologias, principalmente no caso de Foucault e de Melossi e Pavarini. A meu ver, porém, estes autores exageram essa acentuação ao fundirem os mecanismos de poder social do espaço da produção com os do espaço da cidadania. Voltarei, mais adiante, a falar de Foucault. Quanto a Melossi e Pavarini, eles tentam combinar Rusche e Kirchheimer com Pashukanis (1978) e derivar da lógica do capital o isomorfismo estrutural entre presidiários e trabalhadores: "Se a pena, como privação de liberdade, está, então, estruturada pelo modelo de 'troca' (em termos de retribuição por um equivalente) a sua execução (leia-se: penitenciária) é modelada com base na hipótese da manufactura, da 'fábrica' (em termos de disciplina e subordinação)" (1981: 186).

sua função social permanece ideologicamente oculta. Esta teoria social da propriedade é complementada por uma concepção política e jurídica da organização da produção, um aspecto menos conhecido da obra de Renner, mas particularmente importante para o que o pretendo demonstrar. Em sua opinião, a regulação do trabalho dentro da fábrica, sob o comando do capital, é uma delegação da autoridade pública, visto que "o estabelecimento da propriedade conduz automaticamente a uma organização semelhante ao Estado" (1976: 107). Assim, "a fábrica é uma instituição com um código próprio, dotado de todas as características de um código jurídico" (1976: 115). Renner critica acerbamente os juristas e a doutrina jurídica por não terem em devida consideração essa realidade jurídica: "Vemos, além do mais, que esta regulação do poder e do trabalho permanece escondida de toda a doutrina jurídica burguesa que de nada está consciente a não ser das suas limitações mais formais, gerais e extrínsecas" (1976: 114).

Apesar de apontar na direcção correcta, a concepção de Renner merece-me três críticas. Em primeiro lugar, Renner leva demasiado longe a identificação de direito e poder estatais com direito e poder fabris. Não reconhece as diferenças estruturais entre o Estado e a fábrica como duas formas institucionais e, consequentemente, não reconhece as diferenças estruturais entre as duas formas de direito e de poder social por meio das quais actuam. Pelo contrário, como defendi ao longo deste capítulo, são essas diferenças e a sua articulação que caracterizam mais especificamente as sociedades capitalistas. Em segundo lugar, Renner considera o poder e o direito no domínio da fábrica como exclusivamente coercivos. Como já afirmei, é verdade que, no sistema capitalista, a produção e o trabalho estão organizados e disciplinados mais rigidamente do que alguma vez até então ocorrera. Isto não significa, contudo, que essa organização e disciplina só se tornem eficazes através da coerção. Pelo contrário, a produção do consentimento activo ou passivo dos trabalhadores é, muitas vezes, a fonte principal da disciplina. Em terceiro lugar, Renner subestima a especificidade histórica do capitalismo, quando afirma que "a relação do emprego é [...] uma obrigação pública de servir, semelhante à servidão dos tempos feudais" (1976: 115). É óbvio que isto não é verdade. O que diferencia o capitalismo do feudalismo é precisamente a privatização do poder político sobre a produção, que separa o controle sobre a produção da execução de funções públicas e serviços da comunidade, unidos no feudalismo (Brenner, 1977; Wood, 1981: 86).

Em anos mais recentes, Michael Burawoy defendeu de modo muito convincente uma concepção política ampla do processo de trabalho. Recorrendo ao conceito gramsciano de hegemonia, Burawoy mostra que a especificidade da organização capitalista da produção reside no facto de esta, para ser eficaz, ter de obter o consentimento activo e a participação dos trabalhadores na sua própria exploração (Burawoy, 1979: 27). Reside aqui a ideia da fábrica como um "Estado interno", uma ideia que, como vimos, remonta a Renner, ao mesmo tempo que ecoa explicitamente a teoria de Selznik da justiça industrial (1969). A tese principal de Burawoy é que a forma despótica das relações de produção, no estádio do capitalismo competitivo, evoluiu, na fase das grandes empresas e do sindicalismo, para uma forma hegemónica que assenta "numa participação limitada de representantes dos trabalhadores na gestão da indústria" (Burawoy, 1979: 110). Essa evolução está contida no conceito de "Estado interno", pelo qual Burawoy entende "o conjunto de instituições que organiza, transforma ou reprime as lutas sobre as relações na produção e as relações de produção ao nível da empresa" (1979: 110). As mais importantes dessas instituições são a negociação colectiva e a procedimentos de resolução de litígios.

Esta estimulante análise do processo de trabalho merece-me duas observações críticas. A primeira é que, apesar de Burawoy, ao contrário de Selznick, sublinhar que a política de produção está sujeita à lógica de garantir e ocultar a extracção de mais-valia, leva demasiado longe, num sentido oposto a Renner, a identificação da política de produção com a política global ou, na minha terminologia, da política do espaço da produção com a política do espaço da cidadania. A diferença estrutural entre as duas consiste precisamente em que só numa delas está presente a lógica de garantir e ocultar a extracção de mais-valia. É esta diferença que, a meu ver, explica a natureza despótica das formas políticas e jurídicas do espaço da produção[42]. Isto de modo algum contradiz a existência de componentes hegemónicos ou de consentimento, que, como sabemos desde E. P. Thompson (1975) e Douglas Hay (1975), estavam também presentes na legislação despótica do *ancien régime*. Coerção e consentimento, embora presentes no espaço da produção e no espaço da cidadania, diferem na forma como são produzidos e se combinam nos dois espaços estruturais. Na sociedade, há várias hegemonias (a da família, a do Estado, a da fábrica, a do mercado, a da comunidade, a nacional e a mundial) não necessariamente compatíveis[43]. Nem Burawoy, nem Meiksins Wood (1981), que também recentemente argumentou a favor do carácter político das relações de produção, conceptualizam convenientemente a especificidade do direito estatal. Burawoy aceita implicitamente a configuração base/superstrutura e Wood reincide nela, acabando por situar, com alguma hesitação, parte do direito estatal na base e parte na superstrutura (Wood, 1981: 79)[44]. A segunda observação

---

42. P.K. Edwards e H. Scullion criticaram Burawoy por se centrar principalmente na criação do consentimento (1982: 9). Baseando o seu trabalho num maior número de dados empíricos, tentam analisar a forma como o controlo no espaço da produção se relaciona quer com o consentimento, quer com a resistência.

43. Salários elevados e "humanização do trabalho" foram os dois factores mais importantes da hegemonia da fábrica. A sua estreita dependência do ciclo da produção distingue-os dos factores de outras formas de hegemonia.

44. Um dos aspectos mais interessantes da investigação de Burawoy é a atenção que dedica à análise comparativa do processo de trabalho (E.U.A., Zâmbia, Hungria e Rússia). A sua investigação empírica é especialmente importante para determinar o impacto do espaço mundial no espaço da produção de qualquer país.

crítica é que, ao propor a relativa fusão entre as várias formas de poder, Burawoy negligencia a questão central das articulações e das constelações entre elas.

A reinterpretação da natureza jurídica e política do espaço da produção, levada a cabo nesta secção com base na análise por Marx da legislação fabril e nos prolongamentos dessa análise efectuados pelos austro-marxistas (Adler e Renner) e por Burawoy, ilustra apenas alguns dos aspectos da grelha analítica alternativa que apresentei neste capítulo. Na verdade, a análise das leis fabris exigiria uma concepção muito mais ampla das interacções entre os diferentes espaços estruturais, mas as prioridades analíticas de Marx não a tornaram possível. Eis alguns vislumbres desse panorama mais vasto.

Em primeiro lugar, a legislação especial sobre o trabalho das mulheres e o trabalho infantil pressupôs e produziu uma nova articulação entre o espaço doméstico e o espaço da produção. Em segundo lugar, a fracção do capital que mais beneficiou com a legislação fabril era a que mais se empenhava na expansão mundial do capitalismo britânico, estando por isso interessada em moldar o espaço da produção (e, indirectamente, todos os outros espaços estruturais) de maneira a torná-lo compatível com o espaço mundial que pretendia para o capitalismo britânico e para a sociedade britânica em geral. Em terceiro lugar, uma passagem rápida pelas novas cidades industriais de Inglaterra bastaria para revelar que a exploração de classe era acompanhada, a par e passo, pela degradação da natureza, confirmando, assim, que a construção social do trabalhador assalariado e a da "natureza capitalista" constituem as duas faces do mesmo processo histórico. Em quarto lugar, o facto de os trabalhadores não serem ainda, nessa altura, consumidores das mercadorias que produziam foi um elemento determinante das relações no espaço do mercado e da sua interacção com os outros espaços estruturais. Assim, por exemplo, a coexistência de mercados "pré-capitalistas" (baseados no agregado doméstico ou na comunidade) com mercados "pós-capitalistas" (cooperativas operárias de consumo e trocas internacionais de solidariedade) mostra como, num contexto altamente turbulento, o espaço do mercado promove a constelação das relações do espaço doméstico e da comunidade com relações internacionais emancipatórias ou anti-sistémicas. Por último, as deslocações maciças dos trabalhadores e das suas famílias em busca de trabalho, o desenraizamento das comunidades tradicionais e a sua desvalorização num território nacional (que, na realidade, é multinacional) simbolicamente consolidado pela ideologia do nacionalismo, foram confrontadas e inter-penetradas pelas resistências regionalistas por detrás de muitas das lutas dos trabalhadores, bem como pela reinvenção de valores, práticas e identidades comunitárias nos novos locais de fixação. Assim se originaram novas constelações de prática social entre o espaço da comunidade, o espaço da cidadania e o espaço da produção.

CONCLUSÃO

Neste capítulo, apresentei uma grelha teórica alternativa à ortodoxia conceptual centrada na dicotomia Estado/sociedade civil. As principais características dessa grelha são as seguintes. As sociedades capitalistas do sistema mundial são constituídas por seis espaços estruturais, seis conjuntos básicos de relações sociais que definem o horizonte da determinação relevante. Esse horizonte estabelece os limites e as possibilidades de uma ordem minimalista, uma ordem tolerante para com o caos, um princípio ordenador que actua através da complexidade, da fragmentação, da hibridação e, sobretudo, da constelação. Esse horizonte estrutural comporta e promove a contingência e a criatividade.

Os espaços estruturais são entidades relacionais complexas, constituídas por seis dimensões. Esses espaços são autónomos e possuem dinâmicas de desenvolvimento que lhes são específicas. Mas cada dinâmica parcial só pode ser posta em movimento na prática social, em articulação ou em constelação com todas as outras dinâmicas parciais. Isto não significa que os espaços estruturais, quando considerados individualmente, sejam parcialmente dinâmicos, mas tão-só que, em campos sociais concretos, as suas dinâmicas os ultrapassam sempre, e que, por isso, não podem ser controladas separadamente em qualquer um dos espaços. Nem todos os espaços estruturais têm uma presença quantitativa e qualitativamente idêntica em todas as constelações de relações sociais ou em todos os campos sociais. As constelações variam muito ao longo dos campos sociais — conforme as relações preferenciais com um determinado espaço estrutural — e dentro do sistema mundial — de acordo com a hierarquia centro-semiperiferia-periferia.

Neste capítulo, chamei a atenção para três dessas dimensões — forma de poder, forma de direito e forma epistemológica — e abordei as duas primeiras com grande pormenor. No decurso da análise, tentei isolar o que creio serem as duas principais características das sociedades capitalistas. Por um lado, as sociedades capitalistas são constelações políticas de seis formas principais de poder, constelações jurídicas de seis formas principais de direito e constelações epistemológicas de seis formas principais de conhecimento. Por outro lado, as sociedades capitalistas caracterizam-se por uma supressão ideológica hegemónica do carácter político de todas as formas de poder, exceptuando a dominação, do carácter jurídico de todas as formas de direito, exceptuando o direito estatal, e do carácter epistemológico de todas as formas de conhecimento, exceptuando a ciência.

Estas duas características são igualmente cruciais para a reprodução normal das sociedades capitalistas no sistema mundial. A tese que defendo é que o carácter político das relações sociais de poder não reside numa forma particular de poder, nomeadamente no poder do espaço da cidadania (a dominação), mas sim num poder compósito resultante das constelações entre as diversas formas de poder em diferentes campos sociais. De modo semelhante, o carácter jurídico das relações sociais não decorre de uma única forma de direito, nomeadamente do direito do espaço da cidadania (o direito estatal), mas sim das diversas constelações entre diferentes formas de direito. Por último, o perfil epistemológico das relações sociais não é fornecido por uma forma epistemológica específica, nomeadamente a forma epistemológica do espaço mundial (a ciência), mas sim pelas diversas constelações de conhecimentos que as pessoas e os grupos produzem e utilizam em campos sociais concretos.

As constelações políticas, jurídicas e epistemológicas têm duas características para as quais chamei particularmente a atenção. A primeira é que as diferentes formas de poder, de direito e de conhecimento que as integram são estruturalmente autónomas. A minha principal crítica a Renner e Burawoy é que é tão importante reconhecer a natureza jurídica e política das relações do espaço da produção como é importante reconhecer que o seu carácter (parcialmente) político e jurídico é estruturalmente diferente do carácter jurídico e político das relações do espaço da cidadania. A segunda característica das constelações políticas, jurídicas e epistemológicas é que, apesar da sua imensa variedade, uma determinada forma estrutural tende a ser mais difundida e mais invasiva: a dominação, nas constelações de poder; o direito estatal, nas constelações jurídicas; e a ciência nas constelações epistemológicas. A centralidade da dominação, do direito estatal e da ciência nas sociedades capitalistas não deriva da sua exclusividade sobre relações sociais específicas, mas antes da particularidade da sua presença nas relações sociais em resultado do desenvolvimento da modernidade capitalista. São formas cósmicas cujo funcionamento cósmico assenta na virtuosidade com que se constelam com formas caósmicas.

A segunda característica estrutural das sociedades capitalistas é que a existência dessas constelações de poder, de direito e de conhecimento é ignorada, ocultada ou suprimida por toda uma série de estratégias hegemónicas que convertem a redução da política ao espaço da cidadania em senso comum político, a redução do direito ao direito estatal em senso comum jurídico e a redução do conhecimento ao conhecimento científico em senso comum epistemológico. Estas múltiplas reduções hegemónicas não são simplesmente ilusões ou manipulações que é fácil lançar no descrédito ou rejeitar. Depois de convertidas em senso comum, não são apenas necessariamente ilusórias, tornam-se também necessárias enquanto ilusões. Implantam-se nos hábitos sociais, políticos e culturais das pessoas, incluindo dos cientistas sociais, e orientam a prática social, criam uma ordem reconfortante e produzem rótulos tranquilizadores para espaços auto-situados (a política aqui, o direito ali, a ciência acolá). A reprodução política, jurídica e epistemológica das sociedades capitalistas depende largamente destas evidências hegemónicas.

Uma teoria crítica que pretende ser socialmente eficaz não pode contentar-se com o facto de identificar apenas o mapa estrutural das sociedades capitalistas, nem de pôr a descoberto a natureza mistificadora do senso comum que, ao mesmo tempo, lubrifica e oculta (e lubrifica porque oculta) as complexas constelações de poder, de direito e de conhecimento: tem de se transformar num senso comum novo e emancipatório. A dificuldade, porém, é que não é através da teoria que a teoria pode transformar-se em senso comum. E a dificuldade é tanto maior (ou até maior) porque raramente é reconhecida pelos teóricos sociais.

A ideia de que a teoria crítica não precisa de se tornar senso comum para ser socialmente validada é um dos sensos comuns mais enraizados e mistificadores da teoria crítica. Na verdade, é este senso comum que torna moderna a moderna teoria crítica. A teoria crítica pós-moderna, pelo contrário, começa por uma autocrítica prepóstera no intuito de reduzir as suas propostas emancipatórias a proporções adequadas. Só combatendo o seu próprio senso comum é que descobre os outros sensos comuns a combater. O seu contributo para um senso comum novo e emancipatório, ou melhor, para sensos comuns novos e emancipatórios, reside, antes de mais, na identificação e caracterização das constelações de regulação, isto é, dos múltiplos lugares de opressão nas sociedades capitalistas e das interligações entre eles. Reside também na identificação e caracterização da pluralidade dos agentes sociais, dos instrumentos sociais e dos conhecimentos sociais susceptíveis de serem mobilizados em constelações de relações emancipatórias. As invenções de novos sentidos que resultem destas constelações são as sementes de novos sensos comuns.

Neste capítulo, ocupei-me sobretudo das constelações de regulação. No capítulo seguinte, a análise centrar-se-á nas constelações de emancipação.

CAPÍTULO

6

Não disparem sobre o utopista

INTRODUÇÃO

Na transição paradigmática, a emancipação social é uma aspiração tão óbvia quanto inverosímil. Óbvia, porque a regulação social, sendo exercida ineficaz e incoerentemente, parece estar sempre à mercê de quem lhe resista. Inverosímil, porque, tendo absorvido em si a emancipação social considerada possível no paradigma ainda dominante, a regulação social pode credivelmente ocultar a sua ineficácia e incoerência, atribuindo-as às alternativas e resistências por boas razões fracassadas. Isto é tanto mais assim quanto a regulação social continua neste período a dispor de dois fortíssimos factores de legitimação: a ciência e o direito modernos. Quer um, quer outro, reclamam-se de uma eficácia e de uma coerência que, de facto, não têm nem nunca tiveram. Contudo, a consagração política e cultural de que beneficiaram nestes últimos duzentos anos faz com que, na primeira fase de transição paradigmática, a sua legitimidade se reproduza independentemente da qualidade dos seus desempenhos práticos.

Em face disto, os grupos sociais interessados na emancipação não podem, hoje, começar por defender a coerência e a eficácia das alternativas emancipatórias, sob pena de confirmarem e aprofundarem a sua inverosimilhança. Nestas condições, não resta outra saída senão a utopia. No trilho aberto por ela o conhecimento emancipatório irá consolidando a sua trajectória epistemológica, do colonialismo para a solidariedade. Assim se irá criando uma nova bitola de coerência e eficácia que torne a emancipação menos óbvia e mais verosímil.

Neste capítulo, revisito e amplio muito as propostas utópicas apresentadas em *Pela Mão de Alice* (1994: 243 e ss.). A pulsão utópica é a mesma que então me guiou, mas o aprofundamento da análise da regulação social entretanto conseguido — apresentado nos capítulos anteriores — torna hoje possível avançar um pouco mais na identificação de novos caminhos emancipatórios e, sobretudo, na construção das subjectividades capazes e desejosas de os percorrer.

Antes de apresentar as novas propostas, convirá recapitular os pressupostos que então e hoje subjazem ao momento utópico da minha reflexão. O primeiro pressuposto é que, quase cento e sessenta anos depois de ter sido formulada, continua a ser válida a acusação feita aos cientistas sociais por Fourier em 1841 de que estes tendem a descurar sistematicamente os problemas fundamentais das ciências de que se ocupam (1967: 181). Nos Capítulos 1 e 2, atribuí esse facto ao modo como a ciência e o direito modernos destruiram a tensão entre regulação e emancipação. O excesso de regulação daí decorrente transformou-se, ele próprio, num problema fundamental. Hoje em dia, são problemas fundamentais os problemas para os quais não existe uma solução no paradigma da modernidade. O facto de a ciência e o direito modernos serem incapazes de reconhecer isso mesmo e de pensar, de forma credível, a transição para um outro paradigma transforma-os num problema fundamental adicional.

O segundo pressuposto é que, à medida que a canibalização da emancipação social pela regulação social se converteu no mega-senso comum do fim do século XX, a regulação social não tem de ser efectiva para florescer: ela floresce simplesmente porque a subjectividade é incapaz de conhecer e de desejar saber como conhecer e desejar para além da regulação.

Resulta daí que a nossa necessidade radical seja dupla: por um lado, a necessidade de reinventar um mapa emancipatório que, contrariamente aos desenhos de Escher, não se converta gradual e insidiosamente em mais um mapa de regulação; por outro lado, a necessidade de reinventar uma subjectividade individual e colectiva capaz de usar e de querer usar esse mapa. Esta é a única maneira de delinear um trajecto progressista através da dupla transição, epistemológica e societal, que começa agora a emergir.

Nos capítulos anteriores, referi alguns dos princípios orientadores deste vasto processo de reinvenção e reconstrução. Salientei a necessidade de criar novas formas de conhecimento baseadas numa novíssima retórica, uma retórica dialógica empenhada em constituir-se como tópica emancipatória, ou seja, como tópica de novos sensos comuns emancipatórios. Tenho em mente formas de conhecimento que progridam do colonialismo para a solidariedade e que sejam tolerantes relativamente ao caos, por ele ter potencialidades para criar uma ordem emancipatória capaz de facilitar uma resolução progressista da transição paradigmática.

Sustentei ainda que deveríamos tomar como ponto de partida para essa tarefa algumas representações inacabadas da modernidade, sublinhando particularmente duas delas: o princípio da comunidade, assente nas ideias de solidariedade, de participação, e o princípio estético-expressivo, assente nas ideias de prazer, de autoria e de artefactualidade. Considero estes dois princípios cruciais para definir os parâmetros progressistas da transição paradigmática, quer na vertente epistemológica, quer na vertente societal. A respeito da transição paradigmática societal, insisti, contudo, que a escavação de algumas das representações inacabadas da modernidade deveria também incluir a separação do direito moderno relativamente ao Estado e a sua rearticulação com a política e a revolução, ambas entendidas de forma bem diferente da que tem dominado na modernidade ocidental.

Estes princípios orientadores permitiram-me interrogar as concepções hegemónicas de conhecimento, de direito, de poder e de política, e, assim, desenhar novos campos analíticos mais vastos e mais incompletos, e, simultaneamente, menos ocidental-cêntricos e menos Norte-cêntricos. Mostrei como os novos campos analíticos realçam as várias formas de opressão nas sociedades capitalistas, ao mesmo tempo que abrem novos espaços para uma política cosmopolita, para diálogos interculturais, para a defesa da autodeterminação e da emancipação, espaços possibilitados pela globalização das práticas sociais. Na análise destas últimas, é crucial distinguir entre as práticas sociais que resultam directa ou indirectamente da transnacionalização do capital (localismos globalizados e globalismos localizados) e aquelas que representam novas oportunidades para lutas emancipatórias paradigmáticas (cosmopolitismo e património comum da humanidade)[1].

O objectivo deste percurso analítico foi formular um conjunto de interrogações radicais sobre as sociedades capitalistas contemporâneas e o sistema mundial que as integra, de forma a abrir caminho para a dupla reinvenção, exigida pela própria transição paradigmática, de um novo senso comum emancipatório e de uma nova subjectividade individual e colectiva com capacidade e vontade de emancipação. O presente capítulo é dedicado a essa dupla reinvenção.

O terceiro pressuposto é que a definição do paradigma emergente é uma tarefa tão importante quanto difícil. É uma tarefa difícil porque a modernidade tem uma maneira peculiar de combinar a grandeza do futuro com a sua miniaturização, isto é, de classificar e fragmentar os grandes objectivos do progresso infinito em soluções técnicas que se distinguem essencialmente pelo facto de a sua credibilidade transcender aquilo que a técnica pode garantir. As soluções técnicas, que são parte integrante da cultura instrumental da modernidade, têm um excesso de credibilidade que oculta e neutraliza o seu défice de capacidade. Daí que tais soluções não nos incentivem a pensar o futuro, até porque elas próprias já deixaram de o pensar há muito tempo.

Perante isto, o único caminho para pensar o futuro parece ser a utopia. E por utopia entendo a exploração, através da imaginação, de novas possibilidades hu-

---

1. Este é o tema analítico central do 3º Volume.

manas e novas formas de vontade, e a oposição da imaginação à necessidade do que existe, só porque existe, em nome de algo radicalmente melhor por que vale a pena lutar e a que a humanidade tem direito. A minha versão de utopia é, portanto, duplamente relativa. Por um lado, chama a atenção para o que não existe enquanto (contra)parte integrante, mesmo que silenciada, daquilo que existe, ou seja, para aquilo que pertence a uma determinada época pelo modo como está excluído dela. Por outro lado, a utopia é sempre desigualmente utópica, dado que a sua forma de imaginar o novo é parcialmente constituída por novas combinações e escalas daquilo que existe, e que são, na verdade, quase sempre meros pormenores, pequenos e obscuros, do que realmente existe. A utopia requer, portanto, um conhecimento da realidade profundo e abrangente como meio de evitar que o radicalismo da imaginação colida com o seu realismo.

O quarto pressuposto é que, apesar da urgência com que é reclamado, o pensamento utópico é hoje um pensamento desacreditado, mesmo quando se vão multiplicando no mundo experiências que, à luz das concepções dominantes, surgem como "utopias realistas". O desenvolvimento da racionalidade científica e da ideologia cientista a partir do século XIX e a sua expansão do estudo da natureza para o estudo da sociedade foram criando um ambiente intelectual hostil ao pensamento utópico. Daí que o nosso século tenha sido relativamente pobre em pensamento utópico[2], como se a utopia se tivesse tornado obsoleta com o progresso da ciência e a subsequente racionalização global da vida social[3]. Contudo, a nossa actual perda de confiança epistemológica na ciência moderna obriga-nos a questionar esta explicação. Não será que a morte do futuro, que hoje receamos tão profundamente, foi há muito anunciada pela morte da utopia? Com esta pergunta em mente, Margaret Mead apela para "utopias fortes":

> É, no entanto, através das visões de um mundo, de um lugar ou de um estado melhor que o homem faz esforços positivos [...]. Como, aparentemente, a imaginação humana é tão deficiente na criação dessas visões [...], precisamos de utopias mais fortes (1971: 46).

---

2. Apesar disso, a utopia tem sido uma importante corrente subterrânea do pensamento moderno no século XX. Na década de sessenta, dominaram as erotopias (Norman O. Brown; Marcuse), e, nos anos setenta, as ecotopias (Reich, Schumacher, Callenbach, LeGuin). Os elementos utópicos nas recentes profecias de grandes investigadores no domínio da genética, da bio-engenharia e da inteligência artificial foram eloquentemente analisados em Martins (1993). A propósito de concepções alternativas da sociedade baseadas em culturas não ocidentais, ver Masini (1983).

3. Em 1922, Hertzler concluiu a sua história do pensamento utópico afirmando: «Nós hoje, milénios ou séculos depois, com o nosso conhecimento mais completo da sociedade e com a nossa filosofia social mais sólida, conseguimos discernir nos esquemas dos utópicos debilidades e limitações de que eles não tinham consciência» (1965: 301). Uma reconstrução criativa do pensamento utópico é-nos dada por Mumford, numa obra publicada no mesmo ano (Mumford, 1922). Este autor, embora crítico quanto às «falsas utopias e mitos sociais que provaram ser ou estéreis ou desastrosos ao longo dos últimos séculos» (p. 300), reconheceu que «no entanto, [se] o nosso conhecimento sobre o comportamento humano tem algum peso, não devemos pôr de lado mitos antigos sem criar mitos novos» (p. 301).

A verdade é que, como tem sido frequentemente sublinhado, o pensamento utópico precede, às vezes em séculos, a anti-utopia (Hertzler, 1965: 268-300). Como Mumford afirmou: "*Nenhures* pode ser um país imaginário, mas as notícias de *nenhures* são notícias reais" (1922: 24).

O quinto pressuposto é que a utopia assenta em duas condições: uma nova epistemologia e uma nova psicologia. Enquanto nova epistemologia, a utopia recusa o fechamento do horizonte de expectativas e de possibilidades, e cria alternativas; enquanto nova psicologia, a utopia recusa a subjectividade do conformismo e cria a vontade de lutar por alternativas. A nova epistemologia e a nova psicologia anunciadas pela utopia residem na arqueologia virtual do presente. Entendo esta arqueologia em sentido literal, pois encara o presente como um campo de escavações. Mas entendo-a também em sentido virtual, pois o seu objectivo é escavar apenas onde nada foi realizado e descobrir porquê, ou seja, por que razão as alternativas deixaram de o ser. Neste caso, a escavação interessa-se pelos silêncios, pelos silenciamentos e pelas questões que ficaram por perguntar.

Finalmente, o sexto pressuposto é que não pretendo propor uma utopia propriamente dita, mas antes uma heterotopia. Em vez da invenção de um lugar situado algures ou nenhures, proponho uma deslocação radical dentro do mesmo lugar: o nosso. Partir da ortotopia para a heterotopia, do centro para a margem. A finalidade deste deslocamento é permitir uma visão telescópica do centro e uma visão microscópica de tudo o que o centro é levado a rejeitar para reproduzir a sua credibilidade como centro. O objectivo é experienciar a fronteira da sociabilidade enquanto forma de sociabilidade.

Antes de passar à apresentação de algumas propostas utópicas, volto a referir que, na transição paradigmática, o pensamento utópico tem um duplo objectivo: reinventar mapas de emancipação social e subjectividades com capacidade e vontade de os usar. Nenhuma transformação paradigmática será possível sem a transformação paradigmática da subjectividade. Começarei pelos mapas de emancipação, passando depois para as subjectividades. Concentrar-me-ei nestas últimas, uma vez que, quanto aos mapas de emancipação, há apenas que complementar as propostas apresentadas em *Pela Mão de Alice*.

MAPAS DA TRANSIÇÃO PARADIGMÁTICA: EMANCIPAÇÕES

Nesta secção prossigo, amplio e complemento as propostas desse livro. A ampliação mais significativa é a que decorre de o mapa de estrutura-acção comportar agora seis espaços estruturais e não quatro, como acontecia anteriormente. Serão inevitáveis algumas repetições. Para as evitar tanto quanto possível, resumirei ao máximo o que nesta secção se refere às articulações das novas propostas com as que são já conhecidas.

À luz do que tenho vindo a defender, sobretudo no Capítulo 5, é óbvio que só por uma simplificação grosseira poderemos falar de emancipação social. Na prática, a transição paradigmática irá traduzir-se em emancipações sociais. Distingo seis formas particularmente importantes, porquanto correspondem às seis formas de regulação social identificadas no Capítulo 5. Essas seis formas de emancipação, e as correspondentes lutas emancipatórias, em lugar de serem um ponto de chegada, constituem antes um ponto de partida para pensar a transição paradigmática. Dado que combatem a regulação social existente, as lutas emancipatórias devem necessariamente opor-se-lhe nos campos sociais em que ela actualmente se reproduz. Seja como for, à medida que a transição paradigmática progredir, as lutas emancipatórias deixarão de combater as formas de regulação social que agora existem para combaterem as novas formas de regulação entretanto surgidas das próprias lutas emancipatórias paradigmáticas. Esta permanente vigilância sobre si própria e a sua auto-reflexividade distingue a emancipação pós-moderna da emancipação moderna.

Em cada um dos espaços estruturais, o paradigma emergente constrói-se a si mesmo através de uma tripla transformação: a transformação do poder em autoridade partilhada; a transformação do direito despótico em direito democrático; a transformação do conhecimento-regulação em conhecimento-emancipação. A razão pela qual prefiro falar de emancipações e não apenas de emancipação é que essa transformação assume características diferentes, requer diferentes coligações progressistas e está sujeita a diferentes ritmos nos diferentes espaços estruturais. Em cada um deles, porém, a transformação resulta da substituição gradual da dinâmica de desenvolvimento dominante pela dinâmica emergente e, portanto, da contradição e da competição paradigmáticas entre os paradigmas defendidos pelas respectivas unidades de prática social e pelas coligações transformativas em que elas se organizam. Na prática, a contradição e a competição paradigmáticas implicam a experimentação com formas alternativas de sociabilidade. Daí que um dos principais objectivos das coligações emancipatórias na transição paradigmática consista em garantir que a experimentação ocorra em condições tais que o paradigma emergente não seja desvalorizado ou desacreditado logo à partida. Conseguir essa garantia é, em si, uma luta política que, embora travada em todos os espaços estruturais, é sobretudo desenvolvida no espaço da cidadania e centrada em torno do Estado.

Como vimos no Capítulo 5, o Estado, graças à forma cósmica do seu poder (a dominação) e à forma cósmica do seu direito (o direito territorial), tem uma grande capacidade para condicionar as constelações de práticas sociais. Essa capacidade é o factor principal por detrás das formas hegemónicas de sociabilidade nas sociedades capitalistas contemporâneas. Assim, um dos objectivos fundamentais das lutas conduzidas pelas forças sociais emancipatórias na transição paradigmática consiste em transformar essa capacidade cósmica do Estado numa capacidade caósmica: em vez de impor uma forma de sociabilidade, o Estado deve ser constituído de modo a criar as condições para a experimentação social, isto é, as condições necessárias para que as sociabilidades alternativas possam ser credivelmente experimentadas em cada um dos seis espaços estruturais. Ora isto implica uma profunda transformação, senão mesmo uma radical reinvenção, do Estado.

Na transição paradigmática, o Estado-Providência é a forma estatal que garante a experimentação social, sendo composto por seis diferentes dimensões de providência social, correspondentes aos seis campos estruturais de experimentação social. Um aspecto importante desta reconstrução do Estado-Providência na transição paradigmática é o facto de a função do Estado se centrar em garantir as condições de experimentação de sociabilidades alternativas, não lhe competindo avaliar o desempenho delas. Essa avaliação é uma atribuição exclusiva das forças sociais activas nos campos sociais. Esses campos são comunidades interpretativas ou campos de argumentação cuja vontade e capacidade emancipatórias aumentarão na medida em que a argumentação seja orientada pela retórica dialógica: a novíssima retórica que descrevi no Capítulo 1. Ao contrário do que sucede actualmente, este Estado-Providência não é uma forma política específica dos Estados dos países centrais. Pode ser constituído em todos os Estados que integram o sistema mundial e é até crível que a sua constituição seja mais fácil nos países da periferia do sistema.

A contradição e a competição gerais entre o paradigma dominante e o paradigma emergente desdobram-se em contradições e competições específicas ao nível de cada um dos espaços estruturais. Tal como acontece com o paradigma dominante e com as formas de regulação em que ele se traduz, as formas emancipatórias de sociabilidade emergentes nos diferentes espaços estruturais consolidam-se e expandem-se na medida em que se articulam umas com as outras em constelações de práticas e de conhecimentos emancipatórios.

Passarei agora a apresentar, sucintamente, os termos da contradição e da competição paradigmáticas em cada um dos seis espaços estruturais. Concentrar-me-ei no paradigma societal emergente, no senso comum emancipatório a ser construído por uma tópica retórica dialógica e no novo Estado-Providência enquanto garante da experimentação social de sociabilidades alternativas. Nas notas de rodapé, indicarei algumas das propostas de sociabilidades alternativas para cada um dos espaços estruturais formuladas nas três últimas décadas. Tornar-se-á então evidente uma curiosa e importante assimetria. A maioria das visões ou utopias alternativas concentrou-se nos espaços da produção e da cidadania. O espaço doméstico e o espaço da comunidade que, no século XIX, inspiraram tanta modelização utópica, são hoje em dia praticamente um deserto em matéria de alternativas radicais[4]. Quando muito, a utopia está presente como crítica da utopia, designadamente como crítica das experiências de vida comunitária nos anos

---

4. Para um fascinante relato dos projectos feministas para o trabalho doméstico (espaço colectivizado de trabalho doméstico, trabalho doméstico cooperativo, casas sem cozinhas) no século XIX e início do século XX, ver Hayden (1981).

sessenta[5]. Quase pode dizer-se o mesmo sobre o espaço do mercado. Quanto ao espaço mundial, o pensamento utópico floresceu até à 1ª Grande Guerra, altura em que foi brutalmente esmagado para nunca mais se recompor.

À luz da tradição realista ainda predominante nas ciências sociais, o que a seguir vou expor parecerá pouco mais do que moralização bem intencionada. Não importa. Como tentei mostrar no Capítulo 1, o realismo é o filho epistemológico predilecto do paradigma dominante e, como tal, particularmente revelador da transformação perversa das energias emancipatórias em instrumentos regulatórios. Passo a passo, o realismo conduziu-nos a uma situação em que a emancipação só pode ser pensada de modo não-realista e moralista.

Comunidades domésticas cooperativas

No *espaço doméstico*, a contradição e a competição ocorrem entre o paradigma da família patriarcal e o paradigma das comunidades domésticas cooperativas. O paradigma emergente inclui todas as formas alternativas de sociabilidade doméstica e de sexualidade, baseadas na eliminação dos estereótipos dos papéis de cada sexo, na autoridade partilhada (quer nas relações entre os sexos, quer entre gerações) e na democratização do direito doméstico (conflitos cooperativos, prestação mútua de cuidados, vida partilhada)[6]. O novo senso comum emancipatório do espaço doméstico baseia-se numa tópica retórica orientada pelos topoi da democracia, da cooperação e da comunidade afectivas[7] e, ainda, pelo menos na fase preliminar da transição paradigmática, pelo *topos* da libertação da mulher. No espaço doméstico, a dimensão de providência social do Estado consiste em garantir que se possam experimentar formas alternativas de domesticidade, tanto quanto possível em igualdade de circunstâncias. Por exemplo, deve ser garantido, desde já, igual acesso ao direito social e, nomeadamente, à segurança social, às famílias patriarcais e às comunidades domésticas cooperativas.

Produção eco-socialista

No *espaço da produção*, a contradição e a competição ocorrem entre o paradigma do expansionismo capitalista e o paradigma eco-socialista. Desenrolam-

---

5. Ver, entre outros, Tipton (1982).
6. Como atrás afirmei, a concepção de formas alternativas de domesticidade, que não sejam sexualmente estereotipadas, tem sido, em tempos recentes, um domínio particularmente empobrecido do pensamento utópico. Mesmo assim, no nosso século existe uma corrente importante de utopismo feminista sob a forma de ficção científica, cobrindo não apenas o espaço doméstico, mas todos os outros espaços estruturais. Ver Sargent (1974, 1976 e 1978). Ver também Piercy (1976), e Moylan (1986).
7. Num sentido convergente, mas mais amplo, Wolff refere-se à comunidade afectiva como «a consciência recíproca de uma cultura partilhada» (1968: 187).

se através da contradição e competição entre unidades de produção capitalista e unidades de produção eco-socialistas. Estas últimas abrangem organizações muito diferentes, de certo modo semelhantes a algumas unidades produtivas actualmente existentes nas periferias da produção capitalista, tais como unidades de produção cooperativa e autogerida, pequena agricultura, agricultura orgânica, produção controlada pelos trabalhadores, unidades de produção de utilidade social, redes de produção comunitária[8]. Estas organizações têm em comum o facto de todas elas serem associações voluntárias de produtores direccionadas para a produção democrática de valores de uso, sem degradarem a natureza (substituindo a natureza capitalista pela natureza eco-socialista)[9].

O novo senso comum emancipatório do espaço da produção baseia-se numa tópica retórica orientada pelos *topoi* da democracia e do socialismo e antiprodutivismo ecológicos. No espaço da produção, a dimensão de providência social do Estado consiste em garantir a coexistência dos dois modos de produção alternativos, com o âmbito necessário para avaliar os resultados e as formas de sociabilidade deles decorrentes. O fomento do sector privado não lucrativo, o chamado terceiro sector (os outros sectores são o sector estatal e o sector privado lucrativo), na área da produção de bens e serviços constitui uma das primeiras formas de promoção da experimentação social a empreender pelo Estado-Providência[10].

---

8. Podemos encontrar em Dahl (1985) uma argumentação vigorosa a favor da democracia no espaço da produção. Ver, também, Bowles e Gintis (1986); Bowles, Gordon e Weisskopf (1983 e 1990). Roemer (1992) apresentou um modelo de socialismo de mercado partindo de uma reorganização radical dos direitos de propriedade das empresas e da igualização da distribuição dos lucros. A ideia de democracia económica assente na participação e na autogestão tem, como é sabido, uma longa tradição no pensamento socialista. Em finais dos anos vinte, Naphtali concebeu um modelo bastante sofisticado de democracia económica para a Federação Geral dos Sindicatos Alemães (Naphtali, 1977). Dentro desta tradição, Széll (1988 e 1990) é, actualmente, um dos mais consistentes defensores da democracia económica. Ver, também, Lamers e Széll (1989); Greenberg (1986), sobre a produção cooperativa (o caso de Mondragon); e Linn (1987), a propósito da «produção de utilidade social» (as experiências feitas pelo Conselho da Grande Londres).

9. A literatura sobre democracia económica (ver nota anterior) tem tradicionalmente ignorado a dimensão ecológica e anti-produtivista do espaço da produção emergente. Isto deve-se, em parte, à orientação produtivista do marxismo clássico. Recentemente, porém, o pensamento utópico eco-socialista tem florescido de várias formas. As propostas mais sofisticadas derivam dos trabalhos de Illich (1970; 1971; 1973; 1976; 1977; 1978; 1981), Bahro (1978) e movimento alemão dos Verdes, Gorz (1980, 1982, 1992), Bookchin (1970, 1974, 1980, 1987, 1990), O'Connor (1973, 1987, 1991a, 1991b) e do grupo da revista *Capitalism Nature Socialism*. Ver, também, Daly e Cobb (1989). De formas muito diversas, todas estas propostas ligam explicitamente o espaço da produção ao espaço do mercado e ao espaço da comunidade: as versões alternativas abrangem a produção, o consumo e, em geral, "*le monde vécu*". De facto, "*le front est partout*". Em 1947, Goodman e Goodman apresentaram os seus «modelos para pensar» a eliminação da diferença entre produção e consumo na nova comunidade (Goodman e Goodman, 1960). Para uma panorâmica global, ver Frankel (1987). Ver também Goodin (1992).

10. O terceiro sector é analisado pormenorizadamente no 4º Volume.

Necessidades humanas e consumo solidário

No *espaço do mercado*, a contradição e a competição ocorrem entre o paradigma do consumismo individualista e o paradigma das necessidades humanas, da satisfação decente e do consumo solidário. No paradigma emergente, os meios de satisfação estão ao serviço das necessidades — sendo as necessidades simultaneamente privação e potencialidade —, o mercado é apenas uma de entre muitas formas de organização do consumo, e as necessidades são concebidas como experiências subjectivas que podem ser expressas de variadíssimas formas, de acordo com os contextos e as culturas, ora como objectos de desejo, ora como desejos de intersubjectividade. A noção de necessidades radicais é central no paradigma emergente. Segundo Heller, as necessidades radicais são qualitativas e não quantificáveis; não podem ser satisfeitas num mundo assente na subordinação e na superordenação; impelem as pessoas para ideias e práticas que eliminam a subordinação e a superordenação[11].

O novo senso comum emancipatório do espaço do mercado baseia-se numa tópica retórica orientada pelos *topoi* da democracia, das necessidades radicais e dos meios de satisfação genuínos. No espaço do mercado, a dimensão de providência social do Estado consiste em garantir a experimentação de formas alternativas de consumo, tanto quanto possível em igualdade de circunstâncias. Esta dimensão de providência social é mais difícil de atingir, dado que contradiz, a um nível particularmente profundo, a actual lógica global do Estado-Providência que, tal como o conhecemos, foi criado para garantir a integração das classes trabalhadoras no tipo de consumo organizado de acordo com o paradigma dominante do consumismo individualista. Uma das primeiras medidas de experimentação social consiste em criar condições para que grupos de consumidores se associem na produção de alguns bens de consumo (sobretudo alimentares). Esta medida implicará uma nova reforma agrária, a restruturação do uso e posse da terra nas cinturas agrícolas das grandes cidades.

Comunidades-Amiba

No *espaço da comunidade*, a contradição e a competição ocorrem entre o paradigma das comunidades-fortaleza e o paradigma das comunidades-amiba. As comunidades-fortaleza são comunidades exclusivas, isto é, comunidades que, agres-

---

11. Heller, 1976. Recentemente, Heller (1993) revisitou a sua teoria das necessidades radicais. Embora ainda acredite que há necessidades radicais, rejeita a «temporalização das necessidades radicais no projecto de uma grande narrativa» (1993: 33). Esta alteração torna a teoria de Heller ainda mais concordante com a minha principal tese neste livro. Tenho vindo a insistir na ideia de que o paradigma emergente é, na verdade, um conjunto de paradigmas que, muito provavelmente, carecem da coerência e da ambição totalizante que caracteriza o paradigma da modernidade.

siva ou defensivamente, baseiam a sua identificação interna numa clausura em relação ao exterior. As comunidades agressivas-exclusivas, cujo exemplo arquetípico é a "sociedade colonial", são constituídas por grupos sociais dominantes que se fecham numa pretensa superioridade para não serem corrompidas por comunidades supostamente inferiores. As comunidades defensivas-exclusivas são o reverso das anteriores, mas seguem-lhes o exemplo ao enclausurarem-se para defender os poucos resquícios de dignidade que conseguiram escapar à pilhagem colonial. Aqui, o exemplo arquetípico encontra-se nas comunidades indígenas. A consequência deste processo de auto-enclausuramento recíproco é a tendência das comunidades-fortaleza para gerarem fortes hierarquizações internas. Com isto tornam-se excludentes quer ao nível externo (intercomunitário), quer ao nível interno (intracomunitário).

No paradigma das comunidades-amiba, pelo contrário, a identidade é sempre múltipla, inacabada, sempre em processo de reconstrução e reinvenção: uma identificação em curso. A comunidade é, neste paradigma, vorazmente inclusiva e permeável, alimentando-se das pontes que lança para outras comunidades e procurando comparações interculturais que confiram o significado mais profundo à sua concepção própria de dignidade humana, sempre ávida de encontrar formas de estabelecer coligações de dignidade humana com outras comunidades. Os movimentos populares latino-americanos, as comunidades eclesiais de base, os movimentos de defesa dos direitos humanos em todo o sistema mundial, tendem a estar mais próximos do paradigma das comunidades-amiba do que, por exemplo, os sindicatos e os movimentos feministas dos países do centro.

O paradigma das comunidades-amiba visa construir um novo senso comum emancipatório orientado por uma hermenêutica democrática, cosmopolita, multicultural e diatópica. No espaço da comunidade, a dimensão de providência social do Estado consiste em garantir a proliferação de comunidades-amiba. Uma das primeiras medidas de experimentação social neste domínio consiste em arvorar o multiculturalismo em princípio informador de toda a actividade estatal (sistema educativo, saúde pública, segurança social, administração pública)[12].

Socialismo-como-democracia-sem-fim

No *espaço da cidadania*, a contradição e a competição ocorrem entre o paradigma da democracia autoritária e o paradigma da democracia radical. Ao longo deste volume, analisei, com alguma demora, as principais características do paradigma dominante numa perspectiva crítica, salientando os limites da sociabili-

---

12. Há que distinguir entre multiculturalismo progressista e reaccionário. Este tema será tratado no 3º Volume.

dade democrática tornada possível por ele. O paradigma emergente é o paradigma da democracia radical, isto é, da democratização global das relações sociais assentes numa dupla obrigação política: a obrigação política vertical entre o cidadão e o Estado, e a obrigação política horizontal entre cidadãos e associações. Em termos do paradigma emergente, a transição paradigmática consiste nas lutas por seis formas de sociabilidade democrática, isto é, seis formas de democracia correspondentes aos seis espaços estruturais[13].

A democratização do espaço da cidadania é emancipatória apenas na medida em que esteja articulada com a democratização de todos os restantes espaços estruturais, e a cidadania só é sustentável na medida em que se dissemine para além do espaço da cidadania. Cada forma democrática representa uma articulação específica entre a obrigação política vertical e a obrigação política horizontal, e cada uma tem a sua própria concepção de direitos e de cidadania, de representação e de participação. Em todas elas, porém, o processo democrático é aprofundado pela transformação das relações de poder em relações de autoridade partilhada, do direito despótico em direito democrático, e do senso comum regulatório em senso comum emancipatório.

O paradigma emergente constitui, portanto, uma ampla expansão e dispersão do direito democrático, dos direitos humanos[14] e da cidadania. Por exemplo, os direitos e os deveres consagrados pelo direito do espaço doméstico não se confundem com os direitos e os deveres consagrados pelo direito estatal da família, mas o potencial democrático de cada um dos tipos de direitos e deveres resulta da articulação entre eles[15]. Da mesma maneira, ser cidadão no espaço da produção não é a mesma coisa do que ser cidadão no espaço do mercado, mas é da constelação de diferentes cidadanias que deriva o valor democrático de uma dada sociedade. A expansão da democracia a que o paradigma emergente aspira deve, assim, ser entendida em termos de estrutura, escala e tempo: em termos de estrutura, porque abrange todos os espaços estruturais e não apenas o da cidadania;

---

13. O espaço da cidadania é, sem dúvida, o espaço estrutural que inspirou o pensamento utópico mais rico no nosso século. Partindo de uma tradição da modernidade, excêntrica e não hegemónica, que remonta a Rousseau, Wollstonecraft, Marx, Engels e J. Stuart Mill, as ideias de democracia directa e de democracia participativa foram reelaboradas numa miríade de propostas que incluem a democracia radical (Mouffe, 1992; Laclau e Mouffe, 1985), a democracia unitária (Mansbridge, 1983), a democracia forte (Barber, 1984), a autonomia democrática e o socialismo liberal (Held, 1987), a comunidade democrática (Berry, 1989), a democracia associativa (Cohen e Rogers, 1992) e o socialismo democrático (Cunningham, 1988).

14. Em matéria de direitos e de política de direitos, o paradigma emergente alarga e aprofunda as concepções contra-hegemónicas que nesse domínio foram propostas por A. Hunt (1993) e P. Williams (1991). Ver, também, Laclau e Mouffe (1985).

15. Sen (1990) chama a nossa atenção para a especificidade dos «conflitos cooperativos» no agregado familiar, acrescentando que as dificuldades de eliminar as predisposições desfavoráveis às mulheres relacionam-se com as «evidentes dificuldades de alargar a análise dos direitos ao problema da distribuição no interior do agregado familiar» (140).

em termos de escala, porque abrange os espaços-tempo local, nacional e transnacional e não apenas o espaço-tempo nacional; e, por fim, em termos temporais, porque a democracia do presente depende, em parte, da garantia de uma vida decente para as gerações futuras. O senso comum emancipatório da cidadania baseia-se no *topos* do socialismo-como-democracia-sem-fim.

A dimensão de providência social do Estado no espaço da cidadania é particularmente complexa, porque a contradição e a competição entre paradigmas se, por um lado, devem ser asseguradas pelo Estado, por outro, repercutem-se no interior deste, tornando-o contraditório. A experimentação paradigmática, que o Estado deve promover na sociedade, transforma o Estado num Estado experimental, um Estado-piloto. No espaço da cidadania, a dimensão de providência social reside no modo como o Estado redistribui os seus recursos materiais e simbólicos de modo a promover a experimentação social com formas alternativas de democracia, de direito e de cidadania. Por outras palavras, a dimensão de providência social realiza-se, em parte, pela transferência das prerrogativas do Estado para associações e instituições não-estatais sempre que estas, pelas suas virtualidades democráticas e participativas, contribuam para a proliferação de espaços públicos não-estatais. Significa isto que, na transição paradigmática, o Estado é um Estado dual, ou seja, em cada domínio social há um conjunto de leis e de instituições que garantem a reprodução das formas de sociabilidade dominante, e um outro conjunto de leis e instituições que garantem a experimentação com as formas emergentes de sociabilidade[16].

Sustentabilidade democrática e soberanias dispersas

Finalmente, no *espaço mundial*, a contradição e a competição paradigmáticas ocorrem entre o paradigma do desenvolvimento desigual e da soberania exclusiva, por um lado, e o paradigma das alternativas democráticas ao desenvolvimento e da soberania reciprocamente permeável, por outro. Do ponto de vista do paradigma emergente, a hierarquia Norte-Sul e o desenvolvimento capitalista, expansionista e desigual, em que essa hierarquia assenta, constituem a maior e mais implacável violação dos direitos humanos no mundo de hoje. A principal função do sistema inter-estatal, na sua presente forma, é fazer com que essa violação seja, ao mesmo tempo, possível e politicamente tolerável.

De acordo com o paradigma emergente, a hierarquia Norte-Sul só pode ser abolida na medida em que se for impondo um novo padrão de sociabilidade transnacional democrática e eco-socialista, a qual, por sua vez, pressupõe um novo sistema de relações internacionais e transnacionais orientado pelos princípios da

---

16. Esta reinvenção do Estado e da democracia é o tema central do 4º Volume.

globalização contra-hegemónica: o cosmopolitismo e o património comum da humanidade[17]. No novo modelo, a soberania deixa de ser exclusiva e absoluta, tornando-se recíproca e democraticamente permeável.[18] Com base nesta nova noção de soberania, torna-se concebível que os Estados partilhem entre si a sua soberania e o façam também com novas instituições não-governamentais transnacionais, democráticas e participativas, embriões de um espaço público global nem estatal nem inter-estatal.

No paradigma emergente, o princípio da autodeterminação interna é tão importante quanto o princípio da autodeterminação externa. Tenderão a desaparecer as distinções entre cidadãos e não cidadãos, entre emigrantes e nacionais, e, com isto, as cidadanias, tal como as nacionalidades, tenderão a ser plurais. A tópica retórica do espaço mundial está orientada para a hermenêutica diatópica e para o diálogo intercultural, e assenta nos *topoi* da democracia, do cosmopolitismo e do património comum da humanidade. Durante as primeiras fases da transição paradigmática, deverá também privilegiar-se uma tópica do Sul não-imperial[19].

No espaço mundial, a dimensão de providência social do Estado consiste em garantir a experimentação com novas formas de sociabilidade internacional e transnacional, baseadas em conceitos alternativos de soberania que visam a criação de instâncias parciais de governação transnacional (incluindo governos locais transnacionalmente articulados em rede). Também neste caso, o Estado assume na transição paradigmática uma natureza dual: um número crescente de relações que o paradigma dominante concebe como relações externas será reconceptualizado como relações internas.

Lutas paradigmáticas e subparadigmáticas

À luz da proposta utópica aqui apresentada, as contradições e as competições paradigmáticas traduzem-se, na transição paradigmática, por um extenso campo de experimentação social com formas alternativas de sociabilidade. Em vez de serem eliminadas por um acto de ruptura revolucionária, as formas dominantes de sociabilidade podem continuar a reproduzir-se, perdendo, no entanto, o monopólio

---

17. A globalização contra-hegemónica é analisada em detalhe no 3º Volume.

18. As concepções alternativas do espaço mundial surgiram no contexto da análise da crise final do sistema mundial e do sistema inter-estatal. Assim, como já afirmei no Capítulo 2, Wallerstein (1991a) tem vindo a promover um debate sobre o novo paradigma. Centrado especificamente no sistema inter-estatal, Falk (1975, 1987, 1992a, 1992b, 1992c), juntamente com outros autores, tem vindo a propor novos modelos de governo mundial. Os novos movimentos sociais (ecológicos, pacifistas, comunitários, de defesa de alternativas ao desenvolvimento) têm originado, nos últimos anos, uma profusão de propostas utópicas, centradas sobre a acção social à escala mundial. Ver, por exemplo, Pieterse (1989); Walker (1988); Daly e Cobb (1989); Addo et al. (1985). Ver também Stauffer (1990).

19. Sobre a noção do Sul não-imperial, ver, mais adiante, a discussão sobre a subjectividade do Sul.

sobre as práticas epistemológicas e sociais. Isto significa que têm de competir com formas de sociabilidade alternativa às quais devem garantir-se condições adequadas, não só para sobreviverem, mas também para florescerem. Ao Estado compete assegurar a experimentação, residindo nessa função a sua natureza de providência social.

Na transição paradigmática, as lutas políticas em que o alvo é o Estado tornam-se extremamente importantes. Enquanto as lutas políticas subparadigmáticas visam reproduzir uma forma dominante de sociabilidade, as lutas políticas paradigmáticas anseiam pela experimentação social com formas de sociabilidade alternativa. Na concepção aqui proposta, a avaliação da experimentação social está confiada às diferentes forças sociais envolvidas em formas alternativas de sociabilidade. A luta pela avaliação é, em parte, uma luta pelos critérios de avaliação. Pelo menos, nas primeiras fases da transição paradigmática não pode deixar de ser incluído, entre os vários critérios, o critério quantitativo: a avaliação só pode ser positiva na medida em que a experiência com alternativas de sociabilidade, uma vez concluída, se torna mais credível para grupos sociais mais amplos, conquista mais adeptos dispostos a renová-la e ampliá-la, em suma, amplia o seu auditório relevante. Deve ter-se sempre em mente que a experimentação social não é levada a cabo por vanguardas que representem algo mais para além de si próprias. É antes levada a cabo por grupos sociais inconformados e inconformistas que, por um lado, se recusam a aceitar o que existe só porque existe e, por outro, estão convictos que o que não existe contém um amplíssimo campo de possibilidades. Na transição paradigmática, o inconformismo é, em si mesmo, uma mera semi-legitimidade que se vai completando com a ampliação do círculo do inconformismo.

A luta pela avaliação é tão crucial como a luta pelas garantias de experimentação. Isto significa que, ao contrário do que acontece com a luta política subparadigmática, a luta política paradigmática não pode escolher entre lutar dentro e lutar fora do Estado: tem de ser travada dentro e fora do Estado[20]. As garantias de experimentação são sempre resultado de uma luta, pois são conquistadas dentro de um Estado constituído pelo paradigma dominante, precisamente com o objectivo de evitar a experimentação social. A luta é, por isso, extremamente difícil, as garantias são sempre precárias e têm de ser objecto de uma vigilância política constante.

A avaliação da experimentação social será efectuada pelas forças sociais no interior das comunidades interpretativas através da retórica dialógica proposta no Capítulo 1. Cada um dos espaços estruturais desenvolve a sua própria tópica retórica. No entanto, o *topos* da democracia é comum a todos eles. O facto de este topos se constelar em diferentes espaços estruturais com diferentes *topoi* revela a

---

20. Volto a este tema no 4º Volume.

variedade de democracias que a transição paradigmática irá gerar para corresponder ao seu potencial emancipatório. Contudo, como uma das características fundamentais do conhecimento argumentativo é a sua natureza não-fundacional, inacabada e reversível, não há qualquer garantia de que os parâmetros da retórica dialógica sejam cumpridos, nem de que os resultados da argumentação e da avaliação sejam duráveis. De facto, a experimentação social é também uma auto-experimentação, residindo aí a sua auto-reflexividade.

A luta política paradigmática é, no seu conjunto, altamente arriscada. Embora assente na contradição e na competição entre o dominante e o emergente, o velho e o novo, tal não significa que os opressores estejam necessária e exclusivamente do lado do dominante e do velho, nem que as vítimas se encontrem necessária e exclusivamente do lado do emergente e do novo. Além disso, a maior parte dos opressores e das vítimas estará no lado do paradigma dominante nas relações sociais concentradas à volta de alguns espaços estruturais, e do lado do paradigma emergente nas relações sociais concentradas à volta de outros espaços estruturais. Assim, a experimentação social com formas alternativas de sociabilidade pode ser recusada pelos grupos sociais que, em teoria, mais beneficiariam dela. O direito de recusa é, porém, um dos direitos incondicionais na transição paradigmática.

Nos termos aqui apresentados, a contradição e a competição paradigmática significam uma confrontação no campo social entre regulação e emancipação. Mas enquanto, na luta política subparadigmática, a emancipação pela qual se luta é a que é possível dentro do paradigma dominante — e que, portanto, não questiona fundamentalmente a regulação social instituída —, na luta política paradigmática, a confrontação ocorre entre a regulação socialmente construída pelo paradigma dominante e a emancipação imaginada pelo paradigma emergente. Entre as duas lutas, há uma total incomensurabilidade. Efectivamente, para a luta social paradigmática, a experimentação social só existe enquanto tal na medida em que a emancipação resista a ser absorvida pela regulação. Contudo, por razões tácticas, as coligações transformativas podem ser levadas a combinar lutas subparadigmáticas nalguns campos sociais com lutas paradigmáticas noutros.

Concebida deste modo, a transição paradigmática é, no seu conjunto, uma sociabilidade altamente arriscada que só pode ser levada a cabo por uma subjectividade capaz de correr riscos e disposta a corrê-los: a subjectividade emergente.

VIAJANTES PARADIGMÁTICOS: SUBJECTIVIDADES

A transição paradigmática é dupla: epistemológica e societal. As duas transições são autónomas, mas intimamente relacionadas. Formas alternativas de conhecimento geram práticas sociais alternativas e vice-versa. A unir as duas transições, existe o conceito de subjectividade — simultaneamente individual e colectiva —, o grande mediador entre conhecimentos e práticas. Dado que, neste capítulo, adoptei a heterotopia como lugar de escrita, é-me legítimo centrar a análise no lado emergente e emancipatório da competição paradigmática, isto é, na construção paradigmática do tipo de subjectividade capaz de explorar, e de querer explorar, as possibilidades emancipatórias da transição paradigmática. Tal é a subjectividade emergente: por um lado, tem de se conhecer a si mesma e ao mundo através do conhecimento-emancipação, recorrendo a uma retórica dialógica e a uma lógica emancipatória; por outro lado, tem de ser capaz de conceber e desejar alternativas sociais assentes na transformação das relações de poder em relações de autoridade partilhada e na transformação das ordens jurídicas despóticas em ordens jurídicas democráticas. Em suma, há que inventar uma subjectividade constituída pelo *topos* de um conhecimento prudente para uma vida decente.

Disse atrás que cada grande período da história intelectual é caracterizado por uma relação íntima e específica entre subjectividade e conhecimento ou, se se preferir, entre psicologia e epistemologia, uma relação já analisada por Cassirer (1960, 1963) e Toulmin (1990) a propósito do Renascimento e do Iluminismo.[21] No tocante ao Iluminismo, o ensaio de Locke (1956) sobre o "entendimento humano" viria a revestir-se de uma enorme influência, e ainda hoje nos interessa aqui. São de Voltaire estas palavras admiráveis sobre Locke:

> Depois de tantos e tão variados pensadores terem formado o que poderíamos chamar o romance da alma, surge um sábio que modestamente nos apresentou a história dela. Locke revelou a razão humana ao homem, tal como um anatomista competente explica as origens e a estrutura do corpo humano (Voltaire, 1950: 177).

O motivo deste entusiasmo foi o facto de Locke ter aberto uma nova perspectiva segundo a qual a investigação da função da experiência devia preceder qualquer determinação do seu objecto, e o conhecimento exacto do carácter específico do entendimento humano não poderia ser atingido a não ser que se traçasse todo o percurso do seu desenvolvimento desde os primeiros elementos até às formas mais elevadas. Para Locke, a origem do problema crítico era genética, sendo que a história da mente humana fornecia uma explicação adequada do mesmo[22].

Escrevendo num momento crucial da constituição do paradigma da modernidade, Locke fez perguntas e deu respostas que hoje são para nós de pouca utilidade, agora que chegámos à última fase do paradigma que ele ajudou a consolidar.

---

21. Ver também Lima (1988).
22. Ver também Cassirer (1960: 93-133).

O que poderá ter utilidade para nós, porém, é a arqueologia das suas perguntas e das suas respostas. Locke foi capaz de exigir radicalmente um tipo de subjectividade capaz de criar e de querer criar um novo conhecimento científico cujas possibilidades infinitas assomavam no horizonte, um tipo de subjectividade que, de facto, desejava também reconhecer-se nas suas próprias criações. Viu a resposta para a sua questão numa correspondência instável entre dois extremos: um conhecimento que se posicionava nos alvores de um futuro mais promissor que todos os futuros passados só podia ser desejado por uma subjectividade que representasse o culminar de uma longa evolução ascendente.

Hoje, tal como Locke, também nós devemos suscitar a questão da subjectividade de forma radical, embora de uma forma radicalmente diferente, já que duas diferenças marcantes nos separam de Locke. Por um lado, estamos a entrar numa fase de transição paradigmática em que o paradigma emergente é ainda pouco nítido e pouco motivador, visto que tem de enfrentar a oposição de um amplo leque de forças sociais, políticas e culturais interessadas em reproduzir o paradigma dominante muito para além dos limites da sua própria criatividade regeneradora. Por outro lado, quanto ao futuro, sabemos muito melhor o que não queremos do que o que queremos. Os mecanismos modernos de confiança, centrados no Estado, que, como hoje sabemos, significavam confiança no futuro, começaram a desvanecer-se, deixando-nos face a face com um futuro de que desconfiamos. Por isso a nossa *Sorge* é hoje uma dupla *Sorge*: o objecto dela é o futuro que desejamos e, sobretudo, o futuro que não desejamos. Assim, o paradigma emergente manifesta-se como a "inquietude" de que falava Condillac, essa inquietação que ele considerava ser o ponto de partida, não apenas dos nossos desejos e anseios, mas também do nosso pensar e julgar, do nosso querer e agir (Condillac, 1984: 288).

Neste contexto, o problema central é o de como imaginar uma subjectividade suficientemente apta para compreender e querer a transição paradigmática, para transformar a "inquietude" em energia emancipatória, ou seja, uma subjectividade que queira empenhar-se nas competições paradigmáticas, quer ao nível epistemológico, quer ao nível societal, que hão-de conferir uma credibilidade crescente ao novo paradigma, por muito provisória e reversível que ela seja. Ao contrário de Locke, perguntamos por uma subjectividade que, em vez de culminar uma evolução, tem a sua génese no futuro. Ela é, pois, intrinsicamente problemática. A sua auto-reflexividade deve ser exercida ex *ante*, por assim dizer. Deve ser auto-reflexiva particularmente a respeito daquilo que ainda não é, o que implica seguir muito de perto as consequências dos seus actos. Tal é a prudência subjacente ao novo conhecimento.

A subjectividade da transição paradigmática é aquela para quem o futuro é uma questão pessoal. De facto, num sentido muito literal, uma questão de vida ou de morte. Para a subjectividade paradigmática, o passado é uma metonímia de tudo o que fomos e não fomos. E o passado que nunca foi exige uma reflexão especial sobre as condições que o impediram de alguma vez ser. Quanto mais suprimido, mais presente. A subjectividade emergente é tão radicalmente contemporânea de si própria que, tratando o passado como se ele fosse presente, chega a parecer anacrónica. Podemos falar de anacronismo virtual: o passado que é transformado em presente é o passado que não foi autorizado a existir. Contudo, o passado é tornado presente, não como uma solução já pronta, conforme acontece na subjectividade reaccionária, mas como um problema criativo susceptível de abrir novas possibilidades. O imperativo é, pois, o de desfamiliarizar a tradição canónica sem ver nisso um fim em si mesmo, como se essa desfamiliarização fosse a única familiaridade possível ou legítima. Por outras palavras, a subjectividade paradigmática não pode cair nos extremos de Nietzsche quando, na *Genealogia da Moral*, afirma: "Só o que não tem história pode ser definido" (1973: 453). Só através da arqueologia virtual poderá a subjectividade da transição paradigmática empenhar-se numa crítica radical da política do possível sem cair numa política impossível.

A construção de uma subjectividade individual e colectiva, suficientemente apta para enfrentar as futuras competições paradigmáticas e disposta a explorar as possibilidades emancipatórias por elas abertas, deve ser guiada, em meu entender, por três grandes topoi: a fronteira, o barroco e o Sul. Analisarei, a seguir, cada um deles separadamente.

A fronteira

A subjectividade emergente compraz-se em viver na fronteira. Num período de transição e de competição paradigmáticas, a fronteira surge como uma forma privilegiada de sociabilidade. Quanto mais à vontade se sentir na fronteira, melhor a subjectividade poderá explorar o potencial emancipatório desta. De entre as principais características da vida na fronteira que são pertinentes para a tese que aqui defendo, distingo as seguintes: uso muito selectivo e instrumental das tradições trazidas para a fronteira por pioneiros e emigrantes; invenção de novas formas de sociabilidade; hierarquias fracas; pluralidade de poderes e de ordens jurídicas; fluidez das relações sociais; promiscuidade entre estranhos e íntimos; misturas de heranças e invenções. Recorro aos historiadores da vida e da sociabilidade fronteiriça para clarificar o que entendo por viver na fronteira[23]. Utilizo os seus conhecimentos à maneira da vida na fronteira, ou seja, de forma muito selectiva e instrumental. A exactidão ou inexactidão histórica das suas descrições concretas não é relevante para o meu argumento. Interessa-me apenas construir o tipo-ideal

---

23. Inspirei-me sobretudo em Cronon, Miles e Gitlin (1992), para o desenvolvimento do *topos* da fronteira.

da sociabilidade de fronteira. Passarei agora a analisar, com algum detalhe, cada uma das características da fronteira.

O Uso Selectivo e Instrumental das Tradições — Viver na fronteira é viver em suspensão, num espaço vazio, num tempo entre tempos. A novidade da situação subverte todos os planos e previsões; induz à criação e ao oportunismo, como quando o desespero nos leva a recorrer ansiosamente a tudo o que nos pode salvar. A tradição deve, portanto, ser imaginada para se converter naquilo de que precisamos, ainda que a definição daquilo de que precisamos seja, em parte, determinada por aquilo que temos à mão. Cronon, Miles e Gitlin, na sua recente reavaliação crítica das análises críticas de Turner sobre a fronteira, sustentam que a colonização do oeste norte-americano foi semelhante a outras formas de colonização geradas pela expansão europeia. Como sucedeu noutras partes do mundo, os euro-americanos, quando chegavam à fronteira, escolhiam do seu passado aquilo que desejavam reter e o que desejavam esquecer ou modificar, quer se tratasse do estilo das casas, da agricultura ou das formas de convivialidade e de religião:

> *Contar a história do Oeste sem procurar estes laços com o Velho Mundo é esquecer uma verdade simples, mas poderosa: as ligações são importantes. Delas provém o grande dilema com que se deparam todas as comunidades de fronteira: reproduzir os modos de vida do velho mundo ou substituí-los por outros novos. As áreas onde os euro-americanos só recentemente tinham entrado possuíam uma fluidez peculiar que caracterizava as comunidades de fronteira em todo o mundo. Os recursos, a riqueza e o poder, embora dificilmente ao alcance de todos, eram, no entanto, mais fáceis de obter aí do que nas sociedades mais rigidamente hierarquizadas que os invasores tinham deixado para trás. Quando os emigrantes criavam lares em áreas de fronteira, tentavam agarrar-se ao mundo familiar que recordavam do passado, mas também procuravam mudá-lo e melhorá-lo. O seu esforço por escolher entre o conhecido e o desconhecido, à medida que moldavam os novos povoados, foi um dos traços mais comuns da vida na fronteira, e a experiência de ser capaz de escolher — para quem tinha essa oportunidade — pôde trazer consigo uma inesperada sensação de poder* (Cronon, Miles e Gitlin, 1992: 9-10).

A Invenção de novas formas de sociabilidade — Viver na fronteira significa ter de inventar tudo, ou quase tudo, incluindo o próprio acto de inventar. Viver na fronteira significa converter o mundo numa questão pessoal, assumir uma espécie de responsabilidade pessoal que cria uma transparência total entre os actos e as suas consequências. Na fronteira, vive-se da sensação de estar a participar na criação de um novo mundo. As reservas de experiência e de memória que cada pessoa ou grupo social leva consigo para a situação da fronteira transformam-se profundamente quando aplicadas num contexto completamente novo, mas a liberdade quase incondicional com que são transformadas pela primeira vez condiciona a liberdade de futuras transformações. Ao fazerem escolhas sobre o tipo de comunidade em que pretendem viver, os emigrantes estão, assim, a reduzir o âmbito da liberdade de escolha que será posteriormente possível: "O acto de exercer a liberdade de transformar os velhos modos de vida estabeleceu as fundações para a criação de novos velhos modos de vida que acabariam por limitar a própria liberdade que os criou" (Cronon, Miles e Gitlin, 1992: 10).

Hierarquias fracas — A construção das identidades de fronteira é sempre lenta, precária e difícil; depende de recursos muito escassos, dada a grande distância entre a fronteira e o centro, seja o centro do poder, do direito ou do conhecimento. Volto aqui a citar Cronon, Miles e Gitlin:

> *As áreas de fronteira eram locais remotos, muito distantes dos centros de riqueza e de poder. Isto sugere uma maneira importante de definir a comunidade de fronteira: periferias cuja dependência da metrópole imperialista ajudou a definir a sociedade local [...] Por mais abertos que os seus sistemas sociais pudessem parecer, os seus habitantes nunca podiam atingir um estatuto idêntico ao das elites na metrópole.*

Contudo, pela mesma razão, a grande distância em relação ao centro contribuiu, por sua vez, para minar a hierarquia:

> *Viver na margem do império significava, geralmente, viver onde o poder do Estado central era fraco, onde a actividade económica estava pouco regulamentada e onde a inovação cultural encontrava poucos obstáculos* (Cronon, Miles e Gitlin, 1992: 10).

Pluralidade de poderes e de ordens jurídicas — Os povos da fronteira repartem a sua lealdade por diferentes fontes de poder e aplicam a sua energia em diferentes formas de luta contra os poderes. Promovem assim a existência de múltiplas fontes de autoridade:

> *As fronteiras norte-americanas eram tradicionalmente áreas onde a autoridade do Estado era fraca, onde o direito era o resultado de práticas costumeiras ou de uma invenção expedita. As políticas índias eram, geralmente, menos burocráticas e institucionalizadas do que as dos europeus, de modo que os encontros dos invasores com os nativos eram também encontros com novas formas de governação política* (Cronon, Miles e Gitlin, 1992: 16).

Fluidez das relações sociais — A fronteira, enquanto espaço, está mal delimitada, física e mentalmente, e não está cartografada de modo adequado. Por esse motivo, a inovação e a instabilidade são, nela, as duas faces das relações sociais. É claro que esse é também um espaço provisório e temporário, onde as raízes se deslocam tão naturalmente como o solo que as sustenta:

> *Nas áreas de fronteira, povos de culturas diferentes defrontavam-se como nações politicamente independentes, mas só durante algum tempo. Sempre que os povos nativos constatavam que a sua liberdade de acção estava efectivamente constrangida*

pelas leis de outro Estado, a sua independência de fronteira dava lugar à dependência política (Cronon, Miles e Gitlin, 1992: 17).

Promiscuidade de estranhos e íntimos, de herança e invenção — Viver na fronteira significa viver fora da fortaleza, numa disponibilidade total para esperar por quem quer que seja, incluindo Godot. Significa prestar atenção a todos os que chegam e aos seus hábitos diferentes, e reconhecer na diferença as oportunidades para o enriquecimento mútuo. Essas oportunidades facilitam novos relacionamentos, novas invenções de sociabilidade que, devido ao seu valor paradigmático, se convertem instantaneamente em herança. Dela se alimentam sucessivas identificações que, agrupadas por uma memória mais ou menos traiçoeira, constituem o que designamos por identidade. Mais uma vez me remeto à opinião de Cronon, Miles e Gitlin:

> Longe de apresentarem a marca indelével do império, muitas comunidades de fronteira fomentaram uma verdadeira mescla, ou, pelo menos, uma coexistência de tradições europeias e nativas (e, posteriormente, também africanas e asiáticas) onde nenhum dos lados gozava de uma clara superioridade cultural. Os emigrantes europeus não foram, de modo algum, os únicos responsáveis pela mistura de culturas. Os povos que iam encontrando ao longo das suas viagens, e aqueles entre quem acabaram por se fixar, foram também responsáveis por terem alterado os seus próprios mundos de maneira a acomodar os novos vizinhos. [...] Tal como os colonialistas colhiam informações sobre os "novos" territórios da fronteira e os seus habitantes, também os índios depressa se aperceberam das oportunidades e dos perigos que os invasores representavam. [...] Veio por fim uma altura em que a coerção euro-americana lhes reduziu drasticamente as opções, mas mesmo aí os povos índios encontraram formas de afirmar a sua autonomia e o direito de escolher o tipo de mundo que queriam habitar (Cronon, Miles e Gitlin, 1992: 10-11)[24].

A sociabilidade mental que constitui a subjectividade emergente possui as principais características da sociabilidade de fronteira. Como já afirmei, não interessa à minha argumentação saber se Cronon, Miles e Gitlin descreveram com exactidão o oeste americano, nomeadamente no que respeita às relações entre euro-americanos e nativos americanos. O que importa é captar a fenomenologia geral da vida de fronteira, a fluidez dos seus processos sociais, a criação constante de mapas mentais semelhantes aos portulanos medievais a que aludi no Capítulo 3, e, acima de tudo, a instabilidade, a transitoriedade e a precaridade da vida social na fronteira.

Segundo os autores cujas ideias tenho vindo a usar para ilustrar o meu raciocínio, a fronteira foi um momento social relativamente breve que desapareceu

---

24. Tenho seriíssimas reservas em relação a esta concepção do «direito de escolha» dos índios. Pressinto nela a arrogância *Yankee*.

assim que o espaço da fronteira se transformou em diferentes regiões e territórios incorporados nos Estados Unidos: "A extensão do poder estatal era a indicação mais clara possível de uma invasão bem sucedida e de uma fronteira em retracção" (Cronon, Miles e Gitlin, 1992: 17). A partir daí, as hierarquias fortaleceram-se, as diferenças tornaram-se nítidas, a violência organizada aumentou. "A passagem de fronteira a região" escrevem os citados autores, "foi a mudança de uma relativa novidade para uma relativa antiguidade, do fluxo para a fixidez". E concluem: "[...] Talvez o sinal mais eloquente dessa transição tenha sido a sensação, entre os habitantes de um lugar, de que já não estavam a inventar um mundo, mas a herdar um mundo" (1992: 23).

A sociabilidade da fronteira é também, em certo sentido, a fronteira da sociabilidade. Daí a sua grande complexidade e precaridade. Está assente em limites, bem como na constante transgressão dos limites. Na fronteira, todos somos, por assim dizer, migrantes indocumentados ou refugiados em busca de asilo. O poder que cada um tem, ou a que está submetido, tende a ser exercido no modo abertura-de-novos-caminhos, mais do que no modo fixação-de-fronteiras. Nas constelações de poder, os diferentes tipos de poder competem entre si para serem activados num modo de alta-tensão, o que torna as constelações instáveis, imprevisíveis e atreitas a explosões, ora destrutivas, ora criativas. O carácter imediato da relações sociais, a vertigem da a-historicidade e a superficialidade das raízes tornam preciosos os laços que é possível estabelecer na fronteira, preciosos justamente pela sua raridade, precaridade e utilidade vital.

A criação de obrigações horizontais sobrepõe-se à criação de obrigações verticais, o que significa que a subjectividade é participativa e que geralmente permite que a sua participação seja orientada pelo princípio da comunidade. O *topos* da fronteira é, na verdade, o *metatopos* subjacente à criação de um novo senso comum político, um senso comum participativo concebido como parte da tópica para a emancipação analisada no Capítulo 1. Na fronteira, o valor de uso da participação raramente se traduz em valor de troca. A participação não é um capital simbólico que, com facilidade, aumente ou seja investido fora do campo social em que é gerado. Se me é permitido utilizar uma expressão da agricultura ecológica, diria que, na fronteira, a participação cresce organicamente. Daí que seja, ao mesmo tempo, mais honesta no seu processo de criação e mais perecível no seu consumo. As identificações que tornam possível a participação comunitária raramente conseguem cristalizar-se em identidades. Por outras palavras, a fronteira vive simultaneamente a prática da utopia e a utopia da prática.

Disse atrás que, na fronteira, todos somos, simbolicamente e em certa medida, migrantes indocumentados, deslocados ou refugiados em busca de asilo. No entanto, embora apresente algumas semelhanças com o exílio, a fronteira não é exílio. Comentando as relações entre exílio e literatura, Said define exílio como "o perigoso território da não-pertença [...], uma solidão experienciada fora do grupo:

as privações sentidas ao não se estar com os outros na habitação comum" (Said, 1990: 359). E acrescenta: "O *pathos* do exílio reside na perda de contacto com a solidez e o conforto da terra: voltar a casa está fora de questão" (361). Atormentado pelo exílio, e particularmente pelo exílio interior a que se considerava condenado pela indescritível destruição da Segunda Guerra Mundial, Adorno observou, na sua *Minima moralia*, que "faz parte da moralidade que uma pessoa não se sinta em casa na sua própria casa" (1985: 39). Seguir Adorno, escreve Said, é ficar longe de "casa" a fim de poder olhá-la com o distanciamento do exílio:

> Tomamos a casa e a língua por garantidas. Elas tornam-se natureza e os seus pressupostos subjacentes degeneram em dogma e ortodoxia. O exilado sabe que, num mundo secular e contingente, as casas são sempre provisórias. As fronteiras e as barreiras, que nos fecham na segurança do território familiar, podem também transformar-se em prisões e são muitas vezes defendidas para além do razoável e do necessário. Os exilados atravessam as fronteiras e derrubam as barreiras do pensamento e da experiência (Said, 1990: 365).

A vida na fronteira partilha com a vida no exílio algumas características importantes: tende a ser uma vida instável e perigosa, na qual nada ou quase nada é certo ou garantido; existe fora dos esquemas convencionais dominantes de sociabilidade, tornando-se, por isso, particularmente vulnerável; reproduz-se, sempre de forma provisória, atravessando fronteiras e ultrapassando limites. Em todo o caso, a fronteira não é, de forma alguma, exílio. No que diz respeito à fronteira, a presença do centro não é tão forte que permita distinguir clara e indiscutivelmente entre "nós" e "eles", como é típico das situações de exílio. Pelo contrário, a fronteira é promíscua e abrangente, e tende a incluir os estranhos como membros. De facto, a fronteira prospera na ausência de uma demarcação nítida entre ser e não ser membro, e é na base dessa mesma ambiguidade que ela se esmera por ser uma casa para os que nela vivem: um lar confortável, embora talvez não muito duradouro.

Ao contrário do exílio, na fronteira a "casa comum" não é um lugar de onde se tenha sido expulso ou do qual se viva afastado. É antes a tarefa de um constante fazer e desfazer que constitui a vida na fronteira. Assim, a vida na fronteira obedece ao preceito de Adorno, mas complementa-o com outro, que deve ser seguido de modo igualmente fiel: a outra parte da moralidade é uma pessoa sentir-se em casa naquilo que não é a sua casa própria. A privação abissal de comunidade na transição paradigmática é a força impulsionadora que encoraja a subjectividade de fronteira a viver do desejo de comunidade e a aproveitar avidamente cada fragmento de comunidade que conseguir. A subjectividade de fronteira é conduzida mais pelo anseio do falanstério de Fourier do que pelo anseio do exílio de Adorno.

Para uma caracterização adicional da subjectividade de fronteira, devemos distinguir, com maior precisão, entre centro e periferia, centro e margem. A precisão aqui é importante, porque a transição paradigmática poderia ser entendida como uma competição entre dois centros: o dominante e o emergente. Na verdade, a situação é muito mais complexa. O reconhecimento da existência de uma transição paradigmática implica um distanciamento em relação ao centro, ou seja, em relação ao paradigma dominante. Ainda que não se transforme em margem, o paradigma dominante perde eficácia enquanto centro, o que não significa, porém, que o paradigma emergente ascenda, pelo mesmo processo, à condição de centro. Se fosse esse o caso, então ele não seria, talvez, um paradigma verdadeiramente alternativo.

O paradigma emergente manifesta-se sobretudo na proliferação das margens, na multiplicação das escalas que as definem e na variedade de cartografias que guiam os nossos passos. Em lugar de uma competição entre centros, a transição paradigmática é, poderíamos dizê-lo, uma competição entre margens. O centro que é possível na transição paradigmática resulta de acoplamentos ou de constelações de margens. A cumplicidade simbiótica entre a fronteira e a transição paradigmática reside nesta escassez de centros e na abundância de margens. Viver na fronteira é viver nas margens sem viver uma vida marginal.

Reflectindo sobre a sua experiência de afro-americana, residente numa pequena cidade de Kentucky, bell hooks dá-nos informações preciosas sobre a fenomenologia da vida na margem. O tipo de vida descrito por hooks, longe de ser uma vida de fronteira, pois o centro não se encontra aqui certamente num lugar remoto, permite-nos, contudo, entender esse carácter capacitante, próprio da margem, que é tão crucial na vida da fronteira:

> Estar na margem é fazer parte de um todo, mas fora do corpo principal. Para nós, americanos negros vivendo numa pequena cidade do Kentucky, a linha do caminho de ferro recordava-nos todos os dias a nossa marginalidade. Para lá da linha, havia ruas pavimentadas, lojas onde não podíamos entrar, restaurantes onde não podíamos comer e pessoas que não podíamos olhar directamente na face. Para lá da linha, havia um mundo onde podíamos trabalhar como criadas, como porteiras, como prostitutas, desde que fosse numa função subordinada. Podíamos entrar nesse mundo, mas não podíamos lá viver. Tínhamos sempre de regressar à margem, de atravessar a linha e voltar às barracas ou às casas abandonadas nos limites da cidade.
>
> Havia leis que asseguravam esse regresso. Não regressar significava correr o risco de ser punido. Vivendo como vivíamos — na margem —, desenvolvemos uma maneira particular de ver a realidade. Olhávamos quer de fora para dentro, quer de dentro para fora. Focávamos a nossa atenção no centro, bem como na margem. Compreendíamos ambos. Este modo de olhar recordava-nos a existência de todo um universo, um corpo principal feito de margens e de centro. A nossa sobrevivência dependia de uma constante consciência pública da separação entre margem e centro e de um constante reconhecimento \privado de sermos uma parte necessária e vital desse todo.

Esta noção de totalidade, impressa nas nossas consciências pela estrutura das nossas vidas diárias, proporcionou-nos uma cosmovisão de oposição, um modo de ver desconhecido da maioria dos nossos opressores, um modo que nos sustentou, que nos ajudou na nossa luta para superar a pobreza e o desespero, que reforçou o sentido da nossa identidade e a nossa solidariedade (hooks, 1990: 341)[25].

Ao deslocar o centro, a subjectividade de fronteira coloca-se em melhor posição para compreender a opressão que o centro reproduz e oculta através de estratégias hegemónicas. Sem dúvida que a margem é, muitas vezes, um produto da marginalização operada pelo centro, mas, paradoxalmente, ao enfraquecer o que o rodeia, o centro torna-se, ele próprio, mais fraco. Não menos do que hooks, também não é minha intenção romantizar a margem. Trata-se tão-só de identificar nela a vontade de maximizar as oportunidades de liberdade e autonomia que se obtêm através de uma observação telescópica do centro e da sua consequente trivialização e descanonização. A subjectividade de fronteira floresce na base dessa vontade.

O relativo acentrismo da vida de fronteira resulta de uma constante definição e redefinição dos limites: experienciar os limites sem os sofrer. Embora os limites possam ser experienciados de muitas formas diferentes, duas delas parecem-me particularmente relevantes para a constituição da subjectividade de fronteira: a cabotagem e a hibridação. A *cabotagem* foi a forma de navegação dominante desde tempos imemoriais até à expansão europeia do século XV e ainda hoje é a forma usual de navegação de muitas populações costeiras em todo o mundo. Implica navegar fora dos limites, mas em contacto físico com eles, e ir realizando outras actividades ao longo do trajecto, como a pesca ou o comércio. Quanto mais longe se estiver e mais pequenos, porque vistos de longe, forem os limites, maiores serão as oportunidades de autonomia. Mas um passo a mais, que faça perder totalmente de vista esses limites, pode transformar uma autonomia estimulante num caos destrutivo. A navegação de fronteira cabota entre dois limites: um de cada lado do barco. A trajectória raramente é guiada por ambos ao mesmo tempo: se, num determinado momento, um dos limites está mais próximo e serve de orientação, no momento seguinte é o limite oposto que fica mais perto e que passa a princípio orientador.

Na transição paradigmática, a subjectividade de fronteira navega por cabotagem, guiando-se ora pelo paradigma dominante, ora pelo paradigma emergente. E se é verdade que o seu objectivo último é aproximar-se tanto quanto possível do

---

25. Num sentido semelhante, Gilroy (1993) retirou de Du Bois o conceito de «dupla consciência» para exprimir a especificidade da moderna experiência cultural negra, a experiência de «estar simultaneamente dentro e fora do Ocidente», o que conduz às «inevitáveis pluralidades envolvidas nos movimentos negros de África e do exílio», em que as reivindicações de identidade nacional são ponderadas em comparação com outras variedades contrastantes de subjectividade (30).

paradigma emergente, ela sabe que só ziguezagueando lá poderá chegar e que, mais do que uma vez, será o paradigma dominante a continuar a guiá-la. Cabotando assim ao longo da transição paradigmática, a subjectividade de fronteira sabe que navega num vazio cujo significado é preenchido, pedaço a pedaço, pelos limites que ela vai vislumbrando, ora próximos, ora longínquos. Avistados, desse modo, pela subjectividade de fronteira, os limites são, eles mesmos, transformados de maneira significativa, isto é, tal como a subjectividade de fronteira vive dos limites, os limites vivem da subjectividade de fronteira. De facto, os limites só existem na medida em que a subjectividade de fronteira se deixa guiar por eles.

Na transição paradigmática, os paradigmas em competição perdem a fixidez sólida para se tornarem líquidos e navegáveis. Mais do que nunca, tornam-se o produto das acções individuais e colectivas que dependem deles. É este o grande privilégio dos limites e das margens na transição paradigmática. Os centros ficam inteiramente dependentes do que acontece nos limites exteriores da sua jurisdição e, na verdade, tornam-se eles próprios consideravelmente acêntricos. Esse acentrismo favorece a desierarquização e a horizontalização das práticas de conhecimento típicas da transição paradigmática.

Em períodos de transição paradigmática, são muitos os exemplos de subjectividades de fronteira que navegam à vista. Foi o que aconteceu com Copérnico e Galileu, e também com Montaigne e Paracelso. Umas breves palavras sobre Paracelso, um médico e mago do século XVI a quem ainda não me referi. De seu verdadeiro nome Philippus Aureolus Theophrastus Bombastus von Hoehenheim, Paracelso nasceu em Einsiedeln em 1493 e morreu em Salzburgo em 21 de Setembro de 1541. O que me parece notável em Paracelso é o facto de ele ter reconhecido não uma, mas duas fontes de autoridade — a *Ecclesia* e a *Mater Natura* —, e ter podido cabotar com toda a segurança, ora guiado por uma, ora guiado por outra. Como não conseguia encontrar designações adequadas para as tremendas descobertas que fez, Paracelso foi um prolífico criador de neologismos. No entanto, para ele não havia conflito entre, por um lado, a alquimia e a magia, e por outro, a experiência da natureza. Jung, também ele um hábil navegador costeiro, observou uma vez que Paracelso não tinha escrúpulos em considerar que o conhecimento das doenças era pagão pelo facto de a sua origem ser a natureza e não a revelação. A cabotagem está paradigmaticamente expressa numa confissão do próprio Paracelso: "Confesso que escrevo como um pagão e, no entanto, sou cristão" (Jung, 1983: 113)[26].

Outra forma de experienciar limites na transição paradigmática é a *hibridação*. Trata-se de uma actuação sobre os próprios limites, quer os limites do paradigma dominante, quer os limites do paradigma emergente, desestabilizando-os até ao

---

26. Ver o estudo de Jung (1983: 109 e ss.) sobre Paracelso enquanto fenómeno espiritual.

ponto de poder ir para além deles sem ter de os superar. Consiste em atrair os limites para um campo argumentativo que nenhum deles, em separado, possa definir exaustivamente. Esta incompletude torna os limites vulneráveis à ideia dos seus próprios limites e abertos à possibilidade de interpenetração e combinação com outros limites. No campo da hibridação, quanto mais limites, menos limites.

Na hibridação, contrariamente à cabotagem, o percurso da subjectividade de fronteira orienta-se ao desorientar os limites, obrigando-os a confrontarem-se reciprocamente fora do seu terreno próprio e, portanto, vulneráveis e facilmente desfiguráveis. Na hibridação, os limites são transformados em retalhos avulsos de uma manta em que eles próprios já se não reconhecem. Entre muitos exemplos de hibridação, escolho um cujo protagonista é uma notável subjectividade de fronteira, o arquitecto americano Robert Venturi. Refiro-me ao "billdingboard", o famoso projecto de Venturi — que nunca chegou a ser construído — destinado ao *National Football Hall of Fame*, parte edifício (*building*) e parte placard (*billboard*) para afixar cartazes (Merkel, 1987: 27)[27].

Seja qual for a forma que possa assumir, a experiência dos limites é uma experiência existencial intensa. Na fronteira, essa experiência, seja individual ou colectiva, é vivida de um modo comunitário. Nem mesmo as grandes individualidades, como Paracelso ou Venturi, experienciam os limites a não ser em relação a uma comunidade particular, real ou imaginária (doentes, censores, clientes, público), e no contexto dela. O que caracteriza a subjectividade de fronteira é conseguir combinar a participação comunitária com a autoria, ultrapassando assim a distinção entre sujeito e objecto. Semelhante combinação é intrinsecamente problemática, pois vive dos êxitos difíceis com que as identificações dinâmicas resistem à cristalização em identidades estáticas. A cristalização, neste caso, implica o regresso da distinção entre sujeito e objecto, emergindo subreptícia e perversamente da distinção entre sujeito individual e colectivo. Na fronteira, esta combinação de comunidade e autoria, embora sem dúvida problemática, é, apesar de tudo, possível, porque o outro elemento do princípio estético-expressivo — a artefactualidade — também está presente. Construir um mundo novo, inventar novas formas de sociabilidade, atravessar terras-de-ninguém entre limites variáveis — tais são as experiências de artefactualidade mais fortes que podemos imaginar.

O Barroco

A subjectividade da transição paradigmática é também uma subjectividade barroca. Devido aos vários contextos semânticos em que o termo barroco é utilizado no discurso contemporâneo, devo precisar o sentido que aqui lhe atribuo.

---

27. Voltarei ao conceito de hibridação na secção seguinte, ao falar de mestiçagem.

Não uso o termo "barroco" para designar um estilo pós-clássico na arte e na arquitectura[28], nem para identificar uma época histórica — o século XVII europeu[29] —, nem tão-pouco para designar o *ethos* cultural que alguns países latino-americanos (México e Brasil) desenvolveram do século XVII em diante[30]. Tal como aconteceu com o conceito de fronteira, utilizo o barroco enquanto metáfora cultural para designar uma forma de subjectividade e de sociabilidade, o tipo de subjectividade e de sociabilidade capaz de explorar e de querer explorar as potencialidades emancipatórias da transição paradigmática. Contudo, para descrever este tipo de subjectividade e de sociabilidade, recorro selectivamente aos três sentidos do conceito de barroco já mencionados. Quer como estilo artístico, quer como época histórica, quer ainda como *ethos* cultural, o barroco é, essencialmente, um fenómeno latino e mediterrânico, uma forma excêntrica de modernidade, o Sul do Norte, por assim dizer[31]. A sua excentricidade decorre, em grande parte, do facto de ter ocorrido em países e em momentos históricos em que o centro do poder estava enfraquecido e tentava esconder a sua fraqueza dramatizando a sociabilidade conformista.

A relativa ausência de poder central confere ao barroco um carácter aberto e inacabado que permite a autonomia e a criatividade das margens e das periferias. Devido à sua excentricidade e exagero, o próprio centro reproduz-se como se fosse margem. Trata-se uma imaginação centrífuga, que confere centralidade às margens e se torna mais forte à medida que nos deslocamos das periferias internas do poder europeu para as suas periferias externas na América Latina.

Tanto o Brasil como os outros países latino-americanos foram colonizados por centros fracos, respectivamente Portugal e Espanha. Portugal foi um centro hegemónico durante um breve período, entre os séculos XV e XVI, e a Espanha começou a declinar um século mais tarde. A partir do século XVII, as colónias ficaram mais ou menos entregues a si próprias, uma marginalização que possibilitou uma criatividade cultural e social específica, diversificadamente elaborada em múltiplas combinações, ora altamente codificadas, ora caóticas, ora eruditas, ora populares, ora oficiais ora ilegais. Uma tal mestiçagem está tão profundamente enraizada nas práticas sociais desses países que acabou por ser considerada a base de um *ethos* cultural tipicamente latino-americano e que tem prevalecido desde o

---

28. Ver, entre muitos outros, Wölfflin (1979); Manrique (1981); Tapié, (1988). Para uma panorâmica mais vasta da estética barroca, ver Buci-Glucksmann (1984); Hatherly et al. (1990); Roy e Tamen (1990).

29. Maravall (1990); Roy e Tamen (1990); Sarduy, (1989); Mendes, (1989).

30. Echeverria *et al.* (1991-1993); Pastor *et al.* (1993); Barrios (1993); Coutinho (1968, 1990); Ribeiro (1990); Kurnitzky e Echeverria (1993).

31. Curiosamente, segundo Tapié (1988, I: 19) a palavra barroco tem origem no termo português utilizado para designar uma pérola imperfeita, por exemplo, nos *Colóquios dos Simples e Drogas da Índia* de Garcia da Orta.

século XVII até hoje. Interesso-me por esta forma de barroco porque, enquanto manifestação de um exemplo extremo da fraqueza do centro, constitui um campo privilegiado para o desenvolvimento de uma imaginação centrífuga, subversiva e blasfema. Por se formar nas margens mais extremas, o barroco coaduna-se surpreendentemente bem com a fronteira. Se o barroco europeu é o Sul do Norte, é no Sul desse Sul que o barroco latino-americano se desenvolve.

Como época na história da Europa, o barroco é um período de crise e de transição. Refiro-me à crise económica, social e política, que é particularmente evidente no caso das potências que promoveram a primeira fase da expansão europeia. No caso de Portugal, a crise chegou mesmo a implicar a perda da independência, quando, por razões de sucessão dinástica, Portugal foi anexado à Espanha em 1580, para só reconquistar a independência em 1640. A monarquia espanhola, sobretudo sob o reinado de Filipe IV (1621-1665), atravessou uma grave crise financeira que, na realidade, era também uma crise política e cultural. Como diz Maravall, começa com uma certa consciência de inquietação e desassossego, que "piora à medida que o tecido social vai ficando gravemente afectado" (1990: 57)[32]. Por exemplo, os valores e os comportamentos são postos em causa, a estrutura de classes altera-se, o banditismo aumenta, como aumentam, em geral, os comportamentos desviantes e as revoltas e os motins passam a ser ameaças permanentes. É, de facto, uma época de crise, mas é também uma época de transição para novos modos de sociabilidade, possibilitados pelo capitalismo emergente e pelo novo paradigma científico, bem como para novos modos de dominação política, baseados não só na coerção, mas também na integração cultural e ideológica.

A cultura barroca é, em grande medida, um desses instrumentos de consolidação e legitimação do poder. O que, apesar disso, me parece inspirador na cultura barroca é o seu lado de subversão e de excentricidade, a fraqueza dos centros de poder que nela buscam legitimação, o espaço de criatividade e de imaginação que ela abre, a sociabilidade turbulenta que ela promove num período que, por ser de transição, tem alguma semelhança com o nosso próprio tempo. A configuração da sujectividade barroca que aqui apresento é uma colagem de diversos materiais históricos e culturais, alguns dos quais não se podem considerar tecnicamente pertencentes ao período barroco, mas antes a períodos que têm apenas algumas afinidades com ele, como o Romantismo. Proponho o *topos* do barroco como um *metatopos* para a construção de um *novo senso comum estético*, o senso comum reencantado que descrevi no Capítulo 1 como parte integrante da tópica para a emancipação.

A subjectividade do barroco vive confortavelmente com a suspensão temporária da ordem e dos cânones. Enquanto subjectividade de transição, depende, ao

---

32. Ver também o notável ensaio de Fidelino Figueiredo sobre as duas Espanhas (1932).

mesmo tempo, do esgotamento dos cânones e do desejo deles. A sua espacialidade privilegiada é o local, a sua temporalidade privilegiada, o imediato. A sua experiência de vida implica, contudo, algum desconforto, já que carece das certezas evidentes das leis universais — tal como o estilo barroco carecia do universalismo clássico do Renascimento. Por ser incapaz de planear a sua própria repetição *ad infinitum*, a subjectividade barroca investe no local, no particular, no momentâneo, no efémero e no transitório. Mas o local não é vivido de uma forma localista, ou seja, não é experienciado como ortotopia. O local aspira antes a inventar um outro lugar, uma heterotopia, se não mesmo uma utopia. Fruto de uma profunda sensação de vazio e de desorientação, provocada pelo esgotamento dos cânones dominantes, o conforto que o local oferece não é o conforto do descanso, mas um sentido de direcção. Mais uma vez, podemos observar aqui um contraste com o Renascimento, como Wölfflin nos ensinou: "Ao contrário do Renascimento, que procurava permanência e repouso em tudo, o barroco teve, desde o início, um claro sentido de direcção" (Wölfflin, 1979: 58). No que respeita à subjectividade barroca, o sentido de direcção desenvolve-se de dentro para fora e parte do que está mais próximo para o mais longínquo, seja ele o transcendente, o eterno, o inferno.

Por essa mesma razão, a subjectividade barroca é contemporânea de todos os elementos que a integram e, portanto, desdenhosa do evolucionismo modernista. Longe de cair no imobilismo, a temporalidade horizontal da subjectividade barroca é o seu modo próprio de se ultrapassar, de viajar de um momento para o momento seguinte: cada momento é eterno, enquanto dura, como diria o poeta Vinícius de Morais. Não sendo o gosto pelo provisório nada mais do que o gosto por uma sucessão de eternidades, as nunca duram tanto que não possam ser vividas intensamente. Assim, poderemos dizer que a temporalidade barroca é a temporalidade da interrupção. Sendo ela própria o resultado de uma interrupção inter-paradigmática, a temporalidade barroca interrompe-se a si própria frequentemente.

A interrupção é importante em duas instâncias: permite a reflexividade e a surpresa. A reflexividade é a auto-reflexividade exigida pela falta de mapas (sem mapas que nos guiem, temos de caminhar com redobrado cuidado). Sem auto-reflexividade, num vazio de cânones, é o próprio vazio que se torna canónico. O paradigma emergente é uma vertigem, cada passo deve ser dado com prudência. A surpresa, por seu lado, é realmente *suspense*: ela provém da suspensão que a interrupção produz. Suspendendo-se momentaneamente a si própria, a subjectividade barroca intensifica a vontade e desperta a paixão. Segundo Maravall, "a técnica barroca [consiste] em suspender a solução de maneira a encorajá-la, após esse provisório e transitório momento de paragem, a ir mais longe e melhor com o auxílio dessas forças contidas e concentradas" (1990: 445).

A interrupção provoca admiração e novidade, e impede o fechamento e o acabamento. Daí o carácter inacabado e aberto da subjectividade e da sociabilidade barrocas, e daí também a sua disponibilidade para lutar por um novo acabamento: o paradigma emergente que, em todo o caso, só como aspiração pode imaginar-se. O paradigma emergente é um processo feito de continuidades e descontinuidades. A capacidade de admiração, de surpresa e de novidade é a energia que promove a luta por uma aspiração tanto mais convincente quanto nunca pode ser completamente realizada. O objectivo do estilo barroco, diz Wölfflin, "não é representar um estado perfeito, mas sugerir um processo inacabado e um momento em direcção ao seu acabamento" (1979: 67). Por se sentir confortavelmente em casa na transição paradigmática, a subjectividade barroca tira o máximo partido da suspensão da ordem. No entanto, suspensão da ordem não significa mera suspensão dos cânones: implica também a suspensão das formas. A subjectividade barroca tem uma relação muito especial com as formas. A geometria da subjectividade barroca não é euclideana: é fractal. A suspensão das formas resulta das utilizações extremas que lhes são dadas: a *extremosidad* de que fala Maravall (1990: 412).

A subjectividade barroca rejeita a distinção entre aparência e realidade, sobre a qual assenta a ciência moderna, principalmente porque essa distinção esconde uma hierarquização. Tendo em conta que, no paradigma dominante, a aparência é o oposto da realidade, a forma epistemológica dominante capaz de reconhecer a realidade tem também poder para declarar como aparência tudo o que não consegue ou não quer conhecer. Contra este autoritarismo, que tende a rotular como aparência todas as práticas que não sejam familiares, a subjectividade barroca privilegia a aparência enquanto medida transitória e compensatória. Neste aspecto, segue de perto a lição de Friedrich Schiller, o poeta alemão que tão eloquentemente nos fala da aparência estética (*das ästhetische Schein*) nas suas cartas sobre *A Educação Estética do Ser Humano*, publicadas em 1795 (Schiller, 1983). Dado que ele representa (como a arte barroca, poderíamos acrescentar) uma dimensão excêntrica da modernidade, Schiller é bem compatível com a nova inteligibilidade a que a subjectividade barroca aspira. A sua crítica radical da ciência moderna, e da especialização profissional e desumanização administrativa que ela promove, é, de resto, muito semelhante à de Rousseau, já referida no Capítulo 1. Tal como Rousseau, Schiller não é movido por qualquer veleidade retrógrada, mas por um desejo de reconstruir uma subjectividade completa (a totalidade da subjectividade) nas condições criadas pela modernidade. Segundo Schiller, essa totalidade não pode ser atingida nem pelas forças da natureza, sob a égide da ciência, nem pelas leis ou a moral que o Estado promulga, mas por uma terceira entidade mediadora — a forma estética, o Estado estético:

> *No meio do temível reino das forças e do reino sagrado das leis, o impulso estético para a forma está, imperceptivelmente, a trabalhar na construção de um terceiro*

reino jubiloso do lúdico e da aparência, onde o homem é solto dos grilhões das circunstâncias e é libertado de tudo o que poderíamos chamar constrangimento, tanto no domínio físico como no moral (Schiller, 1983: 215)[33].

Embora a subjectividade barroca desconfie das totalidades, mesmo quando rebeldes e contra-hegemónicas, a natureza utópica da proposta de Schiller é aliciante. O atractivo reside na sua tentativa de recuperar uma das mais inacabadas representações da modernidade, a representação estético-expressiva, de um modo simultaneamente utópico e pragmático. Segundo Schiller, o *ästhetisches Schein* só se tornará universal quando a cultura impedir o seu abuso. Por enquanto, afirma Schiller, "a maioria dos homens está demasiado cansada e exausta com a luta pela vida para se lançar numa luta nova e ainda mais dura contra o erro" (1983: 51)[34]. Dado que, como veremos, a subjectividade barroca é também uma subjectividade do Sul, a observação de Schiller é aqui particularmente importante para se compreender quão fundo deverá ir e em que direcção deverá ser levada a escavação estética.

No que concerne à subjectividade barroca, as formas são, por excelência, o exercício da liberdade. A grande importância do exercício da liberdade justifica que as formas sejam tratadas com uma seriedade extrema, embora o extremismo possa redundar na destruição das próprias formas. Segundo Wölfflin, a razão pela qual Miguel Ângelo é considerado, muito justamente, um dos pais do barroco é "porque tratou as formas com uma violência, uma terrível seriedade que só poderia encontrar expressão na ausência de forma" (1979: 82). Foi a isso que os contemporâneos de Miguel Ângelo chamaram *terribilità*. Este extremismo, assente numa vontade de grandeza e intenção de maravilhar, está bem expresso no dito de Bernini: "Que ninguém me fale do que é pequeno" (Tapié, 1988, II: 188).

O extremismo pode ser exercido de muitas maneiras diferentes para fazer sobressair a simplicidade, bem como a exuberância e a extravagância, conforme Maravall observou (1990: 426). O extremismo barroco é o dispositivo que permite criar rupturas a partir de aparentes continuidades e manter o devir das formas em estado de permanente bifurcação prigoginiana. Um dos exemplos mais eloquentes deste extremismo é o "Êxtase Místico de Santa Teresa". Nesta escultura de Bernini, a expressão de Teresa d'Ávila é de tal modo dramatizada que a representação de

---

33. O Schein a que Schiller se refere, longe de ser uma mera ilusão, constitui uma realidade mais elevada (*höhere Wirklichkeit*) e, como tal, possui uma clara dimensão utópica. Sobre o conceito de Schein em Schiller, ver, por exemplo, Wilkinson (1955).

34. Começando pelo estudo de Schiller feito, em 1905, por Franz Mehring — *Schiller, ein Lebensbild für deutsche Arbeiter* —, as análises marxistas de Schiller (Schiller como pequeno-burguês, como revolucionário idealista) são sintomáticas do carácter subparadigmático da crítica marxista da modernidade capitalista. Ver uma compilação dessas análises em Dahlke, 1959. Para uma perspectiva crítica, ver Witte, 1955. Ver também Lukács, 1947.

uma Santa em transe místico se transmuta na representação de uma mulher gozando um orgasmo fundo. A representação do sagrado desliza subrepticiamente para a representação do sacrílego. Esta mutação imprevista e imprevisível, ao mesmo tempo que retira o descanso às formas, torna impensável a forma do descanso. Só o extremismo das formas permite que a subjectividade barroca mantenha a turbulência e a excitação necessárias para continuar a luta pelas causas emancipatórias, num mundo onde a emancipação foi subjugada ou absorvida pela regulação. Falar de extremismo é falar de escavação arqueológica no magma regulatório a fim de recuperar a chama emancipatória, por muito enfraquecida que esteja.

O mesmo extremismo que produz as formas, também as devora[35]. Essa voracidade assume dois aspectos: o *sfumato* e a *mestiçagem*. Na pintura barroca, o *sfumato* é uma técnica que consiste em esbater os contornos e as cores entre os objectos, como, por exemplo, entre as nuvens e as montanhas, ou entre o céu e o mar. O *sfumato* permite à subjectividade barroca criar o próximo e o familiar entre inteligibilidades diferentes, tornando assim os diálogos interculturais possíveis e desejáveis. Por exemplo, só por recurso ao *sfumato* é possível dar forma à dignidade da comunidade humana, simultaneamente em termos de um conceito ocidental (direitos humanos), de um conceito hindu (*dharma*) e de um conceito islâmico (*umma*)[36]. Na transição paradigmática, a coerência das construções monolíticas desintegra-se, e os fragmentos que pairam livremente mantêm-se abertos a novas coerências e a invenções de novas formas multiculturais. O *sfumato* é como um íman que atrai as formas fragmentárias para novas constelações e direcções, apelando aos contornos mais vulneráveis, inacabados e abertos que essas formas apresentam. O *sfumato* é, em suma, uma militância anti-fortaleza.

A *mestiçagem*, por sua vez, é uma maneira de levar o *sfumato* ao extremo. Enquanto o *sfumato* opera através da desintegração das formas e da recuperação dos fragmentos, a mestiçagem opera através da criação de novas formas de constelações de sentido que, à luz dos seus fragmentos constitutivos, são verdadeiramente irreconhecíveis e blasfemas. A mestiçagem é uma das manifestações da hibridação referida na secção anterior. Consiste na destruição da lógica que preside à formação de cada um dos seus fragmentos, e na construção de uma nova lógica. Este processo produtivo-destrutivo tende a reflectir as relações de poder entre as formas culturais originais (ou seja, entre os grupos sociais que as sustentam através de práticas sociais), e é por isso que a subjectividade barroca favorece as mestiçagens em que as relações de poder são substituídas pela autoridade partilhada (autoridade mestiça). A América Latina tem sido um terreno particularmente

---

35. Wölfflin (1979: 64) fala da ausência de forma.
36. Este tema da construção multicultural da dignidade humana é tratado no 3º Volume.

fértil para a mestiçagem, sendo por isso um dos mais importantes locais de escavação para a construção da subjectividade barroca[37].

O extremismo com que as formas são vividas pela subjectividade barroca acentua a artefactualidade retórica das práticas, dos discursos e dos modos de inteligibilidade. O artifício (*artificium*) é a base de uma subjectividade suspensa entre fragmentos, ou seja, uma subjectividade *em* transição paradigmática. O artifício permite que a subjectividade barroca se reinvente a si própria sempre que as sociabilidades a que conduz tendam a transformar-se em micro-ortodoxias. Só o artifício nos permite imaginar a engenharia (um termo curiosamente em voga desde o século XVII) da emancipação, e só através dele podemos avaliar a consistência e a intensidade da vontade emancipatória da subjectividade barroca. O artifício é onde a subjectividade não se desencaminha, mesmo quando se disfarça a si própria. Através do artifício, a subjectividade barroca é, ao mesmo tempo, lúdica e subversiva, como a *festa barroca* tão bem o ilustra.

A importância da festa na cultura barroca, tanto na Europa como na América Latina, está bem documentada[38]. A festa converteu a cultura barroca no primeiro exemplo de cultura de massas da modernidade. O seu carácter ostentatório e celebratório era utilizado pelos poderes político e eclesiástico para dramatizar e espectacularizar a sua grandeza e para reforçar o seu controle sobre as massas. É evidente que este uso manipulador da festa não tem qualquer interesse para a subjectividade na transição paradigmática. O que importa é escavar a festa barroca para redescobrir o seu potencial emancipatório, um potencial que reside na desproporção, no *riso* e na *subversão*.

A festa barroca é um exercício de desproporção: exige um investimento extremamente grande que, no entanto, é consumido num instante extremamente fugaz e num espaço extremamente limitado. Como nos diz Maravall,

> são usados meios abundantes e dispendiosos, é empregue um esforço considerável, são realizados amplos preparativos, é montada uma máquina complicada, tudo isso apenas para se obter efeitos extremamente breves, seja na forma do prazer ou da surpresa (1990: 488)[39].

---

37. Ver, entre outros, Pastor et al. (1993); Leon (1993); Alberro (1992). Coutinho (1990: 16) fala de "uma complexa mestiçagem barroca". Ver, por fim, o conceito de "Atlântico negro", usado por Gilroy (1993) para exprimir a mestiçagem característica da experiência cultural negra, uma cultura que não é especificamente africana, americana, caraíba ou britânica, mas tudo isto em conjunto. No espaço de língua portuguesa um dos mais notáveis arautos da mestiçagem é o *Manifesto Antropófago* de Oswald de Andrade ([1928] 1990: 47-52)

38. Maravall (1990: 487). Sobre a festa barroca no México (Vera Cruz), ver Leon (1993); sobre a festa barroca no Brasil (Minas Gerais), ver Ávila (1994). A relação entre a festa, e especialmente a festa barroca, com o pensamento utópico está ainda por explorar. Sobre a relação entre o fourierismo e a *société festive*, ver Desroche (1975).

39. Sobre a festa barroca do Triunfo Eucarístico em Minas Gerais, diz Ávila: "a encenação impregnava-se de requinte, acrescido pela exuberância dos adornos de ouro, prata, diamantes, pedraria, sedas,

No entanto, a desproporção gera um intensificação especial que, por sua vez, dá origem à vontade de movimento, à tolerância para com o caos e ao gosto pela turbulência, sem o que a luta pela transição paradigmática não pode ter lugar.

A desproporção da festa é o reverso da ciência moderna tal como a descrevi no Capítulo 1. Afirmei então que a ciência moderna depende da crescente separação entre a acção e as suas consequências, o que equivale a uma crescente discrepância entre a capacidade de agir e a capacidade de prever. Assim, a intensificação das consequências tende a ficar relativamente desligada da intensificação da acção. Na festa barroca, pelo contrário, como a acção está muito próxima das suas consequências e como as consequências se desvanecem num instante, a intensificação das consequências é um produto transparente da intensificação da acção. Daí que, ao contrário do que sucede com a ciência moderna, a capacidade de agir e a capacidade de prever se mantenham em equilíbrio.

A desproporção possibilita a admiração, a surpresa, o artifício e a novidade[40]. Mas, acima de tudo, permite a distância lúdica e o *riso*[41]. Como o riso não é facilmente codificável, a modernidade capitalista declarou guerra à alegria e o riso passou a ser considerado frívolo, impróprio, excêntrico e até blasfemo. Passou a ser apenas admitido nos contextos altamente codificados da indústria do entretenimento. Este fenómeno pode igualmente observar-se nos modernos movimentos sociais anti-capitalistas (partidos operários, sindicatos e até nos novos movimentos sociais), que baniram o riso, o divertimento e a ludicidade com receio de subverterem a seriedade da resistência. Particularmente interessante é o caso dos sindicatos, cujas actividades começaram por ter um cunho fortemente lúdico e festivo (a festa operária), o qual foi sendo gradualmente sufocado até o sindicalismo se tornar, por fim, mortalmente sério e profundamente anti-erótico.

A proscrição do riso, do divertimento e da ludicidade faz parte daquilo a que Max Weber chama a *Entzäuberung*, o desencantamento do mundo moderno. Ora, como sabemos, um dos grandes pilares da tópica da emancipação é o senso comum encantado que não se dispensa da carnavalização das práticas sociais emancipatórias e do erotismo do riso, do divertimento e da ludicidade. A carnavalização das práticas sociais emancipatórias tem uma importante dimensão auto-reflexiva: possibilita a descanonização e a subversão dessas práticas. Uma prática descanonizadora (e assim deve ser a prática emancipatória na transição

---

plumas, tanto na indumentária dos figurantes quanto nas suas montarias ou demais peças componentes do espectáculo" (1994: 55).

40. Segundo Ávila, «depreende-se da coordenação das danças (de turcos e cristãos, de romeiros, de músicos), dos carros triunfais, das figuras alegóricas e das representações mitológico-cristãs, a existência de uma direcção que sabia jogar com recursos e efeitos de ritmo e contraste, inclusive elementos de surpresa» (1994: 54).

41. Leon (1993: 4) caracteriza a cultura popular de Vera Cruz no século XVII como «o império do riso». Na análise deste autor, sobressaem eloquentemente as ligações locais-transnacionais da cultura popular deste porto negreiro plenamente integrado na economia mundial do século XVII.

paradigmática) que não saiba como descanonizar-se a si mesma, cai facilmente na ortodoxia. Do mesmo modo, uma actividade subversiva que não saiba como subverter-se a si mesma cai facilmente na rotina reguladora.

Por fim, a terceira característica da festa barroca: a *subversão*. Ao carnavalizar as práticas sociais, a festa barroca revela um potencial subversivo que aumenta na medida em que a festa se distancia dos centros de poder, mas que está sempre presente, mesmo quando os promotores da festa são os próprios centros do poder. Não admira, portanto, que este carácter subversivo fosse mais visível nas colónias. Escrevendo sobre o carnaval nos anos 20, o grande intelectual peruano Marietegui (1974: 127) afirmou que, apesar de ter sido apropriado pela burguesia, o carnaval era verdadeiramente revolucionário porque, ao transformar o burguês em guarda-roupa, constituía uma impiedosa paródia do poder e do passado[42]. Garcia de Leon (1993) descreve a dimensão subversiva das festas barrocas e das procissões religiosas do porto mexicano de Vera Cruz no século XVII[43]. Na frente seguiam os mais altos dignitários do vice-reinado com todas as insígnias — políticos, clérigos e militares —, no fim da procissão seguia a populaça, imitando os seus superiores em gestos e atavios, provocando desse modo o riso e a folia entre os espectadores[44].

Esta inversão simétrica do princípio e do fim da procissão é uma metáfora cultural do mundo às avessas — *el mundo al revés* — típico da sociabilidade de Vera Cruz nessa época: mulatas vestidas de rainhas, escravos com trajes de seda, prostitutas fingindo ser mulheres honradas e mulheres honradas fingindo ser prostitutas, portugueses africanizados e espanhóis indianizados. Na festa, a subversão está codificada, na medida em que transgride a ordem conhecendo o lugar da ordem e não o questionando radicalmente, mas o próprio código é subvertido pelos *sfumatos* entre a festa e a sociabilidade diária. Nas periferias, a transgressão é quase uma necessidade. É transgressora porque não sabe como ser ordem, ainda que saiba que a ordem existe. É por isso que a subjectividade barroca privilegia as margens e as periferias como campos para a reconstrução das energias emancipatórias. Mas, como veremos, esta preferência pelas margens e periferias tem outras razões.

Todas estas características transformam a sociabilidade gerada pela subjectividade barroca numa sociabilidade subcodificada. De algum modo caótico, inspirado por uma imaginação centrífuga, situado entre o desespero e a vertigem, este é um tipo de sociabilidade que celebra a revolta e revoluciona a cele-

---

42. Originalmente publicado no *Mundial* de 24 de Fevereiro de 1925 e de 27 de Fevereiro de 1928.
43. As procissões eram, como Maravall sublinha devidamente, um instrumento privilegiado de massificação da cultura barroca (1990: 507).
44. No mesmo sentido, Ávila salienta a mistura de motivos religiosos e motivos pagãos: «Entre negros tocando charamelas, caixas de guerra, pífaros, trombetas, aparecia, por exemplo, um exímio figurante alemão 'rompendo com sonoras vozes de hum clarim o silêncio dos ares' enquanto os fiéis piedosamente carregavam estandartes ou imagens religiosos» (1994: 56).

bração. Uma tal sociabilidade não pode deixar de ser emotiva e apaixonada, a característica que mais distingue a subjectividade barroca em relação à hegemonia moderna. Como afirmei no Capítulo 1, a racionalidade moderna, sobretudo depois de Descartes, condena as emoções e as paixões por constituírem obstáculos ao progresso do conhecimento e da verdade. A racionalidade cartesiana, escreve Toulmin, pretende ser "intelectualmente perfeccionista, moralmente rigorosa e humanamente impiedosa" (1990: 199).

Pouco da vida humana e da prática social se ajusta a uma tal concepção de racionalidade, mas ela é, mesmo assim, bastante atraente para os que prezam a estabilidade e a hierarquia das regras universais. Hirschman mostrou convincentemente as afinidades electivas entre esta forma de racionalidade e o capitalismo emergente (1977: 32). Na medida em que os interesses das pessoas e dos grupos começaram a convergir em torno das vantagens económicas, os interesses que antes haviam sido considerados paixões tornaram-se o oposto das paixões e até os domesticadores destas. A partir daí, afirma Hirschman, "esperou-se ou assumiu-se que os homens, na prossecução dos seus interesses, seriam firmes, decididos e metódicos, em contraste total com o comportamento estereotipado dos homens dominados e cegos pelas suas paixões" (1977: 54). O objectivo era, evidentemente, criar uma personalidade humana "unidimensional". E Hirschman conclui: "[...] Em suma, supunha-se que o capitalismo realizasse exactamente o que em breve seria denunciado como a sua pior característica" (1977: 132).

As receitas cartesianas e capitalistas de pouco servem para a reconstrução de uma personalidade humana com a capacidade e o desejo que a transição paradigmática exige. O significado da luta pela transição paradigmática e das possibilidades emancipatórias que ela abre não pode ser deduzido nem do conhecimento demonstrativo, nem de uma estimativa de interesses. Assim, a escavação efectuada pela subjectividade barroca neste domínio, mais do que em qualquer outro, deve concentrar-se nas tradições suprimidas ou excêntricas da modernidade, representações que ocorreram nas periferias físicas ou simbólicas onde o controle das representações hegemónicas foi mais fraco — as Vera Cruzes da modernidade —, ou nas representações mais antigas e mais caóticas da modernidade, surgidas antes do fechamento cartesiano. Por exemplo, a subjectividade barroca procura inspiração em Montaigne e na inteligibilidade concreta e erótica da sua vida. No seu ensaio *Sobre a Experiência*, depois de declarar que detesta remédios que incomodem mais do que a doença, Montaigne prossegue:

> Ser vítima de uma cólica e sujeitar-me a prescindir do prazer de comer ostras são dois males em vez de um. A doença apunhala-nos de um lado e a dieta do outro. Já que corremos o risco de um engano, mais vale arriscarmo-nos pelos caminhos do prazer. O mundo faz o contrário e só acha útil o que é penoso: a facilidade levanta suspeitas (1958: 370).

O exercício do gosto e do prazer é essencial para a subjectividade barroca, pois nele reside a paixão pela utopia. A incredibilidade das alternativas é o reverso da indolência da vontade. A este respeito, Schiller e Fourier fornecem-nos instrumentos retóricos inestimáveis. No final do século XVIII, o receio de Schiller era que o ídolo da utilidade acabasse por matar a vontade de realização, tanto a nível pessoal como colectivo. Eis o que escreveu na *Oitava Carta*:

> A razão realizou o que lhe cabe realizar quando encontra e formula a lei; executá-la é obra da vontade corajosa e do sentimento vivo. Se a verdade há-de atingir a vitória na luta com forças antagónicas, terá ela própria de transformar-se primeiro em força e constituir um instinto como seu representante no mundo dos fenómenos; pois que os instintos são as únicas forças motoras no mundo sensível. Se ela até agora provou tão pouco a sua força vitoriosa, isso não está na razão, que não foi capaz de a revelar, mas no coração, que se fechou a ela, no instinto, que não actuou em favor dela (1983: 49).

E o grande poeta alemão conclui um pouco mais adiante:

> Não basta assim que todo o esclarecimento da razão só mereça respeito na medida em que reflui no carácter; de certo modo, ele brota também do carácter, porque o caminho para a cabeça tem de ser aberto através do coração. A exigência mais premente da nossa época é a formação da capacidade de sentir, não só porque se transforma num meio de tornar actuante um melhor conhecimento da vida, mas também porque desperta para uma melhoria desse conhecimento (1983: 53).

O "impulso" de que fala Schiller é levado ao extremo por Fourier, quando identifica a atracção apaixonada (*"l'attraction passionnée"*) como o princípio fundador do *"nouveau monde amoureux"* (Fourier, 1967: 79 e 114). Os fantásticos e complicados "cálculos geométricos" de Fourier ao serviço da utopia são um brilhante exemplo da desproporção do barroco. Na subjectividade barroca, a "atracção apaixonada" adquire um novo sentido, o sentido de uma solidariedade que se entende melhor à luz do terceiro aspecto deste tipo de subjectividade: o Sul.

O Sul

O Sul é o terceiro *topos* que proponho para a constituição da subjectividade da transição paradigmática. Vejo o Sul como o *metatopos* que preside à constituição do novo senso comum ético enquanto parte integrante da tópica para a emancipação apresentada no Capítulo 1. Tal como a fronteira e o barroco, o Sul também é aqui usado como uma metáfora cultural, isto é, como um lugar privilegiado para a escavação arqueológica da modernidade, necessária à reinvenção das energias emancipatórias e da subjectividade da pós-modernidade. O Sul, tal como o Oriente, é um produto do império.

A transformação capitalista da modernidade ocorreu sob uma dupla dicotomia — Norte-Sul e Ocidente-Oriente — que é também uma dupla hierarquia: o Sul subordinado ao Norte, o Oriente ao Ocidente. Devido ao modo como foi construído pelo orientalismo (Said, 1985; Santos, 1999), o Oriente acabou por ficar ligado à ideia de subordinação sócio-cultural como sua conotação semântica dominante, enquanto o Sul tem sugerido predominantemente a ideia de subordinação sócio-económica. Mas, à medida que se foram transformando gradualmente em regiões periféricas do sistema mundial, tanto o Oriente como o Sul passaram a ser vítimas tanto da dominação cultural como da dominação económica. Assim, enquanto metáfora fundadora da subjectividade emergente, o Sul é aqui concebido de modo a sugerir os dois tipos de dominação. Como símbolo de uma construção imperial, o Sul exprime todas as formas de subordinação a que o sistema capitalista mundial deu origem: expropriação, supressão, silenciamento, diferenciação desigual, etc. O Sul está espalhado, ainda que desigualmente distribuído, pelo mundo inteiro, incluindo o Norte e o Ocidente. O conceito de "Terceiro Mundo interior", que designa as formas extremas de desigualdade existentes nos países capitalistas do centro, designa também o Sul dentro do Norte. O Sul significa a forma de sofrimento humano causado pela modernidade capitalista.

A subjectividade emergente é uma subjectividade do Sul e floresce no Sul. Onde quer que se constitua, constitui-se sempre como subjectividade do Sul. Contudo, devido às assimetrias do sistema mundial, a constituição da subjectividade do Sul varia conforme as regiões do sistema mundial em que surge. Assim, nos países do centro, a subjectividade do Sul constitui-se, acima de tudo, através da desfamiliarização relativamente ao Norte imperial. Este processo de desfamiliarização é muito difícil, porque, sendo uma constituição original e não tendo, portanto, outra memória de si mesmo que não seja imperial, o Norte é experienciado simultaneamente como único e como universal.

Ilustro esta dificuldade com o exemplo de Jürgen Habermas. A sua teoria da acção comunicativa como novo modelo universal de racionalidade discursiva é bem conhecida. Habermas entende que essa teoria constitui um *telos* de desenvolvimento para toda a humanidade, na base do qual é possível rejeitar o relativismo e o eclecticismo. No entanto, interrogado sobre se a sua teoria, nomeadamente a sua teoria crítica do capitalismo avançado, poderia ter alguma utilidade para as forças socialistas do Terceiro Mundo e se, por outro lado, essas forças poderiam ser úteis às lutas pelo socialismo democrático nos países desenvolvidos, Habermas respondeu: "Estou tentado a responder que não, em ambos os casos. Tenho consciência do facto de que esta é uma visão limitada e eurocêntrica. Preferia não ter de responder" (1985: 104). O que esta resposta significa é que a racionalidade comunicativa de Habermas, apesar da sua pretensa universalidade, começa logo por excluir da participação no discurso cerca de quatro quintos da população mundial. Ora, essa exclusão é declarada em nome de critérios de inclusão/exclusão cuja legitimidade reside na universalidade que lhes é atribuída. Daí que a declaração de exclusão possa ser feita simultaneamente com a máxima honestidade ("Tenho consciência do facto de que esta é uma visão limitada e eurocêntrica") e com a máxima cegueira quanto à sua insustentabilidade (ou talvez a cegueira não seja afinal extrema, se considerarmos a saída estratégica que é adoptada: "Preferia não ter de responder"). Portanto, vemos que o universalismo de Habermas acaba por ser um universalismo imperial, controlando plenamente a decisão sobre as suas próprias limitações, impondo-se, assim, de forma ilimitada, quer àquilo que inclui, quer àquilo que exclui.

Nos países centrais, a desfamiliarização relativamente ao Norte imperial implica todo um processo de desaprendizagem das ciências sociais que constituíram o Sul como "o outro" (principalmente a antropologia e o orientalismo), bem como das restantes ciências sociais que constituíram o Norte como "nós". Dada a natureza originária desta distinção imperial feita pelas ciências sociais modernas entre "nós" e "eles", não é possível destruí-la nos seus próprios termos, ou mesmo nos termos da sua crítica, sem correr o risco de a reproduzir sob outras formas. Como não há memória de uma tradição não-imperial representável em termos modernos, não é possível invocá-la sem cair no reaccionarismo. De facto, a forma mais comum de reaccionarismo é criticar o império fora da relação imperial, como se o império fôssemos só "nós" e não "nós e eles". Não é, pois, de admirar que, como Slater sublinhou, o Terceiro Mundo esteja, em grande medida, ausente do pensamento pós-moderno dominante, a começar por Foucault (Slater, 1992).

Devido à sua dificuldade, a crítica da relação imperial deve proceder por fases. Em primeiro lugar, é preciso compreendê-la como imperial, o que, nos países centrais, significa reconhecer que se é o agressor (aprender que existe um Sul). Depois, é preciso identificá-la como profundamente injusta, e como tendo um efeito desumanizante, quer na vítima, quer no agressor, o que significa que deixar de ser o agressor é colocar-se do lado da vítima (aprender a ir para o Sul). Finalmente, é preciso pôr fim à relação imperial destruindo todas as suas ligações, simultaneamente a nível mundial e a nível pessoal, o que significa deixarmos de estar do lado da vítima para nos tornarmos na própria vítima em luta contra a sua vitimização (aprender a partir do Sul e com o Sul). A desfamiliarização do Norte imperial é, portanto, uma epistemologia complexa, feita de sucessivos actos de desaprendizagem nos termos do conhecimento-regulação (da ordem ao caos), e de reaprendizagem nos termos do conhecimento-emancipação (do colonialismo à solidariedade).

Se Habermas é um bom exemplo do fracasso da construção, no Norte do sistema mundial, de uma subjectividade do Sul, Noam Chomsky é um bom exemplo de como tal construção é possível, apesar das dificuldades. Com Chomsky, damos os dois primeiros passos: não só aprendemos que o Sul existe, mas também aprendemos a ir para o Sul. Só a nós cabe dar o passo seguinte e aprender, de facto, a partir do Sul e com o Sul. Sendo indiscutivelmente um dos mais brilhantes críticos radicais do Norte imperial, Chomsky é o que mais se aproxima, nos países centrais, de representar a subjectividade do Sul. Desde que se tornou, nos anos sessenta, um dos porta-vozes mais eloquentes da oposição à guerra do Vietname, Chomsky nunca deixou de ser um dos mais coerentes activistas anti-imperialistas da segunda metade do século. O seu activismo é acompanhado por um grande número de publicações que denunciam vigorosamente as políticas imperiais dos Estados Unidos e a cumplicidade dos intelectuais e da comunicação social[45].

No intuito de desmantelar o imperialismo, Chomsky desenvolve uma crítica radical ao papel desempenhado pelas ciências sociais na "naturalização" da relação imperial. Rejeitando o conhecimento-regulação construído pelas ciências sociais modernas, os textos políticos de Chomsky assumem um carácter claramente a-teórico que é tanto mais surpreendente quanto estamos perante um dos teóricos da linguística mais conhecidos mundialmente. Na verdade, há quem considere a sua teoria da gramática gerativa transformacional como uma revolução tão importante na linguística quanto a teoria de Einstein o foi na física. A natureza a-teórica dos seus escritos políticos é, em parte, a causa do silêncio ou do descrédito a que foram votados nos círculos profissionais. Quando muito, esses textos apenas foram nomeados para serem duramente criticados. "Os escritos políticos de Chomsky", observa Wolin,

> são curiosamente a-teóricos, o que é surpreendente num autor conhecido pelos seus contributos para a teoria da linguística. O seu pressuposto aparente é que a política não é um tema teórico. [...] Ao ler Chomsky, fica-se com a impressão de que, se não fosse urgentemente necessário desmascarar as mentiras, a imoralidade e os abusos de poder, a política não exerceria um apelo sério sobre a sua mente teórica (1981-1994: 103).

Eu, pelo contrário, diria que é precisamente do carácter a-teórico dos escritos políticos de Chomsky que a subjectividade do Sul retira uma lição fundamental: a de que a regulação social não pode ser superada se o conhecimento-regulação não o for igualmente. Sobre o domínio profissional das ciências sociais, Chomsky diz o seguinte:

> A meu ver, a estrutura corporativa profissional das ciências sociais tem servido, muitas vezes, como um excelente instrumento para as proteger do discernimento e da compreensão, para excluir aqueles que levantem questões inaceitáveis, para restringir a investigação — não pela força, mas por toda a espécie de meios mais subtis — a problemas que não constituam uma ameaça. Dêem uma olhadela para qualquer soci-

---

45. Entre outros textos políticos de Chomsky, ver 1969, 1970, 1975, 1982, 1983, 1985, 1987, 1989. Chomsky e Herman (1979, 1988), Chomsky e Zinn (1972).

edade e, assim o creio, descobrirão que, onde haja uma corporação mais ou menos profissionalizada de pessoas que analisam os processos sociais, haverá certos tópicos que elas terão grande relutância em investigar. Haverá tabus surpreendentes naquilo que elas estudam. Em particular, uma das coisas que é muito improvável que estudem é a forma como o poder é efectivamente exercido na sua própria sociedade, ou a própria relação que eles têm com esse poder. São tópicos que não serão entendidos e que não serão estudados (1987: 30).

A conclusão é que as ciências sociais modernas são de muito pouca utilidade para a construção do conhecimento-emancipação. Chomsky propõe, portanto, a criação de um novo senso comum a que chama "senso comum cartesiano". A ideia de Chomsky é que as pessoas comuns têm uma enorme quantidade de conhecimentos em muitas áreas distintas. O seu exemplo particular são as conversas e as discussões sobre desporto na nossa sociedade. Depois de observar que as pessoas comuns aplicam a sua inteligência e as suas capacidades analíticas para acumularem um considerável conjunto de conhecimentos nesta área específica, Chomsky prossegue o argumento, afirmando que essa destreza intelectual e essa capacidade de compreensão podiam ser usadas em áreas realmente importantes para a vida humana em sociedade. Sublinha mesmo que, sob outros sistemas de governo que envolvessem a participação popular em importantes áreas de decisão, as capacidades cognitivas dos cidadãos comuns poderiam, sem dúvida, ser utilizadas de forma relevante. Regressando ao seu meta-exemplo — a guerra do Vietname —, Chomsky escreve:

Quando falo, por exemplo, de senso comum cartesiano, o que quero dizer é que não são precisos conhecimentos muito complexos ou especializados para se perceber que os Estados Unidos estavam a invadir o Vietname. E, de facto, desmontar o sistema de ilusões e de logros que funciona para evitar que se compreenda a realidade contemporânea não é uma tarefa que exija uma capacidade ou um entendimento extraordinários. Exige o tipo de cepticismo normal e de disponibilidade para aplicar as capacidades analíticas que quase todas as pessoas têm e que podem exercer (1987: 35).

Na perspectiva da subjectividade do Sul, a proposta de desteorização avançada por Chomsky é um contributo importante para a criação de uma tópica de emancipação, mas apresenta algumas limitações. Em primeiro lugar, ao admitir a separação total entre a sua actividade académica e a sua actividade política, Chomsky aceita acriticamente uma das dicotomias básicas do paradigma da ciência moderna: a dicotomia entre ciência e política. A crítica radical de Chomsky às ciências sociais modernas não reconhece o facto de que elas participam num paradigma epistemológico mais vasto que inclui toda a ciência moderna e, por conseguinte, também a linguística. Assim, não consegue ver que a dicotomia entre ciência e política não é uma questão académica, mas política, e, por isso, constitutiva da política do Norte imperial[46]. Além disso, Chomsky parece não ter plena consciência da necessidade de uma dupla ruptura epistemológica como a que referi no Capítulo 1, ou seja, a necessidade de explorar até ao fim as contradições internas da ciência moderna, tendo em mente a construção de um novo senso comum emancipatório. Se o não fizermos, corremos o risco do pirronismo, isto é, submeter o conhecimento-regulação a uma crítica tão radical que acabemos por anular a vontade de construir o conhecimento-emancipação. Com excepção do anarquismo, Chomsky dá pouca atenção às tradições excêntricas e periféricas suprimidas pela modernidade ocidental, e nenhuma atenção ao conhecimento produzido no Sul a partir de uma perspectiva não-imperial. Por outras palavras, com Chomsky não aprendemos como aprender a partir do Sul e com o Sul.

Para se aprender a partir do Sul, devemos, antes de mais, deixar falar o Sul, pois o que melhor identifica o Sul é o facto de ter sido silenciado. Como o epistemicídio perpetrado pelo Norte foi quase sempre acompanhado pelo linguicídio, o Sul foi duplamente excluído do discurso: porque se supunha que ele não tinha nada a dizer e nada (nenhuma língua) com que o dissesse[47]. Perante as assimetrias do sistema mundial, a construção da subjectividade do Sul, como já disse, deve desenvolver-se por processos parcialmente distintos no centro e na periferia do sistema mundial.

Detive-me atrás sobre as dificuldades que esse processo de construção encontra no centro. Na tentativa de aprender a partir do Sul e com o Sul, importa também sublinhar as dificuldades que o processo da sua construção encontra na periferia. À primeira vista, não deveria haver dificuldades, já que, neste caso, a subjectividade do Sul habita um lugar que lhe é familiar: o próprio Sul. Nada poderia estar mais longe da verdade. Como produto do império, o Sul é a casa do Sul onde o Sul não se sente em casa. Por outras palavras, a construção da subjectividade do Sul tem de seguir um processo de desfamiliarização, tanto em relação ao Norte imperial, como em relação ao Sul imperial. No que respeita ao segundo, a desfamiliarização é, paradoxalmente, muito mais difícil, mesmo na periferia. A verdade é que, como Said (1985) justamente sublinha, a epistemologia imperial representou o outro como incapaz de se representar a si próprio. Tucker também frisou que "escolas de pensamento como o orientalismo e disciplinas como a antropologia falam em nome do 'outro', afirmando muitas vezes conhecer me-

---

46. A aceitação acrítica, por parte de Chomsky, da distinção moderna entre ciência e política explica algumas das eventuais contradições entre o seu activismo político anti-imperialista e a sua política científica e profissional. Uma posição progressista, no primeiro caso, pode, assim, coexistir com uma posição conservadora no segundo. Sobre a política da linguística e, em particular, sobre a política da concepção de Chomsky de «linguística autónoma», ver Newmeyer (1986).

47. Sobre o epistemicídio, ver Nencel e Pels (1991), e sobre o linguicídio, ver Phillipson, 1993, e Skutnabb-Kangas, 1993. Sobre línguas em vias de extinção, ver *Language* 68(1) e, especialmente, Krauss (1992) e Craig (1992). Ver também o debate entre Ladefoged (1992) e Dorian (1993).

lhor o 'outro' que estuda do que o 'outro' se conhece a si próprio". E acrescenta: "O outro é reduzido a um objecto mudo" (Tucker, 1992: 20)[48].

O epistemicídio e o linguicídio cometidos mais ou menos sistematicamente durante toda a trajectória histórica da modernidade capitalista rasuraram os conhecimentos e as línguas locais e criaram, em seu lugar, um vasto terreno de não-conhecimento onde a língua e o conhecimento imperial se foram implantado progressivamente. Foi assim que o colonialismo se converteu numa forma de conhecimento, na forma do conhecimento-regulação. Conhecendo apenas através das lentes do Norte imperial, a periferia não podia senão reconhecer-se a si própria como o Sul imperial. É por isso que hoje é muito mais fácil para a periferia reconhecer-se como vítima do Norte imperial do que como vítima do Sul imperial, ou seja, vítima do epistemicídio e do linguicídio que a converteram na vítima que facilitou ou desejou a própria opressão[49].

Para ultrapassar esta dificuldade, há que ter em conta uma outra diferença entre a constituição da subjectividade do Sul no centro e na periferia do sistema mundial. Na periferia, é possível reimaginar uma tradição pré-imperial de resistência à dominação imperial, tradição com base na qual se poderia reconstruir um Sul não-imperial ou anti-imperial. Essa reconstrução pode não ser necessariamente progressista, mas tão-pouco tem de ser reaccionária. Para ser progressista, tem de assumir que a plena afirmação do não-imperialismo ou do anti-imperialismo implica a própria eliminação do conceito de Sul. Aprender plenamente a partir do Sul implica, pois, eliminar o Sul por completo. Na medida em que for possível ao Sul pensar-se noutros termos que não os do Sul, também será possível ao Norte pensar-se noutros termos que não os do Norte.

Um dos mais ilustres mestres deste processo de aprendizagem com o Sul foi Gandhi, eminente dirigente do nacionalismo indiano e profeta visionário da não-violência[50]. Gandhi simboliza a rejeição mais radical do Norte imperial no nosso

---

48. No mesmo sentido, Jameson (1986: 85) afirma que «a perspectiva do topo é epistemologicamente mutiladora e reduz os sujeitos à ilusão de uma miríade de subjectividades fragmentadas».

49. Os romancistas e os poetas do Sul têm estado na vanguarda da luta por um Sul não-imperial. Jameson afirma que, no romance do Terceiro Mundo, as alegorias são muito mais nacionais do que individuais (como no romance do Primeiro Mundo): "a história do destino individual privado é sempre uma alegoria da situação conflitual da cultura e da sociedade públicas do Terceiro Mundo" (1986: 79).

50. No que se segue, irei concentrar-me em Gandhi, sem esquecer, porém, que, à medida que a crise da modernidade se aprofunda e que o seu carácter imperialista se torna mais evidente, tem vindo a emergir recentemente, no Sul, um novo fermento intelectual e político, inspirado por uma concepção do Sul não-imperial que tenta desenvolver uma política emancipatória fora dos moldes ocidentais. Entre muitos exemplos, refira-se Wamba dia Wamba, que apela para uma nova política emancipatória em África, informada por um novo paradigma filosófico capaz de refutar e de desalojar a "epistemologia social da dominação" (1991a, 1991b). Sobre o debate a que deu origem, ver, por exemplo, Ramose (1992). Relativamente à Ásia, partindo da ideia de que um aspecto significativo das estruturas pós-coloniais de conhecimentos no Terceiro Mundo é uma forma peculiar de "imperialismo das categorias", Nandy começa por estabelecer uma base para a tolerância étnica e religiosa que seja independente da

século. Quando, em 1909, lhe perguntaram o que diria aos britânicos a propósito da dominação colonial da Índia, Gandhi respondeu que, entre outra coisas, diria o seguinte:

> Tomamos a civilização que vós apoiais como sendo o oposto da civilização. Consideramos que a nossa civilização é muito superior à vossa. [...] Consideramos que as vossas escolas e os vossos tribunais são inúteis. Queremos recuperar as nossas antigas escolas e os nossos tribunais. A língua comum da Índia não é o inglês mas o hindi. Por isso, deveríeis aprendê-lo. Podemos comunicar convosco apenas na nossa língua nacional (1956: 118).

Como Nandy muito bem sublinha,

> a perspectiva de Gandhi desafia a tentação de igualar o opressor em violência e de recuperar a auto-estima competindo dentro do mesmo sistema. A perspectiva assenta numa identificação com o oprimido que exclui a fantasia da superioridade do estilo de vida do opressor, tão profundamente entranhada nas consciências dos que afirmam falar em nome das vítimas da história (1987b: 35).

A ideia e a prática da não-violência e da não-cooperação, a que Gandhi dedicou toda a sua vida, são as características mais notáveis da desfamiliarização política e cultural relativamente ao Norte imperial. O objectivo não é conquistar poder num mundo corrupto, mas criar um mundo alternativo onde seja possível recuperar a humanidade do humano. Diz Gandhi:

> Na nossa situação actual, somos metade homens, metade animais, e na nossa ignorância e até arrogância dizemos que cumprimos plenamente os desígnios da nossa espécie sempre que a um ataque respondemos com outro ataque e que, para tal, desenvolvemos o necessário grau de agressividade (1951: 78).

Como se vê, para Gandhi a desfamiliarização relativamente ao Norte imperial é, do mesmo modo, uma desfamiliarização relativamente ao Sul imperial. Referindo-se, em 1938, à prática da *satyagraha*, Gandhi advertiu: "A não-cooperação, sendo um movimento de purificação, está a trazer à superfície todas as nossas fraquezas e também os excessos até dos nossos pontos fortes" (1951: 80).

Para Gandhi, o marxismo e o comunismo europeus, embora representando indiscutivelmente um crítica profunda do Norte imperial, estão ainda demasiado comprometidos com ele para funcionarem como modelos para a construção de um Sul não-imperial:

---

linguagem hegemónica do secularismo popularizado por intelectuais ocidentalizados e pelas classes médias expostas à linguagem globalmente dominante do Estado-Nação no sul da Ásia (1988: 177). Ver, também, Nandy (1987a). Por último, Gilroy (1993) defende vigorosamente uma "cultura negra atlântica" como contra-cultura da modernidade, incitando-nos a aprender com o sul *dentro* do Norte imperial.

Não fiquemos obcecados com os lemas e as palavras de ordem sedutoras importados do Ocidente. Não temos nós as nossas próprias tradições orientais? Não seremos nós capazes de encontrar a nossa própria solução para o problema do capital e do trabalho? [...] Estudemos as nossas instituições orientais com esse espírito de pesquisa científica e desenvolveremos um socialismo e um comunismo mais genuínos do que o mundo alguma vez sonhou. É sem dúvida errado presumir que o socialismo ou o comunismo ocidentais são a última palavra sobre a questão da pobreza das massas. [...] A luta de classes é estranha ao espírito essencial da Índia, que é capaz de desenvolver uma forma de comunismo amplamente baseada nos direitos fundamentais de todos e numa justiça igual para todos[51].

A desfamiliarização relativamente ao Norte e ao Sul imperiais não é, para Gandhi, um fim em si mesmo, mas sim um meio de criar um mundo alternativo, uma forma nova de universalidade capaz de libertar, ao mesmo tempo, a vítima e o opressor. Neste aspecto, o contraste flagrante entre Gandhi e Habermas é nitidamente favorável a Gandhi. Para começar, o seu conceito de racionalidade é muito mais abrangente do que o de Habermas. Gandhi recusa-se a distinguir entre verdade, amor e alegria: "A força do amor é igual à força da alma ou da verdade", escreve a dada altura (1956: 110). E, numa outra ocasião, declara: "A minha não-violência exige amor universal" (1956: 100). Por isso, Pantham tem razão quando afirma que "a *satyagraha* de Gandhi é um modo integral de praxis política vedada ao raciocínio crítico". E acrescenta energicamente que "a *satyagraha* de Gandhi começa a partir do ponto onde a argumentação racional e o raciocínio crítico se detêm" (Pantham, 1988: 206)[52]. Em segundo lugar, a "pesquisa científica" de Gandhi não reivindica qualquer privilégio epistemológico. O conhecimento já estava lá, por assim dizer, e a única coisa que ele tinha de fazer era "experiências":

Nada tenho a ensinar ao mundo. A verdade e a não-violência são tão antigas como as montanhas. Tudo o que fiz foi tentar realizar experiências em ambas numa escala tão vasta quanto me foi possível. Ao fazê-lo, errei por vezes e aprendi com os erros. A vida e os seus problemas tornaram-se, para mim, outras tantas experiências na prática da verdade e da não-violência (1951: 240).

A proposta de Gandhi é uma contribuição decisiva para um novo senso comum emancipatório. A nova universalidade da aspiração de Gandhi baseia-se ex-

---

51. Citado por Pantham (1988: 207-208).

52. As ideias e a política de Gandhi continuam a ser objecto de grande debate. Nandy (1987) sublinha que, por ter escapado à dominação cultural colonial, Gandhi formulou um autêntico e efectivo nacionalismo indiano. Partindo de um enquadramento gramsciano, Chatterjee considera que a ideologia de Gandhi, subvertendo, no essencial, o pensamento nacionalista de elite, propiciou, ao mesmo tempo, a oportunidade histórica para a apropriação política das classes populares dentro das formas em evolução do novo Estado indiano (1984: 156). Fox (1987) acentua os dilemas da resistência cultural de Gandhi num sistema mundial de dominação cultural.

plicitamente numa hermenêutica diatópica[53], isto é, num questionamento exigente da sua própria cultura hindu, de modo a aprender como entrar em diálogo com outras culturas munido da máxima tolerância discursiva, e a reconhecer que as outras culturas também têm aspirações emancipatórias semelhantes: "A não-violência, na sua forma activa, é, portanto, boa vontade para com toda a vida. É puro amor. Leio-o nas escrituras hindus, na Bíblia, no Corão" (1951: 77).

Se, por um lado, o contraste entre Gandhi e Habermas é perfeitamente óbvio, por outro, há uma convergência entre Gandhi e Chomsky que me parece importante salientar. Ainda que Chomsky faça uma distinção entre ciência e política que seria inaceitável para Gandhi, ambos tentam alicerçar um novo senso comum emancipatório numa prática exigente e altamente arriscada. Cada um, à sua maneira, trava um combate de vida ou de morte contra a arregimentação, empenhando-se numa crítica radical do conhecimento profissional hegemónico, uma crítica que exige a desteorização da realidade como única forma de a reinventar. Acresce ainda que cada um deles parte de uma interpelação radical da sua própria cultura, a fim de compreender o que a poderá aproximar de outras culturas, e está disposto a envolver-se (diatopicamente, por assim dizer) em diálogos interculturais. Chomsky desenterra as raízes mais profundas do liberalismo europeu e descobre um novo comunitarismo e uma nova solidariedade na forma política do anarquismo. Em sua opinião, a sociedade anarquista, assente na livre associação de todas as forças produtivas e no trabalho cooperativo, satisfaria as necessidades de todos os seus membros, de uma forma adequada e justa:

> *Numa tal sociedade, não há motivo para que as recompensas dependam de um determinado conjunto de atributos pessoais, por mais seleccionados que sejam. Desigualdade de dons é simplesmente a condição humana — facto que devemos agradecer; uma visão do inferno é uma sociedade composta de elementos intermutáveis. Isto nada implica no que respeita às recompensas sociais [...]. Sem laços de solidariedade, de simpatia e de preocupação com os outros, uma sociedade socialista é impensável. Só nos resta esperar que a natureza humana seja constituída de tal forma que esses elementos da nossa natureza essencial possam desenvolver-se e enriquecer as nossas vidas, uma vez que as condições sociais que os suprimem tenham sido ultrapassadas. Os socialistas são fiéis à convicção de que não estamos condenados a viver numa sociedade baseada na ganância, na inveja e no ódio. Não sei como provar que eles têm razão, mas também não há fundamentos para a convicção comum de que eles devem estar errados (1987: 192).*

O elogio da comunidade e da solidariedade feito por Chomsky ajusta-se perfeitamente às preocupações expressas por Gandhi na perspectiva da sua cultura. Mas, curiosamente, na sua interpelação radical do comunitarismo hindu, Gandhi

---

53. Sobre o conceito de hermenêutica diatópica, ver o 3.º Volume.

descobre o valor da autonomia e da liberdade do indivíduo. Pouco tempo antes de morrer, quando alguém lhe perguntou o que ele entendia por socialismo, dado que insistia em distinguir a sua noção de socialismo da variante europeia, Gandhi respondeu:

> Não quero caminhar sobre as cinzas dos cegos, dos surdos e dos mudos. No socialismo deles [europeu] é provável que estes não tenham lugar. O seu único objectivo é o progresso material [...]. Eu quero liberdade para exprimir totalmente a minha personalidade. Devo ser livre de construir uma escada até Sírius se me apetecer. Isto não significa que queira fazer tal coisa. No outro socialismo, não há liberdade individual. Não se é dono de nada, nem do próprio corpo (1956: 327).

O facto de a convergência entre Chomsky e Gandhi partir de posições tão distantes é, em si mesmo, um facto significativo. Ao escavarem profundamente na sua própria cultura, cada um deles chega diatopicamente à cultura do outro. Mas isso é ainda mais significativo se considerarmos que o modelo político que parece captar melhor as afinidades entre ambos é o anarquismo. Na verdade, o que Gandhi tem a dizer sobre o anarquismo não difere muito daquilo que há pouco vimos Chomsky afirmar:

> Poder político significa governar a vida nacional através de representantes nacionais. Se a vida nacional se tornar tão perfeita ao ponto de se auto-governar, nenhuma representação será necessária. Haverá, então, um Estado de anarquia iluminada. Num tal Estado, cada um será o seu próprio governante. E governar-se-á a si mesmo de uma maneira tal que nunca constituirá um obstáculo para o seu vizinho. No Estado ideal, portanto, não haverá poder político porque não haverá Estado. Mas o ideal nunca é totalmente realizado na vida. Daí a afirmação clássica de Thoreau de que o melhor governo é o que menos governar (1951: 244).

Talvez não seja coincidência que a convergência entre Chomsky e Gandhi encontre no anarquismo uma das suas formulações. Na verdade, de todas as tradições políticas emancipatórias da modernidade ocidental, o anarquismo é, sem dúvida, uma das mais desacreditadas e marginalizadas pelo discurso político hegemónico, seja ele convencional ou crítico. Como representação relativamente inacabada, o anarquismo mostra-se, assim, mais disponível para a fertilização intercultural. Além disso, enquanto prática política, o anarquismo só floresceu no Sul do Norte, e teve a sua concretização mais plena na Espanha republicana dos anos trinta. Por outras palavras, desenvolveu-se nas margens do sistema de dominação, onde as hegemonias se afirmavam com maior fragilidade. Por último, como Chomsky observa correctamente, o anarquismo é o único projecto político emancipatório que não confere um privilégio particular aos intelectuais e ao conhecimento profissional, representando, assim, um elo fraco no paradigma da modernidade por onde a hermenêutica diatópica se poderá infiltrar. A desteorização da realidade como condição prévia para a sua reinvenção, que tanto Chomsky como Gandhi desejam, encontra no anarquismo um terreno apropriado.

A meu ver, porém, o que mais aproxima estes dois pensadores e activistas é que, para além de contribuírem para a construção da subjectividade do Sul, ambos contribuem também para a construção das subjectividades de fronteira e do barroco. Ambos defendem a sociabilidade de fronteira como um meio de criatividade social capaz de resistir à arregimentação, à naturalização das rotinas e à homogeneização das diferenças. Por outro lado, o extremismo que ambos conferem às suas ideias e práticas evidencia também a sua subjectividade barroca. Relativamente a Gandhi, pode parecer surpreendente considerar barroca uma subjectividade que prega a simplicidade e a repressão das paixões. Recordemos, porém, que o extremismo barroco (*la extremosidad* de Maravall) afirma-se quer pela exaltação da exuberância, quer pela exaltação da simplicidade. O extremismo da simplicidade e do auto-despojamento de Gandhi é barroco.

A subjectividade do Sul constitui o momento de solidariedade na construção de uma tópica para a emancipação. O objectivo é construir um círculo de reciprocidade muito mais vasto do que aquele que a modernidade propõe, ou seja, uma *Sorge* que não pode deixar de ser simultaneamente local e transnacional, imediata e inter-geracional. A subjectividade do Sul significa a capacidade e a vontade para um vasto exercício de solidariedade. O seu objectivo é a construção de um Sul não-imperial como uma tarefa que precede a eliminação da dicotomia imperial entre o Norte e o Sul e a sua substituição por outras formas, muitas e variadas como seria desejável, de diferenciação igualitária, isto é, de diferença sem subordinação. Na construção de um Sul não-imperial, o momento da solidariedade desdobra-se em três grandes momentos que são outras tantas perspectivas privilegiadas para captar os elos fracos da dominação imperial: o *momento da rebelião*, o *momento do sofrimento humano* e o *momento da continuidade entre vítima e agressor*.

O *momento da rebelião* surge quando a ordem imperial é destruída, pelo menos momentaneamente, e dá lugar ao caos, de cujo ponto de vista o colonialismo pode ser concebido como uma forma de ignorância e a solidariedade como uma forma de conhecimento. Se o momento de rebelião dos oprimidos corresponde ao elo fraco da dominação imperial, não surpreende que a análise desse momento seja também um elo fraco das ciências sociais convencionais que se constituíram e prosperaram com base na relação imperial. Haverá que procurar uma análise convincente dos momentos de rebelião na investigação realizada como resistência à relação imperial. Um bom exemplo, vindo também da Índia, é a gigantesca colectânea de estudos sobre a sociedade indiana reunidos por Ranajit Guha nos vários volumes de *Subaltern Studies*[54]. Comentando este formidável empreendi-

---

54. Um conjunto de ensaios sobre a história e a sociedade do sul da Ásia publicados, nos anos oitenta, numa colectânea dirigida por Ranajit Guha. Dos vários estudos aí incluídos, ver um do próprio Guha sobre a historiografia colonialista na Índia: Guha (1989).

mento no âmbito dos estudos históricos, Veena Das afirma que os *Subaltern Studies* "fundamentaram um ponto importante na determinação da centralidade do momento histórico da rebelião ao encararem os subalternos como sujeitos das suas próprias histórias" (1989: 312).

O momento da rebelião é o momento de desafio em que uma nova ordem emergente confronta a ordem da representação. A questionação da ordem da representação produz o caos epistemológico que permite às energias emancipatórias reconhecerem-se como tais. O momento da rebelião é, portanto, um momento de suspensão que converte o Norte imperial em poder alienante e o Sul imperial em impotência alienante. No momento da rebelião, a força do opressor só existe na medida em que a fraqueza da vítima o permite: a capacidade do opressor é uma função da incapacidade da vítima; a vontade de oprimir é uma função da vontade de ser oprimido. Esta reciprocidade momentânea entre opressor e vítima torna possível a subjectividade rebelde. Esta subjectividade foi memoravelmente formulada por Gandhi, quando se imaginou a dirigir-se aos Britânicos nestes termos: "Não somos nós que temos de fazer o que vocês querem, mas vocês que têm de fazer o que nós queremos" (1956: 118).

O *momento do sofrimento humano* é o momento de contradição entre a experiência de vida do Sul e a ideia de uma vida decente. É o momento em que o sofrimento humano é traduzido em sofrimento-feito-pelo-homem. É um momento crucial, porquanto a dominação hegemónica reside, primordialmente, na ocultação do sofrimento humano ou, sempre que isso não é possível, na sua naturalização como fatalidade ou necessidade ou na sua trivialização como espectáculo mediático. É precisamente através da ocultação, da naturalização e da trivialização do sofrimento que a dominação oculta e naturaliza a opressão. A identificação do sofrimento humano requer, por isso, um grande investimento na representação e na imaginação oposicionistas. Como Nandy afirma, "[...] a nossa sensibilidade ética limitada não é uma prova da hipocrisia humana; é, sobretudo, um produto do conhecimento limitado que temos da situação humana" (1987b: 22).

No Capítulo 5, foi minha intenção desenhar o mapa mental de um vasto campo social de opressão nas sociedades capitalistas, produzida em seis grandes espaços estruturais: o espaço doméstico, o espaço da produção, o espaço do mercado, o espaço da comunidade, o espaço da cidadania e o espaço mundial. As seis formas de opressão geram seis formas principais de sofrimento humano. A fenomenologia do sofrimento humano é um ingrediente essencial da criação da vontade de transição paradigmática. A subjectividade do Sul experiencia pessoalmente todo o sofrimento do mundo como um sofrimento feito pelo homem, e não, de modo algum, como necessário ou inevitável. Sendo constituído pelo sofrimento humano, o carácter radical da vontade emancipatória da subjectividade do Sul reside no facto de esta nada ter a perder, a não ser as suas cadeias.

Quanto ao *momento de continuidade* entre *opressor* e *vítima*, ninguém o exprimiu melhor do que Gandhi, quando sublinhou claramente que qualquer sistema de dominação brutaliza simultaneamente a vítima e o opressor, e que também o opressor necessita de ser libertado. "Durante toda a sua vida", escreve Nandy, "Gandhi procurou libertar os Britânicos, tanto quanto os Indianos, das garras do imperialismo; e procurou libertar as castas hindus, tanto quanto os intocáveis, da intocabilidade" (1987b: 35). Gandhi acreditava que o sistema de dominação compele a vítima a interiorizar as regras do sistema de tal maneira que nada garante que, uma vez derrotado o opressor, a dominação não continue a ser exercida pela antiga vítima, ainda que de formas diferentes. A vítima é um ser profundamente dividido quanto à identificação com o opressor ou à diferenciação relativamente a este. Volto a citar Nandy:

> O oprimido nunca é uma pura vítima: uma parte dele colabora, compromete-se e adapta-se, e a outra desafia, "não coopera", subverte ou destrói, muitas vezes em nome da colaboração e sob a roupagem da obsequiosidade (1987b: 43).

Ao descobrir os segredos do desafio à opressão, a subjectividade do Sul luta por um mundo alternativo que não produza a brutalização recíproca. Por outras palavras, libertar o opressor da desumanização só é concebível como resultado da luta emancipatória travada pela vítima contra a opressão. Um proeminente teorizador da teologia da libertação, Gustavo Gutierrez, exprime eloquentemente esse aparente paradoxo e assimetria:

> Amamos os opressores, libertando-os deles próprios. Mas isso só se pode conseguir optando decididamente pelos oprimidos, ou seja, combatendo as classes opressoras. Tem de ser um combate real e efectivo, não ódio (Gutierrez, 1991).

Constelações tópicas

Os *topoi* da fronteira, do barroco e do Sul presidem à reinvenção de uma subjectividade com capacidade e vontade de explorar as potencialidades emancipatórias da transição paradigmática. Nenhum destes três *topoi* garante, por si só, a criação de uma tópica para a emancipação ou de uma subjectividade capaz de a traduzir em formas concretas de sociabilidade. Pelo contrário, cada *topos* separadamente pode sancionar formas excêntricas de regulação que, por seu turno, podem contribuir para desacreditar os projectos emancipatórios e liquidar a vontade de emancipação. Abandonado a si próprio, o *topos* da fronteira pode dar azo a uma subjectividade e a uma sociabilidade libertinas que sejam indulgentes para com criatividades destrutivas: daí pode resultar uma turbulência que, em vez de possibilitar novas formas de solidariedade, abre novos espaços para o colonialismo. Do mesmo modo, deixado a si próprio, o *topos* do barroco pode ser a fonte de formas manipulativas de subjectividade e de sociabilidade propensas a recorrer ao artifício e ao extremismo a fim de excitar as paixões e promover a adesão acrítica a formas de caos disfarçadas de ordem e a formas de colonialismo disfarçadas de solidariedade. Finalmente, o *topos* do Sul, actuando isoladamente, pode resultar em subjectividades golpistas e autoritárias que, nos seus esforços para abolir o colonialismo, acabam por abolir também as possibilidades de solidariedade.

A subjectividade e a sociabilidade emergentes são, portanto, constelações destes três *topoi*, ainda que as constelações possam variar de acordo com a intensidade variável dos três *topoi* intervenientes. Quer isto dizer que uma constelação dominada pelo *topos* da fronteira (com o *topos* da fronteira actuando em modo de alta-tensão e os restantes *topoi* em modo de baixa-tensão) difere de outra dominada pelo *topos* do barroco, ou de uma terceira dominada pelo *topos* do Sul. O fundamental, contudo, é que os três *topoi* estejam sempre presentes e que nenhum deles tenha uma presença trivial ou irrelevante. Constituídas desta forma, a subjectividade e a sociabilidade emergentes resultam em práticas sociais e epistemológicas de contradição e competição paradigmáticas em cada um dos seis espaços estruturais. É evidente que existem na sociedade muitos outros campos sociais de contradição e competição paradigmáticas, mas creio que os seis espaços estruturais que identifiquei são particularmente relevantes: dado que se trata de campos sociais privilegiados de regulação social, é neles que as emancipações mais importantes e duradouras devem ser conquistadas.

Em cada um dos seis espaços estruturais, a subjectividade emergente provoca a contradição e a competição paradigmáticas dentro de uma unidade específica de prática social: diferença sexual e gerações no espaço doméstico; classes e natureza capitalista no espaço da produção; consumo no espaço do mercado; etnicidade, raça e povo no espaço da comunidade; cidadania no espaço da cidadania; Estado-Nação no espaço mundial. Isto significa que, no interior de cada um dos seis espaços estruturais, a prática social emergente é constituída por uma constelação específica dos *topoi* da fronteira, do barroco e do Sul. Em termos de práticas sociais e epistemológicas concretas, a fronteira, o barroco e o Sul significam coisas diferentes em relação, por exemplo, às lutas de sexos, de classes ou de etnias. Mas, em qualquer prática desse género, a marca e a força emancipatória dos grupos sociais que lutam pelo paradigma emergente são-lhes conferidas pela constelação de *topoi* específica que alimenta a subjectividade desses grupos. É este facto que dá consistência à posição que assumi, no Capítulo 5, relativamente à determinação estrutural. O potencial emancipatório e a primazia das lutas sociais não são determinados pela sua posição estrutural — em termos estruturais, não é possível estabelecer qualquer primazia entre sexo, classe, cidadania, etc. —, mas pela intensidade com que se deixam guiar pelas constelações tópicas da fronteira, do barroco e do Sul.

De maneira idêntica, a questão das formas organizacionais da prática social emancipatória é secundária, embora de modo algum irrelevante. Em termos abstractos, e no respeitante à eficácia emancipatória, não é possível estabelecer primazias ou hierarquias entre partidos políticos, sindicatos, novos movimentos sociais, movimentos populares, ONGs, etc. A adequação de cada uma destas formas às aspirações, capacidades e desejos dos grupos sociais progressistas depende de condições concretas. Mas as suas potencialidades emancipatórias dependem da intensidade com que interiorizam as constelações tópicas da fronteira, do barroco e do Sul: quanto mais intensa for a interiorização, maior será a proximidade entre as práticas sociais e epistemológicas e o paradigma emergente.

Ao nível dessas práticas, as subjectividades individuais e colectivas nunca se esgotam numa única unidade de prática ou de organização social. Somos sempre configurações de diferentes práticas sociais e participamos em diferentes tipos de organizações. De acordo com o contexto, agimos predominantemente como subjectividade de sexo, de classe, de consumidor, étnica, de cidadão ou nacional. Mas, em qualquer contexto, somos constituídos por todas as restantes subjectividades parciais. Dado que, na transição paradigmática, a constelação tópica da fronteira, do barroco e do Sul tende a distribuir-se desigualmente pelas diferentes formas de prática social, resulta que as nossas configurações de subjectividade são, elas próprias, internamente contraditórias e rivais. Se, nalgumas das subjectividades parciais, nos encontramos mais próximos do paradigma emergente, noutras, encontramo-nos mais próximos do paradigma dominante. As configurações de subjectividade são tanto mais emancipatórias quanto mais organizadas forem pelas subjectividades parciais constituídas pela constelação tópica emergente. O mesmo pode dizer-se das formas de organização social e política em que essas subjectividades participam. Na transição paradigmática, é impossível erradicar a contradição e a competição entre o paradigma dominante e o paradigma emergente, isto é, entre a regulação e a emancipação. Ambas operam no interior, quer das subjectividades individuais, quer das colectivas, bem como no interior dos campos sociais em que elas intervêm.

CONCLUSÃO

Nos capítulos anteriores, ocupei-me sobretudo do paradigma dominante. Neste capítulo, o meu objectivo foi concentrar-me no paradigma emergente. Daí que tenha decidido combinar duas tradições marginalizadas da modernidade, nomeadamente a tópica retórica e a utopia. Descrevi sumariamente as tarefas emancipatórias envolvidas na transição paradigmática e esbocei o perfil geral das subjectividades individuais e colectivas com capacidade e vontade de as realizar. A minha intenção não foi, de modo algum, formular uma nova teoria social das sociedades capitalistas do sistema mundial neste final de século. Pelo contrário, tentei desteorizar a realidade social para a tornar mais flexível e receptiva ao pensamento e ao desejo utópicos. O meu objectivo principal não foi, portanto, apresentar o projecto de uma nova ordem, mas tão-só mostrar que o colapso da ordem ou da desordem existente — que Fourier designou, significativamente, por "ordem subversiva" — não implica, de modo nenhum, a barbárie. Significa, sim, a oportunidade de reinventar um compromisso com uma emancipação autêntica, um compromisso que, além do mais, em vez de ser o produto de um pensamento vanguardista iluminado, se revela como senso comum emancipatório.

Construir uma tal utopia — não num *nenhures* imaginário, e menos ainda num irónico "seruhnen"[55], mas simplesmente aqui, num aqui heterotópico —, construir, na verdade, uma utopia tão pragmática quanto o próprio senso comum, não é uma tarefa fácil, nem uma tarefa que alguma vez possa concluir-se. É este reconhecimento, à partida, da infinitude que faz desta tarefa uma tarefa verdadeiramente digna dos humanos.

---

55. Esta inversão entre «nenhures» e «serunhen» foi, obviamente, inspirada por Samuel Butler: *nowhere* e *erehwon* (Butler: 1998).

BIBLIOGRAFIA

ABEL, Richard (1980), "Redirecting Social Studies of Law", *Law and Society Review*, 14, 826 ss.

ABRAHAMSON, Hans; NILSSON, Anders (1994), *Moçambique em Transição: um estudo da história de desenvolvimento durante o período 1974-1992*. Maputo: PADRIGU e CEEI-ISRI.

ADDO, Herb et al. (1985), *Development as Social Transformation: Reflections on the Global Problematique*. Londres: Hodder & Stoughton.

ADLER, Max (1924), *Zuchthaus und Fabrik*. Leipzig: Ernst Oldenburg Verlag.

ADORNO, Theodor (1985), *Minima Moralia*. Londres: Verso.

ALBERRO, Solange (1992), *Del Gachupin al Criollo*. Cidade do México: El Colegio de Mexico.

ALBUQUERQUE, Luis de (1994), *Estudos de História da Ciência Náutica*. Lisboa, Instituto de Investigação Científica Tropical.

ALEXY, Robert (1978), *Theorie der juristischen Argumentation*. Frankfurt/M.: Suhrkamp.

ALLEN, Peter (1981), "The Evolutionary Paradigm of Dissipative Structures", in Jantsch (org.) (1981), 25-72.

ANDRADE, Oswald de (1990), *A Utopia Antropofágica*, São Paulo: Globo.

ANDREWS, Lews (1995), *Story and Space in Renaissance Art: The Rebirth of Continuous Narrative*. Cambridge: Cambridge University Press.

ARENDT, Hannah (1963), *Between Past and Future*. Cleveland: Meridian Books.

AUERBACH, Erich (1968), *Mimesis. The Representation of Reality in Western Literature*. Princeton: Princeton University Press.

AVERY, Thomas Eugene.; BERLIN, Graydon Lennis (1992), *Fundamentals of Remote Sensing and Airphoto Interpretation*. Nova Iorque: Macmillan.

ÁVILA, Affonso (1994), *O Lúdico e as Projeções do Mundo Barroco* — II. São Paulo: Editora Perspectiva.

BACHELARD, Gaston (1972), *La formation de l'esprit scientifique*. Paris: J. Vrin.

BACON, Francis (1933), *Novum Organum*. Madrid: Nueva Biblioteca Filosófica.

BAHRO, Rudolf (1978), *The Alternative*. Londres: New Left Books.

BALIBAR, Etienne; WALLERSTEIN, Immanuel (1991), *Race, Nation, Class: Ambiguous Identities*. Londres: Verso.

BALL, Millner (1985), *Lying Down Together: Law Metaphor and Theology*. Madison: University of Wisconsin Press.

_____. (1990), *The Word and the Law*. Chicago: University of Chicago Press.

BARBER, Benjamin (1984), *Strong Democracy*. Berkeley: University of California Press.

BARRETT, Michèle (1980), *Women's Oppression Today*. Londres: Verso.

BARRIOS, Marco A.G. (1993), *Economía y Cultura Política Barroca*. Cidade do México: UNAM.

BARTHES, Roland (1970), "L'ancienne rhétorique", *Communications*, 16, 172-229.

BATESON, Gregory (1985), *Mind and Nature*. Londres: Fontana.

BAUDRILLARD, Jean (1981), *Simulacres et Simulations*. Paris: Galileé.

BECKER, Howard (1986), *Doing Things Together*. Evanston, Ill: Northwestern University Press.

BELLEY, Jean Guy, "Pluralisme juridique", in André-Jean Arnaud (org.) (1988), *Dictionnaire Encyclopédique de Théorie et de Sociologie du Droit*. Paris/Bruxelas: LGDJ/E. Story-Scientia, 300-303.

BENARIA, Lourdes; SEN, G. (1981), "Accumulation, Reproduction and Women's Role in Economic Development: Boserup Revisited", *Signs* 7(2), 279-298.

BENDA-BECKMANN, Franz von (1997), "Citizens, Strangers and Indigenous Peoples: Conceptual Politics and Legal Pluralism", *Law & Anthropology*, 9, 1-42.

BENSELER, Frank; HEIJL, Peter; KOCH, Wolfram (orgs.) (1980), *Autopoiesis: Communication and Society. The Theory of Autopoietic Systems in the Social Sciences*. Frankfurt/M.: Campus.

BERGER, Adolf (1953), *Encyclopedic Dictionary of Roman Law*. Filadélfia: The American Philosophical Society.

BERGER, John (1987), "Loving a Cold Climate", *The Guardian*, 4(12).

BERLIN, Isaiah (1976), *Vico and Herder: Two Studies in the History of Ideas*. Londres: Hogarth Press.

BERMAN, Harold (1983), *Law and Revolution. The Formation of Western Legal Tradition*. Cambridge: Harvard University Press.

BERRY, Christopher (1989), *The Idea of a Democratic Community*. Nova Iorque: St. Martin's Press.

BINFORD, Lewis Roberts (1981), "Behavioral Archaeology and the 'Pompeii Premise'", *Journal of Anthropological Research*, 37(3), 195-208.

BLAKEMORE, M. J.; HARLEY, J. B. (1980), *Cartographica, Special Issue*, 17(4), 1-120.

BLANKENBURG, Erhard (1984), "The Poverty of Evolutionism. A Critique of Teubner's Case for Reflexive Law'", *Law and Society Review*, 18, 273-289.

BLEIER, Ruth (1984), *Science and Gender*. Nova Iorque: Pergamon.

BLOCH, Ernst (1986), *The Principle of Hope*. 3 volumes. Cambridge Mass: The MIT Press.

BLOOM, Harold (1973), *The Anxiety of Influence*. Oxford: Oxford University Press.

BOGGS, S. W. (1947), "Cartohypnosis", *Scientific Monthly*, 64, 469 ss.

BOHM, David (1984), *Wholeness and the Implicate Order*. Londres: Ark Paperbacks.

BOOKCHIN, Murray (1970), *Ecology and Revolutionary Thought*. Nova Iorque: Times Change Press.

BOOKCHIN, Murray (1974), *The Limits of the City*. Nova Iorque: Harper & Row.

_____. (1980), *Toward an Ecological Society*. Montreal: Black Rose Books.

_____. (1987), *The Rise of Urbanization and the Decline of Citizenship*. São Francisco: Sierra Club Books.

_____. (1990), *The Philosophy of Social Ecology*. Montreal: Black Rose Books.

BORDA, Orlando F. (1987), *Ciencia Propia y Colonialismo Intelectual. Los Nuevos Rumbos*. Bogota: Carlos Valencia Editores.

BORGES, Jorge Luis (1974), *Obras Completas*. Buenos Aires: Emecé.

BOSERUP, Esther (1970), *Women's Role in Economic Development*. Londres: Allen & Unwin.

BOURDIEU, Pierre (1980), *Le sens pratique*. Paris: Éditions de Minuit.

_____. (1982), *Ce que parler veut dire*. Paris: Fayard.

BOVÉ, Paul (1990), "Discourse", in F. Lentricchia e T. McLaughlin (orgs.) (1990), *Critical Terms for Literary Studies*. Chicago: University of Chicago Press. 50-65.

BOWEN, M. (1985), "The Ecology of Knowledge: Linking the Natural and Social Sciences", *Geoforum*, 16, 213-225.

BOWLES, Gloria; KLEIN, Renate (orgs.) (1983), *Theories and Women Studies*. Londres: Routledge.

BOWLES, Samuel (1998), "Endogenous Preferences: The Cultural Consequences of Markets and Other Economic Institutions", *Journal of Economic Literature*, Vol. XXXVI, 75-111.

BOWLES, Samuel; GORDON, David; WEISSKOPF, Thomas (1983), *Beyond the Wasteland: A Democratic Alternative to Economic Decline*. Garden City: Anchor.

BOWLES, Samuel; GINTIS, Herbert (1986), *Democracy and Capitalism: Property, Community and the Contradiction of Modern Social Thought*. Nova Iorque: Basic Books.

BOWLES, Samuel; GORDON, David; WEISSKOPF, Thomas (1990), *After the Wasteland. A Democratic Economics for the Year 2000*. Armonk, Nova Iorque: M.E. Sharpe Inc.

BRAUDEL, Fernand (1979), *Civilization matérielle, économie et capitalisme XVe-XVIIIe siècle*. Vol. II. Paris: Armand Colin.

BRENNER, R. (1977), "The Origins of Capitalist Development: A Critique of Neo-Smithian Marxism", *New Left Review*, 104, 25-92.

BREUER, Dieter; SCHANZE, Helmut (orgs.) (1981) *Topik. Beiträge zur interdisziplinären Diskussion*. Munique: W. Fink Verlag.

BRIGGS, John; PEAT, F. David (1985), *Looking-Glass Universe. The Emerging Science of Wholeness*. Londres: Fontana.

BRILLOUIN, Léon (1959), *La science et la theéorie de l'information*. Paris: Masson.

BRUNKHORST, Hauke (1987), "Romanticism and Cultural Criticism", *Praxis International*, 6, 397-415.

BUCI-GLUCKSMANN, Christine (1984), *La raison baroque, de Baudelaire à Benjamin*. Paris: Galilée.

BUCKLE, Stephen (1991), *Natural Law and the Theory of Property: Grotius to Hume*. Oxford: Clarendon Press.

BUMILLER, Kristin (1988), *The Civil Rights Society. The Social Construction of Victims*. Baltimore: The Johns Hopkins University Press.

BUNGE, Mario (1979), *Causality and Modern Science*. Nova Iorque: Dover Publications.

BURAWOY, Michael (1979), *Manufacturing Consent*. Chicago: University of Chicago Press.

BURNETT, Alan (1985), "Propaganda Cartography", *in* D. Pepper e A. Jenkins (orgs.) (1985), *The Geography of Peace and War*. Oxford: Blackwell. 60-89.

BUTLER, Samuel (1998), *Erewhon (Wordsworth Collection)*. Wordsworth Editions.

BUTTLER, Judith; SCOTT, Joan (org.) (1992), *Feminists Theorize the Political*. Nova Iorque: Routledge.

BYNUM, Caroline; HARRELL, S.; RICHMAN, P. (orgs.) (1986), *Gender and Religion: On the Complexity of Symbols*. Boston: Beacon Press.

CAMPBELL, John (1993), *Map Use and Analysis*. Dubuque, Iowa: Wm. C. Brown Publishers.

CAPRA, Fritjof (1979), "Quark Physics Without Quarks: A Review of Recent Developments in S-Matrix Theory", *American Journal of Physics*, 47(1),11-23.

_____. (1983), *The Turning Point*. Nova Iorque: Bantam Books.

_____. (1984), *The Tao of Physics*. Nova Iorque: Bantam Books.

CARON, R. (1980), "Les choix de cartographe", in *Cartes et Figures de Terre*. Paris: Centro Georges Pompidou. 9-15.

CARRILHO, Manuel Maria (1990), *Verdade Suspeita e Argumentação*. Lisboa: Presença.

_____. (1992), *Rhétoriques de la modernité*. Paris: P.U.F.

_____. (1994), *Jogos de Racionalidade*. Porto: Asa.

CARROL, Lewis (1976), *Complete Works*. Londres: 757.

CARSON, W.G. (1979), "The Conventionalization of Early Factory Crime", *International Journal of the Sociology of Law*, 7, 37-60.

CASCAIS, António Fernando (no prelo), "Egas Moniz, a Psicocirurgia e o prémio Nobel", in João Arriscado Nunes e Eduarda Gonçalves (org.), *Enteados de Galileu? Semiperiferia e Intermediação no Sistema Mundial da Ciência*. Porto: Afrontamento.

CASSIRER, Ernst (1946), *The Myth of the State*. New Haven: Yale University Press.

_____. (1960), *The Philosophy of the Enlightenment*. Boston: Beacon Press.

_____. (1963), *The Individual and the Cosmos in Renaissance Philosophy*. Oxford: Blackwell.

CASTRO, Aníbal de (1973), *Retórica e Teorização Literária em Portugal*. Coimbra: Universidade de Coimbra.

CASTRO, Armando (1975), *Teoria do Conhecimento Científico*. Obra em 5 volumes: 1º (1975), 2º (1978), 3º (1980), 4º (1982), Porto: Limiar; 5º (1985), Porto: Afrontamento.

CERRONI, Umberto (1987), "Formale e Informale", *Scienzasocietá*, 23-24, 3-7.

CHAMBERS, R. (1992), "Rural Appraisal. Rapid, Relaxed and Participatory", *IDS Discussion Papers*, 311, 1-90.

CHASE-DUNN, Christopher (1991), *Global Formation: Structures of the World-Economy*. Cambridge: Polity Press.

CHATTERJEE, Partha (1984), "Gandhi and the Critique of Civil Society" *in* Guha (org.), 153-195.

CHEW, Geoffrey F. (1968), "Bootstrap: A Scientific Idea?", *Science*, 161, 762 ss.

_____. (1970), "Hardon Bootstrap: Triumph or Frustration?", *Physics Today* 23(10), 23-28.

CHOMSKY, Noam (1969), *American Powers and the New Mandarins*. Nova Iorque: Pantheon.

_____. (1970), *At War with Asia*. Nova Iorque: Pantheon.

_____. (1975), *Peace in the Middle East*. Nova Iorque: Pantheon.

_____. (1982), *Towards a New Cold War: Essays on the Current Crisis and How to Get There*. Nova Iorque: Pantheon.

_____. (1983), *The Fateful Triangle: The United States, Israel and the Palestinians*. Boston: South End Press.

_____. (1985), *Turning the Tide: U.S. Intervention in Central America and the Struggle for Peace*. Boston: South End.

_____. (1987), *The Chomsky Reader*. Nova Iorque: Pantheon Books.

_____. (1989), *Necessary Illusions: Thought Control in a Democratic Society*. Boston: South End Press.

CHOMSKY, Noam; HERMAN, Edward (1979), *The Political Economy of Human Rights*, Vol. 1: *The Washington Connection and Third World Fascism*; Vol. 2: *After the Cataclysm: Postwar Indochina and the Construction of Imperial Ideology*. Boston: South End Press.

_____. (1988), *Manufacturing Consent*. Nova Iorque: Pantheon.

CHOMSKY, Noam; ZINN, Howard (orgs.) (1972), *The Pentagon Papers*. Volume 5: *Critical Essays*. Boston: Beacon Press.

CLEGG, S.; DUNKERLEY, D. (1980), *Organization, Class and Control*. Londres: Routledge & Kegan Paul.

COBBAN, Alfred (1964), *Rousseau and the Modern State*. Londres: George Allen & Unwin.

COCKS, Joan (1989), *The Oppositional Imagination*. Londres: Routledge.

COHEN, Gerald Allan (1978), *Karl Marx's Theory of History: a Defense*. Princeton: Princeton University Press.

COHEN, Joshua; ROGERS, Joel (1992), "Secondary Associations and Democratic Governance", *Politics and Society*, 20, 393-472.

COLLETTI, Lucio (1974), *From Rousseau to Lenin. Studies in Ideology and Society*. Nova Iorque: Monthly Review Press.

CONDILLAC, Étienne de (1984), *Extrait raisonné du traité des sensation, in Traité des sensations. Traité des animaux*. Paris: Fayard. [^{1}1754-1755].

CONNELL, R.W. (1987), *Gender and Power*. Stanford, Calif: Stanford University Press.

COUTINHO, Afrânio (1968), *A Literatura no Brasil*. Vol. 1. Rio de Janeiro: Sul Americana.

_____. (1990), "O Barroco e o Maneirismo", *Claro Escuro*, 4-5, 15-16.

CRAIG, Colette (1992), "A Constitutional Response to Language Endangerment: The Case of Nicaragua", *Language*, 68(1), 17-24.

CRONON, William; MILES, G.; GITLIN, J. (orgs.) (1992), *Under an Open Sky, Rethinking America's Western Past*. Nova Iorque: W.W. Norton & Co.

CUNNINGHAM, Frank (1988), *Democratic Theory and Socialism*. Cambridge: Cambridge University Press.

CURTIUS, Ernest Robert (1953), *European Literature and the Latin Middle Ages*. Nova Iorque: Pantheon Books.

DAHL, Robert (1985), *A Preface to Economic Democracy*. Berkeley: University of California Press.

DAHL, T. S.; SNARE, A. (1978), "The Coercion of Privacy", *in* Smart e Smart (orgs.) (1978), 8-26.

DAHLKE, Günther (org.) (1959), *Der Menschheit Würde. Dokumente zum Schiller-Bild der deutschen Arbeiterklasse*. Weimar: Arion Verlag.

DALY, Herman; COBB, John (1989), *For the Common Good: Redirecting the Economy Toward Community, the Environment and a Sustainable Future*. Boston: Beacon Press.

DANTO, Arthur C. (1981), *The Transfiguration of the Commonplace*. Cambridge, Mass.: Harvard University Press.

DAS, Veena (1989), "Subaltern as Perspective", *in* Guha (org.), 310-324.

DAVIES, Stephen (1991), *Definitions of Art*. Ithaca: Cornell University Press.

DEAGAN, Kathleen (1989), "Tracing the Waste Makers", *Archeology* 42(1), Número Especial, 56-61.

D'ENTREVES, Passerin (1972), *Natural Law*. London: Hutchinson.

DESCARTES, René (1984), *Discurso do Método e as Paixões da Alma*. Lisboa: Sá da Costa.

DESROCHE, Henri (1975), *La societé festive. Du Fouriérisme écrit aux Fouriérismes pratiqués*. Paris: Seuil.

DEWY, John (1949), "Common Science and Science", *in* Dewey e Bentley, 270-286.

DEWEY, John; BENTLEY, Arthur (1949), *Knowing and the Known*. Boston: The Beacon Press.

DIAMOND, Irene; ORENSTEIN, Gloria (orgs.) (1990), *Reweaving the World: the Emergence of Ecofeminism*. São Francisco: Sierra Club Books.

DICEY, Albert Vern (1948), *Law and Public Opinion in England*. Londres: Macmillan.

DONZELOT, Jacques (1977), *La police des familles*. Paris: Éditions de Minuit.

DORIAN, Nancy (1993), "A Response to Ladefoged's Other View of Endangered Languages", *Language*, 69(3), 575-579.

DUCROT, Oswald; TODOROV, Tzvetan (1972), *Dictionnaire encyclopédique des sciences du language*. Paris: Seuil.

DUNNEL, Robert (1989), "Hope for an Endangered Science", *Archeology* 42(1), Número Especial, 63-66.

DURKHEIM, Émile (1973), *O Suicídio*. Lisboa: Presença.

_____. (1980), *As Regras do Método Sociológico*. Lisboa: Presença.

_____. (1984), *The Division of Labor in Society*. Nova Iorque: Free Press.

EAGLETON, Terry (1996), *The Illusions of Postmodernism*. Oxford: Blackwell.

EASLEA, Brian (1973), *Liberation and the Aims of Science*. Londres: Chatto & Windus.

ECHEVERRIA, Bolivar et al. (1991-1993), *El Mestizaje Cultural y lo Barroco en América* (projecto de investigação). México: Facultad de Filosofía y Letras, UNAM.

EDELMAN, Murray (1964), *The Symbolic Uses of Politics*. Urbana: University of Illinois Press.

EDER, Klaus (1986), "Prozedurale Rationalität. Moderne Rechtsentwicklung jenseits von formaler Rationalisierung", *Zeitschrift für Rechtssoziologie*, 7(1), 1-30.

_____. (1987), "Die Autorität des Rechts. Eine soziale Kritik prozeduraler Rationalität". *Zeitschrift für Rechtssoziologie*, 8(2), 193-230.

EDWARDS, Paul K.; SCULLION, Hugh (1982), *The Social Organization of Industrial Conflict: Control and Resistance in the Workplace*. Oxford: Basil Blackwell.

EIGEN, Manfred; SCHUSTER, P. (1979), *The Hypercycle: A Principle of Natural Self-Organization*. Heidelberg: Springer.

EINSTEIN, Albert (1973), "Preface of Galileo", in Easlea, Brian (1973), *Liberation and the Aims of Science*. Londres: Chatto & Windus.

ELLUL, Jacques (1965), *The Technological Society*. Londres: Cape.

ELSTER, Jon (1985), *Making Sense of Marx*. Cambridge: Cambridge University Press.

EMMANUEL, Arghiri (1972), *Unequal Exchange: a Study of the Imperialism of Trade*. Nova Iorque: Monthly Review Press.

ENGELS, Friedrich (1966), *Herr Eugen Dühring's Revolution in Science (Anti-Dühring)*. Nova Iorque: International Publishers.

EPSTEIN, Cynthia F. (1988), *Deceptive Distinctions. Sex Gender and the Social Order*. New Haven: Yale University Press.

ERDAS (1997), *ERDAS Field Guide*. Atlanta: Erdas International.

ESPING-ANDERSEN, Gosta (1990), *The Three Worlds of Welfare Capitalism*. Princeton: Princeton University Press.

ESSER, Josef (1956), *Grundsatz und Norm in der richterlichen Fortbildung des Privatrechts*. Tübingen: Mohr.

_____. (1970), *Vorverständnis und Methodenwahl in der Rechtsfindung*. Frankfurt/M.: Athenäum Verlag.

EWALD, François (1986a), *L' État Providence*. Paris: Grasset.

_____. (1986b), "A Concept of Social Law", *in* Teubner (org.), 40-75.

FALK, Richard (1975), *A Study of Future Worlds*. Nova Iorque: Free Press.

_____. (1987), *The Promise of World Order: Essays in Normative International Relations*. Filadélfia: Temple University Press.

_____. (1992a), "Cultural Foundations for the International Protection of Human Rights", *in* An-na'im (org.): 44-64.

_____. (1992b), *Explorations at the Edge of Time: the Prospects for World Order*. Filadélfia: Temple University Press.

_____. (1992c), "Cultural Foundations for the International Protection of Human Rights", *in* An-na'im Abdullahi (org.) (1992), *Human Rights in Cross-Cultural Perspectives. A Quest for Consensus*. Filadélfia: University of Pennsylvania Press, 44-64.

_____ (1993), *Explorations at the Edge of Time: The Prospects for World Order*. Filadélfia: Temple University Press.

FALK, Richard; KIM, S.; MENDLOWITZ, S. (orgs.) (1982b), *Toward a Just World Order*. Boulder: Westview Press.

FALK, Richard; KIM, Samuel; (1982a), *An Approach to World Order Studies and the World System*. Nova Iorque: World Order Models Project.

FARJAT, Gérard (1982), "Réflexions sur les codes de conduite privés", *in* P. Fouchard (org.) (1982), *Le droit des relations economiques internationales*. Paris: LITEC. 47-66.

FEBBRAJO, Alberto (1986), "The Rules of the Game in the Welfare State", *in* Teubner (org.), 128-150.

FERGUSON, Russell et al. (orgs.) (1990), *Out There: Marginalization and Contemporary Culture*. Cambridge, Mass.: The MIT Press.

FEYERABEND, Paul (1982), *Against Method*. Londres: New Left Books.

FIGUEIREDO, Fidelino (1932), *As Duas Espanhas*. Coimbra: Imprensa da Universidade.

FISH, Stanley (1990), "Rhetoric", *in* Lentricchia e McLaughlin (orgs.), 203-222.

FITZPATRICK, Peter (1983), "Law, Plurality and Underdevelopment", *in* D. Sugarman (org.), *Legality, Ideology and the State*. Londres: Academic Press. 159-182.

_____. (1988), "The Rise and Rise of Informalism", *in* R. Matthews (org.), *Informal Justice?*. Londres: Sage.

FLOWER, Desmond (org.) (1950), *Voltaire's England*. Londres: The Folio Society.

FOUCAULT, Michel (1976), *La volonté de savoir*. Paris: Gallimard.

_____. (1977), *Discipline and Punish*. Nova Iorque: Pantheon.

_____. (1980), *Power and Knowledge*. Nova Iorque: Pantheon.

FOURIER, Charles (1967), *Théorie des quatre mouvements et des destinées générales*. Paris: Jean-Jacques Pauvert.

FOX, Richard G. (1987), "Gandhian Socialism and Hindu Nationalism: Cultural Domination in the World System", *Journal of Commonwealth and Comparative Politics*, 25(3), 233-247.

FRANKEL, Boris (1987), *The Post-Industrial Utopians*. Madison: The University of Wisconsin Press.

FRASER, Nancy (1989), *Unruly Practices: Power Discourse and Gender in Contemporary Social Theory*. Minneapolis: University of Minnesota Press.

_____. (1996), *Justice Interrupts: Critical Reflections on the 'Postsocialist' Condition*. Nova Iorque: Routledge.

_____; NICHOLSON, Linda (1990), "Social Criticism without Philosophy: An Encounter between Feminism and Postmodernism", *in* Nicholson (org.), 19-38.

FRIEDMAN, Lawrence (1975), *The Legal System: A Social Science Perspective*. Nova Iorque: Russell Sage Foundation.

GADAMER, Hans-Georg (1965), *Wahrheit und Methode*. Tübingen: J.C.B. Mohr.

GALANTER, Marc (1991), *Competing Equalities. Law and the Backward Classes in India*. Delhi: Oxford University Press.

GALILEI, Galileu (1967), *Dialogue Concerning the Two Chief World Systems*. Berkeley: University of California Press. Tradução de Stillman Drake.

_____. (1979), *Diálogo dos Grandes Sistemas (primeira jornada)*. Lisboa: Publicações Gradiva.

GAMBLE, C. (1989), *The Paleolithic Settlement of Europe*. Cambridge: Cambridge University Press.

GANDHI (1951), *Selected Writings of Mahatma Gandhi*. Boston: Beacon Press.

_____. (1956), *The Gandhi Reader*. Bloomington: Indiana University Press.

GARDNER, James (1980), *Legal Imperialism. American Lawyers and Foreign Aid in Latin America*. Madison: The University of Wisconsin Press.

GEERTZ, Clifford (1983), *Local Knowledge: Further Essays in Interpretative Anthropology*. Nova Iorque: Basic Books.

GELLNER, Ernest (1987), *Culture, Identity and Politics*. Cambridge: Cambridge University Press.

GHAI, Yash (1993), *Ethnicity and Governance in Asia: A report to the Ford Foundation*. Draft. New York: Ford Foundation.

GIDDENS, Anthony (1979), *Central Problems in Social Theory*. Londres: MacMillan.

_____. (1981), *A Contemporary Critique of Historical Materialism*. Berkeley: University of California Press.

_____. (1984), *The Constitution of Society*. Cambridge: Polity Press.

_____. (1991a), *The Consequences of Modernity*. Oxford: Polity Press.

_____. (1991b), *Modernity and Self-Identity*. Cambridge: Polity Press.

GILMAN, E. G. (1978), *The Curious Perspective: Literary and Pictorial Wit in the Seventeenth Century*. Nova Iorque: Yale University Press.

GILROY, Paul (1993), *The Black Atlantic. Modernity and Double Consciousness*. Cambridge: Harvard University Press.

GIULIANI, A. (1963), "L' element juridique dans la logique medievale", *in* Centre National Belge de Recherches de Logique (org.), 540-570.

GLEICK, James (1987), *Chaos: Making a New Science*. Nova Iorque: Viking.

GOLDMAN, Bertold (1964), "Frontières du droit et lex mercatoria", *Archives de Philosophie du Droit*, IX, 177-192.

GONÇALVES, Maria Eduarda (org.) (1996), *Ciência e Democracia*. Venda Nova: Bertrand.

GOODIN, Robert (1992), *Green Political Theory*. Cambridge, Mass.: Polity Press.

GOODMAN, Percival; GOODMAN, Paul (1960), *Communities: Means of Livelihood and Ways of Life*. Nova Iorque: Vintage Books.

GORDON, Linda (1990), *Woman's Body, Woman's Right. Birth Control in America*. Nova Iorque: Penguin.

_____ (org.) (1991), *Women, the State and Welfare*. Madison: The University of Wisconsin Press.

GORZ, André (1980), *Ecology as Politics*. Boston: South End Press.

_____. (1982), *Farewell to the Working Class: an Essay on Post-Industrial Socialism*. Londres: Pluto Press.

_____. (1992), "L' écologie politique entre expertocratie et autolimitation", *Actuel Marx*, 12, 15-29.

GOULDNER, Alvin Ward (1970), *The Coming Crisis of Western Sociology*. Nova Iorque: Basic Books.

GRAMSCI, Antonio (1971), *Selections from the Prison Notebooks*. Londres: Lawrence & Wishart.

GREENBERG, Edward (1986), *Workplace Democracy. The Political Effects of Participation*. Ithaca: Cornell University Press.

GREGORY, Derek; URRY, John (orgs.) (1985), *Social Relations and Spatial Structures*. Nova Iorque: St. Martin's Press.

GRIFFITHS, John (1987), "What is Legal Pluralism", *Journal of Legal Pluralism*, 24-55.

GROSS, Michael; AVERILL, M. B. (1983), "Evolution and Patriarchal Myths of Scarcity and Competition", *in* Harding e Hintikka (orgs.) (1983).

GROTIUS, Hugo (1964), *De Jure Belli ac Pacis Libri Tres*. Vol. II. Nova Iorque: Oceana Publications.

GUHA, Ranajit (1989), "Dominance without Hegemony and its Historiography", *in* Guha (org.), 210-309.

_____. (org.) (1984), *Subaltern Studies III: Writings on South Asian History and Society*. Delhi: Oxford University Press.

_____. (org.) (1989), *Subaltern Studies VI: Writings on South Asian History and Society*. Dehli: Oxford University Press.

GURVITCH, Georges (1942), *Sociology of Law*. Nova Iorque: Philosophical Library.

GUTIERREZ, Gustavo (1991), *A Theology of Liberation*. Nova Iorque: Orbis.

HABERMAS, Jürgen (1978), *Zur Rekonstruktion des Historischen Materialismus*. Frankfurt/M.: Suhrkamp.

_____. (1985), "Jürgen Habermas: A Philosophical-Political Profile", *New Left Review*, 151, 75-105.

_____. (1986), "Law as Medium and Law as Institution", *in* Teubner (org.), 203-220.

HAKEN, Hermann (1977), *Synergetics: An Introduction*. Heidelberg: Springer.

_____. (1985), "Synergetics: An Interdisciplinary Approach to Phenomena of Self-Organization", *Geoforum*, 16, 205-211.

HANDLER, Joel (1983), "The Discretionary Decision: Adversarial Advocacy — Reform or Reconstruction?", Conferência em *Reflexive Law and the Regulatory Crisis*. Madison: Institute for Legal Studies.

HARAWAY, Donna (1985), "A Manifesto for Cyborgs: Science Technology and Socialist Feminism in the 1980s", *Socialist Review*, 80, 65-107.

_____. (1989), *Primate Visions*. Nova Iorque: Routledge.

_____. (1991), *Simians, Cyborgs and Women. The Reinvention of Nature*. Nova Iorque: Routledge.

HARDING, Sandra; HINTIKKA, M. (orgs.) (1983), *Discovering Reality*. Dordrecht: Reidel.

HARDING, Sandra (1991), *Whose Science? Whose Knowledge? Thinking from Womens' Lifes*. Ithaca: Cornell University Press.

_____. (org.) (1993), *Racial Economy of Science: Toward a Democratic Future*. Bloomington: Indiana University Press.

HARLEY, John Brian (1989), "Deconstructing the Map", *Cartographica*, 26(2), 1-20.

HARLEY, John Brian (1990), "Cartography, Ethics and Social Theory", *Cartographica*, 27(2), 1-23.

HARRIS, Marvin (1968), *The Rise of Anthropological Theory: A History of Theories of Culture*. Nova Iorque: T. Crowell.

HARVEY, David (1989), *The Condition of Postmodernity: An Enquiry into the Origins of Cultural Change*. Oxford: Basil Blackwell.

_____. (1996), *Justice, Nature and the Geography of Difference*. Cambridge: Blackwell.

HATHERLY, Ana et al. (1990), "Barroco e Neobarroco", *Claro Escuro* (Número Especial), 4-5.

HAWKESWORTH, Mary E. (1989), "Knowers, Knowing, Known: Feminist Theory and Claims of Truth", *Signs*, 14, 533-557.

HAY, Douglas et al. (1975), Albion's *Fatal Tree: Crime and Society in Eighteenth Century England*. Nova Iorque: Pantheon.

HAYDEN, Dolores (1981), *The Grand Domestic Revolution: A History of Feminist Designs for American Homes, Neighborhoods and Cities*. Cambridge, Mass.: MIT Press.

HAYLES, N. Katherine (1990), *Chaos Bound: Orderly Disorder in Contemporary Literature and Science*. Ithaca: Cornell University Press.

_____. (org.) (1991), *Chaos and Order: Complex Dynamics in Literature and Science*. Chicago: University of Chicago Press.

HEISENBERG, Werner (1971), *Physics and Beyond*. Londres: Allen & Unwin.

HELD, David (1987), *Models of Democracy*. Cambridge: Polity Press.

HELLER, Agnes (1976), *The Theory of Need in Marx*. Londres: Allison Busby.

_____. (1993), "A Theory of Needs Revisited", *Thesis Eleven*, 35, 18-35.

HENRIKSON, A. (1975), "The Map as an 'Idea': The Role of Cartographic Imagery during the Second World War", *The American Cartographer*, 2, 19 ss.

HENRIKSON, A. (1980), "America's Changing Place in the World: from 'Periphery' to 'Centre'?", in J. Gottmann (org.), *Centre and Periphery: Spatial Variation in Politics*. Beverly Hills: Sage, 73-100.

HENRY, Stuart; MILOVANOVIC, D. (1993), "Back to Basics: A Postmodern Redefinition of Crime", *The Critical Criminologist*, 5(2/3), 1-6.

HERTZLER, Joyce O. (1965), *The History of Utopian Thought*. Nova Iorque: Cooper Square Publishers.

HESPANHA, António Manuel et al. (1984), *Poder e Instituições na Europa do Antigo Regime*. Lisboa: Fundação Calouste Gulbenkian.

HILFERDING, Rudolf (1981), *Finance Capital: a Study of the Latest Phase of Capitalist Development*. Londres: Routledge & Kegan Paul.

HIRSCH, Marianne; KELLER, Evelyn Fox (orgs.) (1990), *Conflicts in Feminism*. Nova Iorque: Routledge.

HIRSCHMAN, Albert (1977), *The Passions and the Interests*. Princeton: Princeton University Press.

HOBBES, Thomas (1946), *Leviathan*. Oxford: Basil Blackwell.

HOBSBAWM, Eric (1975), *The Age of Capital 1848-1875*. Londres: Weidenfeld & Nicolson.

HODGKISS, A. G. (1981), *Understanding Maps. A Systematic History of their Use and Development*. Folkestone: Dawson.

HOOKS, Bell (1990), "Marginality as a Site of Resistance", *in* Russell Ferguson et al. (orgs.), 341-343.

HORKHEIMER, Max (1972), *Critical Theory. Selected Essays*. Nova Iorque: Herder & Herder.

HUBBARD, Ruth (1983), "Have Only Men Evolved", *in* Harding e Hintikka (orgs.), 45-69.

HUMM, Maggie (1990), *The Dictionary of Feminist Theory*. Columbus: Ohio State University Press.

HUNT, Alan (1978), *The Sociological Movement in Law*. Philadelphia: Temple University Press.

_____. (1993), *Explorations of Law and Society*. Nova Iorque: Routledge.

IGNATIEFF, Michael (1978), *A Just Measure of Pain*. Londres: MacMillan.

IJSSELING, Samuel (1976), *Rhetoric and Philosophy in Conflict. An Historical Survey*. The Hague: Martinus Nijhoff.

ILLICH, Ivan (1970), *Celebration of Awareness: A Call for Institutional Revolution*. Garden City: Anchor Books.

_____. (1971), *Deschooling Society*. Nova Iorque: Harper & Row.

_____. (1973), *Tools for Conviviality*. Nova Iorque: Harper & Row.

_____. (1976), *Medical Nemesis: The Expropriation of Health*. Nova Iorque: Pantheon Books.

_____. (1977), *Disabling Professions*. Londres: Boyars.
_____. (1978), *Toward a History of Needs*. Nova Iorque: Bantam Books.
_____. (1981), *Shadow Work*. Londres: Boyars.
IRIGARAY, Luce (1985), "Is the Subject of Science Sexed?", *Cultural Critique*, 1, 73-88.
JACOBUS, Mary; KELLER, Evelyn Fox; SHUTTLEWORTH, Sally (orgs.) (1990), *Body Politics: Women and the Discourses of Science*. Nova Iorque: Routledge.
JAMES, William (1969), *The Writings of William James. A Comprehensive Edition*. Nova Iorque: Modern Library.
JAMESON, Fredric (1986), "Third-World Literature in the Era of Multinational Capitalism", *Social Text*, 15, 65-88.
_____. (1984), "Postmodernism, or the Cultural Logic of Late Capitalism", *New Left Review*, 146, 53-92.
JANKOVIC, I. (1977), "Labor Market and Imprisonment", *Crime and Social Justice*, 17.
JANTSCH, Erich (1980) *The Self-Organizing Universe: Scientific and Human Implications of the Emerging Paradigm of Evolution*. Oxford: Pergamon.
_____. (org.) (1981), *The Evolutionary Vision: Toward an Unifying Paradigm of Phisical, Biological, and Sociocultural Evolution*. Boulder: Westview Press.
JAY, Martin (1985), "Habermas and Modernism", *in* R. Bernstein (org.) (1985), *Habermas and Modernity*. Oxford: Polity Press. 125-139.
_____. (1992), "Scopic Regimes of Modernity", *in* Lash e Friedman (orgs.) 178-95.
_____. (1993), *Downcast Eyes. The Negation of Vision in Twentieth-Century French Thought*. Berkeley: University of California Press.
JERVIS, Walter Wilson (1936), *The World in Maps. A Study in Map Evolution*. Londres: George Philip.
JESSOP, Bob (1990), *State Theory. Putting Capitalist States in Their Place*. University Park, PA: The Pennsylvania State University Press.
JHERING, Rudolf von (1915), *The Struggle for Law*. Chicago: Callaghan and Company.
JLEICK, James (1987), *Chaos: Making a New Science*. Nova Iorque: Viking Press.
JONAS, Hans (1985), *Das Prinzip der Verantwortung*. Frankfurt/M.: Insel Verlag.
JONES, Roger S. (1982), *Physics as Metaphor*. Nova Iorque: New American Library.
JUNG, Carl (1983), *Alchemical Studies*. Princeton: Princeton University Press.
KAHN, P. (1982), "Droit International économique, droit du développement, *lex mercatoria*; concept unique ou pluralisme des ordres juridiques?", *in* P. Fouchard (org.), *Le droit des relations economiques internationales*. Paris: LITEC. 97-123.

KATEB, George (org.) (1971), *Utopia*. Nova Iorque: Atherton Press.

KEANE, John (1988a), *Democracy and Civil Society*. London: Verso.

_____. (1988b), *Civil Society and the State: New European Perspectives*. Londres: Verso.

KEATES, J. S. (1982), *Understanding Maps*. Londres: Longman.

KELLY, D. R. (1984), *History, Law and the Human Sciences. Medieval and Renaissance Perspectives*. Londres: Variorum Reprints.

KELSEN, Hans (1967), *The Pure Theory of Law*. Los Angeles: University of California Press.

KENDALL, Laurel (1985), *Shamans, Housewives and Other Restless Spirits. Women in Korean Ritual Life*. Honolulu: University of Hawaii Press.

KEPLER, Johannes (1939), *Welt-Harmonik*. Munique: Verlag Oldenbourg.

KONVITZ, Joseph (1980), "Remplir la carte", in *Cartes et Figures de la terre*, 304-314.

KOSELLECK, Reinhart (1985), *Futures Past: On the Semantics of Historical Time*. Cambridge, Mass.: MIT Press.

KOYRÉ, Alexandre (1981), *Considerações sobre Descartes*. Lisboa: Presença.

_____. (1986), *Estudos Galilaicos*. Lisboa: D. Quixote.

KRAUSS, Michael (1992), "The World Languages in Crisis", *Language*, 68(1), 4-11.

KREMER-MARIETTI, Angèle (1978), *Lacan ou la rhétorique de l'Inconscient*. Paris: Aubier-Montaigne.

KUHN, Thomas (1970), *The Structure of Scientific Revolutions*. Chicago: University of Chicago Press.

KULETZ, Valerie (1992), "Eco-Feminist Philosophy: Interview with Barbara Holland-Cunz", *Capitalism, Nature, Socialism*, 3(2), 63-78.

KURNITZKY, Horst; ECHEVERRIA, Bolivar (1993), *Conversaciones sobre lo Barroco*. México: UNAM.

LA BELLE, Jenijoy (1988), *Herself Beheld: The Literature of the Looking Glass*. Ihaca: Cornell University Press.

LACLAU, Ernesto; MOUFFE, Chantal (1985), *Hegemony and Socialist Strategy. Towards a Radical Democratic Politics*. Londres: Verso.

LACOSTE, Yves (1976), *La Géographie, ça sert d'abord à faire la guerre*. Paris: Maspero.

_____. (1980), "Les objets géographiques", in *Cartes et Figures de la Terre*, 16-23.

LADEFOGED, Peter (1992), "Another View of Endangered Languages", *Language*, 68(4), 804-811.

LADRIÈRE, Jean (1967), "Les limites de la formalisation", in Piaget (org.), 312-333.

LAMMERS, Cornelis; SZÉLL, György (orgs.) (1989), *International Handbook of Participation in Organizations*. Vol. 1: *Taking Stock*. Oxford: Oxford University Press.

LAPOUGE, M.G. (1897), "The Fundamental Laws of Anthropo-Sociology", *Journal of Political Economy*.

LASH, Scott; URRY, John (1987), *The End of Organized Capitalism*. Oxford: Polity Press.

LASH, Scott; FRIEDMAN, Jonathan (orgs.) (1992), *Modernity and Identity*. Oxford: Blackwell.

LAUSBERG, Heirich (1966), *Elementos de Retórica Literária*. Lisboa: Fundação Gulbenkian.

LECOURT, Dominique (1972), *Pour une critique de l'epistémologie*. Paris: Maspero.

_____. (1976), *Lyssenko: Histoire réelle d'une science prolétarienne*. Paris: Maspero.

LEIBNIZ, Gottfried Wilhelm (1985), *Theodicy: Essays on the Goodness of God, the Freedom of Man, and the Origin of Evil*. La Salle, Illinois: Open Court.

LEON, Antonio Garcia (1993), *Contrapunto entre lo Barroco y lo Popular en el Veracruz Colonial*. Comunicação apresentada no Colóquio Internacional *Modernidad Europea, Mestizaje Cultural y Ethos Barroco* na Universidad Nacional Autónoma de Méjico, Maio de 17-20.

LESSNOFF, Michael (org.) (1990), *Social Contract Theory*. Oxford: Basil Blackwell.

LEVI, Edward (1949), *An Introduction to Legal Reasoning*. Chicago: University of Chicago Press.

LÉVI-BRUHL, Henri. (1971). *Sociologie du Droit*. Paris: Presses Universitaires de France.

LIMA, Luis Costa (1988), *Control of the Imaginary: Reason and Imagination in Modern Times*. Minneapolis: University of Minneapolis Press.

LINN, Pam (1987), "Socially Useful Production", *Science as Culture*, 1, 105-123.

LIPIETZ, Alain (1989), *Choisir l'audace. Une alternative pour le XXIe siècle*. Paris: La Découverte.

LOCKE, John (1952), *The Second Treatise of Government*. Nova Iorque: The Liberal Arts Press.

_____. (1956), *An Essay Concerning Human Understanding*. Oxford: Clarendon.

LOGAN, Marie-Rose (1978), "Rhetorical Analysis: Towards a Tropology of Reading", *New Literary History*, 9(3), 619-625.

LOUÇÃ, Francisco (1997), *Turbulência na Economia: Uma Abordagem Evolucionista dos Ciclos e da Complexidade em Processos Históricos*. Porto: Afrontamento.

LOVELOCK, J. E. (1979), *Gaia: A New Look at Life on Earth*. Oxford: Oxford University Press.

LUHMANN, Niklas (1979), *Trust and Power: Two Works*. Nova Iorque: Wiley.

_____. (1984), *Soziale Systeme. Grundriss einer allgemeinen Theorie*. Frankfurt/ M.: Suhrkamp.

_____. (1986), "The Self-reproduction of Law and its Limits", *in* Teubner, (org.), 111-127.

_____. (1988a), "The Unity of the Legal System", *in* Teubner (org.): 12-35.

_____. (1988b), "Closure and Openness: On Reality in the World of Law" *in* Teubner (org.), 335-348.

LUKÁCS, Georg (1947), *Goethe und seine Zeit*. Bern: A. Francke.

_____. (1972), *Studies in European Realism*. Londres: Merlin Press.

LUKES, Steven (1974), *Power: A Radical View*. Londres: MacMillan.

MACAULAY, Stewart (1963), "Non-Contractual Relations in Business: A Preliminary Study", *American Sociological Review*, 28, 55-66.

MACAULY, Stewart (1987), "Images of Law in Everyday Life: The Lessons of School, Entertainment ans Spectator Sports", *Law and Society Review*, 21(2), 185-218.

MACDONALD, Roderik. A. (1998), "Metaphors of Multiplicity: Civil Society, Regimes and Legal Pluralism", *Arizona Journal of International and Comparative Law*, 15(69), 89-90.

MACEACHREN, Alan (1994), *Some Truth with Maps: A Primer on Symbolization and Design*. Washington DC: Association of American Geographers.

MACPHERSON, Crawford Brough (1962), *The Political Theory of Possessive Individualism: Hobbes to Locke*. Oxford: Clarendon Press.

MAINE, Henry, S. (1912), *Ancient Law*. Londres: John Murray.

MAIZELS, Alfred (1992), *Commodities in Crisis*. Oxford: Oxford University Press.

MANRIQUE, Jorge Alberto (1981), "Del Barroco a la Ilustración", *in Historia General de Mexico*. Vol. 1, 647-734.

_____. (s. d.), "El 'Neostilo': La Última Carta del Barroco Mexicano", *Historia Mexicana*, 335-367.

MANSBRIDGE, Jane J. (1983), *Beyond Adversary Democracy*. Chicago: The University of Chicago Press.

MARAVALL, José Antonio (1990), *La Cultura del Barroco*. Barcelona: Ariel.

MARIETEGUI, Jose Carlos (1974), *La Novela y la Vida*. Lima: Biblioteca Amanta.

MARQUES, Alfredo Pinheiro (1987), *Origem e Desenvolvimento da Cartografia Portuguesa*. Coimbra: FLUC.

MARQUES, Alfredo Pinheiro (1991), *A Cartografia Portuguesa e a Construção da Imagem do Mundo*. Lisboa: Imprensa Nacional-Casa da Moeda.

_____. (org.) (1997), *My Head Is a Map*. Figueira da Foz. [2ª edição, revista e aumentada].

MARQUES, Maria Manuel Leitão (1986), "Regulação das Relações entre Empresas: o Caso da Subcontratação", in *Estudos Económicos e Jurídicos*. Lisboa: Imprensa Nacional, 247.

_____. (1987), "A Empresa, o Espaço e o Direito", *Revista Crítica de Ciências Sociais*, 22, 69-82.

MARSHALL, Thomas Humphrey (1950), *Citizenship and Social Class, and Other Essays*. Cambridge: Cambridge University Press.

MARTINS, Hermínio (org.) (1993), *Knowledge and Passion. Essays in Honour of John Tex*. Londres: I.B. Tauris.

MARX, Karl (1973), *Grundrisse: Foundations of the Critique of Political Economy*. Harmondsworth: Penguin.

_____. (1983), "Capítulo XXIV de O Capital: A Chamada Acumulação Original", *Obras Escolhidas de Marx-Engels*. Tomo II. Lisboa: Avante!.

_____. (1990), *O Capital*. Livro Primeiro, Tomo I. Lisboa: Avante!.

_____. (1991), *Miséria da Filosofia*. Lisboa: Avante!.

_____. (1992), *O Capital*. Livro Primeiro, Tomo II. Lisboa: Avante!.

MASINI, Eleanora (org.) (1983), *Visions of Desirable Societies*. Oxford: Pergamon Press.

MASSELL, Gregory (1968), "Law as an Instrument of Revolutionary Change in a Traditional Milieu", *Law and Society Review*, 2(2), 179-228.

MASSEY, Doreen (1984), *Spatial Divisions of Labour: Social Structures and the Geography of Production*. Londres: MacMillan.

MATURANA, Humberto R.; VARELA, Francisco G. (1973), *De Máquinas y Seres Vivos*. Santiago de Chile: Editorial Universitaria.

MCCLOSKEY, Donald (1985), *The Rhetoric of Economics*. Madison: University of Wisconsin Press.

MCHAFFIE, Patrick et al. (1990), "Ethical Problems in Cartography", *Cartographica* 7, 3-13.

MEAD, Margaret (1971), "Towards More Vivid Utopias", in Kateb (org.), 41-55.

MEDINA, Vicente (1990), *Social Contract Theories: Political Obligation or Anarchy?*. Savage, MD: Rowman & Littlefield.

MEHREN, Arthur Von; GORDLEY, James (1977), *The Civil Law System: An Introduction to the Comparative Study of Law*. Boston: Little Brown & Co.

MELLOR, Mary (1992), "Eco-Feminism and Eco-Socialism: Dilemmas of Essentialism and Materialism", *Capitalism, Nature, Socialism*, 3(2), 43-62.

MELOSSI, D. (1978), "George Rusche and Otto Kirchheimer: Punishment and Social Justice", *Crime and Social Justice*, 73-85.

MELOSSI, Dario; PAVARINI, Massimo (1981), *The Prison and the Factory: Origins of the Penitentiary System*. Totowa: Barnes & Noble Books.

MENDES, Margarida Vieira (1989), *A Oratória Barroca de Vieira*. Lisboa: Caminho.

MENESES, Maria Paula G. (1999), *New Methodological Approaches to the Study of the Acheulean from Southern Mozambique*. Dissertação de doutoramento, Rutgers University.

MERKEL, Jayne (1987), "Review of Books on and of Venturi", *Art in America*, 23-27.

MERLEAU-PONTY, Maurice (1968), *Résumés de cours. Collège de France 1952-1960*. Paris: Gallimard.

MERRY, Sally Engle (1988), "Legal Pluralism", *Law & Society Review*, 22(5), 869-901.

_____. (1997), "Global Human Rights and Local Social Movements in a Legally Plural World", *Canadian Journal of Law and Society*, 12(2), 247-271.

MERRYMAN, John (1985), *The Civil Law Tradition: An Introduction to the Legal Systems of Western Europe and Latin America*. Stanford: Stanford University Press.

MERTON, Robert (1968), *Social Theory and Social Structure*. Nova Iorque: Free Press.

MILLER, G. A. et al. (1972), "Plans", in J. P. Spradley (org.), *Culture and Cognition: Rules, Maps and Plans*. San Francisco: Chandler, 52.

MONMONIER, Mark (1981), *Maps. Distortion and Meaning*. Washington: Association of American Geographers.

MONMONIER, Mark (1985), *Technological Transition in Cartography*. Madison: The University of Wisconsin Press.

MONMONIER, Mark (1991a), *How to Lie with Maps*. Chicago: University of Chicago Press.

_____. (1991b), "Ethics and Map Design", *Cartographic Perspectives*, 10, 3-8.

_____. (1993), *Mapping it out: Expository Cartography for the Humanities and Social Sciences*. Chicago: Chicago University Press.

MONTAIGNE, Michel de (1958), *Essays*. Londres: Penguin.

MONTESQUIEU (1950), *L'esprit des lois*. Paris: Les Belles-Lettres.

MOSER, Manfred (1981), "Zur Materialität der Topik", *in* D. Breuer e H. Schanze (orgs.), 200-212.

MOUFFE, Chantal (org.) (1992), *Dimensions of Radical Democracy*. Londres: Verso.

MOULTON, Janice (1983), "A Paradigm of Philosophy: The Adversarial Method", *in* Harding e Hintikka (orgs.), 149-164.

MOYLAN, Tom (1986), *Demand the Impossible: Science Fiction and the Utopian Imagination*. Nova Iorque: Methuen.

MUEHRCKE, Phillip C. (1986), *Map Use: Reading, Analysis and Interpretation*. Madison: JP Publications.

MUMFORD, Lewis (1922), *The Story of Utopias*. Nova Iorque: Boni & Liveright Publishers.

MURACCIOLE, D. (1980), "Le rond et le plat", *in Cartes et Figures de la Terre*, 235-239.

MURPHY, Craig; TOOZE, R. (orgs.) (1991), *The New International Political Economy*. Boulder: Lynne Rienner Publishers.

NAGEL, Ernest (1961), *The Structure of Science: Problems in the Logic of Scientific Explanation*. Nova Iorque: Harcourt Brace & World.

NANDY, Ashis (1987a), "Cultural Frames for Social Transformation: A Credo", *Alternatives XII*, 113-123.

_____. (1987b), *Traditions, Tyranny and Utopias. Essays in the Politics of Awareness*. Oxford: Oxford University Press.

_____. (1988), "The Politics of Secularism and the Recovery of Religious Tolerance", *Alternatives, XIII*, 177-194.

NAPHTALI, Fritz (1977), *Wirtschaftsdemokratie*. Frankfurt/M.: EVA.

NELKEN, David (1986), "Beyond the Study of 'Law and Society'? Henry's *Private Justice* and O'Hagan's *The End of Law*", *American Bar Foundation Research Journal*, 2, 323-338.

NELSON, John S. et al. (orgs.) (1987), *The Rhetoric of the Human Sciences*. Madison: University of Wisconsin Press.

NENCEL, Lorraine; PELS, Peter (orgs.) (1991), *Constructing Knowledge*. Londres: Sage.

NEWMEYER, Frederick (1986), *The Politics of Linguistics*. Chicago: University of Chicago Press.

NICHOLSON, Linda (org.) (1990), *Feminism/Postmodernism*. Nova Iorque: Routledge.

NIETZSCHE, Friedrich (1971), "Rhétorique et langage", *Poétique II*, 5, 99-144.

_____. (1977), *The Portable Nietzsche*. Walter Kaufmann (org.). Nova Iorque: The Viking Press.

NINA, Daniel; SCHWIKKARD, Pamela Jane (1996), "The 'Soft Vengeance' of the People: Popular Justice, Community Justice and Legal Pluralism in South Africa", *Journal of Legal Pluralism and Unofficial Law*, 36, 69-87.

NUNES, João Arriscado (1995), *Ciberespaço, Globalização, Localização: Metamorfoses do Espaço e do Tempo nos Mundos da Ciência*. Oficina do CES, 63. Coimbra: Centro de Estudos Sociais.

_____. (1996a), "A Celebração dos Monstros e a Redescoberta da Moral: Dois Enredos da Transição Paradigmática", in *Dinâmicas Multiculturais: Novas Faces, Outros Olhares*. Volume 1. Lisboa: Edições do Instituto de Ciências Sociais da Universidade de Lisboa.

_____. (1996b), "A Política do Trabalho Científico: Articulação Local, Conversão Reguladora e Acção à Distância", in Maria Eduarda Gonçalves (org.), *Ciência e Democracia*. Venda Nova: Bertrand Editora.

_____. (1996c), *Entre Comunidades de Prática e Comunidades Virtuais: os Mundos da Ciência e as Suas Mediações*. Oficina do CES, 70. Coimbra: Centro de Estudos Sociais.

_____. (1997), *Publics, Mediations and Situated Constructions of Science: The Case of Microscopy*. Oficina do CES, 103. Coimbra: Centro de Estudos Sociais.

_____. (1998), *Ecologies of Cancer: Constructing the 'Environment' in Oncobiology*. Oficina do CES, 133. Coimbra: Centro de Estudos Sociais.

O'CONNOR, James (1973), *The Fiscal Crisis of the State*. Nova Iorque: St. Martin's Press.

_____. (1987), *The Meaning of Crisis. A Theoretical Introduction*. Oxford: Basil Blackwell.

_____. (1988), "Capitalism, Nature and Socialism: A Theoretical Introduction", *Capitalism, Nature and Socialism*, 1(1), 3-14.

_____. (1991a), "Socialism and Ecology", *Capitalism, Nature and Socialism*, 8,1-12.

_____. (1991b), "The Second Contradiction of Capitalism: Causes and Consequences", *CES/CNS Pamphlet*, 1.

OFFE, Claus (1985), *Disorganized Capitalism*. Oxford: Polity Press.

_____. (1987), "The Utopia of the Zero-Option: Modernity and Modernization as Normative Political Criteria", *Praxis International*, 7, 1-24.

ONG, Walter (1971), *Rhetoric, Romance and Technology*. Ithaca: Cornell University Press.

_____. (1977), *Interfaces of the Word: Studies in the Evolution of Consciousness and Culture*. Ithaca: Cornell U. Press.

PANTHAM, Thomas (1988), "On Modernity, Rationality and Morality: Habermas and Gandhi", *The Indian Journal of Social Science*, 1(2), 187-208.

PARAIN-VIAL, Jeanne (1983), *Philosophie des sciences de la nature: tendances nouvelles*. Paris: Klincksieck.

PASHUKANIS, Evgenii (1978), *Law and Marxism: A General Theory*. Londres: Ink Links.

PASTOR, Alba, et al. (1993), *Aproximaciones al Mundo Barroco Latinoamericano*. Cidade do México: UNAM.

PEASE, Donald E. (1990), "Author", in F. Lentricchia e T. McLaughlin (orgs.), 105-117.

PECK, Jamie (1996), *Work-Place: The Social Regulation of Labor Markets*. Nova Iorque: The Guilford Press.

PEET, Richard; Thrift, N. (orgs.) (1989), *New Models in Geography: The Political-Economy Perspective*. Londres: Unwin-Hyman.

PERELMAN, Chaim (1951), "Réfléxions sur la Justice", *Revue de l'Institut de Sociologie*, 24, 255-281.

_____. (1965), "Justice and Justification", *Natural Law Forum*, 10, 1-20.

_____; OLBRECHTS-TYTECA, L. (1969), *The New Rhetoric: A Treatise on Argumentation*. Notre Dame: University of Notre Dame Press.

PESSOA, Fernando (1969), *Obra Poética*. Org., int. e notas de Maria Aliete Galhoz. Rio de Janeiro: Aguilar.

PETCHNIK, B., *Understanding Maps and Mapping*. Chicago: University of Chicago Press.

PETERS, Antoine (1986), "Law as Critical Discussion", in Teubner (org.), 250-279.

PHILLIPSON, Robert (1993), *Colonial Languages Legacies: The Prospects for Kurdish*. Comunicação apresentada no *Saskatoon Symposium on Self-Determination*, na Universidade de Saskatchewan, 3-6 de Março.

PIAGET, Jean (org.) (1967), *Logique et Connaissance Scientifique*. Paris: Gallimard.

PIERCY, Marge (1976), *Woman on the Edge of Time*. Nova Iorque: Fawcett Crest.

PIERSON, Christopher (1991), *Beyond the Welfare State: The New Political Economy of Welfare*. University Park, PA: Pennsylvania State University Press.

PIERSON, Paul (1996), *Dismantling the Welfare State*. Cambridge: Cambridge University Press.

PIETERSE, Jan N. (1989), *Empire and Emancipation. Power and Liberation on a World Scale*. Londres: Pluto Press.

POGGI, Gianfranco (1978), *The Development of the Modern State: A Sociological Introduction*. Stanford: Stanford University Press.

POLANYI, Karl (1944), *The Great Transformation*. Boston: Beacon Press.

POLANYI, Michael (1962), *Personal Knowledge*. Chicago: University of Chicago Press.

POLLARD, Sidney (1971), *The Idea of Progress*. Londres: Penguin.

POSPISIL, Leopold (1971), *Anthropology of Law: A Comparative Theory*. Nova Iorque: Harper & Row.

PREUSS, Ulrich (1988), "Entwicklungsperspektiven der Rechtswissenschaft", *Kritische Justiz*, 21, 361-376.

PRIGOGINE, Ilya; STENGERS, Isabelle, (1979), *La Nouvelle Alliance: Métamorphose de la Science*. Paris: Gallimard.

PRIGOGINE, Ilya (1980), *From Being to Becoming*. São Francisco: Freeman.

_____. (1981), "Time, Irreversibility and Randomness", *in* Jantsch (org.) (1981), 73-82.

QUAM, L. (1943), "The Use of Maps in Propaganda", *Journal of Geography*, 42, 21-32.

RACINE, J. B. et al. (1982), "Escala e Acção. Contribuições para uma Interpretação do Mecanismo de Escala na Prática da Geografia", *Revista Brasileira de Geografia*, 45.

RAMALHO, Maria Irene (1984), "Da teoria à ficção: Harold Bloom no centro e na margem", *Biblos*, 60, 196-223.

RAMOSE, Mogobe B. (1992), "African Democratic Traditions: Oneness, Consensus and Openness", *Quest V*, 63-83.

RAO, Brinda (1991), "Dominant Constructions of Women and Nature in Social Science Literature", *CES/CNS Pamphlet*, 2.

REICHENBACH, Hans (1970), *From Copernicus to Einstein*. Nova Iorque: Dover Publications.

REITAN, Earl Aron (1986), "Popular Cartography and British Imperialism: the Gentleman's Magazine, 1739-1763", *Journal of Newspaper and Periodical History*, (II)3, 2-3.

RENNER, Karl (1976), *The Institutions of Private Law and their Social Functions*. Londres: Routledge & Kegan Paul.

RIBEIRO, Maria Aparecida (1990), "Qual Barroco? Qual Brasil?", *Claro Escuro*, 4-5, 17-22.

RICHARDS, P. (1995), "Participatory Rural Appraisal: A Quick and Dirty Critique", *PLA Notes*, 24, 13-16.

RICOEUR, Paul (1969), *Le Conflit des interprétations*. Paris: Seuil.

RIFKIN, Jeremy (1987), *Time Wars: The Primary Conflict in Human History*. Nova Iorque: Simon & Schuster.

RIVIÈRE, J.-L. (1980), "Cartes polémiques", *in Cartes et Figures de la Terre*, 351 ss.

ROBERTS, Simon (1998), "Against Legal Pluralism: Some Reflections on the Contemporary Enlargement of the Legal Domain", *Journal of Legal Pluralism*, 42.

ROBISON, Arthur; PETCHNIK, Barbara (1976), *The Nature of Maps: Essays Toward Understanding Maps and Mapping*. Chicago: University of Chicago Press.

ROEMER, John E. (1992), *A Future for Socialism*. [manuscrito].

ROMEIN, Jan (1978), *The Watershed of Two Eras: Europe in 1900*. Middletown, Conn.: Wesleyan University Press.

ROSANVALLON, Pierre (1981), *La crise de l'État Providence*. Paris: Seuil.

ROULAND, Norbert (1998), "À la recherche du pluralisme juridique: le cas français", *Droit et Cultures*, 36(2), 217-262.

ROUSSEAU, Jean Jacques (1973), *The Social Contract and Discourses*. Londres: J.M. Dent & Sons.

ROUSSEAU, Jean-Jacques (1959-69), *Oeuvres Complètes*. 5 volumes. Paris: Galliman (Bibliothéque de Pleiadé).

_____. (1968), *Do Contrato Social*. Lisboa: Portugália.

_____. (1971), "Discours sur les sciences et les arts", *Oeuvres Complètes*. Vol. 2. Paris: Seuil.

ROY, Alain; TAMEN, Isabel (orgs.) (1990), *Routes du Baroque. La contribution du Baroque à la pensée et à l'art Europeéns*. Lisboa: Secretaria de Estado da Cultura.

RUSCHE, Georg; KIRCHHEIMER, Otto (1968), *Punishment and Social Structure*. Nova Iorque: Russell & Russell.

RUSKIN, John (s.d.), *St. Mark's Rest. Lectures on Art, Opening the Crystal Palace, Elements of Perspective*. Nova Iorque.

SAID, Edward (1985), *Orientalism*. Londres: Penguin.

_____. (1990), "Reflexions on Exile", in Russell Ferguson et al. (orgs.), 357-366.

SAINSBURG, Diane (1997), *Gender Equality and Welfare States*. Cambridge: Cambridge University Press.

SANDOVAL, Chela (1991), "U.S. Third World Feminism: The Theory and Method of Oppositional Consciousness in the Postmodern World", *Genders*, 10, 1-24.

SANTOS, Boaventura de Sousa (1977), "The Law of the Oppressed: The Construction and Reproduction of Legality in Pasargada", *Law and Society Review*, 12, 5-125.

_____. (1979), "Popular Justice, Dual Power and Socialist Strategy", in B. Fine et al. (orgs.), *Capitalism and the Rule of Law*. Londres: Hutchinson. 151-163.

_____. (1980), "O Discurso e o Poder: Ensaio sobre a Sociologia da Retórica Jurídica", *Boletim da Faculdade de Direito*, Coimbra.

_____. (1982a), "Law and Revolution in Portugal: The Experiences of Popular Justice after the 25th of April 1974", in R. Abel (org.) *The Politics of Informal Justice*. Vol. 2. Nova Iorque: Academic Press, 251 ss.

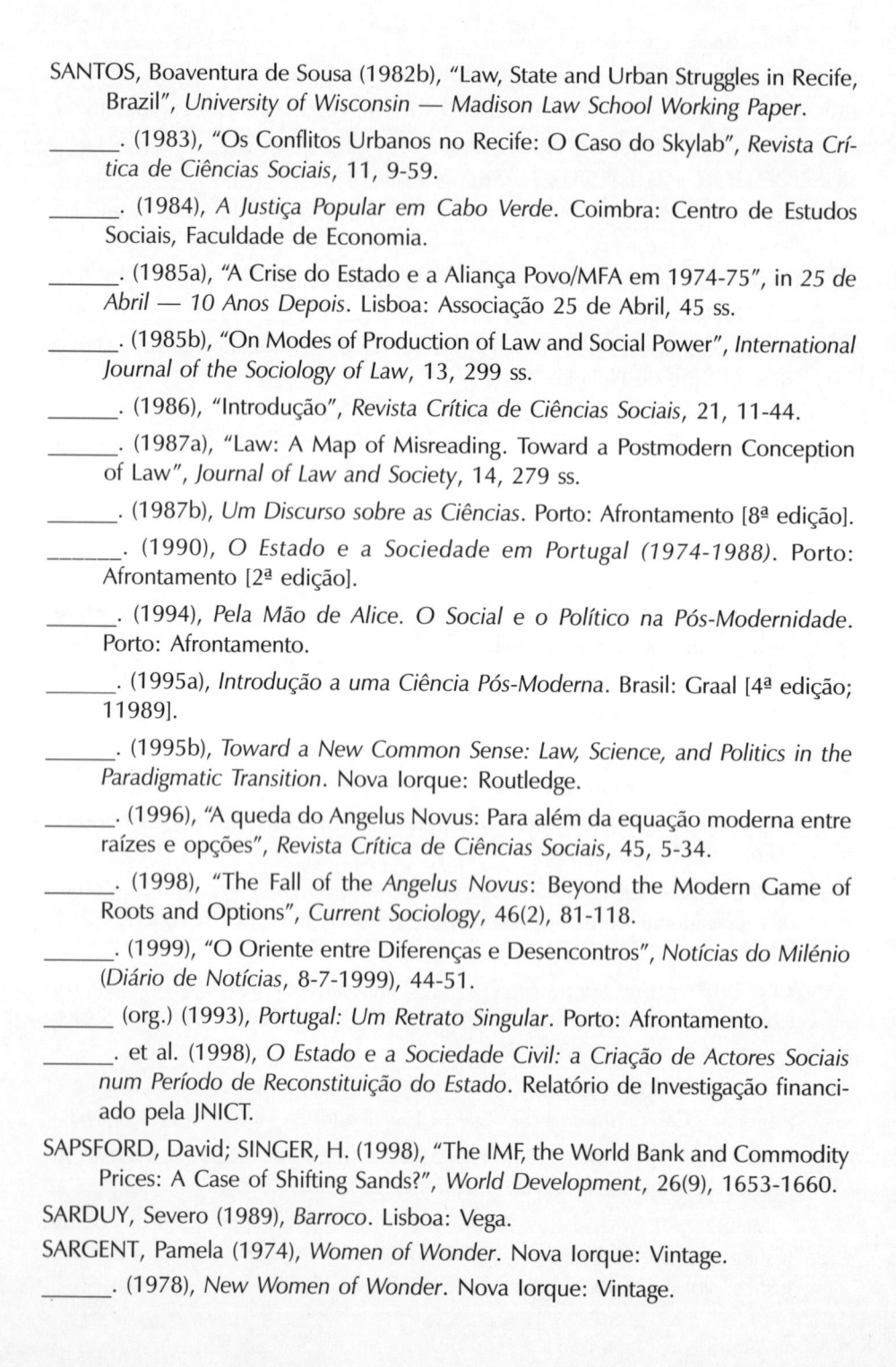

SANTOS, Boaventura de Sousa (1982b), "Law, State and Urban Struggles in Recife, Brazil", *University of Wisconsin — Madison Law School Working Paper*.

_____. (1983), "Os Conflitos Urbanos no Recife: O Caso do Skylab", *Revista Crítica de Ciências Sociais*, 11, 9-59.

_____. (1984), *A Justiça Popular em Cabo Verde*. Coimbra: Centro de Estudos Sociais, Faculdade de Economia.

_____. (1985a), "A Crise do Estado e a Aliança Povo/MFA em 1974-75", in *25 de Abril — 10 Anos Depois*. Lisboa: Associação 25 de Abril, 45 ss.

_____. (1985b), "On Modes of Production of Law and Social Power", *International Journal of the Sociology of Law*, 13, 299 ss.

_____. (1986), "Introdução", *Revista Crítica de Ciências Sociais*, 21, 11-44.

_____. (1987a), "Law: A Map of Misreading. Toward a Postmodern Conception of Law", *Journal of Law and Society*, 14, 279 ss.

_____. (1987b), *Um Discurso sobre as Ciências*. Porto: Afrontamento [8ª edição].

_____. (1990), *O Estado e a Sociedade em Portugal (1974-1988)*. Porto: Afrontamento [2ª edição].

_____. (1994), *Pela Mão de Alice. O Social e o Político na Pós-Modernidade*. Porto: Afrontamento.

_____. (1995a), *Introdução a uma Ciência Pós-Moderna*. Brasil: Graal [4ª edição; 11989].

_____. (1995b), *Toward a New Common Sense: Law, Science, and Politics in the Paradigmatic Transition*. Nova Iorque: Routledge.

_____. (1996), "A queda do Angelus Novus: Para além da equação moderna entre raízes e opções", *Revista Crítica de Ciências Sociais*, 45, 5-34.

_____. (1998), "The Fall of the *Angelus Novus*: Beyond the Modern Game of Roots and Options", *Current Sociology*, 46(2), 81-118.

_____. (1999), "O Oriente entre Diferenças e Desencontros", *Notícias do Milénio* (*Diário de Notícias*, 8-7-1999), 44-51.

_____ (org.) (1993), *Portugal: Um Retrato Singular*. Porto: Afrontamento.

_____. et al. (1998), *O Estado e a Sociedade Civil: a Criação de Actores Sociais num Período de Reconstituição do Estado*. Relatório de Investigação financiado pela JNICT.

SAPSFORD, David; SINGER, H. (1998), "The IMF, the World Bank and Commodity Prices: A Case of Shifting Sands?", *World Development*, 26(9), 1653-1660.

SARDUY, Severo (1989), *Barroco*. Lisboa: Vega.

SARGENT, Pamela (1974), *Women of Wonder*. Nova Iorque: Vintage.

_____. (1978), *New Women of Wonder*. Nova Iorque: Vintage.

SARTRE, Jean Paul (1976), *Critique of Dialectical Reason*. Londres: NLB.

SCHILLER, Friedrich (1983), *On the Aesthetic Education of Man*. Org. L. A. Willoughby e Elizabeth M. Wilkinson. Oxford: Clarendon Press.

SCHOR, Juliet (1991), *The Overworked American: the Unexpected Decline of Leisure*. Nova Iorque: Basic Books.

SCHULTE-SASSE, Jochen (1984), "Foreword: Theory of Modernism versus Theory of the Avant-Garde", *in* Bürger, VII-XLVII.

SCHUMANN, Hans-Gerd (1981), "Topik in den Sozialwissenschaften", *in* Breuer e Schanze (orgs.), 191-199.

SELZNICK, Philip (1969), *Law, Society and Industrial Justice*. Nova Iorque: Russell Sage Foundation.

SEN, Amartya K. (1990), "Gender and Cooperative Conflicts", *in* Irene Tinker (org.) (1990), *Persistent Inequalities: Women and World Development*. Nova Iorque: Oxford University Press. 123-149.

SERRES, Michel (1990), *Le contrat naturel*. Paris: Editions Francois Bourin.

SHARER, Robert J.; ASHMORE, Wendy (1987), *Archaeology: Discovering Our Past*. Palo Alto: Mayfield Publishing.

SHARKEY, M. (1984), "Cartography in Advertising", *The Cartographical Journal*, 22, 148 ss.

SICHES, Luis Recaséns (1962), "The Logic of the Reasonable as Differentiated from the Logic of the Rational (Human Reason in the Making and the Interpretation of the Law)" *in* R.A. Newman (org) (1962), *Essays in Jurisprudence in Honor of Roscoe Pound*. Indianapolis: Bobbs-Merrill. 192-221.

SIMONS, Herbert (1989), *Rhetoric in the Human Sciences*. Londres: Sage.

SKINNER, Quentin (1989) "The State", *in* T. Ball, J. Farr e R. Hanson (orgs.) (1989), *Political Innovation and Conceptual Change*. Cambridge: Cambridge University Press. 90-131.

SKLAIR, Leslie (1991), *Sociology of the Global System*. Londres: Harvester Wheatsheaf.

SKOCPOL, Theda (1979), *States and Social Revolution*. Cambridge: Cambridge University Press.

_____. (1985), "Bringing the State Back in: Strategies of Analysis in Current Research", *in* P. Evans, D. Rueschemeyer e T. Skocpol (orgs.) (1985), *Bringing the State Back In*. Cambridge: Cambridge University Press. 3-37.

SKUTNABB-KANGAS, Tore (1993), *Language and (Demands for) Self-Determination*. Comunicação apresentada no *Saskatoon Symposium on Self-Determination*, Univerdade de Saskatchewan, 3-6 de Março.

SLATER, David (1992), "Theories of Development and Politics of the Post-Modern — Exploring a Border Zone", *Development and Change*, 233(3), 283-319.

SMART, Carol; SMART, Barry (orgs.) (1978), *Women Sexuality and Social Control*. Londres: Routledge & Kegan Paul.

SMITH, Anthony (1988), *The Ethnic Origins of Nations*. Oxford: Blackwell.

SMITH-ROSENBERG, Carroll (1985), *Disorderly Conduct: Visions of Gender in Victorian America*. Nova Iorque: Alfred Knopf.

SNYDER, Francis (1981), "Anthropology, Dispute Processes and Law: A Critical Introduction", *British Journal of Law and Society*, 8, 141-180.

SONTAG, Susan (1972), "The Double Standard of Aging", *Saturday Review*, 23, 29-38.

_____. (1987), "The Pleasure of the Image", *Art in America*, 122-131.

SPEIER, H. (1941), "Magic Geography", *Social Research*, 8, 310-330.

STAUFFER, Bob (1990), "After Socialism: Capitalism Development and the Search for Critical Alternatives", *Alternatives*, XV, 401-430.

STONE, G. D. (1981), "The Interpretation of Negative Evidence in Archaeology", *Atlal (University of Arizona, Department of Anthropology), Occasional Papers*, 2, 41-53.

SWINGEWOOD, Alan (1975), *The Novel and Revolution*. Londres: MacMillan.

SZÉLL, György (1988), *Participation, Worker's Control and Self-Management*. Londres: Sage.

_____. (1990), "Participation and Self-Management for One World — Unity and Diversity", *Osnabrücker Sozialwissenschaftliche Manuskripte*, 6/90.

TAPIÉ, Victor (1988), *Barroco e Classicismo*. 2 volumes. Lisboa: Presença.

TAYLOR, Keith (1975), *Henri Saint Simon (1760-1825): Selected Writings on Science, Industry and Social Organization*. Londres: Holmes & Meier Publishing.

TEUBNER, Gunther (1983), "Substantive and Reflexive Elements in Modern Law", *Law and Society Review*, 17, 239-285.

_____. (1989), "How the Law Thinks: Toward a Constructivist Epistemology of Law", *Law and Society Review*, 23, 728-757.

_____. (1991), "La théorie des systèmes autopoietiques", *M, Mensuel, Marxisme, Mouvement*, 44, 36-40.

_____. (1992), "The Two Faces of Janus: Rethinking Legal Pluralism", *Cardozo Law Review*, 13, 1443-1462.

_____. (1997), "Global Bukowina: Legal Pluralism in the World Society", *in* Gunther Teubner (org.), *Global Law without a State*. Aldershot: Dartmouth.

_____. (org.) (1986), *Dilemmas of Law in the Welfare State*. Berlim: de Gruyter.

_____. (org.) (1987), *Juridification of Social Spheres: A Comparative Analysis in Areas of Labor, Corporate, Antitrust and Social Welfare Law*. Berlim: de Gruyter.

TEUBNER, Gunther (org.) (1988), *Autopoietic Law: A New Approach to Law and Society*. Berlim: de Gruyter.
THOM, René (1985), *Parábolas e Catástrofes*. Lisboa: D. Quixote.
THOMPSON, Edward Palmer (1975), *Whigs and Hunters*. Nova Iorque: Pantheon.
THRIFT, Nigel (1996), *Spatial Formations*. Londres: Sage.
TICKNER, J. Ann (1991), "On the Fringes of the World Economy: A Feminist Perspective", *in* Murphy e Tooze (org.), 191-206.
TIGAR, Michael; LEVY, Madeleine (1977), *Law and the Rise of Capitalism*. Nova Iorque: Monthly Review.
TIPTON, Steven (1982), *Getting Saved from the Sixties: Moral Meaning in Conversion and Cultural Change*. Berkeley: University of California Press.
TODOROV, Tzvetan (1973), *Literatura e Significação*. Lisboa: Assírio e Alvim.
TOULMIN, Stephen (1990), *Cosmopolis. The Hidden Agenda of Modernity*. Nova Iorque: Free Press.
TROELTSCH, Ernst (1934), "The Ideas of Natural Law and Humanity in World Politics", *in* Otto Gierke (1934), *Natural Law and the Theory of Society*. Vol. 1. Cambridge: University Press. 201-222.
TRUBEK, David (1985), *Max Weber's Tragic Modernism and the Study of Law in Society*. Madison: Institute for Legal Studies, University of Wisconsin-Madison Law School.
_____; GALANTER, Marc (1974), "Scholars in Self-Estrangement: Some Reflections on the Crisis in Law and Development Studies in the United States", *Wisconsin Law Review*, 1062-1102.
TUCK, Richard (1979), *Natural Rights Theories: Their Origin and Development*. Cambridge: Cambridge University Press.
TUCKER, Vincent (1992), "The Myth of Development", *Occasional Papers Series*, 6. Cork: Departamento de Sociologia, University College.
VEBLEN, Thorstein (1898), "Why is Economics not an Evolutionary Science?", The *Quarterly Journal of Economics*, 12, 56-81.
VICO, Giambattista (1953), *Opere*. Volume 2: *Principi di Scienza Nuova*. Milan: Riccardi.
_____. (1984), *The New Science of Giambattista Vico*. Cornell University.
VIEHWEG, Theodor (1963), *Topik und Jurisprudenz*. Munique: C.H. Beck.
_____. (1969), "Ideologie und Rechtsdogmatik", *in* W. Maihofer (org.), 83-96.
_____. (1981), "Zur Topik, insbasondere auf juristischen Gebiete", *in* Breuer e Schanze (1981) (orgs.), 65-69.
VOGEL, Lise (1983), *Marxism and the Oppression of Women: Toward a Unitary Theory*. New Brunswick: Rutgers University Press.

WAHL, F. (1980), "Le désir d'éspace", in Cartes et Figures de la terre, 41-46.

WALKER, R.B.J. (1988), One World, Many Worlds: Struggles for a Just World Peace. Londres: Zed Press.

WALLACE, Cynthia D. (1982), Legal Control of the Multinational Enterprise. Haia: Martinus Nijhoff.

WALLERSTEIN, Immanuel (1974), The Modern World-System I: Capitalist Agriculture and the Origins of the European World-Economy in the Sixteenth Century. Nova Iorque: Academic Press.

_____. (1984), The Politics of the World-Economy: The States, the Movements and the Civilizations. Cambridge: Cambridge University Press.

_____. (1991a), Unthinking Social Science. Cambridge: Polity Press.

_____. (1991b), Geopolitics and Geoculture. Cambridge: Cambridge University Press.

WAMBA DIA WAMBA, Ernest (1991a), "Some Remarks on Culture Development and Revolution in Africa", Journal of Historical Sociology, 4, 219-235.

_____. (1991b), "Beyond Elite Politics of Democracy in Africa", Quest, VI, 28-42.

WEBER, Max (1948), From Max Weber. Essays in Sociology. Londres: Routledge & Kegan Paul.

_____. (1978), Economy and Society. Berkeley: University of California Press.

WEINREB, Lloyd (1987), Natural Law and Justice. Cambridge: Harvard University Press.

WEITZ, Morris (1956), "The Role of Theory in Aesthetics", The Journal of Aesthetics and Art Criticism, 15, 27-35.

WHITE, James B. (1985), Justice as Translation. Chicago: University of Chicago Press.

WIEACKER, Franz (1967), Privatrechtsgeschichte der Neuzeit. Göttingen: Vandenhoeck & Ruprecht.

WIETHÖLTER, Rudolf (1986), "Materialization and Proceduralization in Modern Law", in Teubner (org.), 221-249.

WIGNER, Eugene (1970), Symmetries and Reflections: Scientific Essays. Cambridge: Cambridge University Press.

WILKINSON, Elizabeth (1955), "Schiller's concept of Schein in the Light of Recent Aesthetics", The German Quarterly, XXVIII, 219-227.

WILLIAMS, Patricia (1991), The Alchemy of Race and Rights. Cambridge, Mass.: Harvard University Press.

WILLKE, Helmut (1986), "Three Types of Legal Structure: The Conditional, the Purposive and the Relational Program", in Teubner (org.), 280-298.

WINCKLER, H. A. (org.) (1974), Organisierter Kapitalismus: Voraussetzungen und Anfänge. Göttingen: Vandenhoeck & Ruprecht.

WITTE, William (1955), "Law and the Social Order in Schiller's Thought", *Modern Language Review*, 50, 288-297.

WITTGENSTEIN, Ludwig (1973), *Tractatus Logico-Philosophicus*. Frankfurt/M.: Suhrkamp.

WOLFF, Robert Paul (1968), *The Poverty of Liberalism*. Boston: Beacon Press.

WÖLFFLIN, Heinrich (1979), *Renaissance and Baroque*. Ithaca: Cornell University Press.

WOLIN, Sheldon (1981-1994), *Contemporary Authors*, New Revision Series, 28, 100-105.

WOLKMER, António Carlos (1994), *Pluralismo Jurídico. Fundamentos de uma Nova Cultura no Direito*. São Paulo: Editora Alfa Omega.

WOOD, Meiksins (1981), "The Separation of the Economic and the Political in Capitalism", *New Left Review*, 127, 66-95.

WOODWARD, D. (1985), "Reality, Symbolism, Time and Space in Medieval World Maps", *Annals of the Association of American Geographers*, 75, 510 ss.

WRIGHT, Erik O. (1978), *Class, Crisis, and the State*. Londres: Verso.

WRIGHT, Erik; LEVINE, A.; SOBER, E. (1992), *Reconstructing Marxism*. Londres: Verso.

WUTHNOW, Robert (1987), *Meaning of Moral Order*. Berkeley: University of California Press.

YOUNG, Iris M. (1990), *Justice and the Politics of Difference*. Princeton: Princeton University Press.

ZWEIGERT, Konrad; KÖTZ, Hein (1987), *Introduction to Comparative Law*. 2 volumes. Oxford: Clarendon Press.

GRÁFICA PAYM
Tel. (11) 4392-3344
paym@terra.com.br